Stefan Jakob Wimmer / Stephan Leimgruber

Von Adam bis Muhammad

Bibel und Koran

im Vergleich

Stefan Jakob Wimmer / Stephan Leimgruber

Von Adam bis Muhammad

Bibel und Koran
im Vergleich

mit einem Geleitwort von Isa Güzel

herausgegeben vom
Deutschen Katecheten-Verein e.V., München

 bibelwerk

2. durchgesehene Auflage 2007

www.bibelwerk.de
ISBN 978-3-460-33175-4
Alle Rechte vorbehalten
© 2005 Verlag Katholisches Bibelwerk GmbH, Stuttgart
Herausgegeben vom Deutschen Katecheten-Verein e.V, www.katecheten-verein.de
Umschlagabbildungen: links: Ausschnitt aus dem Beginn des Buches Genesis, Palatina-Bibel, BAV,
Pal. Lat.1., fol. 4r, erste Hälfte des 15. Jh.
rechts: Ausschnitt aus der Sure 16: Die Bienen, Paris, BNF Arabe 330, f.16 v°, Ende des 7. Jh.
Rückseite: Jesus und Mohammed reiten auf Esel und Kamel zum Jüngsten Gericht, aus:
Raschid ud-Dins Universalgeschichte, 1307, Universitätsbibliothek Edinburgh.
Umschlag: Finken & Bumiller, Stuttgart
Layout und Satz: Rund ums Buch – Rudi Kern, Kirchheim/Teck
Druck und Bindung: Memminger Medien-Centrum, Memmingen

Inhalt

Geleitwort

Der Dialog zwischen Islam und Christentum ist nicht neu. Er geht zurück bis auf die Anfänge des Islam. Beispielhaft genannt seien die Priester aus Nedschran, die Muhammad (Friede sei mit Ihm) in Medina besucht haben, wo er ihnen sonntags die Moschee des Propheten (die wichtigste Moschee in Medina) zur Verfügung stellte, damit sie ihren Gottesdienst feiern konnten. Als Muslime nach Abessinien, in das heutige Äthiopien, auswandern mussten, gewährte ihnen der Negus, der christliche König von Abessinien, uneingeschränktes Asyl und zeigte damit seine Bereitschaft, sie so zu akzeptieren, wie sie waren.

Anfang der 1960er Jahre kamen die ersten muslimischen „Gastarbeiter" nach Deutschland. „Wir haben Arbeitskräfte gerufen und gekommen sind Menschen" hieß es in Bezug auf die „Gastarbeiter", die seitdem zu unserer Gesellschaft hinzugekommen sind. Mit der Zeit sind die Gastarbeiter aus dem Ausland Teil der deutschen und europäischen Gesellschaft geworden. Die jüngsten Entwicklungen haben das Interesse an diesen oftmals fremd gebliebenen Menschen verstärkt. Die Notwendigkeit des Dialogs wurde den Menschen plötzlich bewusster. Wie aber soll der Dialog angegangen werden, nachdem beide Seiten vierzig Jahre lang mit Berührungsängsten zu kämpfen hatten? Die Frage stellt sich, wie offene, dialogbereite Menschen fähig werden zu Dialog und zu interreligiöser Kompetenz?

Dialog basiert auf Vertrauen, das zu Toleranz führen kann, und mehr noch: zu Respekt und Akzeptanz der anderen Seite, mit all ihren Unterschieden. Dies kann nur durch Wissen, Kennenlernen und Erfahrungsaustausch erreicht werden. Der Islam ermuntert daher stets zum gegenseitigen Kennenlernen. Im Koran heißt es: „O ihr Menschen, Wir erschufen euch von einem Mann und einer Frau und machten euch zu Völkern und Stämmen, auf dass ihr einander kennen lernt ..." (Sure 49:13). Der Appell richtet sich an *alle* Menschen jeglicher Nation und Gesinnung.

Das vorliegende Werk kommt genau zum richtigen Zeitpunkt, da es in unserer Gesellschaft sehr wohl viele dialogbereite Menschen gibt. Dieses Buch bietet ihnen eine hervorragende Basis, sich die nötige Kompetenz anzueignen, um einen erfolgreichen Dialog zu beginnen und weiterzuentwickeln. Es ist nicht nur für Christen geeignet, sondern auch für Muslime, die den Dialog mit Christen suchen.

Gemeinsam sollten wir durch den Dialog und das Kennenlernen der anderen Seite eine Atmosphäre des Respekts, der Anerkennung und der Akzeptanz aufbauen, zu einem Klima der Kooperation beitragen und Konflikte schon in ihrer Entstehung miteinander angehen. Ich bin davon überzeugt, dass dieses Buch eine große Bereicherung für den interreligiösen Dialog sein wird.

München, im April 2005   Isa Güzel, Vorsitzender des
                                       Islamischen Dialogzentrums München

Ein Wort zuvor

Das vorliegende Buch zum christlich-islamischen Dialog versteht sich als Arbeitsinstrument für eine vergleichende Lektüre von Bibel und Koran. Es möchte junge Menschen und interessierte Erwachsene zu interreligiöser Kompetenz[1] befähigen und diesbezügliche Bildung in Schule, Religionsunterricht und Erwachsenenbildung als lebensrelevant und zukunftswirksam erweisen. Angesichts resignativer Stimmen zum Projekt einer multikulturellen Gesellschaft stellt es sich der Herausforderung, die durch religiöse Pluralität entsteht, und versucht, Wege wechselseitiger Verständigung freizulegen, religiöse Identität im Dialog zu entwickeln und nicht zuletzt die eigenen kulturellen und religiösen Wurzeln neu zu entdecken.

Freilich, die Bildungsarbeit auf dem Feld religiöser Zeugnisse und vor allem Heiliger Schriften ist mühevoll, gilt es doch, zwei oder mehrere unterschiedliche Traditionsströme einzubeziehen, ihre kulturellen und theologischen Eigentümlichkeiten zu berücksichtigen und durchgehend interdisziplinär zu denken. Bei all diesen Schwierigkeiten überrascht und erstaunt es immer wieder, wie viele Ähnlichkeiten, Analogien, Parallelen und Gemeinsamkeiten in den abrahamitischen Religionen Judentum, Christentum und Islam aufscheinen. So ist Abraham in den Texten der drei genannten Religionen ein Leitbild unbedingten Gottvertrauens, Josef in Ägypten ein Modell der Vergebung und Versöhnung und Mose stets der Befreier aus Unterdrückung und der Geber eines Leben eröffnenden Gesetzes. Wer sich auf Bibel und Koran gleichzeitig einlässt, trifft auf die großen Erzählungen der Menschheit und auf bekannte prophetische Gestalten, aber auch auf unbekanntes Sondergut und apokryphe Texte. Eines fällt dabei auf: Der Koran ist zwar aus islamischer Sicht Gottes unmittelbare Offenbarung, aber die Muhammad zuteil gewordene Offenbarung war sowohl eine Bestätigung der früheren Offenbarung Gottes im →Tanach der Juden und im Evangelium der Christen (vgl. „Der Tisch", Sure 5:44-49) als auch gleichzeitig eine Überbietung der beiden. Gottes Offenbarung im Koran ist die arabische Variante seiner Selbstmitteilung, deren Ursprung im Buch des Himmels niedergelegt ist. Muhammad verstand sich stets in der Reihe der Propheten wie auch als deren Schlusspunkt und „Siegel" („Die Parteien", Sure 33:40). Damit soll für Christen keineswegs geleugnet werden, dass sie in Jesus Christus die endgültige und universale Offenbarung sehen, ja es besteht in Bezug auf die Offenbarung und die Heilsvorstellung durchaus eine Konkurrenzsituation zwischen beiden Religionen.

Das Arbeitsinstrument gliedert sich in folgende Kapitel: Zum Auftakt wird eine allgemeine Hinführung zum interkulturellen Dialog in der gegenwärtigen Gesell-

---

[1]   D.h. die Fähigkeit, mit Angehörigen und Zeugnissen anderer Religionen gut umzugehen.

schaft sowie eine knappe Einführung in die Ziele und Methoden interreligiösen Lernens anhand von Texten gegeben (Kapitel 1). Dann kommen Gemeinsamkeiten und Differenzen von Bibel und Koran eingehend zur Sprache. Dabei geht es wesentlich um die differenten Zugänge zu Bibel und Koran im Gebrauch (Kapitel 2), um die unterschiedlichen Auslegungsmethoden (Kapitel 3) und um die je eigenen Strukturen und den Textaufbau (Kapitel 4). Einige wichtige Koran- und Bibelausgaben werden vorgestellt und kommentiert. In diesem Buch wird grundsätzlich nach der Einheitsübersetzung und nach der Koranübertragung von H. Zirker zitiert.

Kapitel 5 beschäftigt sich mit den so genannten Urgeschichten, den Erzählungen über die Entstehung der Welt (5.1), die Erschaffung des Menschen (5.2) und über den Sündenfall (5.3), den Brudermord (5.4), die große Flut und Noach (5.5) sowie mit gewissen Reminiszenzen im Koran an die biblische Turmbaugeschichte (5.6). Hier werden die großen, klassischen Fragen der Menschheit nach Ursprung und Ziel des Daseins, nach Schuld und Sühne, nach Größe und Grenze des Menschen angesprochen. Kapitel 6 betritt historisierenden Boden und charakterisiert Abraham, Ismael und Isaak als jene Gestalten, die am Ursprung der abrahamitischen Religionen stehen. Kapitel 7 präsentiert die in Bibel und Koran erzählte, immer wieder ergreifende Josefsgeschichte in ihren Parallelen und Eigentümlichkeiten. Kapitel 8 stellt die für das Judentum bedeutsamste Figur Mose vor, inklusive eines Diskussionsanrisses über den Dekalog, eines die Religionen übergreifenden Ethos. Kapitel 9 über Saul, David und Salomo zeigt, dass auch diese Könige im Koran vorkommen. Kapitel 10 hält Ausschau nach weiteren Figuren in beiden Heiligen Schriften, wobei neben Jona und Ijob auch dem Koran eigene Propheten (Hûd, Sâlih, Dhu'l-Kifl) sowie Engel, Dschinn und der Satan einbezogen werden, und weiter die wundersamen Gestalten Henoch, Elija, Elischa, die mit ihren Wunderkräften und ihrer Himmelfahrt Interpretationsmuster liefern, welche später auch der Charakterisierung Muhammads dienten. Am Schluss dieser Reihe stehen Zacharias, Johannes der Täufer und Maria, womit der Übergang zum zentralen Kapitel 11 über Jesus gegeben ist. Mit der biblischen Frage „Wer ist doch dieser?" führt der christlich-islamische Dialog zu den unterschiedlichen Interpretationen des Kreuzes. Den Ausklang des Buches bildet die Frage nach Muhammad in der Bibel (Kapitel 12), ein Deutungsschema, das auch Christen bekannt ist, insofern sie beispielsweise Messiasverheißungen im Alten Testament auf Jesus beziehen. Jedes Kapitel schließt mit eigens hervorgehobenen didaktischen Impulsen, die sich primär an Multiplikatoren in Schule und Erwachsenenbildung richten, mit bibliographischen Angaben und Hinweisen auf einschlägige Medien, die für den Einsatz an den erwähnten Lernorten geeignet sind. Glossar, Folien, Register und Internetadressen runden den Band ab, der aus einer überaus anregenden Kooperation eines Alttestamentlers, Ägyptologen und Islamkenners mit einem Religionspädagogen im Anschluss an ein interdisziplinäres Seminar an der Ludwig-Maximilians-Universität München zum selben Thema entstanden ist.

Eine vergleichende Lektüre von Bibel und Koran haben vor uns schon viele unternommen. So konnten wir uns auf wertvolle Arbeiten stützen: Jacques Jômier OP, Bible et Coran (1959); Heinrich Speyer, Die biblischen Erzählungen im Koran (³1988); Heribert Busse, Die theologischen Beziehungen des Islam zu Judentum und Christentum (1988); Ludwig Hagemann, Propheten des Glaubens. Koranische und biblische Deutungen (²1993); Karl Jaroš, Biblische Heilige und Propheten im Koran (1997); Roberto Tottoli, Biblical Prophets in the Qur'an and Muslim Literature (2002); Johann-Dietrich Thyen, Bibel und Koran. Eine Synopse gemeinsamer Überlieferungen (³2003) und Joachim Gnilka, Bibel und Koran. Was sie verbindet, was sie trennt (2004). Als unseren eigenen Beitrag haben wir im Anschluss an Thyen solche Texte aus Bibel und Koran ausgewählt, miteinander verglichen und kommentiert, die für Schule, Religionsunterricht und Erwachsenenbildung interessant und verständlich sind. Methodischer Ausgangspunkt sind dabei zwar die Endtexte dieser beiden heiligen Bücher, doch sind nachkoranische islamische Traditionen ebenso wie antike auch apokryphe Literatur vielfach miteinbezogen worden.

Die Kooperation beider Autoren war gewinnbringend und ermutigend. Die Texte wurden gegengelesen, diskutiert und verbessert. Für die Erstfassung der Abschnitte 2.1, 3.1, 4.1-3, 5.3, 6.4-5, 10.1, 10.3-6, 10.11 und der Kapitel 7, 9 und 12, dazu die Exkurse „Heiliger Krieg" und „Psalmen", sowie für die Umschrift der arabischen Namen ist Stefan Jakob Wimmer verantwortlich. Stephan Leimgruber hat die übrigen Texte und Exkurse verfasst. Zusammenstellung, didaktische Impulse, Bibliographien, Glossar und Register wurden gemeinsam erstellt.

Ein herzlicher Dank gehört der Sekretärin Monika Podlesak und den wissenschaftlichen Hilfskräften Steffi Köthmann und Anna Schreiber für die Aufnahme und Überarbeitung der Texte sowie Dr. Augustin Müller für die sorgfältige Korrektur des Typoskriptes und manch wertvollen Hinweis. Wir danken Isa Güzel, dem Vorsitzenden des Islamischen Dialogzentrums München für das Geleitwort, Leopold Haerst vom Deutschen Katecheten-Verein und Jürgen M. Schymura vom Verlag Katholisches Bibelwerk für die Herausgabe, Gestaltung und Verbreitung der Schrift. Möge das Buch den christlich-islamischen Dialog anregen, vertiefen, den gegenseitigen Respekt fördern und die religiöse Bildung durch wechselseitige Kenntnisnahme der Heiligen Schriften vorantreiben und damit einen effektiven Beitrag zur Verständigung in einer multikulturellen Gesellschaft leisten.

München, im Februar 2005   Stefan Jakob Wimmer
                                                              und Stephan Leimgruber

Zur Aussprache und Schreibweise
der arabischen Begriffe:

Für die Übertragung aus der arabischen in die lateinische Schrift gibt es verschiedene Systeme, die zu recht unterschiedlichen Resultaten – und damit zu einer verwirrenden Vielfalt an Schreibweisen – führen. Wir haben versucht, arabische Begriffe und Namen so wiederzugeben, dass sie für deutsche Leserinnen und Leser ohne große Mühen und ohne Überfrachtung des Schriftbilds mit Zusatzzeichen annähernd richtig ausgesprochen werden können. Dazu sind zwei Grundsätze besonders wichtig: 1. Die richtige Betonung (Akzent) und 2. die Unterscheidung zwischen langen und kurzen Vokalen. Lange Vokale markieren wir durch ˆ, und sie sind zumeist auch betont. Es heißt: *Islâm* (das â lang und betont), nicht *Íslam* (nicht das I betonen); *Korân* (oder genauer *Qur'ân*), nicht *Kóran*. Die kurzen Vokale werden dagegen nicht streng unterschieden: Es spielt keine Rolle, ob man *Muhammad* oder *Mohammed*, sagt. Die erste Form ist korrektes Hocharabisch, die zweite ist in der gesprochenen Volkssprache bisweilen üblicher. Wichtig ist nur die Betonung auf dem a (also: Mohámmed, nicht: Móhamed). Ebenso ist *Múslim* genauso richtig wie *Móslem*. Im deutschen Sprachgebrauch hat allerdings die Pluralform *Moslems* zuweilen einen geringschätzigen Unterton angenommen, sodass wir die zunehmend üblichere Form *Muslîme* empfehlen, und für Frauen *Muslîmin* oder *Muslîma* (Einzahl), bzw. *Muslîminnen* oder *Muslîmas*. (Die Akzente werden üblicherweise natürlich nicht geschrieben; wir setzen sie hier nur, um die korrekte Betonung zu markieren.) Veraltet ist die Bezeichnung *Mohammedaner*; sie wird von vielen Muslimen abgelehnt, weil sie ihre Religion auf Gott und nicht nach dem Muster „Christus > Christen" auf Muhammad, zurückführen. Muhammad ist Prophet und Überbringer der Offenbarung Gottes, während Christen in Christus den Inbegriff der Offenbarung selbst erkennen.

Wir sind uns voller Achtung bewusst, dass Muslime den Namen des Propheten Muhammad üblicherweise mit einer Segensformel verbinden, z.B.: „Gottes Segen und Heil über ihn!". Bei allen anderen Propheten folgt „Frieden über ihn!" auf die Nennung des Namens. In islamisch redigierten Publikationen werden die Formeln oft abgekürzt, z.B. mit „(s)", wiedergegeben. Wir haben auf diese Formeln verzichtet, um unsere Texte für christliche Leserinnen und Leser nicht zu überfrachten, und sind uns bewusst, dass Musliminnen und Muslime sie dennoch stets vor Augen haben. (Mit „→" wird im Text auf Glossareintragungen im Anhang, Kapitel 13.4 verwiesen.)

1. Interkultureller Dialog und interreligiöses Lernen

Das 21. Jahrhundert hat im Hinblick auf ein verträgliches Zusammenleben von Angehörigen verschiedener Kulturen und Religionen nicht gut begonnen: Mehrere Attentate, wie z.B. der Mord am holländischen Filmregisseur Theo van Gogh (2. November 2004) auf der einen Seite und andererseits der Irakkrieg und jüngste Drohungen gegen den Iran haben die Frage ausgelöst, ob Samuel Huntington nicht Recht bekomme mit seiner Behauptung eines blutigen Zusammenpralls der Kulturen. Die neue Welle der „märtyrerhaften" Selbstmordattentate will kein Ende nehmen und gibt jenen Politikern Aufwind, die alle Kräfte auf die Terrorbekämpfung konzentrieren wollen. Dabei übersehen sie, wie grauenvoll auch Naturgewalten, etwa Lawinen oder Fluten wie das Seebeben (in Südasien vom 26. Dezember 2004) menschliches Leben zerstören können.

Angesichts dieser unvergleichlichen und angstmachenden Szenarien gilt es, klaren Kopf zu behalten und das zu tun, was die Zeiterfordernisse und eine nachhaltige Entwicklung gebieten. Unsere Aufmerksamkeit darf sich nicht von den öffentlichkeitswirksamen Fernsehbildern (ab)lenken lassen, sondern muss sich auf das alltägliche Miteinander der Kulturen und Religionen konzentrieren, auf das Zusammenleben von Fremden und Freunden mit Blick auf die Zukunft. Wir müssen im Auge behalten, wie eine Geschlechtergerechtigkeit zwischen Männern und Frauen erreicht und wie der Generationenvertrag zwischen Jugendlichen und Erwachsenen eingehalten werden kann. Sowohl die Erfahrung als auch der christliche Sendungsauftrag belegen, dass der Weg des Dialogs besser ist als der Weg der Gewalt, ein Gespräch von Angesicht zu Angesicht weiter führt als die Sprache der Waffen und Verständnis ein sinnvolleres Ziel ist als das Durchsetzen von Ideologien, Macht und Rache. Letztlich ist die schon oft wiederholte Devise wahr: *Zum Dialog gibt es keine Alternative!* Die multikulturelle und religiös plurale Gesellschaft darf sich nicht selbst zerstören, sondern muss sich tolerant und in wechselseitigem Respekt mit anderen auseinandersetzen, wenn das Ziel eines Zusammenlebens in Gerechtigkeit und Frieden anvisiert werden soll.

Eine exzellente Vorbereitung auf dieses langfristige Ziel ist das Studium heiliger Texte der großen Religionen. Hier können religiöse Zeugnisse exemplarisch wahrgenommen und als Quelle der Spiritualität entdeckt werden. Dabei entstehen *Fragen* wie die Folgenden: Was steht überhaupt im Koran, diesem schwer verständlichen Buch, das manchen als „Buch mit sieben Siegeln" (Offb 5,1) erscheint? Wie sind koranische Suren zu lesen und zu verstehen? Worin bestehen die Unterschiede zur Bibel? Welche Ähnlichkeiten oder gar Gemeinsamkeiten gibt es zwischen Bibel und Koran?

Wer solche Fragen stellt, eröffnet Perspektiven des Dialogs, welche bis dahin viel zu wenig und vorwiegend nur von Fachleuten genutzt wurden.

Die beiden Autoren teilen die Überzeugung, dass eine große *Bildungschance* für die nachwachsende Generation darin besteht, möglichst vorurteilsfrei mit Koran und Bibel umgehen zu lernen. Zum einen wird Neuland betreten, das sich nicht leicht erschließt, weil die Heilige Schrift der Muslime für Schülerinnen und Schüler der Sekundarstufe anspruchsvoll ist, umso mehr, als es wenige Übersetzungen gibt, die leicht lesbar sind (vgl. Kapitel 4.3). – Zum anderen trifft man auf Gestalten und Stoffe im Koran, die an biblische Stellen erinnern und die somit auch die eigene Bibelkenntnis ergänzen und bereichern können. Wir geben als Verfasser dieses Arbeitsinstruments gerne zu, selbst manches in Koran und Bibel neu gesehen zu haben. Erinnerungen aus den Erzählungen in Grundschule und Religionsunterricht sind lebendig geworden. In der Tat: Schule, Religionsunterricht und Erwachsenenbildung sollten diese Chance nicht ungenutzt lassen und im Zeichen der PISA- und TIMS-Studien die Lesekompetenz als Schlüssel zu humaner und religiöser Bildung fördern.

Der interkulturelle Dialog anhand Heiliger Schriften kann auch auf *Schwierigkeiten* stoßen: So müssen die differenten soziokulturellen Hintergründe, die spezifischen Alltagsgewohnheiten, die Gesetze und Sprachformen berücksichtigt werden, da sie auf die Bedeutung der Texte einwirken.

Dennoch haben der interkulturelle Dialog und die interkulturelle Philosophie bereits nennenswerte Erkenntnisse gebracht: Offensichtlich gibt es keine „reinen" Kulturen ohne Kommunikation zu anderen. Vielmehr hat jede Kultur längst Elemente anderer Kulturen aus ihrer Umgebung aufgenommen und integriert. Es lässt sich nicht mehr von „der islamischen Kultur" oder von „der christlichen Kultur" reden, weil es ganz unterschiedliche Ausformungen dieser Kulturen gibt. Ferner tritt immer mehr ins Bewusstsein, dass die verschiedenen Kulturen grundsätzlich als *gleichwertig und gleichberechtigt* zu verstehen sind, was überholte Auffassungen abgelöst hat, wonach es eine gestufte Entwicklung von einfacheren zu höheren Kulturen gäbe, einen Prozess, der mit innewohnender Gesetzmäßigkeit ablaufe. Schließlich wird verlangt, dass eine Kultur sich weder nationalistisch noch rassistisch verengt sieht und nicht eine so genannte aufgeklärte christliche Kultur auf eine angeblich (noch) nichtaufgeklärte islamische Kultur herabschaut.

Bibel und Koran bieten einzigartige Möglichkeiten, *wechselseitige Verständigung* anzubahnen und einzuüben. Diese setzt aber einen *Perspektivenwechsel* voraus: Zum einen können Christen zu verstehen versuchen, wie Musliminnen und Muslime den Koran lesen und aus ihm leben; zum anderen können sie sich mit Muslimen über ihre Beziehung zur Bibel unterhalten und vielleicht auch darüber, was die muslimischen Gesprächspartner zur Bibel meinen. Am Schluss stehen wohl Kenntnisse über die Heilige Schrift der Anderen und neue Einsichten in die „eigene" Heilige Schrift. Heute stellt sich für Christen die dringliche Aufgabe, sich mit der ersten nachbiblischen Heiligen Schrift auseinander zu setzen, die ebenfalls Aussagen über Jesus Christus, über Maria, Johannes den Täufer und zahlreiche alttestamentliche Gestalten macht. Im Koran begegnet uns eine nachbiblische Christologie, die wir nicht einfach ignorieren oder, wie lange geschehen, als Erfindung abtun können. Wie sich Christen stets mit dem Judentum und dem Alten Testament auseinandergesetzt haben, steht nun eine geistige Konfrontation mit dem Koran an.[2] Dabei gilt es mit dem Zweiten Vatikanischen Konzil, „sich aufrichtig um gegenseitiges Verstehen zu bemühen" (Nostra aetate, Nr. 3), was in der christlich-islamischen Geschichte weiß Gott nicht immer der Fall gewesen ist.

Fünf Schritte interreligiösen Lernens

Durch Lektüre und Studium Heiliger Schriften wird nicht nur der interkulturelle Dialog – wenn auch oft zögerlich und stotternd – in Gang gebracht. Durch den Vergleich ähnlicher Texte wird *interreligiöse Kompetenz* aufgebaut und interreligiöses Lernen im Sinne von Verarbeiten und Integrieren von Wahrnehmungen und Erfahrungen vorangebracht. Durch den Blick auf Koran und Bibel wird ein ständiger Perspektivenwechsel eingeübt, der große innere Freiheit verlangt. Interreligiöses Lernen kann als Fortsetzung des interkulturellen Dialogs gesehen werden. Fünf Schritte sind zu unterscheiden:

1.1 Religiöse Zeugnisse wahrnehmen

In einer ersten Lernphase gilt es, junge Menschen für religiöse Zeugnisse, insbesondere die Heilige(n) Schrift(en) anderer Religionen zu öffnen und für deren Eigenlogik und Evidenz zu sensibilisieren. Dazu gehören das Betrachten der arabischen Schrift, von illuminierten Koranausgaben, von Kalligraphien in Moscheen und in islamischen Haushalten, das Anhören rezitierter Gebete und Koranverse und das Lesen von geeigneten Übersetzungen arabischer Urtexte. Interreligiöses Lernen beginnt mit dem sinnenhaften Wahrnehmen religiöser Zeugnisse.

---

2 Hans Zirker spricht hierzu von einem *asymmetrischen* Verhältnis zwischen Christentum und Islam, insofern das Christentum keine Notwendigkeit sah, sich mit anderen Religionen theologisch auseinander zu setzen (H. Zirker, Islam. Theologische und gesellschaftliche Herausforderungen, Düsseldorf 1993, 35; ders., Der Koran in christlicher Sicht, in: Münchener Theologische Zeitschrift 52 (2001) 3-15;4). Martin Bauschke nennt es einen „Sonderfall externer Christologie" im Koran, insofern die erste große Weltreligion sich in ihrer Heiligen Schrift über Jesus äußert (M. Bauschke, Der koranische Jesus und die christliche Theologie, in: Münchener Theologische Zeitschrift 52, 2001, 26-33; 30).

1.2   Religiöse Texte deuten und verstehen

Die Erschließung des Sinnes einzelner Suren und vergleichbarer biblischer Abschnitte ist die zweite Aufgabe einer Didaktik der koranisch-biblischen Lektüre. Voraussetzung dazu bildet die Kenntnis kultureller Hintergründe und sprachlicher Gesetze. Je nach Alter, Entwicklungsstufe und Fassungsvermögen der Jugendlichen kann die philosophische, übersetzerische und hermeneutische Arbeit auf unterschiedlichen Ebenen durchgeführt werden, ohne die Einzelnen zu überfordern. Wichtig dabei ist bereits das Stellen von Fragen und das Erkennen und Diskutieren von Problemen, beispielsweise ob Koran und Bibel vergleichbar seien.

1.3   Durch Begegnungen lernen

Der Königsweg interreligiösen Lernens führt über Begegnungen mit Angehörigen der anderen Religion. In Schule und Religionsunterricht gibt es Gelegenheiten, ältere muslimische Schülerinnen oder Schüler einzuladen und mit ihnen über den Islam ganz allgemein und den Koran im Besonderen ins Gespräch zu kommen. Bei einem Moscheebesuch lässt sich vielleicht ein Imam oder Hodscha gewinnen, der über seine religiösen Erfahrungen spricht oder/und eine Sure rezitiert. Indirekte Begegnungen durch Medien (Folien, Dias, Fernsehsendungen, Filme, DVD, Videos) können personale Begegnungen vorbereiten, welche nach wie vor die nachhaltigste Wirkung haben und bestehende Vorurteile wirksam in Frage stellen.

1.4   Die bleibende Fremdheit respektieren

Es ist wohl angemessen, wenn die Erwartungen an die vergleichende Lektüre von Bibel und Koran nicht zu hoch veranschlagt werden. Viel eher ist auf kleine Schritte zu setzen, die kontinuierlich ein neues Bewusstsein schaffen. Dabei ist es sinnvoll, die eigenen Grenzen zu beachten und koranischen Texten eine gewisse bleibende Fremdheit einzuräumen. Die je andere Zugangsweise von Christen zur Bibel und von Muslimen zum Koran ist zu berücksichtigen und zu respektieren.

1.5   In eine existentielle Auseinandersetzung verwickeln

Interreligiöses Lernen anhand heiliger Texte hat ein erstes Ziel erreicht, wenn junge Menschen Interesse an religiösen Zeugnissen gewinnen und erkennen, dass diese auch für ihr Leben relevant sind. Thematische Vergleiche von koranischen und biblischen Positionen können aus dem Leben gegriffen und für die Zukunft bedeutsam sein. Sobald die eigene religiöse Einstellung ins Spiel kommt, sind interreligiöse Lernprozesse in vollem Gang. Zu beachten ist allerdings, dass vor allem Kinder vorerst nicht reflexiv oder kritisch interreligiös lernen, sondern erst anfanghaft durch Teilnahme an und Miterleben von Gesprächen und gemeinsamen religiösen Vollzügen. Doch können sie einen tieferen Zugang z.B. zur Josefsgeschichte finden oder zu Gestalten wie Abraham und Mose. Sie werden die biblischen Geschichten von der großen Flut mit den koranischen Reminiszenzen daran vergleichen und auf diese Weise alters- und entwicklungsgemäße interkulturelle und interreligiöse Lernerfahrungen machen. Interreligiös kompetent ist, wer heilige Texte der je anderen und der eigenen Religion erkennen, verstehen und mit dem persönlichen Glauben in Beziehung setzen kann. Somit heben wir bescheidenerweise auf ein anfanghaftes Kennenlernen von Koran und Bibel, und damit von Islam und Christentum, ab, niemals aber auf eine vereinheitlichende Mischmaschreligion auf einem kleinsten gemeinsamen Nenner.

Kalligraphie der Basmallah:
„Im Namen Gottes, des Allerbarmers und Barmherzigen"

2.   Der Umgang mit Heiliger Schrift

Bevor wir zur Textarbeit übergehen und Aussagen über Abraham, Mose und Jesus in Bibel und Koran vergleichen, machen wir uns Gedanken über den je eigenen Zugang von Muslimen zum Koran und von Christen zur Bibel. In der Tat bestehen erhebliche Differenzen zwischen beiden Gebrauchsweisen.

2.1   Was bedeutet der Koran für Muslime?

> *Wohl eine Zauberkraft muss sein in dem, woran*
> *bezaubert eine Welt so hängt wie am Koran.*
> Friedrich Rückert

Als Abu Zuhair ad-Darîr, er lebte im 8. Jahrhundert und war bekannt als einer der Nachfolger der Gefährten des Propheten Muhammad, von dem begnadeten Rezitator Sâlih al-Murri einen einzigen Koranvers vorgetragen hörte, gab er „ein lautes Stöhnen von sich und verließ die Welt".[1] Als Labîd ibn Rabî'a, zur Zeit Mohammeds der Dichterfürst der arabischen Sprache, der für den ungebildeten Propheten zunächst nur Überheblichkeit und Verachtung übrig hatte, einmal selbst aus den geoffenbarten Versen rezitierte, bekannte er sich, überwältigt von ihrer unerreichbaren Schönheit, an Ort und Stelle zum Islam.[2] – Die muslimische Tradition sammelt unzählige Berichte über die Wirkung von Koranrezitation auf Menschen, die beim Zuhören in ganz besonderer Weise angerührt werden: in Tränen ausbrechen, ohnmächtig oder in Ekstase versetzt werden, die sich bekehren, sich und ihr Leben schlagartig verändern oder die sich gar ganz dem Verlangen hingeben, bei der Quelle zu sein, der dieser Koran entströmt, bei Allah.

Die Sprache des Koran als Wunderzeichen Gottes

In der koranischen Sprache manifestiert sich also göttliches Wirken. Ihr wird dezidiert die Qualität eines Wunders zuerkannt. Der Korantext selbst spricht dies an und aus, wenn er wieder und wieder „Zeichen" Gottes (arab. *âyât*) anführt. Das Wort

---

1   Nach N. Kermani, Gott ist schön. Das ästhetische Erleben des Koran, München 1999, 15.
2   Ebd., 15.

„Zeichen" →*âya* (Sg.) meint zunächst das dem verständig-gläubigen Menschen in Schöpfung und Weltgeschehen unmittelbar erkennbare Wirken Gottes. Gleichzeitig bezeichnet es die Verse des Koran selbst. Während →„Sure" (*sûra*, wörtl. eigentlich „Reihe" im Sinne von Strophe, also zusammengereihte Verse) formal in etwa den einzelnen Büchern der Bibel entspricht (eine Kapiteleinteilung unterbleibt im Koran), heißen die als Verse zitierten Sätze, Satzteile oder Satzstränge eben âyât: Somit ist jeder einzelne Vers selbst ein „Wunderzeichen Gottes"!

Das im Koran geoffenbarte Wort Gottes gilt in seiner Schönheit als allem menschlichen Sprachvermögen überlegen und in seiner Unergründlichkeit als erhaben über alle menschliche Kreativität. Nachdem sich Generationen von Korangelehrten, seit nunmehr fast eineinhalb Jahrtausenden, mit Verstand und Seele um jeden Vers und jeden Buchstaben des Textes bemühen, meinen sie selbst erst einen verschwindend kleinen Teil des unerschöpflichen Schatzes an darin enthaltenen und verborgenen Aussagen und Geheimnissen entdeckt zu haben. *Stückwerk* sei unser Verstehen (vgl. 1 Kor 13,9) gegenüber dem unmittelbaren Wort Gottes. Der Wundercharakter der koranischen Sprache und ihre menschliche Unerreichbarkeit[3] gilt den Muslimen als Beglaubigungswunder seiner selbst und zugleich als Gottesbeweis. Die Verehrung, welche dem Koran entgegengebracht wird, erklärt sich aus seinem Begreifen als nicht Fleisch, sondern Buch gewordenes und unter die Menschen gesandtes Wort, als Sprache gewordener Geist Gottes. Hieraus ergeben sich Besonderheiten im Umgang mit dem Koran, die seine Würde gewährleisten und etwaiger Banalisierung oder Entweihung des Buches vorbeugen sollen. So darf eine Koranausgabe keinesfalls wie ein x-beliebiges Buch behandelt werden; sie sollte gesondert verwahrt werden, nie unter einem anderen Buch liegen, beim Öffnen und Schließen werden bestimmte Segensformeln gesprochen und oft wird der Einband als Zeichen der Verehrung geküsst.

Dieser Zugang zum Koran ist – zumindest ansatzweise – am ehesten dem liturgischen Verständnis nicht nur des Evangeliars, sondern, mehr noch, den geweihten Gaben von Brot und Wein in der Eucharistiefeier vergleichbar. Wiewohl es ständig geschieht, ist es tatsächlich aus muslimischer Sicht ganz verfehlt, die Stellung des Koran im Glaubensleben des Islam mit jener der Bibel im Christentum gleichzusetzen. Sie kommt viel eher der Bedeutung nahe, die hier Christus beigemessen wird. Der Buchwerdung von Gottes Offenbarung im Koran (Inlibration = Buchwerdung) entspricht im Christentum in etwa die Menschwerdung Gottes (Inkarnation = Fleischwerdung).

---

3   Hierfür gibt es den arabischen Ausdruck →*i'dschâs*.

Die Feier der Herabkunft des Koran im Ramadan

Dazu fügt sich, dass die Herabkunft des Koran als besondere, heilige Zeit innerhalb des Jahreslaufes gewürdigt wird: Es ist der als Fastenzeit bekannte Monat →Ramadân. Durch das Aufbrechen gewohnter Routine, durch Innehalten und Besinnung, sind die Gläubigen in dieser Zeit in besonderer Weise bestrebt, ihren persönlichen Bezug zu Gott mittels guter Werke und vertiefter Beschäftigung mit dem Koran zu festigen. Zunehmend üblich wird es, auch äußerlich die besondere Qualität der vier Wochen durch Festschmuck an Moscheen, aber auch an und in Privathäusern zum Ausdruck zu bringen. Lichterketten und eigene Ramadanlampen erfreuen sich besonderer Beliebtheit, zumal die Stunden der Dunkelheit diejenigen sind, die häufig dem gemeinsamen Mahl, dem Besuch von Verwandten und Freunden, sowie dem Feiern auf den Straßen gewidmet werden. Unter den Motiven der Dekoration spielt der Halbmond als Symbol eine wichtige Rolle, nicht nur des Islam generell, sondern im Ramadan auch speziell der besonderen, rechten Zeit, gewissermaßen des „Kairós". Höhepunkt der heiligen Zeit ist eine der letzten Nächte des Monats, die als wunderbare „Nacht der Macht" (oder: „der Bestimmung", arab. lailat ul-Qadr) die Erinnerung an den eigentlichen Beginn der Offenbarung an Muhammad markiert, also das zeitenwendende Ereignis, seit dem Gott selbst in seinem Wort unter den Menschen präsent ist.

Das unvergleichlich Wunderbare gründet in der Rezeption

Der deutsch-iranische Publizist Navid Kermani formuliert in seinem vielbeachteten Werk Gott ist schön: „Man kann geteilter Meinung sein, ob der Koran der schönste Text der Welt sei, wie Muslime behaupten, aber schwerlich lässt sich daran rütteln, dass die Schönheit, die sie ihm zusprechen, von keiner anderen Dichtung oder Wahrheit behauptet wird. Das wäre, wenn man es säkularisieren und als historische Einzigartigkeit und wissenschaftliche Unerklärlichkeit fassen möchte, das eigentliche Wunder des Islam, so wie, um eine letzte Entsprechung zu suchen, im Christentum nicht die Kreuzigung selbst das Einzigartige und Unerklärliche wäre (...), sondern der Glaube an Christi Auferstehung, somit die Reaktion seiner Mitmenschen und der späteren Generationen. Sie erst macht den Kreuzestod und sie erst macht die Sprache des Koran zum Wunder."[5]

---

4   griech. für „Zeit" oder „Zeitpunkt". In der Theologie Terminus für eine in heilsgeschichtlichem Sinn besonders qualifizierte Zeit.

5   Kermani, Gott ist schön, 425.

Koranrezitation als Kunst

Die Verehrung des göttlichen Wortes bringt es mit sich, dass über die inhaltlichen Aussagen des Korantextes hinaus der – wenn richtig rezitiert – als übernatürlich empfundene Klang der Worte in den Vordergrund rückt. Wer Koranverse besonders ergreifend vorzutragen vermag, genießt höchstes Ansehen. Tatsächlich ist die Koranrezitation zu einer Kunst geworden – eine Entwicklung, die mit der herausgehobenen Bedeutung der Kalligraphie für die darstellende Kunst verglichen werden kann.[6] Es hat sich heute ein umfassendes und äußerst kompliziertes Regelwerk herausgebildet, das die genaue Aussprache und Betonung der koranischen Sprache bis ins kleinste Detail festlegt, aber zugleich dem individuellen Vermögen des Interpreten Raum bietet. Die Wortbedeutung von „Koran", oder korrekter: *Qur'ân*[7], lautet „Lesung", und zwar im Sinne von lautem Vorlesen, also: „Rezitation". Diese Bezeichnung geht zurück auf das der Überlieferung nach erste Wort, das Muhammad offenbart wurde, und das somit als dem gesamten Text voranstehend zu denken ist: „Lies!", wieder im Sinne von „lies laut vor!", „rezitiere!" („Der Klumpen", Sure 96:1). Dieses Selbstverständnis von Heiliger Schrift räumt also ausdrücklich dem (aus)gesprochenen Wort den Vorzug ein gegenüber dem bloß niedergeschriebenen Wort, und vor seinem rein mentalen Erfassen. Das Interpretieren des Koran im Sinne von kunstvollem Vortrag des Textes gilt nicht nur als erhabenste Form des Umgangs mit dem Koran, mehr noch: es wird als Voraussetzung für richtigen und aufrichtigen Zugang zum Text betrachtet.

Damit wird verständlicher, weshalb Muslime dem Korantext nur in der arabischen Originalfassung begegnen. Wenngleich die arabischen Länder als das Zentrum der islamischen Welt verstanden werden, so hat doch heute die Mehrzahl der Muslime andere Muttersprachen als Arabisch.[8] Soweit türkische, bosnische, albanische oder auch deutsche Muslime eine Übersetzung des Textes zu Hilfe nehmen, geht es nur darum, den *Textinhalt* verstehen zu können – der eben nur eine, und nicht die wichtigste Dimension der Offenbarung ausmacht – und auch diesen nur annäherungsweise und behelfshalber begreifen lässt. Wir werden darauf in Kapitel 4.3 „Koranausgaben und die Übersetzungsproblematik" zurückkommen.

---

6 Die Rezitation des Koran ist ansatzweise mit dem feierlichen Vortrag des Evangeliums in der katholischen Liturgie vergleichbar (siehe S. 29f.).

7 Kennern des Hebräischen ist die Wurzel QR', mit den Grundbedeutungen „rufen" und „(vor)lesen" aus dem AT vertraut.

8 In absoluten Zahlen leben die meisten Muslime in den Ländern Indonesien, Pakistan und Indien. In Pakistan ist zwar die arabische Schrift üblich, sie wird dort aber, wie beispielsweise auch im Iran, für andere Sprachen verwendet (Urdu, Farsi, u.a.).

Korandidaktik als Herausforderung

Aus dem Gesagten wird begreiflich, dass in der Koranvermittlung, vom frühen Kindesalter an, primär das richtige Nachsprechen des intonierten Textes im Mittelpunkt steht. Das Auswendig-Lernen, im Idealfall des gesamten Korantextes, geschieht in erster Linie über das laute Repetieren des Gehörten, also durch Ohr und Mund, weniger über stilles Nachlesen mit dem Auge. Freilich können dann üblicherweise auch die Inhalte der gerade memorierten Verse vom Lehrenden vermittelt werden, was nicht nur dann sinnvoll ist, wenn die Kinder die arabische Sprache nicht verstehen. Primär geht es aber weniger um Textverständnis und -analyse als vielmehr um getreue Wiedergabe des vorgegebenen, heiligen Textes. Eine innige Vertrautheit mit dem Wortlaut des Koran unter Muslimen ist die oft mit Recht bestaunte Folge.

Was im Umgang mit Heiliger Schrift Hochachtung abverlangt, kann allerdings auch problematische Nebenwirkungen entfalten, wenn dasselbe Bildungsziel – dass derjenige Schüler der beste sei, der Vorgegebenes am getreuesten wiederzugeben vermag – auf andere Lerninhalte übertragen wird. Auch in anderen Unterrichtsfächern werden oft die von der Lehrautorität vermittelten Aussagen absolut gesetzt; davon abweichende Meinungen sind dann zwangsläufig entweder falsch oder irrelevant. Es ist ein gerade auch von kritischen Muslimen häufig zu hörender Vorwurf, dass das Bildungssystem in islamischen Ländern die Fähigkeiten zu eigenständigem analytischen Denken, zu eigener Meinungsbildung bei gleichzeitiger Toleranz gegenüber anderen Auffassungen, nicht zur Geltung bringt. Solchermaßen defizitäre Erscheinungen sind gravierend; sie sind jedoch nicht der Religion des Islam und auch nicht dem hingebungsvollen Zugang zum Koran anzulasten, sondern eher als beklagenswerte Fehlentwicklungen zu brandmarken. Auch aus islamischer Perspektive wäre doch eine größtmögliche Divergenz im Zugang zur göttlichen Offenbarung gegenüber allen anderen Lehrinhalten einzufordern.

Koranverständnis als Rechtleitung

Wenn es nun darum geht, aus dem Koran Maßstäbe für die persönliche Lebensführung oder für gesellschaftliche Entwicklungen abzuleiten, wird man sich üblicherweise mehr an kompetente Autoritäten wenden, als eigenes Suchen an den Text herantragen. Es besteht zwar keinesfalls einmütiges, aber doch sehr weit verbreitetes Einvernehmen darüber, dass der Koran Rechtleitung für alle Bereiche des Daseins bietet. Um das richtige Verhalten für jeden konkreten Fall aber aus ihm ableiten zu können, bedarf es weitgehend der Auslegung und Interpretation. Als Beispiel hierfür sei das zumindest heutzutage als charakteristisch für Muslime empfundene, und auch von vielen von ihnen selbst so dargestellte, Alkoholverbot angesprochen. Der Koran

preist zunächst ausdrücklich die Vorzüge des Weins („Die Biene", Sure 16:67) und verheißt ihn unter den Verlockungen des Paradieses („Muhammad", Sure 47:15). Dann
wird die Sünde, die in ihm liege, für größer angesehen als sein Nutzen („Die Kuh",
Sure 2:219), und die Trunkenheit unter den Konditionen genannt, die ein rechtes
Beten unmöglich machen („Die Frauen", Sure 4:43). Schließlich wird der Wein zusammen mit Glücksspiel und Wahrsagerei ausdrücklich verteufelt: „Gräuel an Satans-
werk" („Der Tisch", Sure 5:90f). Muslimische Kommentatoren lösen diese Wider-
sprüchlichkeiten so auf, dass späteren Offenbarungen ein größeres Gewicht als
früheren zukommen kann, sodass diese von jenen unter Umständen korrigiert und in
ihrer inhaltlichen Aussage sogar aufgehoben werden können. Allerdings war in der
Vergangenheit der *Genuss* – im Gegensatz zum *Missbrauch* – berauschender Getränke in
islamischen Ländern keineswegs immer verpönt. Neben dem strikten Verbot, das sich
in der Neuzeit durchgesetzt hat, galt lange auch die Auffassung als legitim, dass nur
ein Übermaß an Alkoholkonsum verwerflich wäre. Selbstverständlich waren nicht-
muslimische Minderheiten wie Juden und Christen, für die der Wein auch eine bedeutende Rolle in religiösen Riten spielt, in islamischen Ländern dem Verbot nicht unterworfen. Heutige Fundamentalisten fordern dagegen oft, dass Alkohol in ihren
Ländern überhaupt nicht gehandelt und auch im privaten Bereich bei niemandem ge-
duldet werden sollte. Modernere Rechtsauffassungen verweisen darauf, dass der Islam
grundsätzlich bestrebt sein müsse, den Menschen von allem abzubringen, was ihm
schadet. Da es sich bei Alkohol um einen Giftstoff handelt, sei er unerlaubt. Diese
Schulen verbieten unter derselben Prämisse konsequenterweise auch das Rauchen als
eindeutig unislamisch. Letztere Auffassung ist freilich schwer durchzusetzen, nicht
zuletzt deshalb, weil der Tabakkonsum im Koran nicht direkt angesprochen wird.

Nach ethisch-rechtlichen Gesichtspunkten wird der Korantext also sehr intensiv befragt und analysiert (nicht aber historisch-kritisch, siehe hierzu Kapitel 3.1).
Diese Form der Textarbeit am Koran nimmt die gesamte islamische Geschichte hindurch einen ausgesprochen dominanten Raum in der Selbstwahrnehmung der Muslime ein und hat gerade auch heute Hochkonjunktur. Es sind die islamischen Rechtsgelehrten, die das Selbstverständnis muslimischer Glaubensrichtungen und das
Identitätsempfinden ihrer Anhänger weitestgehend definieren.

Koran und Überlieferung (Sunna) als Grundlagen der Lebensorientierung

Als Quelle für die Glaubensorientierung tritt neben den Koran die Überlieferung hinzu, die dem Propheten Muhammad zugeschriebene Äußerungen und Verhaltensweisen umfasst. Sie werden als einzelne Sprüche (→*hadîth*) in mehreren, nach ihren Redaktoren benannten Sammlungen tradiert und in ihrer Gesamtheit als →*sunna*
(wörtl. „Gewohnheit, Überlieferung") bezeichnet. Die bedeutendsten Sammlungen

sind die von al-Buchâri[9] und von Muslim, beide aus dem 9. Jahrhundert. Formal können die Hadithe aus einzelnen, sprichwortähnlichen Sätzen oder aus kurzen Geschichten bestehen. Die Festschreibung der so genannten Fünf Säulen, auf denen der Islam ruht – Bekenntnis, Gebet, Fasten, soziale Verpflichtung und Zusammengehörigkeit (durch die Pilgerfahrt) –, ist beispielsweise in Hadithen überliefert. Um ein Vielfaches umfangreicher als der Koran selbst, nimmt die Sunna als Gegenstand islamischer Studien einen nicht zu unterschätzenden Raum ein. Etwaigen Tendenzen, die Bedeutung der Sunna als sekundär gegenüber dem Koran zu relativieren, wird von orthodoxer Seite energisch die Auffassung entgegengehalten, dass auch die Sunna auf göttlicher Eingebung basiere.[10] Ihre Verankerung im Koran selbst[11], mit Hinweis auf Stellen wie „Die Frauen", Sure 4:113; „Der Freitag", Sure 62:2 und „Die Kuh", Sure 2:231 ist allerdings umstritten.

Unterschiedliche Rechtsschulen haben sich in der islamischen Welt schon sehr früh formiert und existierten immer nebeneinander. Zudem haben sich, anders als in christlichen Kirchen, keine streng durchstrukturierten Hierarchien herausgebildet. Daher ist, jedenfalls seit der Abschaffung des Kalifats[12], der Gedanke an eine für die gesamte islamische Welt verbindliche Auslegung in Rechtsfragen abwegig. Lehrmeinungen, die Rechtsgelehrte in Form so genannter Gutachten (arab. →fatwa) verkünden, können also durchaus divergieren und sich gegenseitig widersprechen. Ihre Akzeptanz richtet sich nach dem Ansehen der jeweiligen Lehrautorität, die ein Dorfscheich oder -imam, ein für ein Land zuständiger Mufti oder eine Institution wie die traditionsreiche islamische Universität Al-Azhar in Kairo sein kann.

Die Rechtsgrundlagen (Scharia): unveränderlich in der Herleitung, aber dynamisch in der Anwendung

Nach ihrer konkreten Umsetzung ist auch die so genannte →Scharia (scharî'a) zu hinterfragen, die gewissermaßen einen Grundkonsens traditioneller Lehrmeinungen umfasst. Eine stimmige Übersetzung des Begriffs Scharia lautet: „Grundgesetz". Ihrem Selbstverständnis nach ist sie unmittelbar aus der göttlichen Offenbarung abge-

---

9   Z.B. Sahîh al-Buhârî, Nachrichten von Taten und Aussprüchen des Propheten Muhammad. Ausgewählt aus dem Arabischen, übersetzt und herausgegeben von Dieter Ferchl, Stuttgart 2002.

10   Unter Vorbehalt ist das Nebeneinander von Koran und Sunna der Position von Tora und Mischna (bzw. Talmud, deren Kerntext die Mischna umfasst) für das fromme Judentum vergleichbar, insofern die Mischna als mit der Tora gleichzeitige und gleichwertige Offenbarung Gottes vom Berg Sinai gilt, die erst sehr viel später schriftlich niedergelegt worden wäre (daher spricht man auch von der „mündlichen Tora"). Die Auseinandersetzung mit der Sunna kommt durchaus bisweilen der Intensität des Talmudstudiums im orthodoxen Judentum gleich.

11   Vgl. Abd al-Hafid Wentzel, Die Sunna, Kandern i. Schwarzwald 2002, 56ff.

12   Offiziell 1924 durch die türkisch-nationalistische Reformbewegung; allerdings war das nominell vom türkischen Sultan ausgeübte Kalifenamt bereits lange vorher bedeutungslos.

leitet und kann somit niemals zur Disposition gestellt werden. Die Auslegung und Anwendung der Scharia kann aber – im Gegensatz zu den unveränderlichen Grundlagen, auf denen sie fußt – sehr wohl als dynamisch fortschreitend verstanden werden und als anpassungsfähig und -bedürftig an die Veränderungen, denen wie jede Gesellschaft auch die islamische im Laufe der Zeit unterworfen ist. Zumindest ein Teil der islamischen Rechtsgelehrten befürwortet diese Interpretation. Sie verweisen beispielsweise darauf, dass die oft in Verbindung mit Scharia angesprochenen Körperstrafen nur in seltenen Fällen zur Anwendung kommen (sollen). Sie brächten präventive Intention in sich zum Ausdruck und sollten Übertretungen viel eher verhindern als vergelten. Unter dieser Prämisse können dann stattdessen auch modernere Präventionsmaßnahmen Scharia-rechtlich eingefordert werden.[13]

2.2   Was bedeutet die Bibel für Christen?

Die in Kapitel 2.1 ausgeführte, umfassende Bedeutung des Koran für Muslime, verbunden mit der kontinuierlichen Einführung der Jugend in dieses, das Leben und den Glauben begleitende heilige Buch wirft die Frage auf, ob Ähnliches auch für Christen und ihre Beziehung zur Bibel zutreffe. Hat das in praktisch alle Sprachen übersetzte und als Weltbestseller verkaufte Buch für die Lebensführung der ca. zwei Milliarden Christinnen und Christen eine hohe Relevanz? Oder ist es eher – gerade in seinen Kunstausgaben z.B. von Marc Chagall – ein Schmuck der Büchergestelle? Ein verstaubtes Relikt aus einer früheren Zeit? Ohne Bezug zu heute? Hand aufs Herz: Wann haben Sie letztmals daraus gehört oder gelesen? Vielleicht beim Besuch eines Gottesdienstes? Vielleicht anlässlich einer Taufe, Trauung oder Beerdigung? Trifft es zu, dass die Bibel im Religionsunterricht geradezu in der Krise ist, während sie in der Erwachsenenbildung eher Aufwind hat?

All diese Fragen sollen aufgegriffen werden, soweit es im vorgegebenen Raum möglich ist: Zunächst die Bibel als profanes und heiliges Buch, dann die Vielfalt der in der Bibel angesprochenen menschlichen Grunderfahrungen, weiter die Tatsache, dass die Bibel (wie der Koran) Gottes Wort ist, aber (im Unterschied zu ihm) als Menschenwort erscheint. Ferner kann die Bibel als spirituelle Quelle für den persönlichen Glauben, als Schatzkammer der Kirche sowie als Schwerpunkt in Katechese und Erwachsenenbildung gesehen werden, um sie dann als Dokument des kollektiven Gedächtnisses und als Stoff der Allgemeinbildung zu behandeln.

---

13   In Bezug auf die Geschlechterverhältnisse und die Religionsfreiheit sind sich die Autoren der Spannung zwischen Scharia und modernem Menschenrechtsverständnis bewusst. Vgl. Heiner Bielefeldt, Menschenrechte Eine Herausforderung für Christen und Muslime, in: A. Renz/S. Leimgruber (Hg.), Lernprozess Christen Muslime, Münster 2002, 44-56.

Die Bibel – ein profanes und ein heiliges Buch

Für Christen ist die Bibel zunächst ein Buch wie jedes andere. Sie lesen darin längere oder kürzere Abschnitte, zitieren daraus, überprüfen einzelne Stellen oder schlagen eine →Perikope nach. Die Bibel findet im Büchergestell ihren Platz neben anderen Büchern, z.B. neben weiteren Bibelausgaben. In ihrer Nähe stehen vielleicht Kommentare zu einzelnen biblischen Büchern, →Synopsen oder →Konkordanzen, vielleicht auch belletristische Literatur, Fachbücher oder Reisebeschreibungen.

In Religionsunterricht und Erwachsenenbildung wird versucht, einzelne Teile, Einheiten und Abschnitte der Bibel zu lesen und zu verstehen. Die Behandlungsweise unterscheidet sich kaum vom Umgang mit anderen (Schul-)Büchern. Nach einigen Jahren Gebrauch müssen sie ersetzt werden. Insoweit ist die Bibel ein Lesebuch, ein Nachschlagewerk, ein kleines Lexikon und durchaus mit anderen Büchern vergleichbar. Weil die Bibel auf weiten Strecken auch ein geschichtliches und literarisches Werk ist, werden die geschichtlichen Hintergründe und die literarischen Gattungen nach der so genannten historisch-kritischen Methode untersucht, die im evangelischen Bereich seit dem 18. Jahrhundert, im katholischen seit dem 19. und 20. Jahrhundert angewandt wird.

Doch Christen sehen in der Bibel noch mehr als nur ein reines profanes Buch, mehr als ein historisches und literarisches Werk. Es ist für ihr geistliches und kirchliches Leben ein *heiliges Buch*, dem sie besondere Wertschätzung zeigen, vor allem im Gottesdienst, aber auch bei der persönlichen geistlichen Lesung. Das wird seit dem Zweiten Vatikanischen Konzil an verschiedenen Orten in der Liturgie sichtbar:
– Beim feierlichen Einzug zur Eucharistiefeier wird das *Evangeliar*[14] von einem Diakon (evtl. Priester) erhoben, hereingetragen und auf den Altar gestellt. Die Verkündigung des Evangeliums verläuft folgendermaßen: In einer kleinen Prozession wird das Evangeliar vom Altar zum Lesepult getragen, begleitet von zwei Akolythen (Kerzenträgern) und dem Weihrauch. Der Diakon oder Priester spricht vor der Lesung des Evangeliums: „Der Herr sei mit euch". Alle antworten: „Und mit deinem Geiste". Er fährt fort: „Aus dem heiligen Evangelium nach (z. B.) Matthäus". Es folgt das Kreuzzeichen, und dann antworten alle: „Ehre sei dir, o Herr". Das Buch kann mit Weihrauch inzensiert werden als Zeichen der Verehrung Christi, der im Evangelium gegenwärtig ist und zu uns spricht. Im Anschluss an den Vortrag des Evangeliums erhebt der Diakon oder Priester das Buch und spricht (oder singt) „Evangelium unseres Herrn Jesus Christus", und alle antworten: „Lob sei dir, Christus". Er küsst das Evangeliar und bringt es auf den Altar zurück.

---

14 Das Evangeliar ist ein häufig kostbar ausgestattetes Buch, das die Sonntags- und Festtagsevangelien enthält.

– Wenn katholische Christen zum *Lektorendienst* beauftragt werden, erfolgt die Übergabe des Lektionars mit folgenden schriftbezogenen Worten im Segensgebet:

„Gütiger Gott, du Ursprung des Lichtes, in deinem eingeborenen Sohn hast du das Wort des Lebens gesandt, um uns Menschen das Geheimnis deiner Liebe zu enthüllen. Segne + unsere Brüder (und Schwestern), die zum Lektorendienst erwählt sind. Erleuchte sie, dass sie dein Wort in sich aufnehmen, es allezeit erwägen und von ihm geformt werden. Gib, dass sie es den Brüdern und Schwestern treu und zuverlässig verkünden. Darum bitten wir…" Und wenn die Bibel übergeben wird, heißt es: „Empfange das Buch der Heiligen Schrift. Trage das Wort Gottes getreu und vernehmlich vor, damit es in den Herzen der Menschen seine ganze Kraft entfaltet."[15]

– An vielen Orten übergibt der Bischof den *Firmandinnen und Firmanden* eine Bibel mit dem Hinweis, dass die Bibel für ihr Leben wegweisend werde. In evangelischen Konfirmationsfeiern gibt der Pfarrer jungen Christen ein Wort aus der Bibel mit auf den Weg.

– Sehr eindrücklich ist der Umgang mit der Bibel anlässlich der *Bischofsweihe.* Der Erwählte tritt vor den Hauptzelebranten und kniet vor ihm nieder. Nach der Handauflegung nimmt der Hauptzelebrant von einem Diakon das Evangeliar entgegen und legt es geöffnet dem Erwählten auf das Haupt; zwei Diakone, die rechts und links vom Erwählten stehen, halten das Evangeliar bis zum Ende des Weihegebetes über dem Haupt des Erwählten.[16] Der Hauptzelebrant salbt dessen Haupt und überreicht ihm das Evangeliar mit folgenden Worten: „Empfange das Evangelium und verkünde das Wort Gottes in aller Geduld und Weisheit."[17] – Damit wird deutlich, dass der Weihekandidat als Bischof seinen Dienst unter das Wort der Bibel stellen soll, dass die Bibel für ihn Maßstab, Wegleitung und Segen sein möge.

– Auch bei der *Diakonenweihe* überreicht der Bischof jedem Kandidaten das Evangeliar mit folgenden Worten: „Empfange das Evangelium Christi: Zu seiner Verkündigung bist du bestellt. Was du liest, ergreife im Glauben; was du glaubst, das verkünde, und was du verkündest, erfülle im Leben."[18]

Hier wird ein Bogen von der Bibel als Buch gespannt zum Zeugnis des Evangeliums durch das Leben. Die Bibel soll im Leben der Menschen Gestalt bekommen. Durch diesen Umgang mit Evangeliar (oder Lektionar) wollen Christen ihre Achtung gegenüber der Bibel zum Ausdruck bringen, noch mehr, sie zeigen, dass durch die Bibel Gott zu ihnen spricht und sie diese Worte ehrfürchtig hören und aufnehmen wol-

---

15   Pontifikale für die katholischen Bistümer des deutschen Sprachgebietes, hg. im Auftrag der Bischofskonferenzen Deutschlands, Österreichs und der Schweiz so wie der (Erz-) Bischöfe von Bozen-Brixen, Lüttich, Luxemburg und Straßburg, Bd. III (Die Beauftragung der Lektoren und der Akolythen. Aufnahme unter die Kandidaten für das Weihesakrament), Trier ²1994, 21.

16   Pontifikale, Bd. I (Die Weihe des Bischofs, der Priester und der Diakone), Trier ²1994, 37-43.

17   Ebd., 44.

18   Ebd., 148. Für Hinweise zu diesem Abschnitt danken wir Herrn PD Dr. Wolfgang Steck.

len. Als „Knechte" oder „Diener" Gottes versuchen sie, aus dem Geist der Heiligen Schrift zu leben. Dieser Versuch kennzeichnete auch das Wirken von Papst Johannes Paul II. Bei seinem Requiem wurde deshalb ein Evangeliar auf seinen Sarg gelegt.

Bunte Vielfalt menschlicher Erfahrungen

Wer die Bibel liest, dem öffnet sich darin eine farbige Palette menschlicher Erfahrungen, Erzählungen über die Höhen und Tiefen des Lebens, sowie Erkenntnisse von der Größe und vom Elend des Menschen. Bekanntlich thematisiert das Salomo zugeschriebene Hohelied die Sehnsucht und Liebe zwischen Mann und Frau:

[1]Schön bist du, meine Freundin, ja du bist schön. Hinter dem Schleier deine Augen wie Tauben. Dein Haar gleicht einer Herde von Ziegen, die herabzieht von Gileads Bergen ... [9]Verzaubert hast Du mich, meine Schwester Braut; ja verzaubert mit einem (Blick) deiner Augen, mit einer Perle deiner Halskette. [10]Wie schön ist deine Liebe, meine Schwester Braut; wie viel süßer ist deine Liebe als Wein, der Duft deiner Salben köstlicher als alle Balsamdüfte. (Hld 4,1.9-10)

Die Deutungen des Textes reichen von realistischen Liebesgedichten bis hin zu allegorischen Liedern! – Ferner werden in der Bibel Erfahrungen der Müdigkeit und der Trauer beispielhaft in Psalm 38 beschrieben:

[7]Ich bin gekrümmt und tief gebeugt, den ganzen Tag geh ich traurig einher. [9]Kraftlos bin ich und ganz zerschlagen, ich schreie in der Qual meines Herzens. (Ps 38,7.9)

Andererseits spricht die Bibel viele Hoffnungen der Menschen an, aber auch das Zerbrechen von Plänen:

Haucht der Mensch sein Leben aus und kehrt er zurück zur Erde, dann ist es aus mit all seinen Plänen. (Ps 146,4)

Die Erfahrung der Vergänglichkeit und selbst der Resignation ist im Buch Kohelet artikuliert:

[14]Ich beobachtete alle Taten, die unter der Sonne getan werden. Das Ergebnis: Das ist alles Windhauch und Luftgespinst ... [18]Denn: Viel Wissen, viel Ärger, wer das Können mehrt, der mehrt die Sorge. (Koh 1,14.18)

Kohelet sieht Bildung und Besitz in ihrer Bedingtheit und Relativität. Fast zynisch wird alles als „Windhauch" in Frage gestellt. Weiter kommt in der Bibel die positive Erfahrung der Freundschaft zum Tragen. Es wird vom Gelingen des Lebens ebenso gesprochen wie von Enttäuschungen und Erfahrungen des Scheiterns. Außerdem handelt die Bibel von Feindschaft, Hass und Gewalt, ja von Krieg und Genozid, schlicht von allem, was unter Menschen vorkommt.[19]

---

19   Vgl. dazu besonders M. Görg, Der un-heile Gott. Die Bibel im Bann der Gewalt, Düsseldorf 1995.

Facettenreich breitet die Bibel ferner das *Verhältnis des Menschen zu Gott* aus. Gott wird als „schützender Fels" und „feste Burg" (Ps 31) in Nöten gesehen, als Person wie ein sorgender Vater oder eine Mutter, als „mein Licht und mein Heil" (Ps 27,1). Geheimnisvoll hat er den Menschen erschaffen, wenn es in Psalm 139 heißt: „*Denn du hast mein Inneres geschaffen, mich gewoben im Schoß meiner Mutter. Ich danke dir, dass du mich so wunderbar gestaltet hast. Ich weiß: Staunenswert sind deine Werke*" (Ps 139,13-14). Neu wird gesehen, welch hohen Stellenwert die Klage in der Bibel einnimmt, um Schmerzen und Verletzungen in Worte zu fassen. Die Klage gilt als Weg, das Böse und negative Erfahrungen überhaupt vor Gott und den Menschen ins Leben einzuordnen.[20]

Wir beenden hier unsere Aufzählung. Leicht ließen sich weitere Erfahrungen anführen, welche die Bibel aufbewahrt hat. Sie alle bieten Leserinnen und Lesern Möglichkeiten, dem Ringen um Leben und Glauben früherer Menschen zu begegnen und sich selbst wie in einem Spiegel neu zu sehen. Der Erfahrungsreichtum der Bibel ist so unendlich groß, dass wir sehr häufig bei der Lektüre durch irgendein Wort oder einen Gedanken unmittelbar angesprochen werden und von dort aus weiter meditieren können. Auch Martin Luther (1483-1546) hat erfahren, wie gewinnbringend die Beschäftigung mit ihr ist, wenn er in einem Bild nach Johann Aurifabers Überlieferung (1566) festhält,

„ ... daß sie wäre wie ein sehr großer weiter Wald, darinnen viel und allerlei Art Bäume stünden, darvon man könnte mancherlei Obst und Früchte abbrechen. Denn man hätte in der Biblia reichen Trost, Lehre, Unterricht, Vermahnung, Warnung, Verheißung und Dräuung etc. Aber es wäre kein Baum in diesem Walde, daran er nicht geklopft und ein paar Äpfel oder Birn davon gebrochen und abgeschüttelt hätte."[21]

Die Bibel als Gotteswort im Menschenwort

Der Koran versteht sich als von Gott durch den Engel Gabriel an Muhammad geoffenbarte Schrift. Er entspricht der im Himmel aufbewahrten Uroffenbarung und reflektiert die allgemeine, vorverbale Offenbarung Gottes in der Schöpfung, die durch „Zeichen" erkennbar ist. Der Koran ist gleichsam die arabische Form der Uroffenbarung Gottes, die auch das Alte und das Neue Testament bestätigt, überbietet und als Gottes letztes, definitives Wort überstrahlt.[22] Der Koran ist deshalb heilig, ein für alle

---

20   L. Bendel-Maidl, Die Klage als Weg, das Böse mit Gott ins Gespräch zu bringen, in: Münchener Theologische Zeitschrift 52, 2001, 234-244.

21   Kritische Gesamtausgabe D. Martin Luthers Werke (Weimarer Ausgabe), Abt. Tischreden, Bd. 1, 1912, S. 320 Nr. 674, vgl. S. 244 Nr. 1877.

22   Diese „Substitutionsthese" geht davon aus, dass Tora und Evangelium nachträglich verfälscht wurden und nicht mehr der authentischen Offenbarung Gottes entsprechen. In der christlichen Theologie wurde eine entsprechende Haltung lange Zeit auf den Alten Bund bezogen, der durch den Neuen Bund „ersetzt" worden sei.

Mal gegeben und nicht Wort von Menschen – auch nicht von Muhammad. Die ihm offenbarten und von ihm rezitierten Worte wurden gesammelt und etwa 20 Jahre nach seinem Tod schriftlich in der heutigen Form zusammengestellt.

Mit der Bibel verhält es sich anders: Zwar wird sie auch als Wort Gottes verstanden, ebenfalls in Gottesdiensten vorgetragen, aber ihre Entstehung, mündliche Tradition und schließlich die Redaktion dauerten sehr viel länger, nämlich gut tausend Jahre. Als Kern lag die Tora bzw. die fünf Bücher Mose bis ins 5. und 4. Jahrhundert v. Chr. fest, daran schlossen sich bis ins 3. Jahrhundert die Prophetenbücher (hebr. Nebiim) an, also Jesaja, Jeremia, Ezechiel und die zwölf Propheten. Schließlich kamen bis ins erste nachchristliche Jahrhundert nach und nach die „Schriften", weitere Bücher hinzu, bis sie von der Gemeinde als gültig, von Gott inspiriert anerkannt und für ihren Glauben maßgeblich waren. Gottes Offenbarung im Alten Testament war tief in die Geschichte der Menschen eingegangen, in ihre Kultur und Literatur, sodass *von Gottes geoffenbartem Wort im Menschenwort* gesprochen wurde.

Der Aufbau des (hebräischen) Alten Testaments[23]		
Name	**Inhalt**	**Mutmaßliche Fixierung („Kanonisierung")**
Tora „Weisung"	Pentateuch: 1-5 Mose = Genesis, Exodus, Leviticus, Numeri, Deuteronomium	5./4. Jahrhundert v. Chr.
Nebiim „Propheten"	„Vordere (Frühere) Propheten": Josua, Richter, 1-2 Samuel, 1-2 Könige „Hintere (Spätere) Propheten":Jesaja, Jeremia, Ezechiel, Zwölfprophetenbuch: Hosea-Maleachi	3. Jahrhundert v. Chr.
Ketubim „Schriften"	Psalmen, Hiob, Sprüche; 5 Megillot (=„Rollen"): Rut, Hoheslied, Kohelet, Klagelieder, Ester; Daniel, chronistisches Geschichtswerk (Esra, Nehemia, Chroniken)	um 100 n. Chr.

---

23   Quelle: W. Schmid, Einführung in das Alte Testament, Berlin ⁴1989, 6.

Hinzu kommt ein weiterer wesentlicher Unterschied. Für Christen hat Gott durch die Propheten und dann ganz besonders durch Jesus Christus zu den Menschen gesprochen, wie es der Beginn des Hebräerbriefs deutlich macht: *„Viele Male und auf vielerlei Weise hat Gott einst zu den Vätern gesprochen durch die Propheten; in dieser Endzeit aber hat er zu uns gesprochen durch den Sohn"* (Hebr 1,1f). In Differenz zum Islam erreicht Gottes Offenbarung in christlicher Perspektive ihre äußerste Verdichtung und Erfüllung in Jesus Christus. Jesus wird selbst als Wort Gottes bezeichnet (Joh 1,14). Gottes Wort findet damit für Christen die letzte Konkretion in Jesus Christus, der selbst Mensch wurde, der zu den Menschen gesprochen hat und der bis heute durch den Heiligen Geist zu ihnen spricht. Gottes Wort kommt als Kraft zum Heil für alle, die glauben, in Jesus Christus zu einzigartiger Darstellung (vgl. Dei Verbum Nr. 17). Er selbst ist das Wort Gottes und spricht den Menschen „Worte des ewigen Lebens" (Joh 6,68) zu. Wie Gott zu allen Menschen spricht und Jesus Christus für alle das Heil erwirkt hat, so können alle Menschen durch das Hören und Lesen der Schrift Gott begegnen und den von ihm initiierten Dialog weiterführen.

Während für Muslime der Koran selbst Gottes Offenbarung bedeutet und absolute, der Geschichte enthobene Autorität beansprucht, und Muhammad lediglich als *Vermittler* des ihm persönlich geoffenbarten Koran fungiert, ist die Bibel für Christen nicht Gottes Offenbarung selbst, sondern *Zeugnis der Offenbarung* Gottes an mehrere Personen, „Reflex auf eine vorausgehende Offenbarung Gottes"[24], welche ihre Zentrierung im Retter und Erlöser Jesus Christus gefunden hat. Nicht die Bibel als Buch, sondern Jesu ganzes Leben, Wirken, Sterben und österliche Auferstehung bilden die Mitte der göttlichen Offenbarung.

Dies bedeutet für das Studium von Gottes Wort, dass Christen sich primär auf Christus einlassen sollen, dabei die Bibel lesen und dort auch die literarischen Formen und Gattungen berücksichtigen müssen, um ihren wahren Gehalt verstehen zu können. Die Geschichte der Tradition und Redaktion kann neues Licht auf die ursprünglichen Intentionen der Schriftsteller werfen. Symbolische Textsorten wie Gleichnisse, Allegorien und Legenden sind zu unterscheiden von realistischen Geschichtsberichten. So hat man beispielsweise die biblische Schöpfungserzählung bis in die Neuzeit als historischen Bericht missverstanden, der keine Deutung bräuchte. Obwohl Bibel und Koran auf einer anderen Ebene stehen, sind sie insofern vergleichbare Bücher, als nach der Überzeugung von Christen und Muslimen Gott im Vortrag aus beiden präsent ist und durch beide Heiligen Schriften spricht. Das Zweite Vatikanische Konzil hat in der Offenbarungskonstitution →„Dei Verbum" vor vierzig Jahren festgehalten: „In den Heiligen Büchern kommt ja der Vater, der im Himmel ist, seinen Kindern in Liebe entgegen und nimmt mit ihnen das Gespräch auf" (Dei Verbum, Nr. 21). Diesem Kommen Gottes als Vater zu den Menschen durch das Wort entspricht eine Grundhaltung

---

24 J. Gnilka, Bibel und Koran, Freiburg 2004, 45–46.

des Empfangens. Christen sind zunächst „Hörer des Wortes" (Karl Rahner) bzw. „Hörerinnen des Wortes Gottes".[25] Dieses Wort Gottes gilt es aufzunehmen, zu bedenken und stets auf das Jetzt auszulegen.

Durch die Bibel begegnet Gott dem Einzelnen

Wann und wie auch immer die Bibel entstanden ist, ihre Lesung und Meditation bilden eine vorrangige Quelle für das spirituelle Leben des und der Einzelnen. Gewiss ist sie auch das Herz der Theologie als Wissenschaft und sollte eine Grundlage jeder theologischen Disziplin bilden. Doch ohne Rückbindung des persönlichen Glaubens an Gottes Wort droht dieser Glaube bald zu zerrinnen, sich aufzulösen oder subjektivistische Züge anzunehmen.

Die Bibellesung kann zum „Wort wie Feuer"[26] werden, das beeindruckt und begeistert. Es gibt Nahrung für die Seele mit auf den oft beschwerlichen Weg. Noch mehr, im Hören und Bedenken von Gottes Wort in der Bibel begegnet Gott uns selbst und spricht zu uns. Während Muslime dem gemeinschaftlichen Gebet Priorität einräumen, pflegen Christinnen und Christen stärker das individuelle Gebet. Dies umso mehr, als die „westliche" Gesellschaft viel individualisierter ist als die Gesellschaft in islamisch geprägten Ländern. Für das persönliche Gebet spielt das Lesen der Schrift eine nicht unwesentliche Rolle. Einige Christinnen und Christen, besonders Ordensleute und Geistliche, aber auch viele Laien, lesen täglich in der Bibel, meditieren einzelne →Perikopen und erwägen deren Bedeutung für ihren Alltag. Sie erhalten Trost und neue Gedanken aus der Schriftlesung. Im Stundengebet (Brevier), das Ordensleute und Kleriker (Diakone, Priester und Bischöfe) beten, nehmen die Schriftlesungen und Psalmen großen Raum ein. In der evangelischen Kirche gibt es die →„Losungen"[27], d.h. Bibelworte als Leitgedanken für den Tag. Anlässlich der Konfirmation können Jugendliche ein Bibelwort auswählen, das sie durch ihr Leben begleiten soll. Bekannt ist auch die so genannte „Lectio continua" an Werktagen, also eine fortlaufende Lesung, die durch die verschiedenen alt- und neutestamentlichen Schriften führt mit dem Ziele, innerhalb von zwei Jahren einen Überblick über die „ganze Bibel" zu erhalten.

Die Lesungen der Heiligen Schrift dienen der Erbauung des Einzelnen wie der Gemeinschaft (1 Kor 12; Röm 12). Nach einem Wort Papst Gregors des Großen (540-604) wachsen die göttlichen Worte mit den Lesern. Lektüre und Meditation der Bibel bereichern das geistliche Leben, stärken das Fundament des Glaubens und vermitteln

---

25 Das Hören auf die Heilige Schrift ist auch für Christen zentral: „der Glaube kommt vom Hören" (Röm 10,17), so wie für Muslime das Hören der Koranrezitation (vgl. Kapitel 2.1).

26 H. K. Berg. Ein Wort wie Feuer. Wege lebendiger Bibelauslegung, Düsseldorf 1991.

27 J. Neijenhuis, „Losungen", in: Die Religion in Geschichte und Gegenwart, Bd. 5, Tübingen ⁴2002, 519-520.

Zuversicht. Durch das Lesen der Bibel bleibt der Einzelne nicht allein. Er stellt sich vielmehr in den Raum der universalen Heilsgeschichte Gottes mit den Menschen.

Die Bibel als Schatzkammer der Kirche

Die Bibel spendet Nahrung für das persönliche, individuelle Leben und ist für die Identitätsfindung und Lebensbewältigung von großer Bedeutung. Darüber hinaus ist sie eine Quelle für das geistliche Leben der Gemeinschaft der Kirche. Ja, sie ist der Maßstab, an dem sich die Praxis der Kirche immer wieder messen muss. Mit Franz von Assisi bildet die Heilige Schrift gleichsam die „Richtschnur", nach der die Kirche ihr Leben auszurichten hat.

Dies gilt insbesondere für den *Gottesdienst der Kirche*, wo stets aus der Bibel vorgetragen wird. Die Ansprache (die Predigt oder die so genannte Homilie) soll die Schrift im Hinblick auf das Leben der Glaubenden auslegen. Das Zweite Vatikanische Konzil hat die Bedeutung des Wortgottesdienstes in der heiligen Messe und bei der Feier der Sakramente im Vergleich zu früher aufgewertet. Es spricht von zwei „Tischen": vom „Tisch des Brotes" und vom „Tisch des Wortes", der mit dem „Tisch des Brotes" vergleichbar ist.

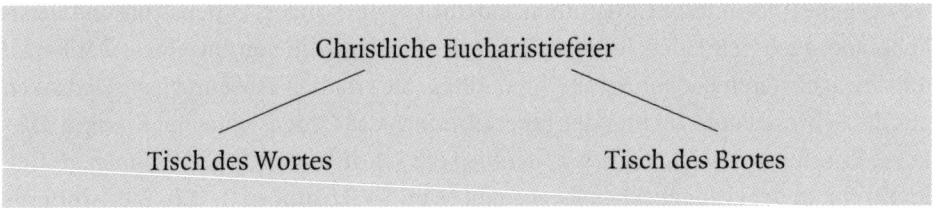

„Die Kirche hat die Heiligen Schriften immer verehrt wie den Herrenleib selbst, weil sie, vor allem in der heiligen Liturgie, vom Tisch des Wortes Gottes wie des Leibes Christi ohne Unterlass das Brot des Lebens nimmt und den Gläubigen reicht" (Dei Verbum, Nr. 21).

Das Konzil fordert dazu auf, „den Tisch des Gotteswortes" reicher zu bereiten und die „Schatzkammer der Bibel" weiter zu öffnen.[28] Denn: „Wann immer in der Kirche die Heilige Schrift gelesen wird, spricht Gott zu seinem Volk, und verkündet Christus, gegenwärtig in seinem Wort, die Frohbotschaft"[29].

Auf der evangelischen Seite sind schon früher Leseordnungen (Agenden) entworfen worden, die den Schrifttext für den Sonntagsgottesdienst vorgeben. Katholi-

---

28   Liturgiekonstitution → Sacrosanctum Concilium, Nr. 51.
29   Allgemeine Einführung in das Römische Messbuch, Nr. 9.

scherseits wurden nach dem Konzil die Lesejahre für die Sonntage, Hochfeste und Feste eingeführt, die mehr biblische Texte in die Liturgie einbringen, als dies im früheren Ein-Jahres-Zyklus der Fall war. In den Evangelien des Lesejahres A steht nun das Matthäusevangelium im Vordergrund, im Lesejahr B das Markusevangelium und im Lesejahr C das Lukasevangelium. Das Johannesevangelium wird im Markusjahr und jährlich in der Osterzeit gelesen. Dazu kommt an allen Sonntagen (ohne Osterzeit, wo aus der Apostelgeschichte vorgetragen wird) eine Lesung aus dem Alten Testament; eine zweite Lesung entstammt dem Briefkorpus und der Johannes-Offenbarung, und als Antwortgesänge können Psalmen gesungen oder gebetet werden. Für die Werktage ist außerhalb der Advents-, Weihnachts-, Fasten- und Osterzeit neu ein Zwei-Jahres-Zyklus vorgesehen, der große Teile der Bibel zur Sprache bringt.

Die Heilige Schrift in Religionsunterricht und Erwachsenenbildung

Wer sich in Religionsunterricht und Erwachsenenbildung engagiert, kann ganz unterschiedliche Erfahrungen mit der Bibel machen. In der *Grundschule* erfährt das Erzählen biblischer Geschichten nach wie vor großen Zuspruch von Seiten der Kinder. Denn Erzählen stiftet Gemeinschaft. Durch diese beliebte Tätigkeit zeigt die Lehrerin/der Lehrer den Kindern volle und ganze Zuwendung. In der Sekundarstufe I hat der Unterricht ganz allgemein, nicht nur der Religionsunterricht, die größten Schwierigkeiten aufgrund psychologischer Entwicklungen und oft wegen familiärer und sozialer Veränderungen. Deshalb stößt auch der Bibelunterricht (wie jede Arbeit mit Texten) nicht selten auf Desinteresse oder gar Widerstand. Bereits Augustinus sprach dem Katecheten Deogratias angesichts dessen erfahrener „Langeweile" in der Katechese Ermunterung zu.[30] Heute hat H. K. Berg „Überdruss" bei vielen Schülerinnen und Schülern diagnostiziert und bei manchen Lehrpersonen eine gewisse „Ratlosigkeit" in der Bibeldidaktik festgestellt.[31] Als Gründe sieht er :

a) einen Erfahrungsverlust, insofern die Bibel wenig Beziehung zu modernen Erfahrungen aufweise,

b) einen Relevanzverlust der Bibel, weil sie wenig konkrete Orientierung für das Leben gebe,

c) einen Effektivitätsverlust, da von ihr wenig Inspiration und Motivation zu einer humanen Lebensgestaltung ausgine.

---

30 Aurelius Augustinus, De chatechizandis rudibus, Nr. 1 (Schriften der Kirchenväter Bd. 17) München 1985, 13.

31 H. K. Berg, Methoden biblischer Texterschließung, in G. Adam/R. Lachmann (Hg.), Methodisches Kompendium für den Religionsunterricht, Göttingen ²1996, 163-186, hier 163. Vgl. H. K. Berg, Ein Wort wie Feuer. Wege lebendiger Bibelauslegung, Stuttgart/München ²1992 ders., Grundriss der Bibeldidaktik, Stuttgart/München 1993.

In der Erwachsenenbildung und bereits in Leistungskursen der Sekundarstufe II ist indessen wieder eine verstärkte Zuwendung zur Bibel festzustellen. Mit ihren eigenen, oft neuen Fragen gehen junge Menschen an dieses Buch heran. Praktisch in allen Gemeinden und kirchlichen Tagungsstätten, Bildungshäusern und Akademien gehören Bibelkurse, Lektüre einzelner biblischer Bücher, biblische Exerzitien und ähnliche Veranstaltungen zum Grundbestand des Kursangebotes.

Im Anschluss an das Dokument „Der Religionsunterricht in der Schule" (1974) der Gemeinsamen Synode der Bistümer in der Bundesrepublik wird von einer korrelativen (oder auch dialogischen) Bibeldidaktik gesprochen. Diese versucht, biblische Aussagen mit Aussagen über Grunderfahrungen der Menschen zu verknüpfen oder eine Hin- und Herbewegung zwischen Bibeltext und fragenden Leserinnen und Lesern in Gang zu bringen. Ingo Baldermann hat bei Kindern einen eigenen unmittelbaren Zugang zur Bibel festgestellt.[32] Neuerdings spricht Ulrich Kropač von einer dekonstruktivistischen Bibeldidaktik, wonach biblische Texte die Rezipienten in Frage stellen, kritisieren und mit neuen Impulsen konfrontieren.[33] – Wie vielfältig die Arbeitsmethoden mit der Bibel auch sein mögen, wichtig ist, dass sie im Religionsunterricht „eine herausragende Stellung" einnimmt. Erwachsenenbildung und Katechese müssten eine „authentische Anleitung zur Schriftlesung" geben, denn sie ist und bleibt eine zentrale Quelle für die Weitergabe des Glaubens.[34]

Die Bibel als kulturelles Erbe und Bildungsgegenstand

Eine letzte Bedeutung der Bibel besteht darin, dass sie nicht nur zur Weltliteratur gehört, sondern auch zum Kernbestand des kulturellen Gedächtnisses der Menschheit. Ihre Geschichten, Gestalten und manche Wendungen haben sich in die Alltagssprache eingefügt und werden häufig auch in außerbiblischen Kontexten zitiert. Zahlreiche biblische Personen sind in Literatur, Musik und Filmen schöpferisch gestaltet worden (z.B. Mose, Elija, Paulus). Die Kindheitsgeschichten Jesu sind zu Weihnachtsoratorien, die Leidensgeschichte in Passionen vertont worden. Es gibt mittlerweile eine Serie von Jesusfilmen[35] mit unterschiedlichen Aussageschwerpunkten. In Theologie und Humanwissenschaften wird häufig auf das biblische Menschenbild rekurriert, das in Genesis 1-3 sein Fundament hat. Themen wie die Schöpfung sind in Oratorien umgesetzt worden und zählen zum Kulturbestand des Abendlandes.

---

32   I. Baldermann, Einführung in die biblische Didaktik, Darmstadt 1996.

33   U. Kropač, „Da rang mit Jakob ein Mann...". Skizze einer dekonstruktivistischen Bibeldidaktik, in: M. Bahr/U. Kropač/M. Schambeck (Hg.), Subjektwerdung und religiöses Lernen. Für eine Religionspädagogik, die den Menschen ernst nimmt, München 2005, 124-134.

34   Allgemeines Direktorium für die Katechese, hg. von der Kongregation für den Klerus, Sekr. der DBK, Bonn 1997, 122-124, hier 123.

35   http://www.jesusfilme.uni-tuebingen.de

Schülerinnen und Schüler, aber auch Erwachsene in diese Kultur einzuführen, gehört zu den allgemeinen Bildungsaufgaben und zum „Kerngeschäft" der religiöser Erziehung.

2.3 Zusammenfassung

- Sowohl Koran als auch Bibel sind für Muslime und Christen kapitale sinnstiftende Quellen für die Bewältigung des Alltags. Beide Heilige Schriften vermitteln den Gläubigen Halt, Wertorientierung und Horizont.

- Obwohl sich nur eine Minderheit von Christen intensiv und kontinuierlich mit der Heiligen Schrift auseinandersetzt, spielt sie sowohl für die persönliche Frömmigkeit als auch in der gottesdienstlichen Liturgie der Gemeinde eine zentrale, unersetzliche Rolle. Sie ist oberste Regel und Norm für christliche Gemeinden, muss aber unter neuen soziokulturellen Voraussetzungen je neu für die Lebenspraxis ausgelegt werden.

- Die Bedeutung des Koran für Muslime entspricht nicht der Bedeutung der Bibel für Christen, sondern ist eher – mit Vorbehalt – der Stellung Christi im christlichen Glauben vergleichbar. Für den Zugang zum Text stehen Hören und Rezitieren (Ohr und Mund) ganz im Vordergrund. Koranrezitation ist Bestandteil der täglichen fünf Gebete. Inhaltlich wird dem Koran Rechtleitung für alle Bereiche des Daseins zugebilligt.

- Der Sprache des Koran wird unnachahmliche und unergründliche Schönheit zugeschrieben; sie gilt als Beglaubigungswunder und Gottesbeweis.

- Als Quelle für die Glaubensorientierung tritt neben den Koran die →Sunna, d.h. die Überlieferung der dem Propheten Muhammad zugeschriebenen Äußerungen und Verhaltensweisen.

- Den traditionellen islamischen Rechtsschulen kommt große Bedeutung für die Umsetzung der Glaubenslehren in den Lebensalltag zu. Die Rechtsgrundlage, die so genannte →Scharia, gilt ihrer Herleitung nach als unveränderlich, kann (und sollte) aber in der Auslegung und Anwendung als dynamisch aufgefasst werden.

- Maßgebliche Faktoren für die Auslegung der Bibel sind der Glaubenssinn der Gläubigen, die Lebenspraxis der Gemeinden, aber auch die wissenschaftliche Theologie und das Lehramt.

- Bibel und Koran leisten in Schule, Religionsunterricht und Erwachsenenbildung einen unverzichtbaren Beitrag zur Allgemeinbildung und zur religiösen Erziehung. Beide heiligen Schriften gehören zum kulturellen Gedächtnis der Menschheit.

3. Wie sollen wir die beiden Heiligen Schriften verstehen? – Auslegungsfragen

Fragen wir des Weiteren, wie Bibel und Koran auszulegen sind, welche Interpretationsmöglichkeiten beide Schriften in sich bergen, wohin diese führen und warum der Islam insgesamt mehr Zurückhaltung gegenüber Übersetzungen und Auslegungen hegt.

3.1 Ist Koranexegese möglich?

> UNS (Gott) obliegt es,
> ihn (den Koran) zusammenzustellen
> und zu rezitieren.
> Wenn WIR ihn dann rezitiert haben,
> dann folge du seiner Rezitation!
> Dann obliegt es UNS, ihn zu erklären.
>
> („Die Auferstehung", Sure 75:17-19)

Wie ist der Koran entstanden?

Nach dem Tod des Propheten Muhammad (632) folgte ihm **Abu Bakr**, einer seiner Schwiegerväter, als erster der vier sogenannten „rechtgeleiteten" →Kalifen (d.h. „Stellvertreter"). Bereits betagt, starb er nach nur kurzer Amtszeit (632-634), in der er entscheidende Grundlagen für die weitere so erfolgreiche Ausbreitung des Islam legte: Auf der einen Seite gelang es ihm, praktisch die gesamte Arabische Halbinsel als solide Ausgangsbasis für die weitere Expansion zu gewinnen. Zum anderen war er es, der Tradition nach, der erstmals anordnete, die Offenbarung auch in Schriftform zu sammeln. Obwohl islamische Überlieferungen auch davon sprechen, dass der Prophet selbst bei ersten Niederschriften anleitend mitgewirkt habe, gehen auch muslimische Gelehrte davon aus, dass die *Offenbarung zunächst in erster Linie mündlich* weitergegeben wurde, da, wie wir im vorigen Kapitel (2.1) gesehen haben, der Koran, auch seinem Namen nach, eben primär auf *Rezitation* beruht. Dazu wurden sogenannte Hafize ausgebildet, die die Verse und Suren exakt und getreu auswendig memorierten. Der Tod des Propheten bedeutete jedoch den Verlust des eigentlichen Garanten für die authentische und korrekte Rezitation. Als dann seine unmittelbaren Gefolgsleute starben, wurde die Notwendigkeit einer *Verschriftlichung* immer deutlicher und dringender. Wiewohl sekundär, lässt sich auch die Schriftform des Koran durchaus aus diesem selbst rechtfertigen: Das erste offenbarte Wort „Lies!" („Rezitiere!"), mit dem Vers 1 von Sure 96 („Der Klumpen" oder: „Der Embryo"[1]) einsetzt, wird in Vers 3 wieder aufgenommen und fortgeführt: „Dein Herr, der hochherzigste, er hat *mit dem Schreibrohr* den Menschen gelehrt, was er vorher nicht wusste".

Abu Bakrs Nachfolger wurde **Omar** (634-644), ebenfalls ein Schwiegervater des Propheten. Er dehnte das weiterhin von Medina aus regierte, islamische Reich über Jerusalem mit Syrien, Irak und Ägypten aus. Und er setzte die Anordnung seines Vorgängers um, die Offenbarungstexte niederschreiben zu lassen. Nach dem gewaltsamen Tod Omars wurde **Othman** (auch: Osman) Kalif (644-656). Unter ihm kam es zu immer mehr Spannungen, die zu seiner Ermordung führten und darüber hinaus in offenen Streit um die Nachfolge im Kalifat mündeten, aus dem weiteres Blutvergießen und die nie mehr überwundene Spaltung der Muslime resultierte. Sie separierten sich in die Hauptzweige der →Schiiten (Anhänger **Alis** [656-661], Schwiegersohn des Propheten als Gatte von Fatima; er wird zu den „rechtgeleiteten" Kalifen gezählt) und →Sunniten (Anhänger Mu'awijas [659-680], der die glorreiche Omaijadendynastie begründete, die über ein sich von den Pyrenäen bis an den Indus erstreckendes Reich herrschte). **Othman** war es aber auch, der die drohende Gefahr divergierender Versionen der Offenbarung abwendete, indem er auf Grundlage der unter Omar niedergeschriebenen und von dessen Tochter Hafsa verwahrten Suren erstmals eine *verbindliche Redaktion des Koran* festlegte. Alle davon abweichenden Aufzeichnungen sollen gleichzeitig vernichtet worden sein. Dies geschah – so die Tradition – im Jahr 653 n. Chr., bzw. im Jahr 31 nach islamischer Zeitrechnung, 21 Jahre nach dem Tod des Propheten.

Historisch-kritische Methoden werden nicht angewandt

Der Herausbildungsprozess des kanonischen Korantextes unterscheidet sich also ganz fundamental von dem der Bibel in sowohl Altem wie Neuem Testament. Eine exegetische Herangehensweise wie etwa nach der historisch-kritischen Methode (siehe Kapitel 3.2) erscheint auf diesem Hintergrund weder erforderlich noch sinnvoll. Aus islamischer Sicht wird dies ganz dezidiert so vertreten, weil bereits die bloße Vorstellung von Eingriffen in das unmittelbare Wort Gottes als völlig unakzeptabel gilt[2].

---

1   Das arabische Wort *al-'alaq* meint etwas Klebriges, aneinander Haftendes; vielleicht die verschmolzene Ei- und Samenzelle, aus der der Mensch entsteht, oder auch den Lehm, aus dem Gott den Adam erschuf. In jedem Fall ist *schöpferisches Beginnen* konnotiert. Die Übersetzung „Klumpen" zeigt beispielhaft, zu welch unbefriedigenden Resultaten die Übertragung aus dem Arabischen oftmals führen kann.

2   Anders: Nasr Hamid Abu Zaid. Ein Leben mit dem Islam, erzählt von Navid Kermani, Freiburg 2001.

Werdegang des Koran		
Muhammad	570–632	Geburts- und Todesjahr
	610–632	Gott offenbart Muhammad sein Wort, und der Prophet verkündet die Offenbarung Gottes
1. Kalif Abu Bakr	632–634	Sammlung der geoffenbarten Worte
2. Kalif Omar	634–644	Verschriftlichung der Offenbarung
3. Kalif Othman	644–656	Redaktion des Koran
4. Kalif Ali	656–661	Trennung von Schiiten und Sunniten

Textkritische Arbeit an der Bibel wird von muslimischer Seite gern als Beweis für die eigene Vorstellung gewertet, wonach die göttliche Offenbarung hier durch Menschenwerk verändert und entstellt worden wäre, was beim Koran eben nicht der Fall sei. Zwar existieren seit dem 10. Jahrhundert sieben (nach anderen: zehn) abweichende Lesarten des Koran, die alle gleichberechtigt als „gültig" angesehen werden. Eine kritische Edition aller überlieferten Varianten ist jedoch nie vorgenommen worden. Aus einem „westlichen" Verständnis von Wissenschaft heraus mag das überraschen; aus islamischer Sicht dagegen ist überhaupt kein Bedarf daran zu erkennen, da Gottes geoffenbartes Wort von Menschen nicht „verfälscht" werden darf.

Die klassischen Kommentatoren und die traditionelle Methodik der Koranauslegung

Sprechen Muslime von Koranexegese oder -auslegung, – der arabische Ausdruck dafür lautet →tafsîr –, so beziehen sie sich damit auf die sehr umfangreichen Werke der klassischen Korankommentatoren. Die bedeutendsten sind →at-Tábari (um 900 n. Chr.), Ibn al-Dschausi und Ibn al-Arabi (12. Jh.), al-Qurtubi (13. Jh.) und besonders Dschalâl-ud-Din al-Mahálli und Dschalâl-ud-Din as-Sujûti (beide aus dem 15. Jh.). Sie behandeln sprachliche Fragen zu schwierigen Ausdrücken und Wendungen ebenso wie inhaltliche Verständnishilfen mit ergänzenden Informationen über den Korantext hinaus, und nehmen dabei Überlieferungen und Stellungnahmen früherer Kommentatoren auf, bis zu den Zeitgenossen des Propheten zurück. Manchmal (bes. at-Tábari) werden unterschiedliche Ansichten zu bestimmten Fragen aneinandergereiht und schließlich durch die eigene Position des Herausgebers ergänzt. Als oberstes Prinzip der muslimischen Exegese gilt jedoch: *„Die Auslegung des Koran ist im Koran"*, oder sinngemäß: Der Koran erläutert sich selbst. Zunächst sind zur Deutung von Textstellen also immer erst andere relevante Stellen heranzuziehen. Sodann gilt, dass die Mehrdeutigkeit von Textaussagen durchaus gewollt und in der Unnachahmlichkeit der koranischen Sprache begründet sein kann. Eine Diskussion, ob nun das eine oder ein anderes Verständnis vorzuziehen sei, ist zwar an sich nicht verwerflich, muss aber keineswegs zwangsläufig zu einer eindeutigen Festlegung und zum Ausschluss alternativer Schlussfolgerungen führen. Die Leserin und der Leser bleiben aufgefordert, sich um eigenes Verstehen zu bemühen und die Botschaft der Offenbarung zu sich selbst und zu Fragen der eigenen Existenz in Beziehung zu setzen.

Perspektiven einer analytischen Textarbeit

Und dennoch besteht, zumindest für die moderne Koranforschung, durchaus Anlass, sich auch der Frage nach analytischer Textarbeit zu stellen. Wir dürfen dabei berücksichtigen, dass die Schriftform eben nicht mehr die unmittelbare, mündlich erfolgte, göttliche Offenbarung ist. Und so wie die arabische *Sprache*, nach islamischer Überzeugung, das ideale Medium für diese Offenbarung darstellt, so begründet die arabische *Schrift*, zumindest in ihren frühen Formen, einen ganz erheblichen Mangel an Eindeutigkeit. Sie entwickelte sich allmählich aus aramäischen Vorformen (vor allem aus dem nabatäischen und wohl auch syrischen Zweig der →aramäischen Schrift) und war, als die frühesten Koranmanuskripte entstanden, noch keineswegs in ihrer späteren Form ausgebildet.

Zum einen fehlte ein System zur Notierung kurzer Vokale. Da in den semitischen Sprachen die Worte primär über ihr Konsonantengerüst definiert werden, wurden – und werden auch heute noch – die Vokale oft nicht oder nur unvollständig mitgeschrieben. Das Sprachvermögen des Lesers versetzt ihn trotzdem in die Lage, das Schriftgerüst vollständig in Sprache umzusetzen. Aus der Notwendigkeit heraus, bestimmte Texte so präzis wie möglich zu fixieren, wurden im Lauf der Zeit Hilfskonstruktionen erfunden, die mit kleinen Markierungen um die Buchstaben herum die Vokale und verschiedene Hinweise zur Aussprache angeben können. Solche Systeme werden, im Hebräischen ebenso wie im Arabischen, nur bei besonderem Bedarf verwendet, zum Beispiel wenn eine einmal als verbindlich fixierte Aussprache für immer sichergestellt werden soll, auch über Sprachwandlungsprozesse hinweg, die sich im Laufe längerer Zeiträume zwangsläufig abspielen. Dies trifft in erster Linie für als heilig erachtete Schriften zu. Heutige Koranausgaben sind stets vollständig vokalisiert und mit zusätzlichen Markierungen zur korrekten Rezitation, bis in feinste Aussprachenuancen hinein, versehen. Die Notierung der Kurzvokale[3] wurde erst allmählich

---

3   In der arabischen Sprache spielt die Unterscheidung zwischen lang und kurz gesprochenen Vokalen eine erhebliche Rolle. Nur die Langvokale â, û und î werden, und zwar immer, als Buchstaben ausgeschrieben, etwa wie in der so genannten Pleneschreibung für das Hebräische.

entwickelt. Zunächst wurde der Korantext unvokalisiert geschrieben, was zwangsläufig die Herausbildung von Aussprachevarianten begünstigte, unter Umständen auch mit Implikationen für die Wortbedeutung.

Noch gravierender ist der Umstand, dass im frühen Schriftduktus, der als →*rasm* bezeichnet wird, eine ganze Reihe von Konsonanten im Schriftbild vollständig zusammengefallen waren: So konnte eine einfache Hebung für b, n, t, th oder auch y und den Langvokal î stehen, eine Schlaufe für f oder q. Erst im 8. Jahrhundert fing man an, diakritische Zeichen zur eindeutigen Unterscheidung über und unter die Buchstaben zu setzen. Ursprünglich waren dies unauffällige, winzige Schrägstriche, während man die Vokale durch dicke Punkte, meist sogar in roter Tinte, markierte. Erst später wurde es üblich, Schrägstriche für die Vokale und kleine Punkte für die Konsonantenunterscheidung zu setzen. Die beträchtliche Fülle unterschiedlicher Lesungen, die eine solchermaßen defizitäre Schreibung für zahlreiche Worte prinzipiell offen lässt, ließ sich aus dem jeweiligen Sinnzusammenhang heraus freilich weitgehend reduzieren, aber nicht in allen Fällen eliminieren. Eine Reihe von sogenannten „dunklen" Stellen, wie Passagen im Korantext genannt werden, die nicht oder nur schwer verständlich erscheinen, werden sinnvoll, wenn man sie auf die ursprüngliche, rudimentäre Schreibung zurücksetzt und eine alternative Punktierung oder Vokalisierung unterstellt. Andere Stellen können einen neuen, einleuchtenden Gehalt annehmen. Ein durchaus überzeugendes Beispiel bietet der Name von Johannes dem Täufer, der im Koran, wo er als einer der Propheten aufgeführt wird, als Jahjâ überliefert ist („'Imrâns Leute", Sure 3:39 u.a.), was auf eine arabische Vokabel für „Leben" Bezug nimmt und sich gleichzeitig an die arabischen Namensformen Mûsâ (Mose) und 'Îsâ (Jesus) anlehnt. Eine solche Namensbildung ist gegenüber der zeitgenössischen, hebräisch-aramäischen Form, die „Johannán" oder „Johánna" gelautet haben muss, merkwürdig verfremdet. Genau so („Johánnâ") kann aber die arabische Schreibung ursprünglich ausgesprochen worden sein, wenn man nur eine Umsetzung der Punkte und Vokalzeichen voraussetzt. Auch die gern diskutierten Paradiesbeschreibungen, wonach vom „Begatten", wörtlich vom „gepaart werden" die Rede sei („Der Rauch" Sure 44:54, „Der Berg", Sure 52:20), erhalten eine neue Konnotation, wenn aus dem Wort *zawwaj* durch Eliminieren von zwei Punkten *rawwah* wird, was dann „zur Ruhe kommen" bedeuten würde.[4] Zahlreiche weitere Beispiele ließen sich anführen.

---

4   In diesem Zusammenhang, gerade mit dem letztgenannten Beispiel, wird aktuell das Buch *Die syro-aramäische Lesart des Koran* von Christoph Luxenberg (Berlin 2000) viel diskutiert. Der Autor bringt zahlreiche weitere Beispiele für neue und scheinbar einleuchtende Lesungen, u.a. ist er überzeugt, dass die als Paradiesjungfrauen („Huris") missverstandenen Ausdrücke in Wirklichkeit auf glänzende weiße Weintrauben zu beziehen seien. Seine Grundthese, wonach der Koran ursprünglich in einer aramäisch-syrischen Mischsprache verfasst worden sei, ist jedoch zurecht als erheblich überzogen kritisiert worden. – Siehe nun auch Ch. Burgmer (Hg.), Streit um den Koran. Die Luxenberg-Debatte: Standpunkte und Hintergründe, Berlin 2004.

Fragen nach der frühen Textgestalt

Die Islamwissenschaft befasst sich zunehmend mit solchen Fragen, nach der frühen Textgestalt und Genese des Koran. Eine Materialsammlung von unschätzbarem Wert stellen in diesem Zusammenhang die Manuskripte der „Genisa von Sanaa" dar. In der Hauptstadt des Jemen wurden 1972 in einem verborgenen Hohlraum der Großen Moschee Zehntausende Pergament- und Papierfragmente aufgefunden. Koranexemplare, die nach langjährigem Gebrauch nicht mehr verwendbar waren, hatte man dort, aus Scheu davor, sie wegzuwerfen, pietätvoll eingelagert. Sie datieren aus dem 7. bis 10. Jahrhundert n. Chr., also dem 1. bis 4. Jahrhundert islamischer Zeitrechnung. Der Fund wird seiner Bedeutung nach von Manchen mit den Schriftrollen von Qumran am Toten Meer (siehe S. 48) für die Bibelwissenschaft verglichen.

Die Schriften werden im eigens eingerichteten „Haus der Handschriften" in Sanaa aufbewahrt und als bedeutendes Kulturerbe aus der Frühzeit des Islam gewürdigt. Wissenschaftlich erforscht werden die Texte in der islamischen Welt jedoch nicht. Mit dieser Aufgabe sind seit den 1980er Jahren Wissenschaftler der Universität des Saarlandes betraut, die die Aufnahme und Restaurierung der Texte inzwischen abgeschlossen und mit ihrer Auswertung begonnen haben, und eine vollständige Publikation vorbereiten.[42] Sie gehen davon aus, dass auf Grundlage der ihnen vorliegenden →rasm-Textgestalt bis zu ein Fünftel des Koran neu interpretiert werden könnte. Die Forscher betonen freilich selbst, dass ihre Erkenntnisse den Offenbarungsgehalt des Koran nicht tangierten; die Offenbarung wurde ja, nach islamischem Konsens, vom Propheten über den Erzengel Gabriel *mündlich* empfangen. Die *Verschriftlichung* des Korans sei aber doch „Menschenwerk" und damit essentiell mit Unvollkommenheit behaftet.

Von islamischer Seite wird solchen Forschungsrichtungen allerdings wenig Interesse entgegen gebracht. Strenggläubige reagieren mit Ablehnung, und häufig ist sogar der Vorwurf zu hören, es handle sich wieder einmal um Versuche „des Westens", die Grundlagen der islamischen Religion zu unterminieren. Obwohl die heute gültige Textgestalt ein letztes Mal erst 1924 in Kairo vereinheitlicht wurde, gilt weitestgehend als Konsens in der islamischen Welt, dass von dieser Fassung, an der die meisten seither erschienen Koranausgaben orientiert sind, um kein Jota gewissermaßen abgerückt werden dürfe.

---

5   Dr. Gerd-Rüdiger Puin und Dr. Hans-Caspar Graf von Bothmer; vgl. M. Leber, in: campus (Universität des Saarlandes) 29/4, Nov. 1999, 10-12.

3.2   Wohin führt die Bibelauslegung? – Exegetische und hermeneutische Methoden

Wie sehr die Mehrheit muslimischer Theologen im Koran die Erhabenheit von Gottes Wort wahrnimmt und deshalb jede Übersetzung von Menschen oder Bearbeitung des Textes bereits als Notbehelf sieht, sind christliche Theologen großmehrheitlich der Auffassung, dass die Bibel zwar immer Gottes Wort ist, aber zugleich ein zutiefst menschliches Wort. In der Schrift zeigt sich das Wort Gottes im Menschenwort. Christen ist die Bibel als Wort Gottes gegeben, und ihre Verfasser waren vom Heiligen Geist (2 Tim 3,16) inspiriert (→Hagiographen), so „dass sie sicher, getreu und ohne Irrtum die Wahrheit lehren" (Dei verbum, Nr. 11).

Gleichzeitig gilt, dass die Bibel menschliche Erfahrungen bezeugt und als Gotteswort in menschlichen Kontextbedingungen entstanden ist, was katholischerseits allerdings erst die Enzyklika „Divino afflante spiritu" (1943) Pius XII. offiziell anerkannte. Die Offenbarungskonstitution des II. Vatikanums hat dies treffend zusammengefasst:

> „Da Gott in der Heiligen Schrift durch Menschen nach Menschenart gesprochen hat, muss der Schrifterklärer, um zu erfassen, was Gott uns mitteilen wollte, sorgfältig erforschen, was die heiligen Schriftsteller wirklich zu sagen beabsichtigten und was Gott mit ihren Worten kundtun wollte. Um die Aussageabsicht der Hagiographen zu ermitteln, ist neben anderem auf die literarischen Gattungen zu achten. Denn die Wahrheit wird je anders dargelegt und ausgedrückt in Texten von in verschiedenem Sinn geschichtlicher, prophetischer oder dichterischer Art, oder in anderen Redegattungen.
>
> Weiterhin hat der Erklärer nach dem Sinn zu forschen, wie ihn aus einer gegebenen Situation heraus der Hagiograph den Bedingungen seiner Zeit und Kultur entsprechend – mit Hilfe der damals üblichen literarischen Gattungen – hat ausdrücken wollen und wirklich zum Ausdruck gebracht hat. Will man richtig verstehen, was der heilige Verfasser in seiner Schrift aussagen wollte, so muss man schließlich genau auf die vorgegebenen umweltbedingten Denk-, Sprach- und Erzählformen achten, die zur Zeit des Verfassers herrschten, wie auf die Formen, die damals im menschlichen Alltagsverkehr üblich waren" (Dei verbum, Nr. 12).

Es muss berücksichtigt werden, dass die Bibel ganz *verschiedene literarische Gattungen* enthält: Historische Aussagen und Berichte, Erzählungen, Allegorien und Legenden, Liebeslieder und Klagepsalmen, prophetisch-kritische Worte, Spruchsammlungen, Gesetzestexte, Chroniken, theologische Reflexionen, Gebete und Meditationen. Somit ist für christliche Theologen Exegese geradezu eine Pflicht. Erst durch

Berücksichtigung der soziokulturellen Entstehungssituation, der Eigenart der literarischen Formen und der Aussageabsichten kann die Wahrheit der biblischen Texte erfasst werden. Hier sind Übersetzung und Auslegung weder Notbehelf noch Abweichung, sondern geradezu notwendige Voraussetzung eines richtigen Verstehens. Allerdings birgt dieses Vorgehen auch die Gefahr in sich, dass die subjektiven Anteile der Interpreten allzu groß werden, dass sich Hypothesen an Hypothesen reihen und der geistliche Sinn für die gläubige Existenz verloren geht.

Der Text der Bibel wurde nicht fortlaufend geoffenbart, wie der Koran dem Propheten Muhammad, vielmehr kamen stets neue Texte dazu. Vor der Schriftwerdung der Bibel gab es eine nicht zu vergessende *mündliche Überlieferung*. Wesentliche Aussagen etwa der Propheten wurden zunächst mündlich weitererzählt. Sie wurden in der gottesdienstlichen Liturgie, in Gebeten und Rezitationen wiederholt und in der katechetischen Unterweisung Interessierten vorgetragen. Bei dieser mündlichen Weitergabe der Texte erkannten die Tradenten öfter ihre eigene Situation oder die ihrer zeitgenössischen Umwelt gespiegelt und betonten die eine Aussage mehr als eine andere. Sie ließen in diesem Prozess auch eigene Interpretationen und neue Gedanken einfließen, sodass →Perikopen oft multidimensional, vieldeutig geworden sind und eine Fülle von Interpretationen ergeben haben. Aus diesem Grunde enthält beispielsweise die Schilderung der Opferung Isaaks durch Abraham mehrere Interpretationsmöglichkeiten: Glaube, Gehorsam, Menschenopfer-Tieropfer, Bewährung, welche dann unterschiedliche Akzente setzen.

Die *Verschriftlichung* der Bibel setzte sehr wahrscheinlich im 8. Jahrhundert v. Chr. ein und dauerte bis ins zweite nachchristliche Jahrhundert. Dieser tausendjährige Schriftwerdungsprozess der Bibel ist einer der bedeutendsten Unterschiede zum Koran, der innerhalb von Jahrzehnten schriftlich fixiert wurde.

Der „*Urtext*" der Bibel in hebräischer, aramäischer und griechischer Sprache, spielt für Juden und Christen, für Exegese und Theologie eine kapitale Rolle. Die ältesten erhaltenen Abschriften liegen fragmentarisch auf Pergamentrollen und auf sogenannten Codices vor. Der Codex Sinaiticus beispielsweise stammt aus dem 4. Jahrhundert, wurde 1844 im Katharinenkloster auf dem Sinai entdeckt und befindet sich nun im Britischen Museum. Der Codex Vaticanus, der ebenfalls aus dem 4. Jahrhundert stammt, liegt seit 1475 in der Vatikanischen Bibliothek.[6]

Nicht umsonst werden Theologiestudierende, insbesondere angehende Predigerinnen und Prediger, in diese Sprachen und deren Kultur eingeführt, sollten sie doch die ursprünglichen Sinnelemente und -zusammenhänge verstehen und deren Intentionen in aktuelle Zeiten hineinsprechen. Die nachfolgenden Schemata haben

---

6   A. Bertsch/H. J. Vogels/J. Schmid, „Bibelhandschriften", in: Lexikon für Theologie und Kirche II, 1986, 350-355.

Qumran – Die Schriftrollenfunde vom Toten Meer

1947 entdeckten palästinensische Hirten durch Zufall Schriftrollen in Höhlen nahe dem Nordwestufer des Toten Meeres. Weitere Funde kamen in den Folgejahren hinzu. Sie erwiesen sich als von sensationeller Bedeutung für die Bibelwissenschaft. Die meisten Forscher bringen die Texte mit den nahegelegenen Ruinen von Qumran in Verbindung und nehmen an, dass sie der Essenergemeinde zuzuordnen sind, einer von mehreren jüdischen Glaubensströmungen in der Zeit um Christi Geburt. Die Schriften stammen in ihrer Mehrzahl wohl aus dem 2. und 1. Jahrhundert v. Chr. und enthalten sowohl biblische Texte (darunter eine nahezu vollständige Jesaja-Rolle), Kommentarwerke, wie auch solche, die das Leben der Gemeinschaft regeln. Der Umstand, dass sich die wissenschaftliche Publikation über viele Jahrzehnte verzögert hat, war lange Zeit Anlass zu reißerischen Theorien um angeblich brisante und geheimgehaltene Inhalte. Seit einigen Jahren sind die Texte vollständig veröffentlicht, und solchen Behauptungen ist nunmehr jegliche Grundlage entzogen.

größten Teils hypothetischen Charakter und differieren nach verschiedenen Wissenschaftlern.[7]

Die wichtigsten Bibelübersetzungen

Als erste bedeutende Übersetzung der Bibel ist die sogenannte Septuaginta des dritten vorchristlichen Jahrhunderts zu erwähnen. Weil die Adressaten teilweise nicht hebräisch sprachen, sondern griechisch, war eine Übersetzung in die griechische Mehrheits- und damalige Weltsprache nötig. Sie wird auch alexandrinische Übersetzung genannt, da sie in Alexandrien von einem Übersetzerteam[8] erstellt und von der Gemeinde als autoritativ anerkannt wurde.

Mit *Targumim* bezeichnet man interpretierende und kommentierende Übersetzungen der biblischen Bücher in die →*aramäische Sprache*, welche nach 586 (Exil) das Hebräische als Alltagssprache verdrängt hatte. Die ersten Targumim sind v. Chr. entstanden, erhalten aber sind nur Abschriften aus dem ersten Jahrhundert n. Chr. und später.

---

7   Die folgende Tabelle stützt sich zu einem großen Teil auf D. Kosch, Zugänge zu Jesus, Katholischer Glaubenskurs (Schweiz), hg. von Theologie für Laien, Zürich 1997, 60.

8   Der Überlieferung nach waren es siebzig Übersetzer – daher die lateinische Bezeichnung Septuaginta („70", und die unter Theologen übliche Abkürzung durch die römische Zahl: „LXX").

Werdegang der hebräischen Bibel

2. Jahrtausend v. Chr.	Mündliche Überlieferungen
ca. 1250 v. Chr. (?)	Auszug der Israeliten aus Ägypten
1. Jahrtausend v. Chr.	Erste schriftliche Zeugnisse, mündliche Traditionen und Weitergabe der ältesten Quellen
nach 539 v. Chr.	Endredaktion
ca. 400 v. Chr.	Tora erhält kanonische Bedeutung
nach 100 v. Chr.	Prophetensammlung und Psalmen stehen fest

Werdegang des Neuen Testaments

ca. 6 v. Chr.-30 n. Chr.	Geburt und Tod Jesu
ca. 27-30 n. Chr.	Öffentliche Wirksamkeit Jesu
ab 30 n. Chr.	Mündliche Traditionen
ca. 52- ca. 80 n. Chr.	Paulusbriefe als erste schriftliche Quellen
ca. 70-110 n. Chr.	Komposition der Evangelien
ca. 200 n. Chr.	Kanon der Christen bildet sich
380 n. Chr.	Festlegung des Kanons

Die *Peschitta* („Einfache") ist der Name der *syrischen* Übersetzung der Bibel. Die bedeutendste syrische Übersetzung der Bibel ist der Codex Ambrosianus in Mailand aus dem 6./7. Jahrhundert n. Chr., die älteste Übersetzung stammt vielleicht schon aus dem 2. Jahrhundert n. Chr. (die sogenannte *Diatessaron*).

Als weitere große Übersetzung der hebräischen Bibel ist die *Vulgata* des Hieronymus aus dem vierten Jahrhundert n. Chr. ins Lateinische, die damalige Weltsprache, zu nennen. Der Name Vulgata – deutsch „die Allgemeine" – spiegelt ihre große Verbreitung.

Martin Luther (1483-1546) gehört zu den ersten Übersetzern der Bibel in die deutsche Sprache. Mittlerweile ist die Bibel in praktisch alle Sprachen der Welt übersetzt.

Die historisch-kritische Bibelauslegung

Mit der Aufklärung und dem geschichtlichen Denken des 19. Jahrhunderts hat sich in der christlichen Theologie eine kritische Bibelauslegung durchgesetzt. Im Unterschied zu wortwörtlichen Auffassungen der Texte, im Unterschied auch zu fundamentalistischen Bibelauslegungen, trägt die moderne Exegese den unterschiedlichen literarischen Gattungen (z. B. Erzählung, Mahnrede, Allegorie, historische Berichte) Rechnung, um zum eigentlichen, ursprünglich intendierten Sinn vorzustoßen.

Ziel dieser modernen wissenschaftlichen Schriftauslegung ist es, das historische Geschehen zu rekonstruieren und den ursprünglichen Aussagesinn zu eruieren. Dabei studiert die Formgeschichte die verschiedenen Mechanismen der mündlichen und schriftlichen Traditionsbildung. Die Redaktionsgeschichte untersucht die verschiedenen Schichten, aus denen neue Texte redigiert wurden (z. B. die Annahme einer Quelle Q bei den Synoptikern). Heute werden vermehrt linguistische und soziologische Methoden angewandt, welche sowohl eine diachrone wie auch eine synchrone Betrachtungsweise darlegen. Zunehmend versucht man eine Integration der verschiedenen Methoden, auch rezeptionsgeschichtlicher, um den theologischen Anspruch der biblischen Texte herauszuarbeiten, denn ein Methodenmonismus wäre ebenso einseitig wie die sehr lange angewandte allegorische oder wortwörtliche Schriftauslegung.

Tiefenpsychologische Schriftauslegung

Diese vor allem von Maria Kassel und Eugen Drewermann angewandte Methode fragt nicht nach der historischen Stimmigkeit des Textes, sondern geht von der Annahme aus, dass in den Tiefenschichten der alt- und neutestamentlichen Texte menschliche Grunderfahrungen abgelagert wurden. Die biblischen Schriftsteller deuteten diese Urerfahrungen aus religiös-theologischer Perspektive. Die Aufgabe der tiefenpsychologischen Bibelinterpretation besteht nun darin, diese tiefere existentielle Bedeutung der Texte freizulegen. Dies geschieht wiederum häufig mit Hilfe des Instrumentars von Urbildern und Archetypen des Schweizer Psychoanalytikers Carl Gustav Jung (1875–1961). Ziel der tiefenpsychologischen Auslegung ist es, die in den Texten vorgefundenen ursprünglichen Erfahrungen mit den Erfahrungen der Zeitgenossen zu verbinden und ihnen neue Verständnishilfen des Lebens anzubieten. So kann etwa die Auslegung der Blindenheilung durch Jesus (Mk 10,46-52 parr) den heutigen Menschen zu einer heilsamen Erfahrung und Begegnung mit Jesus werden, von Krankheiten heilen, von Ängsten befreien und neuen Lebensmut spenden. Doch sollte die Gefahr der tiefenpsychologischen Bibelinterpretation nicht übersehen werden, nämlich eine →Perikope zu psychologisieren und einseitig auszulegen. Wird sie jedoch im Verbund mit anderen Auslegungsmethoden gesehen, dürfte ihr die Berechtigung nicht abgesprochen werden.

Befreiungstheologische Interpretation

Sie ist in lateinamerikanischen Basisgemeinden auf dem Hintergrund erfahrener Unterdrückung und Ausbeutung der Armen entstanden. Dabei identifizieren sich die dortigen „Armen" mit den „Armen" der Bibel und vernehmen mit ihnen die befreiende Frohbotschaft Jesu. Diese befreiungstheologische, kontextorientierte Relecture der Bibel erschließt neue Energie und spornt zur Befreiung von den Mächtigen an. Jesus gilt dabei als Befreier von den Mächten der Sünde, von Ungerechtigkeit und Unterdrückung.

Das →Magnifikat (Lk 2,46-55), ein Grundlagentext dieser Methode, ist der Lobpreis Mariens anlässlich ihres Besuches bei Elisabet, der Mutter des Johannes. Er stellt den befreienden Gott ins Zentrum: jener, der die Herzen der Stolzen zerstreut, der die Mächtigen von ihren Thronen stürzt und die „Niedrigen" erhöht. Diese Methode impliziert eine kritische Vergewisserung der eigenen (auch ökonomischen, materiellen) Situation; sie lädt ein, die Bibel in der eigenen Biographie weiterzuschreiben und über politische Veränderungen nachzudenken. Die Methode führt zu einer persönlichen oder gruppenweisen Auseinandersetzung mit dem Text. Zwar sollte er zur Umkehr führen, doch besteht die Gefahr einer durch den Text legitimierten willkürlichen Handlungsanweisung, was dann eine Instrumentalisierung und Verkürzung wäre. Kritik ist dieser hermeneutischen Methode deshalb erwachsen, weil sie für ihre Interpretation auch Kategorien der marxistischen Gesellschaftsanalyse verwendet hat.

Feministische Bibelhermeneutik

Ausgangspunkt dieser Methode ist die Erfahrung der Ungerechtigkeit, der Benachteiligung und Diskriminierung der Frau, deren Spuren sich auch in den patriarchalen Verhältnissen der Entstehung der Bibel erkennen lassen. Sie fragt nach emanzipatorischen Perspektiven im Alten und Neuen Testament. Aus der Perspektive der Frauen sucht sie nach befreienden Momenten im Alten und Neuen Testament. Frauen werden zu Symbolgestalten für religionsmotivierte Ichwerdung und Selbstbestimmung. Die feministische Bibelauslegung ist eine Variante der befreiungstheologischen Bibelauslegung.

Ganzheitliche Auslegungsmethoden (z. B. Bibliodrama)

Die seit einigen Jahrzehnten in Gang gekommene Bibliodramabewegung hat durchaus verschiedene Ausdrucksmöglichkeiten (Tanz, Theater, Bewegungen, Spiel, Musik, Therapie) je nach Auffassungen von Bibliodramen hervorgebracht, und die Einsatzmöglichkeiten für den Religionsunterricht klären sich erst allmählich. Gemeinsam ist aber den differenten „Schulen", dass es sich stets um prozessorientierte Formen der Inszenierung biblischer Texte handelt, sei es in therapeutischen Gruppen, in themenzentrierten Interaktionen oder in religionspädagogischen Handlungsfeldern wie Erwachsenenbildung, Gemeindepädagogik, Jugendarbeit oder im Religionsunterricht. Mit Leib, Geist und Seele, mit allen Sinnen, soll eine Begegnung der (vorwiegend erwachsenen) Teilnehmenden mit einem (kleineren oder größeren) Abschnitt oder einer biblischen Gestalt geschehen. Eine Gruppe setzt sich kreativ mit einem Bibelvers oder einer →Perikope auseinander und versucht eine „lebensgeschichtliche Integration"[9].

Ziel des Bibliodramas ist eine wechselseitige Erschließung von Bibeltext und Biographie der Gruppenmitglieder. Dabei lässt sich das „Drama des Textes" auf unterschiedliche Weise erschließen: durch verlangsamte Wahrnehmung, gespielte Szenen, Imaginationsübungen, textbezogene Malexperimente, mit musikalischen Klängen oder Standbildern. Die Teilnehmerinnen und Teilnehmer sollen ihre Lebensfragen an den Text herantragen und die damals festgehaltenen Glaubenserfahrungen für heute weiterschreiben. Gewiss bestehen die Gefahren, dass gewisse Lieblingsideen in die Texte hineinprojiziert werden oder dass Texte funktionalisiert oder gar für eigene Interessen instrumentalisiert werden. Trotzdem findet eine weit intensivere Auseinandersetzung mit der Bibel statt, als sie beim bloßen Lesen oder Hören geschieht.

Die Frage, ob sich denn das Bibliodrama in der Schule anwenden lasse, wird dahin beantwortet, dass die Vollform des Bibliodramas wohl bei Erwachsenen zum Zuge kommt, dass aber Elemente und Spielketten durchaus in der Schule praktikabel sind, vorausgesetzt, die Lehrperson verfügt über genügend Ausbildung, Fach- und Personalkompetenz sowie die Fähigkeit zur Begleitung und Moderation von Gruppenprozessen. In der Regel erreicht das Bibliodrama Tiefenschichten der Person und sensibilisiert für die Bedeutung und Lebensrelevanz biblischer Texte, letztlich für die Sinn- und Gottesfrage.

Für die islamische Welt erscheint die Inszenierung von „Korandramen" weder nötig noch akzeptabel. Zu erhaben, ehrfurchtgebietend und heilig ist der Text, als dass er spielerisch umgesetzt werden könnte. Wenn bereits eine Übersetzung des Textes als Notbehelf gilt, dann kann eine Inszenierung wohl nicht durchgeführt werden. Auch enthält er wenig narrativ erzählte Geschichten, die sich darstellen ließen. Angemerkt sei aber immerhin, dass mystische Gruppierungen im Islam (Sufi) Tänze aufführen, die bis zur Ekstase gehen können und die etwas mit Hingabe an Gott zu tun haben, weniger aber mit dem Korantext.

---

9   H. Aldebert, Bibliodrama, in: G. Adam/R. Lachmann (Hg.), Methodisches Kompendium für den Religionsunterricht 2 (Aufbaukurs), Göttingen 2002, 163.

3.3 Zusammenfassung

- Beim Lesen und Rezitieren, Hören und Meditieren von Worten und →Perikopen aus den Heiligen Schriften Bibel und Koran spricht Gott zu den Menschen durch den Heiligen Geist. Die →Hagiographen gelten insofern als inspiriert, als sie, vom Heiligen Geist geleitet, die Erfahrungen der Menschen mit Gott bezeugen.

- Der Koran wurde durch den Erzengel Gabriel dem Propheten Muhammad geoffenbart und zu dessen Lebzeiten überwiegend oder ausschließlich mündlich rezitiert. Bald nach dem Tod des Propheten wurde der Text gesammelt und schriftlich fixiert.

- Muslime verstehen den Koran als Wort Gottes, welches jedem menschlichen Zugriff entzogen bleiben muss. Freilich bedurfte es für die Verschriftlichung, Sammlung der einzelnen Texte und bei der Erstellung des Gesamttextes der menschlichen Mitarbeit. Ein großer Respekt gegenüber dem von Gott geoffenbarten Koran bleibt im Vordergrund.

- Christen verstehen die Bibel als Zeugnis von Erfahrungen gläubiger Menschen mit Gott und Jesus Christus. Dieses Zeugnis wurde über Jahrzehnte und Jahrhunderte mündlich weitergegeben, in Gottesdienst und Katechese verwendet und schließlich aufgezeichnet.

- Die angemessene Antwort auf Gottes Offenbarung im Koran sehen Muslime im Hören und in der verwirklichten Hingabe an Gottes Willen. Christen versuchen zunächst, den Bibeltext zu verstehen, wozu sie die Hermeneutik nach allen Regeln der Kunst zu Rate ziehen. Weiter versuchen sie, im Geiste der Bibel ihr Leben zu gestalten.

- Textexegese nach historisch–kritischen Methoden gilt für den Koran als irrelevant, für die Bibel als eine wichtige Methode, hinter deren Ergebnisse heutiges Verstehen nicht mehr zurück kann. Befreiungstheologische, feministische und tiefenpsychologische Auslegungen sind legitime Neuinterpretationen der Bibel in neue Horizonte.

- Aktuelle Bibelexegese und Bibeldidaktik akzeptieren verschiedene Methoden der Auslegung als gleichberechtigte Zugänge. Wissenschaftliche Auslegungsmethoden (Redaktionsgeschichte, Formkritik, Literarkritik) dürfen sich nicht verabsolutieren, denn auch existenzielle, spirituelle und interaktive Zugänge haben ihr Recht und spezifische Vorzüge. Hier mag gelten: „An ihren Früchten werdet ihr sie erkennen" (Mt 7,16).

- Bei schwer verständlichen Koranstellen ist zunächst der Koran selbst nach klärenden Hinweisen zu befragen. Große Bedeutung kommt aber auch den umfangreichen Werken der klassischen Kommentatoren zu. In diesem

Sinne kann die eingangs gestellte Frage „Ist Koranexegese möglich?" bejaht werden.

- Die frühe Textgestalt, wie sie etwa in den Manuskripten der Genisa von Sanaa/Jemen erhalten ist, bietet durchaus Anlass zu analytischer, wissenschaftlicher Textarbeit. Aufrichtiges und behutsames Vorgehen wäre hier Voraussetzung für eine mögliche Akzeptanz muslimischerseits, wie sie bisher jedoch kaum abzusehen ist.

4. Textaufbau und Textausgaben

Das vierte Kapitel führt in die Binnenstrukturen der heiligen Texte ein und stellt die wichtigsten Übersetzungen ins Deutsche vor. Es geht hier um den Aufbau des Koran in Suren und Verse (Kapitel 4.1), der Bibel in Bücher, Kapitel und Verse (Kapitel 4.4), aber auch um die Verschiedenheit der Zahl der akzeptierten Bücher des Alten Testaments im Judentum und in den christlichen Konfessionen. Behandelt wird auch der Inhalt des Koran (Kapitel 4.2). Wir stellen uns der oft gehörten Frage muslimischerseits, weshalb es nicht ein sondern vier Evangelien gibt und ob dies nicht gerade ein Beweis für die Verfälschung des Wortes Gottes sei. Nach einem kurzen Wort zu den apokryphen Texten werden wichtige Koran- (Kapitel 4.3) und Bibelausgaben (Kapitel 4.5) in deutscher Übersetzung vorgestellt.

4.1 Wie ist der Koran strukturiert?

Anders als die Bibel mit ihren 73 Büchern, die ihrer Natur nach sehr unterschiedliche Schriften umfasst, wird der Koran viel eher als „aus einem Guss" aufgefasst. Üblicherweise verwenden wir für seine Kapiteleinteilung das arabische Wort Sure.

Was ist eine Sure?

→„Sure" (eigentlich *sûra*[t], Plural *sûrât*) bedeutet „Reihe", in einer gegliederten Anordnung, und entspricht somit in etwa „Strophe" oder „Kapitel". Eine Sure umfasst jedoch nicht zwangsläufig eine inhaltliche Einheit. Innerhalb einer Sure können verschiedene Sinnabschnitte aneinandergereiht oder voneinander durchbrochen erscheinen. Die Anordnung der Suren lässt inhaltliche Kriterien ebenfalls völlig außer Acht. Sie folgt auch nicht der Abfolge der Offenbarung: Die Anfangsworte des Koran sind nicht die ersten, die dem Propheten offenbart wurden, und die Position einer Sure lässt keine Rückschlüsse darauf zu, ob sie zu den früheren oder späteren Offenbarungen gehört. Allerdings vermerken islamische Koranausgaben in der Surenüberschrift oft Angaben zur Offenbarungsabfolge. Der Name jeder Sure wird mit dem Hinweis verbunden, ob sie in Mekka oder Medina geoffenbart wurde: z.B. „Die Frauen-Sure, medinisch", oder, wenn sich die Offenbarung einer einzigen Sure über verschiedene Zeiten bzw. Schauplätze erstreckt: „Die Josefs-Sure, mekkanisch für die Verse 1,2,3,7, (sonst) medinisch".

Diese Zweiteilung wurde von der („westlichen") Islamwissenschaft weiter verfeinert, die nach inhaltlichen und sprachlichen Kriterien drei mekkanische und eine medinensische Periode differenziert.[1] Dabei meint man, einen abgestuften Übergang von poetisch-lyrischer zu allmählich prosaischer werdenden Sprache und von kreativen und konzilianten Inhalten zu zunehmend legislativen und konfrontativen erkennen zu können.

Weiter wird dann stets angegeben, aus wie vielen Versen die Sure besteht: „ ..., ihre Verse sind 111" und schließlich, welche Sure ihr in der Offenbarung vorausgegangen ist: „wurde geoffenbart (wörtlich „sie kam herab") nach ‚Die Frauen'". Der in den heutigen Koranausgaben so als gesichert dargestellte chronologische Ablauf der Offenbarung gibt allerdings im Grunde nur den aktuellen Stand langwieriger und andauernder Bemühungen islamischer Gelehrter wieder, aus inhaltlichen Gründen selbst und unter Zuhilfenahme von Hinweisen aus der Tradition die ursprüngliche Abfolge zu erschließen. Die Islamwissenschaft kommt dabei teilweise zu anderen Ergebnissen, und eine abschließende Übereinstimmung herrscht hierüber nicht.

Im Namen Gottes,
des Allerbarmenden und Barmherzigen.
Das Lob gebührt Gott,
dem Herrn aller Welt,
dem Allerbarmenden und Barmherzigen,
dem Herrscher am Tag des Gerichts.
Dir dienen wir und Dich bitten wir um Hilfe.
Führe uns den geraden Weg,
den Weg derer, denen du Gnade schenkst,
denen nicht gezürnt wird
und die nicht irregehen!

Kalligraphie 1. Sure, al-Fâtiha

---

[1] Vgl. T. Nöldecke, Geschichte des Qorāns (1860), weitergeführt von F. Schwally/G. Bergsträsser/ O. Pretzl, Bd. I-III, Leipzig 1908-38 (Nachdruck Hildesheim 1961). Vgl. H. Küng, Der Islam. Geschichte, Gegenwart, Zukunft, München/Zürich 2004, 107-108.

Anzahl, Anordnung und Bezeichnung der Suren

Eingeleitet wird der Koran von der so genannten „Eröffnungs-Sure" (→al-Fâ-tiha, mekkanisch), die aus nur sieben Versen besteht. Es folgen 111 Suren, die im wesentlichen nach dem Merkmal ihrer Verszahl, also der Textlänge, angeordnet sind: Die 2. Sure („Die Kuh"[2]) ist mit 281 Versen die längste, die 112. („Die Vollendungs-Sure"[3]) mit 4 Versen eine der kürzesten (die 103. und die 108. Sure bestehen aus nur drei Versen). Zum Schluss folgen noch die beiden so genannten „Schutz-Suren" mit apotropäischem Gehalt, die zur Abwehr von Unheil zitiert werden, als 113. („Der anbrechende Tag", mekkanisch, 5 Verse) und 114. („Die Menschen", mekkanisch, 6 Verse).

Das Ordnungsprinzip nach der Textlänge war im Orient durchaus verbreitet und soll sicherlich den Vorrang der Textästhetik vor inhaltlichen Maßstäben unterstreichen. Es wird allerdings nicht stringent umgesetzt, mehrmals wird mehr oder weniger auffallend davon abgewichen. So sind einige Suren länger als die ihnen jeweils vorausgehende.

Wir sind gewohnt, die Suren nach ihrer Ordnungsnummer zu zitieren und verfahren so auch in dieser Handreichung. Die Zählung wird in den islamischen Koranausgaben zwar mit der Surenüberschrift ebenfalls notiert, spielt aber für den Korankundigen eine untergeordnete Rolle. Primär sind den Muslimen die Suren-Namen vertraut. In Anbindung an sie, nicht an die Nummer, werden Texte üblicherweise memoriert und zitiert, also nicht z.B. „4:21", sondern „'Die Frauen', Vers 21". Schlägt man einen Koran auf einer Seite auf, die keine Surenüberschrift enthält, findet man am Seitenkopf häufig nur den Namen, nicht aber die Nummer der Sure. In ähnlicher Weise werden ja auch die Bücher der Bibel nach Namen bezeichnet, nicht durchgezählt. Um dem muslimischen Usus stärker zu gewichten, stellen wir in Zitaten und Verweisen die Namen der Suren ihrer Nummer voran.

Manchmal werden, wie u.a. auch bei den Büchern der Hebräischen Bibel, die Anfangsworte der Suren als Namen verwendet (z.B. Sure 37: „Die in Reihen stehen", Sure 51: „Die Worfelnden"), oft sind es „Schlüsselbegriffe", die irgendwo im Surentext auftauchen (z.B. Sure 24: „Das Licht", Sure 62: „Der Freitag"), oder es werden in den jeweiligen Suren angesprochene Themen herausgegriffen (z.B. Sure 4: „Die Frauen", Sure 21: „Die Propheten"), gelegentlich sind die Namen auch Funktionsbezeichnungen (wie bei der Eröffnungs- und der Vollendungs-Sure, Nr. 1 bzw. 112). Für einige Suren sind mehrere Namen alternativ gängig, z.B. Sure 17: „Die Nachtreise" oder „Die Israeliten".

---

2   Die Sure bezieht ihren Namen nach den Versen 67-74, in denen Mose Anordnungen zur Schächtung einer gelben Kuh erteilt (vgl. dazu Numeri 19,1-10, wo Gott Mose ebenfalls das Schächten einer Kuh verordnet).

3   Zirker(u.a.) übersetzen ihren mehrdeutigen arabischen Namen mit „Der reine Glaube".

Weitere Gliederungsebenen: Abschnitte und Portionen

Über die Anordnung nach Suren hinaus spielt parallel dazu eine weitere Glie-
derung des Korantextes für Muslime eine Rolle: Der gesamte Text ist in dreißig gleich-
lange „Abschnitte" eingeteilt (→*dschus'*). Die Abschnittszählung wird üblicherweise
ebenfalls am Seitenkopf angegeben. Sie ermöglicht das leichtere Auffinden einzelner
Suren, wenn man die Zuordnung der Suren zu den durchnummerierten Abschnitten
kennt. Darüber hinaus kommt den Abschnitten eine wesentliche Bedeutung im Zusammenhang mit dem →Ramadan zu: Wer an jedem Tag des heiligen Monats einen
Abschnitt liest, oder besser: rezitiert, würdigt den besonders tiefen Bezug dieser Zeit
zur Offenbarung und stellt sicher, dass er/sie sich alle Jahre wieder mit dem gesamten
Koran beschäftigt. In gewisser Weise erinnert die Abschnittsgliederung also an die
Wochenabschnitte der Tora, die im Verlauf eines ganzen Jahres in den Synagogen gelesen und interpretiert werden, und an die sonntägliche auf drei Jahre ausgelegte Evan-
geliumsverkündigung. Die Abschnitte können weiter halbiert werden in so genannte
„Portionen" (→*hisb*), die also jeweils einen sechzigsten Teil des Gesamttextes umfas-
sen und die ihrerseits wieder in Viertel unterteilt werden. In heutigen Druckausgaben
werden sie mittels kleiner Sterne im Text und zusätzlich durchnummeriert am Seiten-
rand markiert. Diese rein quantitativ ausgerichtete Feingliederung unterstützt den
Lernenden beim Memorieren erst kleinerer, überschaubarer Texteinheiten, die sich
allmählich summieren, bis hin zum gesamten Textbestand.

Die Verse

Die Verszählung selbst kann in verschiedenen Koranausgaben geringfügig ab-
weichen. In deutschen Übersetzungen ist gelegentlich noch die Zählung der Ausgabe
von Gustav Flügel/Gustav Redslob von 1834 zu finden, die jedoch nicht muslimischen
Textausgaben entspricht. Üblich ist heute die Zählung nach der Kairener Standardausgabe, wonach der gesamte Koran aus 6236 Versen besteht. Man nennt sie →"kufische
Zählung" nach ihrem Ursprung in der gleichnamigen irakischen Stadt (nach welcher
auch ein archaischer arabischer Schriftduktus benannt wird). In einer verbreiteten,
zweisprachigen Ausgabe, die von der →Ahmadijja-Sekte in zahlreichen Ländern der
Welt herausgegeben wird und auch in Deutschland vor allem unter Nicht-Muslimen
verbreitet ist, wird die Einleitungsformel jeder Sure, die so genannte Basmallah („Im
Namen Gottes, des Allerbarmenden und Barmherzigen")[4], jeweils als eigener Vers
mitgezählt. Diese Ausgabe kommt auf insgesamt 6348 Verse. Die Versnummer steht in
allen arabischen Ausgaben immer am Ende, nicht am Anfang, des Verses.

---

4   Nur bei Sure 9, „Die Reue" oder „Die Aufkündigung", fehlt die Basmallah.

Geheimnisvolle Buchstaben

Auf die Eröffnungsformel folgen bei einigen Suren zunächst einzelne, isolierte Buchstaben, von einem bis zu fünf, die als Vers gezählt und bei der Rezitation besonders gedehnt und betont werden. Zwar haben Korangelehrte immer wieder verschiedene Deutungsversuche dazu vorgelegt, doch herrscht weitgehend Übereinstimmung darüber, dass diese „geheimnisvollen" Buchstaben einen Sinn beinhalten, der im Verborgenen liegen soll. Bei den Suren 20 und 36 fungieren die Buchstabengruppen als Surenname, „Tâ-Hâ" und „Jâ-Sîn", und haben aus besonderer Verehrung sogar Eingang in das Repertoire männlicher Personnennamen gefunden (Taha, Jassin).

Hilfszeichen im Schriftbild

Manche Verse, und auch Versteile, werden inhaltlich als unbedingt zusammengehörig verstanden, sodass sie nicht getrennt voneinander gelesen werden sollen. Sie sind in den modernen Druckausgaben durch kleine Hilfszeichen über dem Text ausdrücklich gekennzeichnet, ebenso solche Stellen, wo man das Lesen am günstigsten abbrechen kann. Die meisten weiteren Zusatzzeichen, die im Schriftbild zur üblichen Vokalisierung noch hinzu kommen, betreffen komplizierte Rezitationsregeln, wonach in ganz bestimmten Fällen manche Buchstaben nicht, oder anders als eigentlich üblich, zu sprechen sind, oder wo kürzere oder längere Sprechpausen obligatorisch, erlaubt oder unzulässig sind. Am Ende mancher Verse findet sich außerdem ein auffälliges Zeichen, das in manchen Ausgaben einer kleinen, gezeichneten Gebetsnische gleicht. In diesen Versen ist von einer Verneigung zum Gebet die Rede, und die entsprechende Bewegung – das Niederknien und Berühren des Bodens mit der Stirn[5] – soll dann vom Lesenden auch ausgeführt werden.

---

5   Diese Körperhaltung im Gebet heißt arabisch →*sadschda*; hiervon ist das Wort Moschee arab. *masdschid*, („ein Platz zum Verneigen vor Gott/zum Beten") abgeleitet.

Beispiel einer Koranseite (nach der sogenannten Kairener Ausgabe)

Die arabische Schrift verläuft von **rechts nach links.**
Arabische Bücher werden daher rechts, nicht links, gebunden, was dann so wirkt, als wären sie „verkehrt herum"aufzuschlagen und zu blättern. Genau derselbe Eindruck entsteht natürlich umgekehrt für arabische Leser bzgl. deutscher, englischer, etc. Bücher.

Name der Sure, die auf dieser Seite beginnt „Sure Al-Rahmân"

Zählung der 30 Abschnitte: „Siebenundzwanzigster Abschnitt", d.h. diese Seite gehört zum 27. (von 30) Abschnitten

Anzahl der Verse der hier beginnenden Sure: „ihre Verse: 78", d.h. diese Sure (Al-Rahmân) besteht aus 78 Versen

Hier beginnt eine neue Sure.
Name der Sure: „Sure Al-Rahmân"

Nummerierung der Sure: „ihre Ordnungsnummer: 55", d.h. Al-Rahmân ist die 55. Sure des Koran

Zählung der 60 Portionen: „45. Portion" d.h. bei diesem Zeichen beginnt die 45. (von 60) Portionen

Versnummem; jedem Vers wird eine fortlaufende Nummernachgestellt

Basmallah (die dem Text der Sure vorangestellte Eröffnungsformel): „Im Namen Gottes, des Allerbarmers und Barmherzigen"

„531" (Seitenzahl)
Die vorliegende Koranausgabe hat insgesamt 604 Seiten

Die Suren des Koran

in ihrer üblichen Anordnung (nach Zirker)

1.	Die Eröffnung	41.	Genau dargelegt	81.	Das Umwickeln
2.	Die Kuh	42.	Die Beratung	82.	Das Zerbrochen-Werden
3.	'Imrâns Leute	43.	Der Prunk	83.	Die das Maß mindern
4.	Die Frauen	44.	Der Rauch	84.	Das Gespalten-Werden
5.	Der Tisch	45.	Die auf den Knien	85.	Die Sternzeichen
6.	Das Vieh	46.	Die Dünen	86.	Der nächtlich
7.	Die Höhen	47.	Muhammad		Aufziehende
8.	Die Beute	48.	Die Entscheidung	87.	Der Höchste
9.	Die Umkehr	49.	Die Gemächer	88.	Die Zudeckende
10.	Jona	50.	Qâf	89.	Der Tagesanbruch
11.	Hûd	51.	Die Worfelnden	90.	Der Ort
12.	Josef	52.	Der Berg	91.	Die Sonne
13.	Der Donner	53.	Der Stern	92.	Die Nacht
14.	Abraham	54.	Der Mond	93.	Der lichte Morgen
15.	Al-Hidschr	55.	Der Allerbarmende	94.	Das Weit-Werden
16.	Die Biene	56.	Die Hereinbrechende	95.	Der Feigenbaum
17.	Die Nachtreise	57.	Das Eisen	96.	Der Klumpen
18.	Die Höhle	58.	Der Streit	97.	Die Bestimmung
19.	Maria	59.	Die Versammlung	98.	Das klare Zeugnis
20.	Tâ Hâ	60.	Die Geprüfte	99.	Das Beben
21.	Die Propheten	61.	Die Reihe	100.	Die Rennenden
22.	Die Wallfahrt	62.	Der Freitag	101.	Die Zuschlagende
23.	Die Gläubigen	63.	Die Heuchler	102.	Der Eifer nach mehr
24.	Das Licht	64.	Die Rivalität	103.	Der Nachmittag
25.	Die Entscheidung	65.	Die Entlassung	104.	Der Lästerer
26.	Die Dichter	66.	Das Verbot	105.	Der Elefant
27.	Die Ameisen	67.	Die Herrschaft	106.	Die Quraisch
28.	Die Geschichte	68.	Das Schreibrohr	107.	Die Unterstützung
29.	Die Spinne	69.	Die Eintreffende	108.	Die Fülle
30.	Die Byzantiner	70.	Die Leiter	109.	Die Ungläubigen
31.	Luqmân	71.	Noach	110.	Die Hilfe
32.	Die Niederwerfung im	72.	Die Dschinn	111.	Der Palmfasterstrick
	Gebet	73.	Der sich einhüllt	112.	Der reine Glaube
33.	Die Parteien	74.	Der sich das Gewand		(oder: Die Vollendung)
34.	Die Sabäer		umlegt	113.	Der anbrechende Tag
35.	Der Schöpfer	75.	Die Auferstehung	114.	Die Menschen
36.	Jâ Sîn	76.	Der Mensch		
37.	Die in Reihen stehen	77.	Die Gesandten		
38.	Sâd	78.	Der Bericht		
39.	Die Scharen	79.	Die Reißenden		
40.	Der Vergebende	80.	Er runzelte die Stirn		

4.2   Was steht im Koran?

Obwohl, wie wir gesehen haben, der Textbestand des Koran ganz anders entstanden ist, als es bei dem sehr viel komplexeren Kanon der Bibel der Fall ist (siehe Kapitel 4.4), umfasst er doch ein ähnlich breites Spektrum an unterschiedlichen Inhalten. Die verschiedenen Textgattungen sind aber nicht in einzelnen Büchern voneinander abgegrenzt, wie in den biblischen Büchern beispielsweise des Psalter (hymnisch), der Chroniken (historisch), oder von Jesaja (prophetisch). Auch innerhalb einzelner Suren wechseln die Textarten häufig ganz unvermutet.

Aussagen Gottes über sich selbst

Einen großen Teil des Koran machen Aussagen Gottes über sich selbst aus. Sie können in der 1. Person (meist im majestätischen Plural: „Wir", seltener in der „Ich"-Form), oder in der 3. Person („Er") getroffen werden. Gott offenbart sich als Allah, der Eine und Einzige (vgl. „Der reine Glaube", Sure 112), der Allerbarmer und Barmherzige, der durch die Propheten gesprochen hat, der Gott von Abraham, Ismael, Isaak und Jakob, der Gott des Mose und der Gott Jesu, ein und derselbe Gott, den auch Juden und Christen bezeugen.

Anrede Gottes an die Menschen

Im Koran spricht Gott die Menschen an. Was frühere Offenbarungen verkündet haben, wird bestätigt, was verfälscht wurde, wird korrigiert, so wird Gottes Wort in authentischer und vollendeter Form ein letztes und endgültiges Mal den Menschen kund getan.

Lyrische Texte

In jedem einzelnen Vers des Koran sehen Muslime, wie wir eingangs behandelt haben (siehe Kapitel 2.1), ein sprachliches Meister- und Wunderwerk. Einige Passagen weisen aber auch im engeren Sinn einen lyrischen Charakter auf, sind Hymnen vergleichbar und zu Gebeten geworden. Die 1. Sure, „Die Eröffnung", deren kurzer Text dem Koran vorangestellt wurde, ist dafür ein prominentes Beispiel, aber auch der so genannte „Thronvers" aus „Die Kuh", Sure 2, Vers 255. Er ist Musliminnen und Muslimen besonders präsent und schmückt als Kalligraphie nicht nur in Moscheen, sondern auch in Privathäusern sehr oft die Wände:

Gott – kein Gott ist außer ihm, dem Lebenden und Beständigen.

Nicht packt ihn Schlummer noch Schlaf.

Ihm gehört, was in den Himmeln und auf der Erde ist.

Wer legt bei ihm Fürsprache ein außer mit seiner Erlaubnis?

Er weiß, was vor und was hinter ihnen ist.

Sie erfassen aber nichts von seinem Wissen, außer was er will.

Sein Thron umfasst die Himmel und die Erde.

Es fällt ihm nicht schwer, sie zu bewahren.

Er ist der Erhabene und Mächtige.

„Historische" Texte

Immer im großen Zusammenhang der Heilsgeschichte kommen im Koran Erzählungen von Ereignissen und Begebenheiten vor, wie sie auch in der Bibel geschildert werden. Weder in der einen, noch in der anderen Heiligen Schrift geht es dabei um historische Berichterstattung im Sinne von objektiver Geschichtsschreibung. Früher hat man lange gemeint, solche Texte als historisch „wahr" verteidigen zu müssen, und für fundamentalistische Strömungen ist eine solche Auffassung noch immer kennzeichnend. Ein nachdrückliches Insistieren auf dem Wortlaut von vermeintlich historischen Aussagen des Koran ist unter Muslimen heute sehr verbreitet. Dabei hatten Wissenschaftler und Philosophen zu den Blütezeiten islamischer Kultur im Mittelalter häufig schon erkannt, was die aufgeklärte Forschung der Neuzeit ausformuliert hat: Dass die Glaubenswahrheit solcher Texte auf anderer und subtilerer Ebene zu suchen ist und ein Verharren auf ihrem Wortlaut den Blick auf die eigentliche Botschaft der Schrift geradezu verstellt. Der Koran macht dies eigentlich ganz besonders deutlich. Zum einen erzählt er solche Texte nur selten zusammenhängend und ausführlich (Ausnahme: Die Josefsgeschichte, siehe Kapitel 7). Die inhaltliche Ebene der Geschichten wird bereits vorausgesetzt. Den Aufbau eines chronologischen Schemas, innerhalb dessen bestimmte Ereignisse womöglich nach Jahreszahlen genau fixiert werden können, unterlässt der Koran ebenso, wie er auch genaue geographische Einordnungen in der Regel eher vermeidet und das Gewicht nicht auf genaue Lokalisierungen legen will. Aus den Geschichten werden einzelne Motive und Aspekte herausgegriffen und in bestimmten Kontexten eingestreut, um spezifische Aussagen zu untermalen, zu beleuchten, zu klären. Dabei können in kunstvoller Weise einzelne Erzählelemente miteinander verbunden werden, die auf vordergründig historischer Ebene gar nicht zusammen gehören würden. Als Beispiel schreiben Sure 28, „Die Geschichte" (mit dem Surennamen ist die Geschichte von Mose und vom Auszug der Israeliten aus Ägypten gemeint, siehe Kapitel 8.3) und Sure 40, „Der Vergebende", der Gestalt des „Pharao", dessen Name und Identität nicht weiter interessieren, weil er als Archetyp des Widersachers der Gesandten Gottes, in diesem Fall des Mose, auftritt, ein Bauprojekt zu, das es ihm ermöglichen soll, in den Himmel hinauf zu steigen. Das erinnert zum einen an die imposanten architektonischen Hinterlassenschaften der Ägypter wie die Pyramiden, und zum anderen natürlich an das Motiv vom Turmbau zu Babel. Weiter vergesellschaften die beiden Suren mit dieser machtpolitischen Konspiration gegen Mose und die Seinen auch noch die Figur des Haman, der im biblischen Buch Ester als Großwesir im Persischen Reich die Vernichtung der Juden plant. Historisch gesehen würden mindestens acht Jahrhunderte Haman von Mose trennen. Nicht darum geht es hier aber, sondern es wird ein weiterer Erzbösewicht gegen die zentrale Prophetengestalt des Mose kontrastiert und verschiedene Motive in ihrer gemeinsamen Aussage miteinander kumuliert. Ähnlich verhält es sich mit der oft missverstandenen Qualifizierung des Korans von Maria (Marjam), der Mutter Jesu, als „Tochter Amrams ('Imrâns)". Amram ist im Alten Testament der Vater von Mose, und somit auch von Aaron und von beider Schwester Mirjam. Hier liegen mindestens zwölf Jahrhunderte zwischen der Mirjam (Maria) des Alten Testaments und der des Neuen Testaments. Dem Koran aber zu unterstellen, dass die beiden hier einfach „verwechselt" worden wären, ist missverstanden und polemisch. Vielmehr wird offenbar die heilsgeschichtliche Position der Frau an der Seite des großen Propheten Mose auf die Frau an der Seite des großen Propheten Jesus projiziert (siehe dazu Kapitel 10.13). Auf vordergründigerer Ebene wird die Mutter Jesu auch in die genealogische Abstammungslinie von Mirjam, Mose und Amram gestellt und somit in einem weiter gefassten Sinn als dessen „Tochter" als und „Schwester Aarons" angesprochen.

Weisungen

Auch darin lässt sich der Koran mit der Bibel vergleichen, dass beide Heiligen Schriften ganz konkrete Weisungen für das Zusammenleben der sich neu formierenden Gemeinschaft der Gläubigen enthalten (vgl. im Alten Testament besonders die Gesetzessammlungen in Exodus, Leviticus und Deuteronomium). Besonders die medinensischen Suren, also diejenigen, die Muhammad nach seiner Flucht von Mekka nach Medina offenbart wurden, als der Prophet auch im soziologischen und politischen Sinn zum Oberhaupt einer erstarkenden Gemeinde wurde, sind mehr und mehr mit legislativen Inhalten befasst. Diese Rechtsvorschriften des Koran wurden noch erheblich ausgeweitet und ergänzt durch vom Propheten Muhammad selbst durch seine Äußerungen und seine Verhaltensweisen geprägte Normen, d.i. die so genannte →„Sunna". Beides zusammen bildet die Grundlage für islamisches Rechtverständnis nach der so genannten →„Scharia" (siehe Kapitel 2.1). Dass der Koran nicht nur der Erbauung und der Versenkung in Meditation und Gebet dient, sondern eben auch sehr konkret als Rechtleitung und Richtschnur für das Verhalten zu jeder Zeit und in jedem Zusammenhang, ist Grundüberzeugung nahezu aller Muslime.

Sind die ethischen Normen des Koran mit denen der Bibel vergleichbar?

Ja. Entgegen ebenso beklagenswerter wie verbreiteter Missverständnisse, sind Aufrufe zu Gewalt und Konfrontation, Zwang und Intoleranz keineswegs in besonderer Weise charakteristisch für den Koran. Zwar ist im Koran auch von Gewalt die Rede. Dies gilt in noch deutlich erschreckenderem Ausmaß jedoch auch für die Bibel (siehe Exkurs „Heiliger Krieg", S. 165f.). Beide Heiligen Schriften klammern diese Aspekte der Wirklichkeit nicht aus. Dann aber zeigen sie auch auf, wie die Welt sein könnte und sollte, wenn Menschen sich auf Gott einlassen.

> *Gott gebietet Gerechtigkeit, das Gute zu tun und den Verwandten (oder: den Nächsten)*
> *zu geben.*
> *Er untersagt das Schändliche, das Verwerfliche und die Gewalttat.*
> *Er ermahnt euch. Vielleicht lasst ihr euch mahnen!* („Die Biene", Sure 16:90)

Wie die Bibel räumt der Koran ein *Recht* auf Vergeltung ein, wenn dabei ein rechtlicher Rahmen gewahrt und weitere Eskalation ausgeschlossen wird. Darin besteht der Sinn der so genannten Talionsformel des Alten Testaments („Auge um Auge, Zahn um Zahn", Ex 21,24) – keinesfalls in einem *Aufruf* zur Rache. Jesus hebt diesen Grundsatz durchaus nicht auf (vgl. Mt 5,17-19), ruft aber zum *Verzicht* auf Vergeltung auf und dazu, dem Bösen Gutes entgegen zu halten. Gleiches finden wir im Koran:

> *Schlechtes wird mit gleich Schlechtem vergolten.*
> *Doch wer verzeiht und Heil stiftet, dessen Lohn steht bei Gott.*
> („Die Beratung", Sure 42:40)

Wie die Bibel möchte der Koran die Menschen nicht einengen, bedrängen oder belasten, sondern ihnen Gottes *Gnade in Fülle* verheißen:

> *Die dem Gesandten, dem schriftunkundigen Propheten, folgen, den sie bei sich in der Tora*
> *und im Evangelium verzeichnet finden – er gebietet ihnen das Rechte und untersagt ihnen*
> *das Verwerfliche, er erlaubt ihnen die guten Dinge und verbietet ihnen die schlechten, er*
> *nimmt ihre Last von ihnen und die Fesseln, die auf ihnen liegen.*
> („Die Höhen", Sure 7:157)
> *Gott will euch keine Beschwernis bereiten, sondern euch (davon) reinigen und seine Gnade*
> *an euch vollenden. Vielleicht dankt ihr!* („Der Tisch", Sure 5:6)

Und schließlich verurteilt der Koran ausdrücklich jeden Zwang in Zusammenhang mit Religion:

> *Es gibt keinen Zwang in der Religion.*
> (alternative Übersetzungsmöglichkeit: „Es sei kein Zwang in der Religion!")
> („Die Kuh", Sure 2:256)

Spätestens hier muss freilich eingeräumt werden, dass gerade dieser letzte Grundsatz, aber auch viel anderes positive Potential im Islam, leider auch von Muslimen selbst zuweilen wenig beherzigt wird. Verzerrungen und Missachtungen der wahren Werte der eigenen Religion kommen aber in allen Religionen vor und haben gerade auch unter Christen in der Vergangenheit in ganz unaussprechlichem Ausmaß stattgefunden. Die islamische Welt erweckt heute leider den Eindruck, als haben solchermaßen bedauerliche und auch bedrohliche Entwicklungen zur Zeit Hochkonjunktur. Dies birgt die große Gefahr, dass das Bild vom Islam von jenen bestimmt wird, die ihre eigene Religion pervertieren. Hier gilt es umso entschiedener, das Wesen des Islam nicht mit seinen Zerrbildern zu verwechseln!

4.3   Koranausgaben und die Übersetzungsproblematik

Wie jeder, der Fremdsprachenkenntnisse besitzt, schon erfahren hat, sind Sprachen nie deckungsgleich und austauschbar. Beinahe jedes Kind weiß, dass Asterix auf Deutsch andere Witze enthält als Asterix auf Englisch, Latein oder im französischen Original. Ein gut übersetzter Text wird dieselben Informationen vermitteln wie sein Original, aber er ist nicht das Original. Wichtige Werke der Weltliteratur wurden immer mehrfach in dieselbe Fremdsprache übertragen, da alle Übersetzungen dem Original nur mehr oder weniger nahe kommen, es aber nicht ersetzen können. In ihren Varianten können sie sich dann ergänzen, auch wo sie sich zu widersprechen scheinen. Ein Lied, in verschiedenen Sprachen gesungen, kann unter Umständen sogar ganz unterschiedliche Emotionen bewirken. Händels Messias klingt auf Englisch anders als auf Deutsch, und eine Verdi-Oper auf Italienisch wird von jemand, der Italienisch versteht, wieder anders aufgenommen als von jemand, der sich in ihren Klang vertieft, obwohl ihm die Sprache fremd ist.

Die Sprache des Koran ist Arabisch

Was im Grunde für jede Art Text gilt, wird für den Koran in ganz besonders verstärktem Maß in Anspruch genommen. Mehrere Stellen sprechen ausdrücklich von der *„als arabischer Koran"* herabgesandten Offenbarung[6]. Begründet wird dies manchmal damit, dass die arabische Sprache besser geeignet sei als jede andere, das Wort Gottes in seiner Erhabenheit, in all seiner Vielschichtigkeit und seiner Schönheit wiederzugeben. Tatsächlich verfügt sie über einen enormen Wortschatz, der rein quantitativ erheblich über den vieler anderer Sprachen hinaus geht, was ihre Zugänglichkeit

---

6   „Genau dargelegt", Sure 41:2-4, und mehrere Parallelstellen.

nicht gerade erleichtert. Andererseits betont der Koran selbst, dass die Offenbarung „klar" und „verständlich" sein solle und sagt ausdrücklich, dass der Prophet Muhammad in der Sprache seines Volkes ausgesandt wurde (so wie die Propheten vor ihm in jeweils ihrer Sprache), damit Gottes Botschaft zunächst *dort* aufgenommen werden konnte („Abraham", Sure 14:4; „Der Donner", Sure 12:2). Während es Gottes souveränem Ratschluss zuerkannt wird, dass der letzte der Propheten und der die Geschichte aller Menschheitsoffenbarungen abschließende Gesandte Araber sein sollte, besteht gleichzeitig Übereinstimmung darüber, dass der Koran keinesfalls nur an die Araber, sondern ausdrücklich als „Gnade für alle Welt" („Die Propheten", Sure 21:107), also an alle Menschen gerichtet ist. Muhammad selbst warnte in einer berühmten, kurz vor seinem Tod gehaltenen Abschiedspredigt die arabischen Muslime ausdrücklich vor Überheblichkeit gegenüber anderen, und tatsächlich waren bereits nach wenigen Jahrzehnten die meisten Muslime Nichtaraber, so wie es auch heute noch der Fall ist. Selbst die großen Namen der islamischen und teilweise auch arabisch-*sprachigen* Geistes- und Wissenschaftsgeschichte, wie z.B. Omar Chaijam, Rumi, Ibn Sina (Avicenna), Salah ad-Din (Saladin), Ibn Chaldun, waren ethnisch Perser, Usbeken, Kurden, Berber u.v.a.

Trotzdem sind Übersetzungen legitim und sinnvoll

Aus dem bereits Gesagten dürfte verständlich geworden sein, dass Muslime, gleich welcher Sprache oder Nation, unter „dem Koran" stets nur die arabische Originalfassung verstehen. Weit über jeden Vergleich mit irgendeinem anderen Buch hinaus, ist das „Sprachwunder" des Koran nicht übertragbar. Aus islamischer Sicht ist ein Koran in einer anderen Sprache im Grunde genommen ein Widerspruch in sich. Dass trotzdem Übersetzungen immer wieder vorgenommen wurden und werden, rechtfertigt sich aus dem Bemühen, wenigstens unter allen Vorbehalten etwas von seinem Inhalt für Menschen, die des Arabischen nicht mächtig sind, zugänglich zu machen, Muslimen wie Nicht-Muslimen. Der Prophet Muhammad selbst richtete der Überlieferung nach Botschaften an mehrere nichtarabische Herrscher seiner Zeit, die auch Koranverse enthielten, welche dann den Empfängern natürlich übersetzt werden mussten. Zudem kann mit Recht darauf verwiesen werden, dass die Sprachebene des koranischen Arabisch ja auch Arabisch-Kennern, Muttersprachlern eingeschlossen, keineswegs ohne weiteres zugänglich ist. Auch sie bedürfen dazu der kommentierenden Erläuterung und Anleitung, und eine Übertragung in eine andere Sprache kann in solchem Sinne ebenso als ein weiteres Hilfsmittel betrachtet werden. Übersetzungen haben also, auch aus islamischer Sicht, durchaus ihre Berechtigung, insoweit der Benutzer sich dessen bewusst ist, dass er sich damit nicht mit dem Koran selbst auseinandersetzt, sondern höchstens mit einer unscharfen Annäherung in schwarz-weiß, hinter der sich in Wirklichkeit eine grandiose Farbkomposition verbirgt. Voraussetzung für den Zugang zur „Farbigkeit" des Koran ist aber ein sehr intensives Bemühen um die arabische Sprache.

Kurzbesprechung der wichtigsten Koranübersetzungen ins Deutsche

Die verschiedenen Übersetzungen, die inzwischen in stetig wachsender Zahl in deutscher Sprache zur Verfügung stehen, sind in erster Linie nach ihrer Intention zu befragen und zu unterscheiden. Eine ausdrücklich von muslimischer Seite autorisierte Version erschien erstmals 1986 in Köln, übersetzt und herausgegeben von **Abu-r-Rida' Muhammad Ibn Ahmad Ibn Rassoul** unter dem bewusst verhaltenen Titel *Die ungefähre Bedeutung des Al-Qur'ân Al-Karîm in deutscher Sprache* (IB Verlag Islamische Bibliothek). Sie wurde mehrfach wiederaufgelegt, inzwischen auch als zweisprachige Ausgabe und stellt Original und Übersetzung jeweils Seite für Seite gegenüber. Sie ist fast ausschließlich unter deutschsprachigen Muslimen in Gebrauch und bekennt sich in dem gerade genannten Sinne am deutlichsten zur bloßen Funktion als Hilfsmittel, weshalb sie schon vom äußeren Erscheinungsbild her anspruchslos ist; sprachlich wirkt sie zuweilen schwerfällig; manche arabischen Begriffe lässt sie unübersetzt und kommt dabei ganz ohne Fußnoten aus. Die nachgestellte Einführung ist dem Geist ihres Glaubens manifest verpflichtet.

Letzteres gilt auch für die 1996 vorgelegte Ausgabe von **Ahmad von Denffer** vom Islamischen Zentrum München *Der Koran. Die Heilige Schrift des Islam in deutscher Übertragung* (Islamabad und München). Als erste Koranübersetzung durch einen deutschsprachigen Muslim kann sie allerdings uneingeschränkte sprachliche Kompetenz beanspruchen. Wenn sie in Wortwahl und Satzbau bisweilen ungewohnt wirkende Formen wählt, so aus erklärter Treue zum arabischen Text. In diesem Sinn möchte sie auch verstanden werden, als Hinführung zum Original, und für diejenigen, die über arabische Grundkenntnisse verfügen, ist sie zweifellos von größtem Nutzen. Darüber hinaus muss die reichliche Verwendung von Kommentaren der klassischen Korangelehrten in den Fußnoten als besonders wertvoll hervorgehoben werden. Solche grundlegenden Werke, die in der islamischen Welt als unabdingbare Hilfsmittel zum Textzugang gelten, werden in keiner anderen Übersetzung in vergleichbarem Maß erschlossen, soweit sie überhaupt, und nur ganz sporadisch, herangezogen werden. Auch die Einleitung, die die Schwierigkeiten der Übersetzungsarbeit und ihre möglichen Lösungswege ausführlich behandelt und sich auch kritisch mit anderen deutschen Übersetzungen auseinandersetzt, ist lesenswert.

Die zweisprachige Ausgabe *Koran. Der heilige Qur-ân, Arabisch und Deutsch* (1. Aufl. 1954, Verlag Der Islam, Frankfurt/M., The Oriental & Religious Publishing Corp. Ltd., Rabwah, Pakistan) wird seit vielen Jahren von der **Muslimischen Gemeinschaft**

→**Ahmadijja** vertrieben, wohl auch wegen ihrer sehr ansprechenden äußeren Aufmachung bei vergleichsweise günstigem Preis mit sehr großem Erfolg. Die Ende des 19. Jahrhunderts in Indien entstandene Bewegung wird von muslimischen Hauptströmungen nur bedingt anerkannt, in manchen Ländern sogar vehement als häretisch bekämpft. Ihre spezielle, betont missionarische Ausrichtung kommt in der Übersetzung durch manche Angleichungen von Begriffen und Formulierungen an modernes und an christliches Gedankengut sowie durch Glättung von betont abgrenzenden Textstellen zum Ausdruck. Das arabische Textbild und die Verszählung weichen von der sonst gebräuchlichen Kairener Standardausgabe ab.

Eine neue Übersetzung, die **Abdullah as-Samit, Frank Bubenheim** und **Nadeem Elyas** (der Vorsitzende des Zentralrats der Muslime in Deutschland) gemeinsam im Auftrag des Islamischen Zentrums Aachen für die saudische König-Fahd-Stiftung zur Verbreitung des Koran erarbeitet haben, stellt eine solide deutsche Übertragung (jeweils auf den linken Buchseiten) dem Schriftbild der arabischen Kairener Standardausgabe (jeweils rechts) gegenüber. Die Übersetzung ist mit zwar zahlreichen, inhaltlich jedoch nicht sehr ergiebigen Fußnoten versehen. Dadurch wirkt die Übersetzung, die leider auch von sporadischen typografischen Fehlern beeinträchtigt ist, etwas mechanisch. Durch ihren Schmuckeinband entspricht diese Ausgabe dem äußeren Erscheinungsbild arabischer (also: authentischer) Koranausgaben. (*Der edle Qur'ân und die Übersetzung seiner Bedeutung in die deutsche Sprache*, Aachen und Madina/Saudi Arabien 2002).

Der prominente deutsche Muslim **Murad Wilfried Hofmann** hat 1998 *Der Koran. Das heilige Buch des Islam* (Istanbul; Taschenbuchausgabe, München 2003) vorgelegt. Er vermeidet begriffliche Anlehnungen an die Bibel und berücksichtigt auch traditionelle Koranauslegung. Es handelt sich dabei nicht um eine eigenständige Übersetzung, sondern um eine aus islamischer Innensicht erfolgte Überarbeitung der weit verbreiteten Ausgabe von **Max Henning**. Diese geht auf das Jahr 1901 zurück (Reclam Verlag Leipzig) und wurde schon mehrfachen Revisionen unterzogen, so 1968 von Kurt Rudolph (Reclam Leipzig) und zuletzt von Annemarie Schimmel 1991 (Reclam Stuttgart), jeweils mit eigener Einleitung, mit Anmerkungen und Register versehen. Hofmann entschied sich für die Henningsche Fassung als Grundlage, da er ihr größtmögliche stilistische Nähe zum Original und poetische Kraft zuschreibt. Da Hennings Fußnoten „von einer zeitbedingten islamfeindlichen Einstellung geprägt" gewesen seien, wurden sie von Hofmann vollständig ersetzt. Als Besonderheit zeichnet sich die neue Ausgabe durch die ins Layout mitaufgenommenen Seitenzahlen der Kairener Standardausgabe aus, was die Benutzung parallel mit dieser gebräuchlichsten Fassung des Originaltextes erleichtert.

Eine Übertragung, die sich in interreligiösem Bemühen sowohl an christlich geprägte Leser wendet wie dabei auch größtmögliche Akzeptanz von Muslimen anstrebt, ist dem Religionswissenschaftler **Adel Theodor Khoury**, einem arabischen Christen, zu verdanken. Sie ist auch sprachlich bemüht zu vermitteln und stützt sich gern auf vertraute Formulierungen. Die zuletzt 2001 überarbeitete 3. Auflage, *Der Koran* (Gütersloh 1987), liegt auch der wertvollen, zweisprachigen Neuausgabe von 2004 zugrunde, die den Originaltext der Übersetzung gegenüberstellt und so eine willkommene Arbeitsgrundlage für alle bietet, die Zugang zum Arabischen haben, sich erwerben oder wenigstens das Schriftbild anschauen möchten. Darüber hinaus liegt der besondere Wert dieses auch vom Format her anspruchsvolleren Werkes im umfangreichen Fußnotenapparat, der sich gelegentlich über ein Drittel der Seite und mehr erstreckt. Khoury fasst darin Wesentliches aus seinem eigenen, 12-bändigen wissenschaftlichen Koran-Kommentarwerk (Gütersloh 1999-2001) zusammen.

Einen handlichen Kommentar legte der Semitist **Rudi Paret** zusammen mit seiner Übersetzung in zwei getrennten Bänden vor: *Der Koran*, Übersetzung von Rudi Paret (Stuttgart 1966, ⁸2001); *Der Koran*, Kommentar und Konkordanz von Rudi Paret (Stuttgart 1977, ⁵1993). Der Kommentarband bietet umfangreiche Querverweise zu den einzelnen Versen; eine →Konkordanz im gängigen Sinn enthält er jedoch nicht. Sein Anspruch ist ein wissenschaftlicher, insbesondere für Philologen gilt er mit Recht als unverzichtbar. Dasselbe trifft auch für die Übersetzung zu, in der vor allem die Problematik der Übertragung schon im Schriftbild so unverblümt zum Ausdruck kommt wie in keiner anderen Koranausgabe. Unsicherheiten werden mit Fragezeichen markiert; alternative Formulierungen und sprachlich bedingte Erweiterungen in Klammern unterbrechen in beinahe jedem Vers den Textfluss. So ist diese Ausgabe im strengsten Sinn einer exakten Wiedergabe des Sprachinhalts verpflichtet.

Einen dezidiert neuen Ansatz vertritt der katholische Theologe **Hans Zirker** mit der jüngsten Koranübertragung ins Deutsche: *Der Koran* (Darmstadt 2003). Die Vers- und Textstruktur wird im Schriftbild klarer und anschaulicher umgesetzt, als es in bisherigen Ausgaben üblich war; das Lesen wird dadurch angenehm, bei großer sprachlicher Zuverlässigkeit. Die namhafte Kompetenz des Autors, der zuvor bereits einen Koran-Einführungsband vorgelegt hat (*Der Koran. Zugänge und Lesarten*, Darmstadt 1999), kommt erfolgreich zum Tragen.

Abschließend muss die bei Kennern zu Recht beliebte Übersetzung von **Friedrich Rückert** erwähnt werden, die im frühen 19. Jahrhundert entstand. Der Orientalist und romantische Dichter hat als einziger die ästhetische Dimension des Koran bewusst in den Vordergrund gerückt. Herausgekommen ist die ohne Zweifel schönste deutsche Koranübertragung, voll poetischer Kraft und sprachlicher Eindringlichkeit. Dies geht notwendigerweise auf Kosten der begrifflichen Treue zum Original; Rückerts Verse können sich ihm oft nur annähern und nehmen nicht selten den Charakter einer mehr oder weniger freien Nachdichtung an. Allerdings umfasst die Übertragung nicht den gesamten Koran; manche Abschnitte, auch ganze Suren, wurden übergangen. Aus muslimischer Sicht muss es schlechterdings verwegen erscheinen,

Der Text der 112. Sure nach den besprochenen Ausgaben als Übersetzungsbeispiel

Abul-r-Rida' Muhammad:

112 Sura Al Ihlâs
(Die aufrichtige Ergebenheit)
Im Namen Allâhs,
des Allerbarmers, des Barmherzigen
Sprich: „Er ist Alläh, ein Einziger (1),
Alläh, der Absolute, (Ewige, Unabhängige, von Dem alles abhängt). (2)
Er zeugt nicht und ist nicht gezeugt worden (3), und Ihm ebenbürtig ist keiner." (4)

as-Samit/Bubenheim/Elyas:

Sûra 112 al Ihlâs
Die Aufrichtigkeit
Im Namen Allâhs,
des Allerbarmers, des Barmherzigen
1. Sag: Er ist Allâh, ein Einer,
2. Allâh, der Überlegene.
3. Er hat nicht gezeugt und ist nicht gezeugt worden,
4. Und niemand ist Ihm jemals gleich.

Paret:

Sure 112 Der Glaube ohne Vorbehalt
Im Namen des barmherzigen und gnädigen Gottes.
1 Sag: Er ist Gott, ein Einziger,
2 Gott, durch und durch (er selbst)(?) (w. der Kompakte) (oder: der Nothelfer(?), w. der, an den man sich (mit seinen Nöten und Sorgen) wendet, genauer: den man angeht?).
3 Er hat weder gezeugt, noch ist er gezeugt worden.
4 Und keiner ist ihm ebenbürtig.

von Denffer:

112. Die Sure mit der aufrichtigen Ergebung
Im Namen Allahs,
des Allerbarmers, des Barmherzigen
1. Sag: Er ist Allah, einzig,
2. Allah, der immer da ist,
3. Nie zeugte Er, und nie ist Er gezeugt,
4. Und nie gibt es Ihm Gleiches.

Hofmann:

112 Aufrichtigkeit (des Glaubens)
(Al Ikhlas)
Im Namen Allahs,
des Erbarmers, des Barmherzigen!
1. Sprich: „Er ist der Eine Gott,
2. Allah, der Absolute.
3. Er zeugt nicht und ist nicht gezeugt,
4. Und es gibt keinen, der Ihm gleicht."

Zirker:

112. Sure: Der reine Glaube
Im Namen Gottes,
des Allerbarmenden und Barmherzigen.
1 Sag:
„Er ist Gott, ein Einziger,
2 Gott, der Allüberlegene.
3 Er hat nicht gezeugt und ist nicht gezeugt worden.
4 Nicht einer ist ihm gleich."

Ahmadiyya:

Sura 112 Al Ichlâs
1. Im Namen Allahs,
des Gnädigen, des Barmherzigen.
2. Sprich: „Er ist Allah, der Einzige;
3. Allah, der Unabhängige und von allen Angeflehte.
4. Er zeugt nicht und ward nicht gezeugt;
5. Und keiner ist Ihm gleich."

Khoury:

Sure 112 Der aufrichtige Glaube
(al Ikhlâs)
Im Namen Gottes,
des Erbarmers, des Barmherzigen.
1 Sprich: Er ist Gott, ein Einziger,
2 Gott, der Undurchdringliche.
3 Er hat nicht gezeugt, und Er ist nicht gezeugt worden,
4 und niemand ist Ihm ebenbürtig.

Rückert:

112^e Sure, Bekenntnis der Einheit
1 Sprich: Gott ist Einer,
2 Ein ewig reiner,
3 Hat nicht gezeugt und ihn gezeugt hat keiner,
4 Und nicht ihm gleich ist einer.

die Schönheit des Koran in einer anderen Sprache nachahmen zu wollen. Dennoch bleibt Rückerts Werk wie kein anderes geeignet, die islamische Sicht vom Primat der Textform und wenigstens eine Ahnung von seiner Ästhetik zu vermitteln. So ist es verdienstvoll, dass die heute antiquiert wirkende Fassung von **Hartmut Bobzin** mit einer ausführlichen Erläuterung zu ihrer Entstehung versehen, in unveränderter Form und längst überholter Orthographie, wieder neu herausgegeben wurde: *Der Koran*. In der Übersetzung von Friedrich Rückert (Würzburg 1996, ³2000).

Wir haben uns für die Wiedergabe der Koranstellen in diesem Buch für die Übersetzung von Zirker entschieden. Auch für die Verwendung in Unterricht und Erwachsenenbildung ist sie sicherlich geeignet. Allerdings liegt sie bisher (noch) nicht als Taschenbuchausgabe vor. Dies ist bei den ebenfalls empfehlenswerten Ausgaben von Khoury und von Hofmann der Fall, die somit deutlich preiswerter erworben werden können.

4.4 Wie ist die Bibel aufgebaut?

Die Bibel ist an mehreren Orten in unterschiedlichen Sprachen (hebräisch, aramäisch, griechisch) entstanden und hat bis zur Schriftwerdung und Endredaktion einen komplexen Werdegang durchgemacht. Sie ist zwar heute ein einziges Buch, aber sie ist zugleich eine Sammlung von Büchern oder eine kleine Bibliothek. Ihr Name „Biblia" (ursprünglich griechisch, dann auch lateinisch) bedeutet wörtlich „Bücher". Die erste große Unterscheidung lässt die Bibel in Schriften des Alten oder Ersten[7] Testaments und in Schriften des Neuen Testaments gliedern.

Verschiedene Zählweisen

Die Bibel ist zuerst – wir haben es bereits erwähnt – das *heilige Buch der Juden* oder die *Hebräische Bibel*. Nach jüdischer Zählung setzt sie sich aus 24 Büchern zusammen: Genesis, Exodus, Levitikus, Numeri, Deuteronomium, Josua, Richter, Samuel, Könige, Jesaja, Jeremia, Ezechiel, das Zwölf-Prophetenbuch, Psalmen, Iiob, Sprüche, Rut, Hoheslied, Kohelet, Klagelieder, Ester, Daniel, Esra-Nehemia, Chronik, und ist in

---

7   Die Rede vom Ersten Testament wurde u.a. von Erich Zenger und seinem Kreis bevorzugt, denn „Altes" Testament impliziert im heutigen Sprachgebrauch „vergangenes" Testament, das nicht mehr nützlich ist. Um dem „Alten" Testament seinen Rang zurückzugeben, wurde es als „Erstes" Testament bezeichnet. Es gehört zum konstitutiven Bestand der christlichen Bibel und kann in keiner Weise substituiert werden. Problematisch ist die Konsequenz dieser Bezeichnung für das „Neue" Testament, welches folglich „Zweites" Testament heißen sollte und damit eine gewisse Nachrangigkeit erführe.

drei Büchergruppen aufgeteilt: Tora, Propheten inklusive Geschichtsbücher und schließlich die Bücher der Lehrweisheit und Psalmen (auch „Schriften" genannt).[8] Auf 39 Bücher kommt man, wenn die zwölf kleinen Propheten alle eigens gezählt werden (+11), ebenso die beiden Bücher der Chronik als zwei gerechnet werden, ebenso die beiden Bücher der Könige und Samuel (+3), dazu müssen Esra und Nehemia als je ein Buch gezählt werden. Das ergibt 24 + 15 = 39. Nicht zu vergessen ist dabei, dass das Urchristentum keinen anderen Kanon als die Hebräische Bibel kannte, dass in den frühen christlichen Gottesdiensten aus diesen Büchern vorgetragen wurde, dass Jesus und Paulus keine andere Heilige Schrift als die Bibel der Juden kannten und dass sie zu keinem anderen Gott als dem Gott der Juden beteten.

Von der Bibel der Christen sprach man erst um das Jahr 400, als die Bücher des Neuen Testamentes als kanonisch anerkannt wurden (Synode von Hippo). Die östliche Kirche schloss sich dieser Zählung im 7. Jahrhundert an.

Die evangelischen Kirchen anerkennen die genannten 39 Bücher. Die katholische und die orthodoxe Kirche anerkennen darüber hinaus 7 →*deuterokanonische* Bücher (teils griechisch, teils →*aramäisch* verfasst) und ordnen sie nach geschichtlichen Gesichtspunkten: Tobit, Judit, 1 und 2 Makkabäer, Weisheit, Jesus Sirach und Baruch sind in das Alte oder Erste Testament einbezogen worden, sodass sie 46 Bücher anerkennen. Martin Luther sagte von ihnen, dass sie nicht gleichrangig gegenüber den anderen sind, aber doch „nützlich und gut zu lesen"[9]. Neu wurden die Bücher in vier Gruppen geordnet, wobei die geschichtlichen Bücher eine eigene Gruppe bilden.

Wichtiger aber als die unterschiedliche Bücherzahl ist die Bedeutung der alttestamentlichen Schriften überhaupt für das Christentum. Denn das Christentum ist bleibend im Judentum verwurzelt. Von Anfang an haben die christlichen Gemeinden im Gottesdienst die Texte der Hebräischen Bibel gelesen und ausgelegt. Sie galten ihnen als Fundament des Glaubens und bildeten den Auslegehorizont der Botschaft Jesu vom hereinbrechenden Gottesreich. „Gesetz und Propheten" dienten als Hintergrund, auf dem das neutestamentliche Christuszeugnis entworfen wurde. Deshalb gehört die Hebräische Bibel zum Inneren der christlichen Religion, und deshalb haben Christen zu den Juden eine tiefere Beziehung als zu jeder anderen Religion. Bekannt geworden ist das Wort von Papst Johannes Paul II, als er 1986 erstmals in Rom eine Synagoge besuchte: Ihr seid unsere „bevorzugten Brüder", bzw. unsere älteren Geschwister.

Die Bücher des *Alten oder Ersten Testaments* schildern die Entstehung der Welt und die Geschichte Gottes mit dem Volk Israel, dessen Beten und Klagen, die Worte der großen und kleinen Propheten, die Zeiten der Könige und das unmittelbare Vorfeld für die Ankunft Jesu Christi.

---

8   Der jüdisch-römische Historiker Flavius Josephus kommt auf die Zahl 22 (die der Anzahl der Buchstaben des hebräischen Alphabets entspricht), indem er die Klagelieder in Jeremias und Rut in das Buch Richter integriert hat.

9   Zit. nach E. Zenger, Einleitung in das Alte Testament, Stuttgart ⁵2004, 28.

Zu den 46 alttestamentlichen Büchern kommen 27 *neutestamentliche Bücher* hinzu: Die drei synoptischen („zusammenschauenden") *Evangelien* von Markus, Matthäus und Lukas, dazu – bedeutend später – das stark theologisch und symbolisch gehaltene Johannesevangelium (z.B. Jesus als „Hirt", als „Weg, Wahrheit und Leben", als „Brot"). Die Apostelgeschichte erzählt vom beginnenden Gemeindeleben und den Apostelaktivitäten der werdenden Kirche, besonders von den Paulusreisen. Der Völkerapostel hielt den Kontakt zu den Gemeinden in Rom, Korinth (zwei Briefe), Galatien, Ephesus, Philippi, Kolossä und Thessaloniki (2 Briefe) durch Briefe aufrecht, wobei mindestens der Epheserbrief sicher nicht aus seiner Hand ist. Die fünf *Pastoralbriefe* sind von Paulus an seine Mitarbeiter gerichtet: Timotheus (2), Titus, Philemon und – Ausnahme – an die Hebräer. Es folgen die 7 *katholischen Briefe*, die Aposteln zugeschrieben wurden: Jakobus, Petrus (zwei), Johannes (drei) und Judas, also total 21 Briefe.

Die *Offenbarung des Johannes* (auch: „Apokalypse") ist eine prophetisch-kritische Sicht auf das Gemeindeleben mit Ausblick auf das himmlische Jerusalem. Insgesamt enthält die Bibliothek der Bibel 73 Schriften, anerkannt von der katholischen und orthodoxen Kirche und 46 offizielle Bücher des Judentums, was auch die meisten protestantischen Kirchen übernommen haben. In Bezug auf die Zahl der neutestamentlichen Bücher gibt es keine interkonfessionellen Differenzen, es sei denn der von Luther hinterfragte, aber trotzdem als kanonisch anerkannte Jakobusbrief.

Die Kapitel und Verse der Bibel und wie man sie zitiert

Wer ein Wort aus der Bibel zitiert, kann dafür jeweils eine genaue Stelle mit Buch, Kapitel und Vers angeben, z.B. *„Wo zwei oder drei in meinem Namen versammelt sind, da bin ich mitten unter ihnen"*: Dieser Satz steht im Matthäusevangelium Kapitel 18, Vers 20, was so zitiert wird: Mt 18,20. Die Reihenfolge ist also stets: Buch, Kapitel, Vers. Die *Kapitelunterteilung* der Bibel ist erst im Mittelalter um 1200 dazugekommen und erstmals von Stephan Langton (1150-1228) an einer lateinischen Übersetzung vorgenommen worden. Stephan Langton war lange Jahre Kanzler der Universität in Paris, bis er Erzbischof von Canterbury wurde. Seine Kapiteleinteilung wurde im Jahre 1226 in die Pariser Bibel aufgenommen. – Diese Einteilung ist nicht aus zwingenden Gründen erfolgt und hätte auch anders vorgenommen werden können. Aber sie ist nützlich für alle, die ein Bibelwort angeben wollen. Die Kapiteleinteilung ist gleichsam zu einem universellen Zählinstrument der Bibelstellen geworden, zu einem wertvollen Prinzip der Verständigung.

Eine Bibelstelle lässt sich über die Kapitel hinaus noch präziser mit dem Vers angeben, der die Stelle im Kapitel markiert. Diese *Verseinteilung* ist vom Pariser Buchdrucker Robert Etienne erstmals am griechischen Text des Neuen Testaments in einer

Die biblischen Bücher und ihre Abkürzungen

Hier sollen nun alle Bücher des Alten und Neuen Testamentes samt ihren Abkürzungen vorgestellt werden. Es war vor allem eine Frage der Vereinfachung, als man für die biblischen Bücher Abkürzungen einführte. Diese sind oft die drei ersten Buchstaben der betreffenden Buchbezeichnung.

Die Namen der biblischen Bücher des Alten Testaments und ihre Abkürzungen		Die Namen der neutestamentlichen Bücher und ihre Abkürzungen	
	Die fünf Bücher des Mose		*Die Evangelien*
Gen	Das Buch Genesis	Mt	Das Evangelium nach Matthäus
Ex	Das Buch Exodus	Mk	Das Evangelium nach Markus
Lev	Das Buch Levitikus	Lk	Das Evangelium nach Lukas
Num	Das Buch Numeri	Joh	Das Evangelium nach Johannes
Dtn	Das Buch Deuteronomium	Apg	Die Apostelgeschichte
	Die Bücher der Geschichte		*Die Briefe*
Jos	Das Buch Josua	Röm	Der Brief an die Römer
Ri	Das Buch der Richter	1 Kor	Der erste Brief an die Korinther
Rut	Das Buch Rut	2 Kor	Der zweite Brief an die Korinther
1 Sam	Das erste Buch Samuel	Gal	Der Brief an die Galater
2 Sam	Das zweite Buch Samuel	Eph	Der Brief an die Epheser
1 Kön	Das erste Buch der Könige	Phil	Der Brief an die Philipper
2 Kön	Das zweite Buch der Könige	Kol	Der Brief an die Kolosser
1 Chr	Das erste Buch der Chronik	1Thess	Der erste Brief an die Thessalonicher
2 Chr	Das zweite Buch der Chronik	2Thess	Der zweite Brief an die Thessalonicher
Esra	Das Buch Esra	1 Tim	Der erste Brief an Timotheus
Neh	Das Buch Nehemia	2 Tim	Der zweite Brief an Timotheus
Tob	Das Buch Tobit	Tit	Der Brief an Titus
Jdt	Das Buch Judit	Phlm	Der Brief an Philemon
Est	Das Buch Ester	Hebr	Der Brief an die Hebräer
1 Makk	Das erste Buch der Makkabäer		
2 Makk	Das zweite Buch der Makkabäer		*Die katholischen Briefe*
		Jak	Der Brief des Jakobus
	Die Bücher der Lehrweisheit und die Psalmen	1 Petr	Der erste Brief des Petrus
		2 Petr	Der zweite Brief des Petrus
Ijob	Das Buch Ijob	1 Joh	Der erste Brief des Johannes
Ps	Die Psalmen	2 Joh	Der zweite Brief des Johannes
Spr	Das Buch der Sprichwörter	3 Joh	Der dritte Brief des Johannes
Koh	Das Buch Kohelet	Jud	Der Brief des Judas
Hld	Das Hohelied	Offb	Die Offenbarung des Johannes
Weish	Das Buch der Weisheit		
Sir	Das Buch Jesus Sirach		
	Die Bücher der Propheten		
Jes	Das Buch Jesaja		
Jer	Das Buch Jeremia		
Klgl	Die Klagelieder		
Bar	Das Buch Baruch		
Ez	Das Buch Ezechiel		
Dan	Das Buch Daniel		
Hos	Das Buch Hosea		
Joël	Das Buch Joël		
Am	Das Buch Amos		
Obd	Das Buch Obadja		
Jona	Das Buch Jona		
Mi	Das Buch Micha		
Nah	Das Buch Nahum		
Hab	Das Buch Habakuk		
Zef	Das Buch Zefanja		
Hag	Das Buch Haggai		
Sach	Das Buch Sacharja		
Mal	Das Buch Maleachi		

Ausgabe von Genf im Jahre 1551 vorgenommen worden. Auch sie ist nicht zwingend, erlaubt aber sehr genaue Angaben. Wer mehrere Kapitel zitiert, verbindet die Kapitelzahlen mit einem Bindestrich. So bedeutet 1 Joh 3-5: Aus dem ersten Johannesbrief die Kapitel drei bis fünf. Geht es um ein folgendes Kapitel oder um einen nachfolgenden Vers, verwendet man ein „f", geht es um mehrere nachfolgende Verse oder Kapitel, schreibt man ein doppeltes „ff".

Werden Parallelstellen aus zwei Evangelien mit verschiedenen Versionen angegeben, kann man z.B. schreiben Mt 5,32 par Lk 16,18 oder kürzer: Mt 5,32 par. Beim Zitieren mehrerer Verse aus demselben Buch oder Kapitel, wird ein Punkt dazwischen gesetzt (z.B. Gen 3,3.4). Wenn man mehrere Stellen aus verschiedenen Kapiteln zitiert (z.B. Joh 2,1; 4,11), werden sie mit ; verbunden. In jedem Fall hat sich teilweise auch über die Sprachkulturen hinweg ein einheitliches Zitationssystem ergeben, das Präzision und Verständigung fördert.

Apokryphe Schriften

Weil sich einige Aussagen des Koran in →apokryphen christlichen Schriften wiederfinden lassen, beispielsweise die Geburt Marias nach dem Jakobusevangelium (vgl. Kapitel 10.13), sollen diese kurz erwähnt werden. Das griechische Wort „apokryph" heißt auf deutsch „verborgen", „geheim" und bezieht sich in unserem Zusammenhang auf antike Schriften, die keinen Eingang in den offiziellen Kanon gefunden haben und von den jüdischen bzw. urchristlichen Gemeinden nicht offiziell anerkannt wurden. Sie enthalten teilweise mündliche Überlieferungen von ausgeschlossenen, weil damals als häretisch betrachteten Zeugen (z.B. gnostischer Herkunft). Protestantischerseits wurden sie „Pseudepigraphen" genannt. Teilweise tragen Schriften Namen von anerkannten Zeugen (z.B. Apostel Thomas), teilweise enthalten sie Ähnlichkeiten mit koranischen Schriften (z.B. das Barnabasevangelium, das allerdings als spätere Fälschung gilt). Die Funde von Qumran in Palästina/Israel und Nag Hammadi in Ägypten haben das Material kanonischer und apokrypher Schriften beträchtlich vermehrt (vgl. Kapitel 3.2).

Apokryphe Schriften des Alten Testaments datieren aus den beiden ersten vorchristlichen Jahrhunderten und weisen Erzählungen mit legendarischem Charakter auf: Jubiläenbuch, Himmelfahrt des Jesaja, Apokryphe des Mose, 3. Esra und 3. Makkabäerbuch. Didaktische Apokryphen enthalten Salomo zugeschriebene Psalmen und das 4. Makkabäerbuch. Das 1. Henochbuch gehört zu den apokalyptischen Apokryphen des Alten Testaments.

Von den *neutestamentlichen Apokryphen* sind zuerst drei judenchristliche apokryphe Evangelien zu erwähnen: das Hebräer-, das Nazaräer- und das Ebionäerevangelium, dann das Ägypterevangelium und zwei Kindheitsevangelien von Jakobus und

Thomas. Man spricht deshalb vom „Protoevangelium" des Jakobus, das zwischen 150-200 in Ägypten entstanden ist, weil es sich als Vorspann des Markusevangeliums versteht, welches keine Kindheitsgeschichte Jesu und schon gar nicht die Geburt Marias enthält. Ferner berichten das Petrusevangelium und das Bartholomäusevangelium von Tod und Auferstehung Jesu. Neu bekannt geworden ist ein Judas-Evangelium. Weitere apokryphe Evangelien enthalten Gespräche mit dem Auferstandenen, Dialoge mit Jesus und Legenden über Marias Tod.

Bedeutsam für die islamische Perspektive ist das *Barnabasevangelium*: Dieses versteht sich als einzig wahres Evangelium des Propheten Jesus, aufgezeichnet im ersten nachchristlichen Jahrhundert von seinem Apostel Barnabas. Paulus wird darin vorgeworfen, er sei für die illegitime Bezeichnung Jesu als Sohn Gottes ebenso verantwortlich wie für die Aufgabe der Beschneidung und das Verzehren von unreinen Speisen im Christentum. Judas, der von Gott in die Gestalt Jesu verwandelt wurde, stirbt statt Jesus, und Jesus verheißt mehrfach den Propheten Muhammad. Insgesamt wird der Islam als Vollendung und Überbietung von Judentum und Christentum gesehen. Die moderne Forschung datiert das Barnabasevangelium nicht auf das erste, sondern auf das 15./16. Jahrhundert und sieht darin eine Fälschung.[10]

Außer den „apokryphen Evangelien" gibt es „*apokryphe Akten*", die in ausführlicher Weise die Reisen und Wunder der Apostel Petrus, Paulus, Andreas, Johannes und Barnabas erzählen. Weiter sind „*apokryphe Briefe*" und „*apokryphe Apokalypsen*" zu erwähnen. Erstere sind verloren geglaubte Paulusbriefe, welche gelegentlich dazu dienten, vermeintliche Privilegien bestimmter Kirchen zu bestätigen. Letztere sind Offenbarungen, die eine bessere Zukunft verheißen und die Petrus, Paulus, Johannes und Maria zugeschrieben sind. – Zu allen apokryphen Schriften ist zu sagen, dass sie nicht selten neue Einblicke gewähren und ergänzende Informationen für das Verständnis der kanonischen Schriften liefern, doch haben sie nicht zu einer grundlegenden Korrektur etwa der Evangelien geführt, welche nach wie vor die Hauptquellen für die Erforschung der Person und des Wirkens Jesu sind.

Warum gibt es vier Evangelien und nicht ein Evangelium?

Aus islamischer Sicht ist die Frage aufgetaucht, weshalb es vier Evangelien und nicht nur ein Evangelium gäbe[11]. Sind diese vier Versionen nicht ein offensichtlicher Beweis dafür, dass Gottes geoffenbartes Wort von Menschen verfälscht wurde?

---

10 Vgl. Hans-Josef Klauck, Apokryphe Evangelien. Eine Einführung, Stuttgart 2002, 264-267; siehe auch http://barnabas.net für eine Verteidigung des Barnabas-Evangeliums aus islamischer Sicht, http://www.islaminstitut.de/index.php?templateid=artikel&id=2&search=barnabas für Argumente dagegen.

11 Chr. Troll, Muslime fragen, Christen antworten, Kevelaer 2003, 15.

Hinzu kommt, dass die Bücher der Bibel und auch die vier Evangelien Namen haben: das Matthäusevangelium, das Markus-, Lukas- und das Johannesevangelium. Mit diesen Autorennamen könnte die Heiligkeit, die Inspiration und der göttliche Ursprung des Evangeliums verdunkelt worden sein. – Hier zeigt sich erneut ein wesentlicher Unterschied zwischen Bibel und Koran. Einerseits der von Gott gegebene, unverfälschte Koran, den Muhammad den Menschen „überbracht" hat, eine Sichtweise, die modellhaft auf die Bibel übertragen und an der sie gemessen wird; andererseits die christliche Sichtweise, welche in den →Hagiographen inspirierte Menschen erkennt, die in ihren Schriften eigene Erfahrungen mit Gott und Jesus Christus bezeugen oder mündliche Traditionen aufschreiben und zum Teil bereits schriftliche Fragmente oder Rollen abschreiben.

Das erinnert fast an das „Senkrecht von oben" der Dialektischen Theologie des frühen Karl Barth und steht im Gegensatz zu den „von unten" gemachten Erfahrungen, die im Lichte Gottes gesehen werden.

Nützlich ist hier das Wissen um die so genannte „synoptische Frage" und die „Zwei-Quellen-Theorie" der neutestamentlichen Bibelforschung. Sie gibt Einblick in den lebendigen Überlieferungs- und Entstehungsvorgang der Heiligen Schrift. Man hat herausgefunden, dass das Markusevangelium das älteste der drei synoptischen Evangelien ist und Lukas wie Matthäus zahlreiche Erzählungen von Markus übernommen und eventuell leicht abgewandelt haben. Darüber hinaus haben sie Material aus einer gemeinsamen, verloren gegangenen Quelle (Q genannt) geschöpft und schließlich haben beide noch Sondergut (SG) verwendet, um dann ihr eigenes Evangelium zu redigieren.

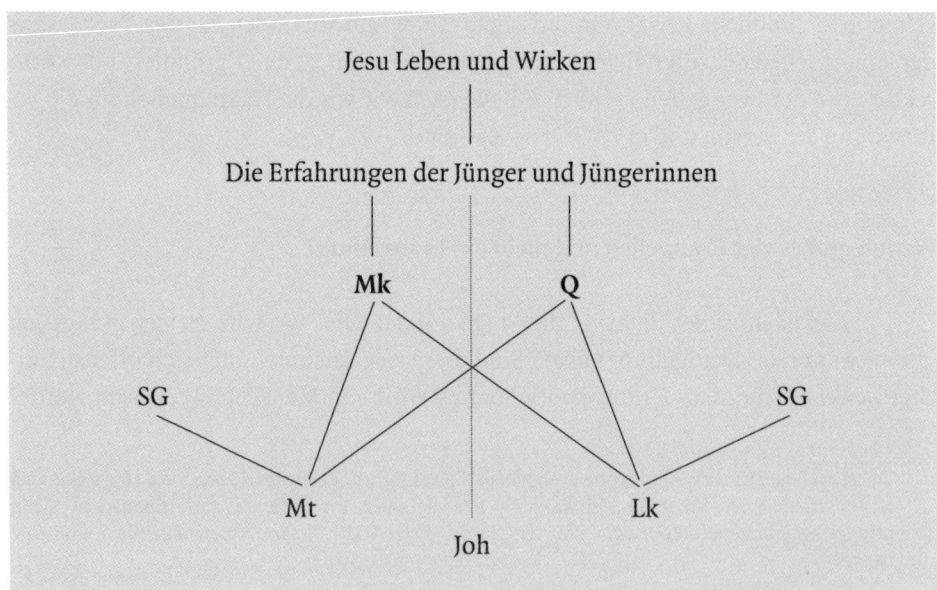

Die Zwei-Quellen-Theorie besagt also im Wesentlichen, dass Mt und Lk ihre Texte aus zwei Quellen (Mk und Q) geschöpft haben. Einen eigenen Weg hat das später verfasste *Johannesevangelium* zurückgelegt. Es beginnt im Anschluss an Gen 1,1 mit der Schöpfung und Menschwerdung (Inkarnation des Worts Gottes in Jesus Christus, Joh 1,14) und thematisiert das Wirken Jesu an „Zeichen" oder Wundern (Kana, Joh 2,1-10; Speisung mit Brotrede, Joh 6). Es setzt anstelle des „Einsetzungsberichtes" die symbolstarke Fußwaschung Jesu. All das weist auf nachhaltig wirkende Erfahrungen dieser Hagiographen und ihre gute theologische Ausbildung hin.

Die Evangelisten, zumindest die Synoptiker, sind nahe Zeitzeugen aus dem Umfeld Jesu, die darüber den Nachgeborenen berichten wollten. Sie bezeugen in vier Versionen das *eine* Evangelium Christi, die eine Botschaft von Gottes hereinbrechender Herrschaft. Es sind nicht vier unterschiedliche Evangelien, sondern vielmehr vier Varianten des einen Evangeliums[12], vier Zeugnisse über den Herrn, der nichts geschrieben hat.

4.5   Biblische Sprachen und Bibelausgaben

Zum Abschluss dieses Teils sollen noch ein paar Worte zu den wichtigsten deutschsprachigen Bibeln und über die Sprachen der Bibel gesagt werden. Statt in einer Sprache, der arabischen, müssen sich Bibelkenner in zwei bis drei Sprachen ausweisen.

Die Sprachen der Bibel sind Hebräisch, Aramäisch und Griechisch

Der längere Entstehungsprozess der Bibel hat es mit sich gebracht, dass ihr Urtext in drei verschiedenen Sprachen aufgezeichnet ist, nicht nur einer einzigen, wie das beim Koran der Fall ist. Bis auf wenige Abschnitte in →Aramäisch (1,5 Prozent des Gesamttextes) ist die jüdische Bibel in Hebräisch abgefasst; weitere aramäische Teile kommen in den →deuterokanonischen Büchern, die der katholische Bibelkanon im Alten Testament aufgenommen hat, hinzu (s. Kapitel 4.4). Hebräisch, ein Zweig der alten kanaanäischen Sprache, war in alttestamentlicher Zeit, bis zum Babylonischen Exil, die Sprache des Volkes Israel. Danach ist Hebräisch die Sprache für Liturgie und Gebet geblieben, an der Juden immer festgehalten haben, wo immer sie lebten und durch alle politischen und kulturellen Veränderungsprozesse hindurch. Die jüdische Nationalbewegung des Zionismus hat mit der Rückkehr zur geographischen Heimat

---

12   Aus diesem Grund wird beim Vortragen des Evangeliums im katholischen Gottesdienst auch gesagt: „Aus dem heiligen Evangelium nach Markus" bzw. eines anderen Evangelisten.

auch die alte Sprache wieder aufgegriffen, die so im 1948 gegründeten Staat Israel eine Renaissance erlebte und mit modernen Anpassungen wieder zu einer lebendigen Sprache geworden ist.

Wer die Bibel im Urtext lesen und verstehen möchte, muss die Regeln und das Vokabular des Hebräischen erlernen. Dies ist für Studierende aus Europa aus zwei Gründen schwierig: a) Hebräisch weist nicht die geläufige Zeitstruktur mit Formen der Vergangenheit, Gegenwart und Zukunft auf, wie das im Griechischen, Lateinischen oder Deutschen der Fall ist. b) Die hebräische Schrift enthält keine Vokale, sondern zunächst nur Konsonanten. Erst jüdische Gelehrten, die Masoreten, haben im Frühmittelalter durch Hilfszeichen eine Vokalisierung eingefügt, die für Ungewohnte immer noch schwierig ist, aber doch Eindeutigkeit brachte.

An zweiter Stelle folgt in der Bibel die →*aramäische Sprache*. Sie ist eine mit Hebräisch und Arabisch verwandte, semitische Sprache, ursprünglich beheimatet in Syrien und hat die hebräische Sprache abgelöst. Nach der Rückkehr aus dem Babylonischen Exil übernahmen die Juden Aramäisch als Umgangssprache; Hebräisch blieb der Bibel und sakralem Schrifttum vorbehalten. Geringe Teile des Alten Testaments sind in Aramäisch, nicht Hebräisch, verfasst (Esra 4,8-6,18; 7,12-26; Dan 2,4-7,28). Jesus und seine Zeitgenossen sprachen Aramäisch. In christlicher Zeit spricht man auch von „*Syrisch*" oder „*Syro-aramäisch*". Die Sprache war über ein Jahrtausend lang die bedeutendste und verbreitetste Sprache des Nahostraums, auch als Griechisch und später Latein offizielle Verwaltungssprachen waren. Erst unter den →Omaijaden um 700 wurde sie durch Arabisch als offizielle Amtssprache des Islamischen Reiches ersetzt und im Laufe der Zeit fast vollständig verdrängt. Heute ist (Syro-)Aramäisch nur noch in kleinen Sprachinseln in Syrien, der Osttürkei, im Iran und in Aserbaidschan lebendig, und wird von manchen Ostkirchen (syrisch-orthodox, chaldäisch, maronitisch) als Liturgiesprache verwendet.

An dritter Stelle folgt die *griechische Sprache*, die im Zuge der Eroberung durch die Griechen unter Alexander dem Großen im vierten vorchristlichen Jahrhundert den Vorderen Orient überflutet hat. So wurden die ab dem dritten Jahrhundert entstehenden Schriften der Bibel in griechischer Sprache abgefasst, die deuterokanonischen und dann auch alle neutestamentlichen Schriften. Griechisch ist dem Deutschen als indoeuropäischer Sprache verwandt. Es weist Strukturähnlichkeiten mit Latein und Deutsch auf, weshalb diese Sprache oft leichter erlernt wird. Das Bibelgriechisch ist das so genannte Koinegriechisch, eine nach-klassische Form der Sprache Platos und des Xenophanes. Als Neugriechisch ist die Sprache bis heute lebendig. Ein Beleg für alle drei biblischen Sprachen in der Bibel ist im Buch Daniel zu finden: Es ist grundsätzlich auf Hebräisch geschrieben (1,1-2,3; 7,29-12), doch sind die Urtexte 2,4-7,28 aramäisch und die deuterokanonischen Zusatzkapitel 13 und 14 griechisch.

Viersprachige Ausgabe des Neuen Testaments von 1858: lateinisch (Vulgata), griechisch, deutsch (Luther), englisch (King James); (Novum Testamentum Tetraglotton, hgg. C. G. G. Theile, R. Stier; Nachdruck Zürich 1978)

361 (1, 1–19.) Ev. Joannis. I.

The divinity and humanity of Christ.

In the beginning was the Word, and the Word was with God, and the Word was God. 2 The same was in the beginning with God. 3 All things were made by him; and without him was not any thing made that was made. 4 In him was life; and the life was the light of men. 5 And the light shineth in darkness; and the darkness comprehended it not. 6 There was a man sent from God, whose name was John. 7 The same came for a witness, to bear witness of the Light, that all men through him might believe. 8 He was not that Light, but was sent to bear witness of that Light. 9 That was the true Light, which lighteth every man that cometh into the world. 10 He was in the world, and the world was made by him, and the world knew him not. 11 He came unto his own, and his own received him not. 12 But as many as received him, to them gave he power to become the Sons of God, even to them that believe on his name: 13 Which were born, not of blood, nor of the will of the flesh, nor of the will of man, but of God. 14 And the Word was made flesh, and dwelt among us, (and we beheld his glory, the glory as of the only begotten of the Father,) full of grace and truth. 15 John bare witness of him, and cried, saying, This was he of whom I spake, He that cometh after me is preferred before me: for he was before me. 16 And of his fulness have all we received, and grace for grace. 17 For the law was given by Moses, but grace and truth came by Jesus Christ. 18 No man hath seen God at any time; the only begotten Son, which is in the bosom of the Father, he hath declared him. 19 And this is the record of John, when the Jews sent priests and Levites...

12. Or, the right, or, privilege.

Ev. secundum Joannem.

Das Wort. Der Täufer. Die Menschwerdung.

Im Anfang war das Wort, und das Wort war bei Gott, und Gott war das Wort. 2 Dasselbige war im Anfang bei Gott. 3 Alle Dinge sind durch dasselbige gemacht, und ohne dasselbige ist nichts gemacht, was gemacht ist. 4 In ihm war das Leben, und das Leben war das Licht der Menschen. 5 Und das Licht scheinet in der Finsterniß, und die Finsterniß habens nicht begriffen. 6 Es war ein Mensch, von Gott gesandt, der hieß Johannes. 7 Derselbige kam zum Zeugniß, daß er von dem Lichte zeugete, auf daß sie alle durch ihn glaubeten. 8 Er war nicht das Licht, sondern daß er zeugete von dem Licht. 9 Das war das wahrhaftige Licht, welches alle Menschen erleuchtet, die in diese Welt kommen. 10 Es war in der Welt, und die Welt ist durch dasselbige gemacht, und die Welt kannte es nicht. 11 Er kam in sein Eigenthum, und die Seinen nahmen ihn nicht auf. 12 Wie viele ihn aber aufnahmen, denen gab er Macht, Gottes Kinder zu werden, die an seinen Namen glauben. 13 Welche nicht von dem Geblüt, noch von dem Willen des Fleisches, noch von dem Willen eines Mannes, sondern von Gott geboren sind. 14 Und das Wort ward Fleisch, und wohnete unter uns, und wir sahen seine Herrlichkeit, eine Herrlichkeit als des eingebornen Sohns vom Vater, voller Gnade und Wahrheit. 15 Johannes zeuget von ihm, ruft und spricht: Dieser war es, von dem ich gesagt habe: Nach mir wird kommen, der vor mir gewesen ist, denn er war eher denn ich. 16 Und von seiner Fülle haben wir alle genommen, Gnade um Gnade. 17 Denn das Gesetz ist durch Mose gegeben, die Gnade und Wahrheit ist durch Jesum Christum geworden. 18 Niemand hat Gott je gesehen; der eingeborne Sohn, der in des Vaters Schoß ist, der hat es uns verkündiget. 19 Und dieß ist das Zeugniß Johannis, da die Juden sandten von Jerusalem Priester und

360 (1, 1–19.) Ev. Joannis. I.

Verbum a Joanne testatum caro factum.

1 In principio erat Verbum, et Verbum erat apud Deum, et Deus erat Verbum. 2 Hoc erat in principio apud Deum. 3 Omnia per ipsum facta sunt, et sine ipso factum est nihil quod factum est. 4 In ipso vita erat, et vita erat lux hominum, 5 et lux in tenebris lucet, et tenebrae eam non comprehenderunt. 6 Fuit homo missus a Deo, cui nomen erat Joannes. 7 Hic venit in testimonium, ut testimonium perhiberet de lumine, ut omnes crederent per illum. 8 Non erat ille lux, sed ut testimonium perhiberet de lumine. 9 Erat lux vera, quae illuminat omnem hominem venientem in hunc mundum. 10 In mundo erat, et mundus per ipsum factus est, et mundus eum non cognovit. 11 In propria venit, et sui eum non receperunt. 12 Quotquot autem receperunt, dedit eis potestatem filios Dei fieri, his qui credunt in nomine ejus, 13 qui non ex sanguinibus neque ex voluntate carnis neque ex voluntate viri, sed ex Deo nati sunt. 14 Et Verbum caro factum est, et habitavit in nobis (et vidimus gloriam ejus, gloriam quasi unigeniti a patre) plenum gratiae et veritatis. 15 Joannes testimonium perhibet de ipso et clamat dicens: Hic erat, quem dixi: Qui post me venturus est, ante me factus est, quia prior me erat. 16 Et de plenitudine ejus nos omnes accepimus, et gratiam pro gratia; 17 quia lex per Moysen data est, gratia et veritas per Jesum Christum facta est. 18 Deum nemo vidit umquam: unigenitus filius, qui est in sinu patris, ipse enarravit. 19 Et hoc est testimonium Joannis, quando miserunt Judaei ab Ierosolymis

Wichtige Bibelübersetzungen ins Deutsche

Es gehört zweifellos zu den Verdiensten der Reformatoren, die Übersetzungsarbeit der Bibel in die Muttersprache vorangetrieben zu haben, lag ihnen doch eine Erneuerung der Kirche aus ihren eigenen Quellen – und dazu gehört vorrangig die Heilige Schrift – am Herzen. **Die Bibel nach der Übersetzung Martin Luthers mit
Apokryphen** geht auf die Jahre 1521-22 für das Neue Testament (Wittenberg 1522) und
auf die Jahre 1523-34 für das Alte Testament zurück. Luther, der griechischen Sprache
kundig, zog für das Letztere auch Mitarbeiter (u.a. Melanchton) zu und bediente sich
vorhandener Übersetzungen. Gleichzeitig schaute er den Leuten „aufs Maul", d.h. es
lag ihm daran, die biblische Sprache mit der Umgangssprache der Leute in Verbindung
zu bringen und so zu größerer Verständlichkeit beizutragen. Die Deutsche Bibelge-
sellschaft in Stuttgart hat von 1957–1984 die Lutherbibel überarbeitet, teilweise dem
heutigen Sprachempfinden angepasst (z.B. Weib durch Frau ersetzt) und in der Ausgabe von 1999 auch die neue Rechtschreibung übernommen. Geblieben ist die Kenn-
zeichnung Luthers besonders wichtiger Bibelstellen (in **halbfett**).

Eine zweite Bibelausgabe auf deutsch, ebenfalls aus der Reformationszeit,
wurde in Zürich ab 1530 von Huldrych Zwingli und weiteren Zürcher Prädikanten geschaffen: die so genannte **Züricher Bibel.** Diese Übersetzung hat Luthertexte sprachlich überarbeitet, sich dabei aber stärker als Luther um philologische Treue bemüht. In
den Jahren 1907-31 wurde die Zürcher Bibel neu herausgegeben, dazu eine dreibändige
→Konkordanz erstellt, mit Hilfe derer alle Stellen eines bestimmten Ausdrucks alpha-
betisch aufgeführt sind. Beide Ausgaben (Luthers und Zwinglis) sind bis heute sowohl
im Volk als auch in der Theologie im Gebrauch und weisen hohe Autorität auf.

Für die katholische Kirche des 19. Jahrhunderts stammt eine maßgebliche
Übersetzung des gebräuchlichen Vulgatatextes aus der Feder des Sailer Schülers **Josef
Franz von Allioli** (1793-1873): **Bibelübersetzung mit Anmerkungen**, 6 Bände (1830-
34). Allioli war in Landshut und München Professor für orientalische Sprachen, Exegese und biblische Archäologie, weshalb er Anmerkungen zum hebräischen und griechischen Urtext hinzufügte. Ein freier Zugang der Laien zur Bibel ist im katholischen
Raum leider erst im 20. Jahrhundert möglich geworden!

Auf evangelischer Seite wurde ab 1870 erstmals die sehr zuverlässige **Elberfelder Übersetzung** erarbeitet. Ihre Verfasser vertraten den Grundsatz, dass die Worttreue
und Genauigkeit wichtiger sind als die sprachliche Eleganz. (Die Bibel. Elberfelder
Übersetzung, Wuppertal 1985; ⁹2003.)

Ab 1925 verdeutschte **Martin Buber**, anfangs zusammen mit **Franz Rosenzweig**, in Einzelbänden die Hebräische Bibel. Bis zu seiner erzwungenen Auswande-
rung 1938 nach Palästina lagen 15 Bände vor (bis Gleichsprüche). Ab 1950 revidierte
und vollendete Buber die Übersetzung. Von 1954 bis 1962 erschien die jetzt übliche
Ausgabe in vier Bänden: **Die fünf Bücher der Weisung (Bd. 1), Die Bücher der Ge-**

schichte (Bd. 2), **Die Bücher der Kündung (Bd. 3)** und **Die Schriftwerke (Bd. 4)**.[13] Es gelang den zwei großen jüdischen Denkern, in politisch schwieriger Zeit eine eigenständige moderne Übersetzung zu schaffen, wobei sie nicht nur auf Martin Luthers Werk zurückgriffen, was sie als unabdingbar notwendig erachteten, sondern zudem auf den grundlegenden masoretischen Text. In großer Ehrfurcht vor dem Text wollten sie diesen auf Deutsch neu zum Klingen bringen, wozu sie auch einige Neologismen (z.B. Kündung statt Prophetenbücher) einsetzten.

Als Wegbereiter des konziliaren Aggiornamentos hat der Theologe **Otto Karrer** (1888-1976) sein „**Neues Testament übersetzt und erklärt**" (München 1950; [4]1967). Obwohl selbst kein Fachexeget, verstand er in sprachlich vorzüglicher Weise und mit guten Erläuterungen den Laien den Zugang zur Heiligen Schrift zu erschließen. Kennzeichen dieser Übersetzung sind die alttestamentlichen Verweise, die Nennung von Parallelstellen und insgesamt ein ökumenischer Geist, der die protestantischen Lesarten mitbedachte und deshalb auch im evangelischen Bereich gut aufgenommen wurde.

Aus dem französischen Sprachraum ist das Gemeinschaftswerk **Die Jerusalemer Bibel** (1968) zu nennen (La Sainte Bible, traduite en français sous la direction de l'École Biblique de Jérusalem, Paris 1956ff), welches mit großen Gelehrten wie R. de Vaux, Altes Testament, und P. Benoit, Neues Testament, in Verbindung stand. Ihre wissenschaftlichen Einführungen, Erläuterungen und Randverweise wurden auf Deutsch übersetzt und Herders Übersetzung des Bibelkommentars beigefügt[14]. Diese so genannte Jerusalemer Bibel und ihre Erläuterungen sind wertvolle Arbeiten für exegetisch interessierte Laien und Theologiestudierende.

Wegweisend für den deutschen Sprachraum wurde die schon vor dem Konzil von Bischöfen in Auftrag gegebene (**Die) Bibel. Einheitsübersetzung** (Stuttgart 1978). Die Bezeichnung „Einheitsübersetzung" zielt auf einen einheitlichen, wieder erkennbaren Text für Gottesdienst, Katechese und Religionsunterricht, welcher vom Urtext, nicht von der Vulgata, übersetzt ist und Treue zum Ursprung mit Allgemeinverständlichkeit verbindet. Fachexegeten mögen einzelne Übersetzungen anfechten, im katholischen Raum hat sich die (überarbeitete) Einheitsübersetzung breit durchgesetzt. Die von Anfang an intendierte Kooperation mit der Evangelischen Kirche Deutschlands führte zu einer ökumenischen Fassung des Neuen Testaments und der Psalmen.

Weiter sind zwei freiere Übersetzungen zu erwähnen, deren Zielpublikum hauptsächlich Jugendliche waren: **Das Neue Testament, übertragen von Jörg Zink, Stuttgart** (1965; [10]1982) und **Die Gute Nachricht. Das Neue Testament in heutigem Deutsch** (Stuttgart 1982). Während Zinks Übersetzung auch poetische Züge aufweist

---

13 Wir danken Augustin Müller für die präzisen Informationen. Siehe weiter A. Müller, Martin Bubers Verdeutschung der Schrift (ATS 14), St. Ottilien 1982.

14 Die Bibel. Die Heilige Schrift des Alten und Neuen Bundes. Deutsche Ausgabe mit den Erläuterungen der Jerusalemer Bibel, hg. von D. Arvenhoevel/A. Deissler/A. Vögtle, Freiburg 1968.

und neuerdings mit Bildern erschienen ist, orientiert sich die Gute Nachricht, eine ökumenische Kooperation der Bibelwerke und Bibelgesellschaften, wohl am stärksten von allen hier vorgestellten Übersetzungen an der Alltagssprache und arbeitet mit dem Prinzip der „dynamischen Entsprechung" von Grundtext und Endtext. Dazu steht in einem gewissen Gegensatz **Fridolin Stier, Das Neue Testament** (München 1989), eine sehr textnahe, philologisch präzise, originelle und einprägsame Arbeit.[15]

Ein großes Unternehmen des Schülerkreises von Otto Kuss[16] bildet das „**Münchener Neue Testament**", Studienübersetzung Düsseldorf 1988; [7]2004. Die Urheber vertreten eine deutliche Priorität des Textes gegenüber interpretierenden Eingriffen. Ihr Grundsatz lautet: „So griechisch wie möglich, so deutsch wie nötig."

Schließlich sind drei Bibelausgaben für Kinder und/oder Jugendliche zu besprechen:

Meine Schulbibel. Ein Buch für Sieben- bis Zwölfjährige, (Kevelaer/Stuttgart/Mün-chen/Düsseldorf 2003), Text in Anlehnung an die Einheitsübersetzung gestaltet von Renate Günzel-Horatz, Bilder und Zeichnungen von Silke Rehberg. Im Unterschied zu den bisher vorgestellten Ausgaben fällt diese Bibel für die Grundschule durch eine *Auswahl* von lehrplangemäßen →Perikopen für den katholischen Religionsunterricht auf. Dies mag vom Standpunkt der Vollständigkeit der Bibel aus ein Verlust sein; für Kinder und im Blick auf exemplarisches, elementarisierendes Lernen ist damit Überschaubarkeit erwirkt und willkommen. Die Textfülle soll Kinder und Lehrerschaft nicht erdrücken, sondern Neugier auf mehr wecken. Außerdem sind die für Sonderschulen gesetzten „Sinnzeilen" wertvoll, ebenso das angehängte Bibellexikon und das wertvolle Kommentarwerk für die Lehrerschaft.[17]

Schulbibel. Herausgegeben von der Deutschen Bischofskonferenz, Kevelaer/Stuttgart/München/Düsseldorf 1979. Diese Bibel enthält ebenfalls nur eine Auswahl von Texten, welche nach dem Lehrplan (Sekundarstufe I) verwendet werden und der Einheitsübersetzung folgen.

Neue Jugendbibel. Herausgegeben vom Deutschen Katecheten-Verein DKV, Konzeptentwicklung, Textauswahl und Kommentierung: R. Dillmann/A. Wuckelt, Stuttgart 2002. Diese Jugendbibel geht noch einen Schritt weiter als die eben betrachteten Schulbibeln mit nur einer Auswahl. Hier werden Texte gesucht und zusammengestellt im Hinblick auf Grunderfahrungen Jugendlicher (z.B. Angst, Gewalt, Liebe, Arbeit, Schuld). Im Hintergrund steht eine korrelative Bibeldidaktik, die Alltagserfahrungen Jugendlicher mit biblischen Grunderfahrungen verknüpfen will, was ange-

---

15   K.-J. Kuschel, Fridolin Stier als Theologe und Sprachkünstler. Zur Bedeutung einer neuen Übersetzung des Neuen Testaments, in: StZ 208 (1990) 687-702.

16   J. Ernst, Zum 100. Geburtstag von Otto Kuss, in: Münchener Theologische Zeitschrift 56 (2005).

17   F. W. Niehl (Hg.), Leben lernen mit der Bibel. Der Textkommentar zu Meine Schulbibel, München 2003.

sichts der Bibel- und Textmüdigkeit vieler Jugendlicher verständlich ist. Dazu kommt ein reicher religionskundlicher Anhang, der viele weitere Fragen (z.B. der Geographie) beantworten kann.

Übersetzungsbeispiel aus den Seligpreisungen

Im nachfolgenden Schema sollen verschiedene Übersetzungen der ersten Seligpreisung nach Matthäus 5,3 aufgelistet und miteinander verglichen werden.

Luther-Bibel (1521-34)	*Zürcher Bibel* (ab 1530)	*Franz Josef von Allioli* (1838)
Selig sind, die da geistlich arm sind; denn ihrer ist das Himmelreich.	Selig sind die geistlich Armen, denn ihrer ist das Reich der Himmel.	Selig die Armen im Geiste; denn ihrer ist das Himmelreich.
Otto Karrer (1950)	*Jörg Zink* (1965)	*Einheitsübersetzung* (1962-1978)
Selig die Armen im Geiste, denn ihrer ist das Himmelreich.	Glücklich, mehr noch, selig sind die Armen, die ohnmächtig sind ohne Gott und alles von ihm erwarten, denn sie werden mit Gott herrschen!	Selig, die arm sind vor Gott, denn ihnen gehört das Himmelreich.
Jerusalemer Bibel (1968)	*Die Gute Nachricht* (1982)	*Fridolin Stier* (1989)
Selig die Armen im Geiste, denn ihrer ist das Himmelreich.	Freuen dürfen sich alle, die mit leeren Händen vor Gott stehen.	Selig die aus dem Geist Armen, denn ihnen ist das Königtum des Himmels.
Schulbibel (1979), ebenso *Neue Jugendbibel* (2002) und *Meine Schulbibel* (2003) Selig die arm sind vor Gott, denn ihnen gehört das Himmelreich.	*Die Bibel. Elberfelder Übersetzung* (1985; 1991; ⁹2003) Glückselig, die Armen im Geist, denn ihrer ist das Reich der Himmel.	*Münchener Neues Testament,* (⁷2004) Selig die Armen dem Geist (nach); denn ihrer ist das Königtum der Himmel.

4.6   Didaktische Impulse zu den Kapiteln 2 bis 4

Für die drei Kapitel (2 bis 4) mit dem Vergleich von Koran und Bibel sowie dann für die Kapitel 5 bis 12 folgen „didaktische Impulse". Dabei handelt es sich um Hinweise für konkretes Arbeiten und Lernen mit Bibel und Koran. Zwar gehen die Autoren davon aus, dass der *gesamte Text bereits didaktisch angeordnet und aufbereitet ist*: mit Hinführungen und →Synopsen (parallele Texte von Bibel und Koran zum selben Thema), mit Kommentaren, Ausblicken (z.B. ins Neue Testament) einem Glossar und zahlreichen Hinweisen auf Medien. Was bei diesen didaktischen Impulsen dazukommt, sind Bezüge zu Erfahrungen heutiger Jugendlicher und Erwachsener. Die Arbeit in Schule, Religionsunterricht und Erwachsenenbildung lebt davon, dass sich Lehrende und Lernende existentiell von den Problemfeldern betreffen lassen und sich selbst in den Lernprozess einbringen. Diese Erfahrungsbezüge sind von den Beteiligten stets neu herzustellen. Wenn interreligiöses Lernen ein subjektbegleitetes Verarbeiten von Wahrnehmungen und Erfahrungen mit Menschen und Zeugnissen anderer Religionen ist, dann müssen sich auch alle persönlich engagieren und beteiligen. So wird religiöses Lernen in der Aneignungsperspektive – nicht mit der Trichtermethode – ein gewinnbringendes gemeinsames Vorwärtskommen in Lebens- und Glaubensfragen. Im Vordergrund stehen Kinder und Jugendliche der Sekundarstufe sowie Erwachsene. In der Grundschule können die Fragen bereits angesprochen, aber noch nicht kritisch reflektiert und eingeordnet werden.

Die vorhandenen *Lehrpläne* werden ebenfalls konsultiert. Die behandelten Themen mit entsprechenden Zielsetzungen und Lernarrangements kommen jeweils im Hinblick auf eine Jahrgangsstufe oder mehrere (z.B. Jesus Christus oder „Die Bibel als Urkunde des Glaubens") vor. Noch kaum verwirklicht ist jedoch ein Vorgehen, dass man auf Personen wie Mose, Josef, Isaak und andere aus der Sicht der Bibel und des Koran schaut. Dadurch können neue Perspektiven und Erkenntnisse gewonnen werden. Die Bibel gewinnt im Spiegel des Koran neue Bedeutung.

Ferner sei auf folgende Lernideen hingewiesen:

- Zu Bibel und Koran kann *Erinnerungsarbeit* geleistet werden. Dabei können sich folgende Fragen stellen: Woher kennen wir Bibel und Koran? Wo werden diese Bücher verwendet? (Kirchen, Klöster, Moscheen, Zuhause, in Koranschulen, im Religionsunterricht usw.) Was „nützen" die Heiligen Schriften den Menschen?
- Dann geht es um das nähere Kennen lernen von *Bibelausgaben*. Die Lernenden mögen ihre eigene Bibel mitbringen, sie betrachten und ihre „Apparate" (Karten, historische Angaben, Register, Anmerkungen) handhaben lernen. Ältere mitgebrachte Bibeln können von neueren und Kunstausgaben unterschieden und in ihren Besonderheiten hervorgehoben werden.

- Ein *Koran* mit Suren und Versen – möglichst in Arabisch und Deutsch – soll näher angeschaut, evtl. von einem Muslim/einer Muslima erläutert werden: Welche Sprachen kommen in Bibel und Koran vor? Wo und wie wird der Koran in der Moschee aufbewahrt? (6. Jahrgangsstufe)

- Wir lernen einzelne *Texte* aus Koran und Bibel (z.B. Gen 1,1 und Eröffnungssure) kennen und überlegen Gemeinsamkeiten und Unterschiede zwischen beiden Heiligen Schriften. Hier kann sich die Arbeit mit der „Beispielseite" (Kapitel 4.1) und den verschiedenen Übersetzungen in anderen Ausgaben (Kapitel 4.3 und 4.5) empfehlen.

- Wir lernen das Auffinden und Zitieren (vgl. Bibelquiz[18], Abkürzungen, Kapitel 4.1 und 4.4) einzelner Bibel- und Koranstellen. Dabei sind auch die Abkürzungen der biblischen Bücher (Kapitel 4.4) und die Namen der Suren relevant.

- Ferner können Kunstausgaben der Bibel mit illuminierten Korantexten verglichen werden.

- Weil der Koran primär auf Lesung und Hören der Offenbarung Gottes hinzielt, wäre es angemessen, eine kompetente Rezitation zu hören und in einer Moschee mitzuerleben. Andererseits wäre es wichtig, an den Vortrag eines Evangeliums im Gottesdienst zu erinnern und die Bibel als Gotteswort im Menschenwort zu sehen und zu begreifen. Dadurch kann nicht nur die Gemeinsamkeit beider Schriften wahrgenommen werden. Gleichzeitig würde die grundlegende Differenz beider Bücher verdeutlicht. Es gäbe Gelegenheit zu sagen, dass der Koran eher mit Jesus Christus vergleichbar ist als mit der Bibel. Die spätere Arbeit zu den Kapiteln 5 bis 12 könnte so vorbereitet werden.

4.7 Zusammenfassung

- Der Koran ist in 114 Suren und gemäß →kufischer Zählung der Kairener Standardausgabe in 6236 Verse strukturiert, die Bibel in 66 Bücher nach evangelischer Tradition, nach katholischer Zählweise in 73 Bücher, dabei die 7 →deuterokanonischen Bücher miteinberechnet. Zum Alten oder Ersten Testament gehören 39 (evang.) bzw. 46 (kath.) Bücher, zum Neuen Testament (evang. und kath.) 27 Schriften, davon 4 Evangelien, die Apostelgeschichte, 21 Briefe und die Offenbarung des Johannes.

---

18 Bibel-Quiz zum Alten und Neuen Testament, illustriert von S. Heß, Lahr 2003; Katholisches Bibelwerk (Hg.), Quiz Bibel mit Kreuzworträtseln, Bildrätseln, Suchbildern, Irrgärten und anderen Knobeleien für Kinder, Stuttgart 2000; M. und U. Tworuschka, Der Islam – Kindern erklärt, Gütersloh 1999; Reli-Quiz. 149 Fragen und Antworten zum Thema Religion, Lahr 2004

- Die Sprache des Koran ist Arabisch. Die Suren werden nach ihrer Offenbarung in Mekka und in Medina unterschieden. Die Bibel ist aufgrund ihrer längeren Entstehungszeit in hebräischer, aramäischer Sprache und ab dem 3. Jahrhundert v. Chr. in der damaligen Weltsprache Griechisch abgefasst.

- Während eine Koranübersetzung gleichsam einen Notbehelf für jene darstellt, die des Arabischen nicht mächtig sind, ist die Übersetzung der Bibel in die Muttersprache der Gläubigen selbstverständliche Pflicht der Inkulturation des Evangeliums.

- Sowohl deutsche Koranausgaben wie auch deutsche Bibeln bringen eine erstaunliche Vielfalt von Übersetzungen an den Tag. Jene (für den Koran) von F. Rückert ist die poetischste, jene von H. Zirker für Nicht-Eingeweihte eine besonders zugängliche Übertragung. Die Bibelübersetzungen der Reformatoren haben im evangelischen Raum nach wie vor großes Gewicht, im katholischen Raum hat die Einheitsübersetzung gleichsam eine Leitfunktion erhalten.

- Bibel und Koran erhalten beide im Gottesdienst einen ihrer Würde angemessenen Platz. Es sind Heilige Schriften, die Christen wie Muslime jeweils als vom Heiligen Geist inspiriert halten.

- Wie es kunstvolle Bibelausgaben gibt, existieren illuminierte Koranausgaben. Anstelle von Kunstbildern in der Bibel treten Kalligraphien in den Koranausgaben.

- Unterschiedlich sind die Zugänge zu Koran und Bibel: Christen möchten die Botschaft der Bibel zunächst verstehen und evtl. (selbst) auf ihr Leben beziehen; wenn Muslime aus dem Koran rezitieren, wollen sie auf Gottes Offenbarung hören und für das Leben Rechtleitung erfahren.

5. Urgeschichten

Wir beginnen unsere vergleichende Erschließung biblischer und koranischer Texte mit den so genannten „Urgeschichten". Diese sind keine Reportagen über den zeitlichen Anfang der Welt, keine naturwissenschaftlichen Erklärungen der Entstehung des Menschen und keine psychologischen Begründungen böser Taten. Die Urgeschichten sind vielmehr Erzählungen über ein freiheitliches Leben des Menschen in Verantwortung vor Gott. In Bildern und mythischen Geschichten wird über das nachgedacht, was aus der Sicht des Glaubens an Gott die Welt und die Menschen prägt und bestimmt. Zu Fragen des Bösen und der persönlichen Schuld werden narrative Zugänge aus späteren Heils- und Unheilserfahrungen eröffnet.

Beide Schriften, Bibel und Koran, enthalten Abschnitte über die Erschaffung der Welt (Kapitel 5.1) und des Menschen (Kapitel 5.2). Beide enthalten mehr oder weniger ausführliche Schilderungen des „Sündenfalls" und der Verbannung aus dem Paradies (Kapitel 5.3), des Brudermordes (Kapitel 5.4) sowie der großen Flut mit der Rettung Noachs und seiner Sippe (Kapitel 5.5); auch Reminiszenzen an die Geschichte vom Turmbau zu Babel finden sich im Koran (Kapitel 5.6).

5.1 Die Erschaffung der Welt

Die Tora, das Alte Testament und die Bibel insgesamt setzen mit der Erzählung von der Schöpfung von Himmel und Erde ein, und zwar in zwei Versionen: einer älteren jahwistischen in Genesis 2,4b-24, gekennzeichnet durch den Paradiesgarten, und einer jüngeren Version der Priesterschrift (Gen 1,1-2,4a) mit dem bekannten Sechstagewerk. Anders der Koran, der mit den Worten der so genannten Basmallah („Im Namen Gottes, des Allerbarmenden und Barmherzigen") beginnt, die im Islam jedem Gebetsanfang vorangeht und somit in sehr weitgefasster Weise den Schöpfungsgedanken einleitet.

Genesis (1,1-5; 20-23; 2,1-3, 4b-6)

1 [1]Im Anfang schuf Gott Himmel und Erde; [2]die Erde aber war wüst und wirr, Finsternis lag über der Urflut und Gottes Geist schwebte über dem Wasser. [3]Gott sprach: Es werde Licht. Und es wurde Licht. [4]Gott sah, dass das Licht gut war. Gott schied das Licht von der Finsternis und [5]Gott nannte das Licht Tag und die Finsternis nannte er Nacht. Es wurde Abend und es wurde Morgen: erster Tag.

Die Niederwerfung im Gebet (Sure 32)

[4]Gott ist es, der die Himmel, die Erde und was dazwischen ist, in sechs Tagen erschaffen und sich dann auf den Thron gesetzt hat. Ihr habt außer ihm keinen Beistand und Fürsprecher.

[6]Der ist es, der das Verborgene weiß und das Offenbare, der Mächtige und Barmherzige, [7a]der alles, was er erschaffen, gut gemacht hat.

²⁰Dann sprach Gott: Das Wasser wimmle von lebendigen Wesen und Vögel sollen über dem Land am Himmelsgewölbe dahinfliegen. ²¹Gott schuf alle Arten von großen Seetieren und anderen Lebewesen, von denen das Wasser wimmelt, und alle Arten von gefiederten Vögeln. Gott sah, dass es gut war. ²²Gott segnete sie und sprach: Seid fruchtbar und vermehrt euch und bevölkert das Wasser im Meer und die Vögel sollen sich auf dem Land vermehren. ²³Es wurde Abend und es wurde Morgen: fünfter Tag.

2 ¹So wurden Himmel und Erde vollendet und ihr ganzes Gefüge. ²Am siebten Tag vollendete Gott das Werk, das er geschaffen hatte, und er ruhte am siebten Tag, nachdem er sein ganzes Werk vollbracht hatte. ³Und Gott segnete den siebten Tag und erklärte ihn für heilig; denn an ihm ruhte Gott, nachdem er das ganze Werk der Schöpfung vollendet hatte.

⁴ᵇZur Zeit, als Gott, der Herr, Erde und Himmel machte, ⁵gab es auf der Erde noch keine Feldsträucher und wuchsen noch keine Feldpflanzen; denn Gott, der Herr, hatte es auf die Erde noch nicht regnen lassen und es gab noch keinen Menschen, der den Ackerboden bestellte; 6aber Feuchtigkeit stieg aus der Erde auf und tränkte die ganze Fläche des Ackerbodens.

Psalm (148,1-10)

148 ¹Lobt den Herrn vom Himmel her, lobt ihn in den Höhen: ²Lobt ihn, all seine Engel, lobt ihn, all seine Scharen; ³lobt ihn, Sonne und Mond, lobt ihn, all ihr leuchtenden Sterne; ⁴lobt ihn, alle Himmel und ihr Wasser über dem Himmel! ⁵Loben sollen sie den Namen des Herrn; denn er gebot, und sie waren erschaffen. ⁶Er stellte sie hin für immer und ewig, er gab ihnen ein Gesetz, das sie nicht übertreten. ⁷Lobt den Herrn, ihr auf der Erde, ihr Seeungeheuer und all ihr Tiefen, ⁸Feuer und Hagel, Schnee und Nebel, du Sturmwind, der sein Wort vollzieht, ⁹ihr Berge und all ihr Hügel, ihr Fruchtbäume und alle Zedern, ¹⁰ihr wilden Tiere und alles Vieh, Kriechtiere und gefiederte Vögel.

Hûd (Sure 11)

⁷Er ist es, der die Himmel und die Erde in sechs Tagen erschaffen hat. – Sein Thron war auf dem Wasser, um euch zu prüfen, wer von euch am besten handelt.

Die Biene (Sure 16)

⁵Auch das Vieh hat er erschaffen. An ihm habt ihr Wärme und Nutzen, ihr esst von ihm ⁶und habt an ihm Schönes, wenn ihr es eintreibt und wenn ihr es austreibt. ⁷Es trägt eure Lasten in ein Land, das ihr nur mit Mühe erreicht. Euer Herr ist mild und barmherzig. ⁸Und die Pferde, die Maultiere und die Esel, damit ihr auf ihnen reitet und zur Pracht. Er erschafft, was ihr nicht wisst. ⁹Gott obliegt es, die Wege auszurichten. Manche unter ihnen biegen ab. Wenn er wollte, würde er euch allesamt führen. ¹⁰Er ist es, der vom Himmel Wasser herabsendet, von dem ihr Trank habt und Gebüsch, in dem ihr weiden lasst. ¹¹Er lässt euch dadurch Getreide wachsen und Ölbäume, Palmen, Rebstöcke und von allen Früchten. Darin ist ein Zeichen für Leute, die nachdenken. ¹²Er hat euch dienstbar gemacht Nacht und Tag, Sonne und Mond, und die Sterne sind dienstbar gemacht durch seine Verfügung – darin sind Zeichen für Leute, die verstehen.

Das Vieh (Sure 6)

¹⁴¹Er ist es, der Gärten mit Spalieren und ohne Spalieren entstehen lässt, Palmen, Getreide verschiedener Frucht, Öl- und Granat-apfelbäume, einander ähnlich und unähnlich (...) ¹⁴²an Vieh Lasttiere und Kleintiere (...) ¹⁴³acht in Paaren: von den Schafen zwei, von den Ziegen zwei (...) ¹⁴⁴von den Kamelen zwei und von den Rindern zwei.

Was besagt nun „Schöpfung des Himmels und der Erde"?

Der ältere biblische Text versteht darunter das Bewässern, Fruchtbarmachen und Beleben der vorerst unfruchtbaren Wüste, die dadurch zu einem wunderbaren Paradiesgarten verändert wird. Die jüngere Priesterschrift umschreibt „Schöpfung" an den ersten drei Tagen mit „Scheidung" von Licht und Finsternis (1. Tag), von Wasser oberhalb und unterhalb des Gewölbes (2. Tag) und als Hervorbringung allen Grüns (3. Tag), an den Tagen vier bis sechs als „Schöpfung durch das Wort": *Es werde Licht...* Im Grunde meint „Schöpfung" eine Beziehung der Welt zu Gott und eine Beziehung Gottes zur Welt. Die Welt ist weder ein Produkt des Zufalls, noch aus sich selbst mit Notwendigkeit entstanden, sondern Gott gibt ihr das Leben. Mit ihr hat er einen Plan vor. Der Prolog des Johannesevangeliums (Joh 1,1-18) greift den Schöpfungsgedanken wieder auf und lässt ihn zur Menschwerdung Gottes in Jesus Christus kulminieren (Joh 1,14).

Ebenso sprechen die koranischen Texte von Gott als dem Schöpfer der Welt, des Lichtes und des Wassers, vom Schöpfer der Tiere und Pflanzen. Die Schöpfung offenbart Gottes souveräne Allmacht. Das biblische Gartenmotiv kommt ebenfalls vor und wird mit der islamischen Kultur der Gärten verbunden.

Gemeinsam ist Bibel und Koran, dass die Schöpfung als „gut" bezeichnet wird (Sure 32:7 und Gen 1,21; Gen 1,31). Nach beiden Heiligen Schriften „setzt sich" Gott nach der Schöpfung, was der Koran nicht mit einer Defizienz verbindet und die Bibel mit „segnen". Das Judentum gilt als Geber des freien siebten Tages der Woche an die ganze Menschheit. Als Lobpreis der Schöpfung wird auf Psalm 148 verwiesen, der die Schöpfung analog zum Sechstagewerk preist.

5.2   Die Erschaffung des Menschen

Die biblischen Erzählungen von der Schöpfung des Himmels und der Erde in zwei verschiedenen Versionen erreichen ihre Spitze in der Erschaffung des Menschen als Mann und Frau (Gen 1,26f und Gen 2,7.21-23). Vom Koran wurden der Überlieferung nach zuallererst die Anfangsverse von Sure 96 geoffenbart. Auch sie sprechen von der Erschaffung des Menschen.

Genesis (1,26-27,31; 2,7,21-23)
1 [26]Dann sprach Gott: Lasst uns Menschen machen als unser Abbild, uns ähnlich. Sie sollen herrschen über die Fische des Meeres, über die Vögel des Himmels, über das Vieh, über die ganze Erde und über alle Kriechtiere auf dem Land. [27]Gott schuf also den Menschen als sein Abbild; als Abbild Gottes schuf er ihn. Als Mann und Frau schuf er sie.
[31]Gott sah alles an, was er gemacht hatte: Es war sehr gut.

Der Klumpen (Sure 96)
[1]Trag vor im Namen deines Herrn, der erschaffen hat, [2]den Menschen erschaffen aus einem Klumpen! [3]Trag vor! Dein Herr, der hochherzigste, [4]er hat mit dem Schreibrohr gelehrt, [5]den Menschen gelehrt, was er nicht wusste.

Der Feigenbaum (Sure 95)
[4]Wir haben den Menschen in schönster Gestalt geschaffen [5]und dann wieder zum Aller-

2 ⁷Da formte Gott, der Herr, den Menschen aus Erde vom Ackerboden und blies in seine Nase den Lebensatem. So wurde der Mensch zu einem lebendigen Wesen.
²¹Da ließ Gott, der Herr, einen tiefen Schlaf auf den Menschen fallen, sodass er einschlief, nahm eine seiner Rippen und verschloss ihre Stelle mit Fleisch. ²²Gott, der Herr, baute aus der Rippe, die er vom Menschen genommen hatte, eine Frau und führte sie dem Menschen zu. ²³Und der Mensch sprach: Das endlich ist Bein von meinem Bein und Fleisch von meinem Fleisch. Frau soll sie heißen, denn vom Mann ist sie genommen.

Psalm (8,2-10)

8 ²Herr, unser Herrscher, wie gewaltig ist dein Name auf der ganzen Erde; über den Himmel breitest du deine Hoheit aus. ³Aus dem Mund der Kinder und Säuglinge schaffst du dir Lob, deinen Gegnern zum Trotz, deine Feinde und Widersacher müssen verstummen. ⁴Seh ich den Himmel, das Werk deiner Finger, Mond und Sterne, die du befestigt; ⁵Was ist der Mensch, dass du an ihn denkst, des Menschen Kind, dass du dich seiner annimmst? ⁶Du hast ihn nur wenig geringer gemacht als Gott, hast ihn mit Herrlichkeit und Ehre gekrönt. ⁷Du hast ihn als Herrscher eingesetzt über das Werk deiner Hände, hast ihm alles zu Füßen gelegt: ⁸All die Schafe, Ziegen und Rinder, und auch die wilden Tiere, ⁹die Vögel des Himmels und die Fische im Meer, alles, was auf den Pfaden der Meere dahinzieht. ¹⁰Herr, unser Herrscher, wie gewaltig ist dein Name auf der ganzen Erde!

niedrigsten gemacht. ⁶Außer denen, die glauben und gute Werke tun.

Die Höhen (Sure 7)

¹⁸⁹Er ist es, der euch aus einem einzigen Wesen erschaffen und aus ihm seine Ehefrau geschaffen hat, damit er ihr beiwohne. Als er mit ihr geschlafen hatte, trug sie eine Zeit lang leichte Last. Als sie dann schwer zu tragen hatte, riefen die beiden zu Gott, ihrem Herrn: „Wenn Du uns Gesundes gibst, gehören wir gewiss zu den Dankbaren."

Die Byzantiner (Sure 30)

²⁰Zu seinen Zeichen gehört, dass er euch aus Staub erschaffen hat. Da seid ihr Menschen geworden, die sich ausbreiten. ²¹Und zu seinem Zeichen gehört, dass er euch aus euch selbst Ehefrauen erschaffen hat, damit ihr bei ihnen ruht. Er hat Liebe und Barmherzigkeit zwischen euch geschaffen. Darin sind Zeichen für Leute, die nachdenken. ²²Und zu seinen Zeichen gehören die Erschaffung der Himmel und der Erde, die Verschiedenheit eurer Sprachen und Farben. Darin sind Zeichen für die Wissenden.

Die Gemächer (Sure 49)

¹³Ihr Menschen, wir haben euch aus Mann und Frau erschaffen und euch zu Völkern und Stämmen gemacht, damit ihr einander kennt.

Die Gläubigen (Sure 23)

¹²Wir haben den Menschen aus einem Stück Ton erschaffen, ¹³ihn dann zu einem Tropfen in festem Behälter gemacht, ¹⁴den Tropfen dann zu einem Klumpen geschaffen, den Klumpen zu einem Brocken, den Brocken zu Knochen und die Knochen mit Fleisch bekleidet. Dann haben wir ihn als andere Schöpfung entstehen lassen. Voll Segen ist Gott, der beste derer, die erschaffen.

Die Niederwerfung im Gebet (Sure 32)

⁷(...) der alles, was er erschaffen, gut gemacht hat. Er begann mit der Schöpfung des Menschen aus Ton, ⁸dann schuf er seine Nachkommen aus einem Saft verächtlichen Wassers, ⁹dann formte er ihn, blies ihm von seinem Geist ein und schuf euch Gehör, Blick und Herz. Wie wenig dankt ihr!

Nach der allgemeinen Schöpfung der Welt erfolgt gemäß der ältesten Sure die Erschaffung des Menschen, der unter allen Geschöpfen herausgehoben ist. Gemeinsam ist Bibel und Koran, dass der Mensch sowohl aus physischen Komponenten (Staub, Erde, Ton) beschaffen ist wie aus transzendenten (Geist, Lebensatem). Koran wie ältere biblische Schöpfungserzählung lassen die Frau aus dem Mann entstehen, während Gott nach der jüngeren biblischen Textversion Mann und Frau gleichzeitig erschaffen hat. Gemeinsam ist auch, dass Mann und Frau in Liebe aufeinander hingeordnet sind und zusammengehören. Die Geschlechtlichkeit gilt im Koran wie in der Bibel als gute Gabe[1]. Dazu kommt im Koran ausdrücklich die ethische und kulturelle Vielfalt als Wunder Gottes, als „Zeichen" („Die Byzantiner", Sure 30:22). Die Gottebenbildlichkeit indessen kommt wörtlich allein in der Bibel vor. Im Koran ist deren Gehalt vergleichbar mit der Nachfolger- und Stellvertreterfunktion des Menschen für Gott[2]. In Bibel und Koran heißt der erste Mensch „Adam„ (z.B. „Die Höhen", Sure 7:11; Gen 5,2f), was einfach „Mensch" bedeutet. Der biblische Adam nennt seine Frau Eva (Gen 3,20), was gleichbedeutend ist mit „Leben". Die aus ihnen geborenen Kinder werden „Kinder Adams" (z.B. „Die Höhen", Sure 7:26f) genannt. Gott gibt ihnen Kleider zur Bedeckung ihrer Scham, aber das beste Kleid ist die Gottesfurcht, die sie auch vor den Versuchungen des Satans bewahren soll, der die Eltern im Garten erlegen sind. Sie sollen „herrschen" über die Erde und die Tierwelt, d.h. sie tragen Verantwortung für das ihnen anvertraute „Erbe" („Jona", Sure 10:14; „Das Vieh", Sure 6:165). Der angefügte Psalm 8 ist wiederum ein Lobpreis Gottes für die Schöpfung und insbesondere des Menschen als Krone der Schöpfung.

5.3   Der Sündenfall

Mehrmals erzählt der Koran in seltener Ausführlichkeit von der archetypischen Verfehlung der Ureltern („Die Kuh", Sure 2:34-38; „Die Höhen", Sure 7:11-27; „Tâ Hâ", Sure 20:115-135). Die zentrale Rolle des Versuchers, in der Bibel von der Schlange verkörpert, kommt im Koran Iblîs zu, einem rebellischen Engel, dessen Name auf das griechische diábolos (wörtlich „Verwirrer", „Verleumder") zurückgeht, genau wie auch das deutsche Wort „Teufel". Er wird vom Koran mit dem Satan (wörtlich „Widersacher", „Ankläger"; arab. Schaitân) gleichgesetzt, so wie aus der Rückschau des Neuen Testaments die Schlange der Genesiserzählung (Offb 12,9; 20,2). Wir belegen hier zwei der drei koranischen Texte und verweisen lediglich auf den dritten („Tâ Hâ", Sure 20:115-135).

---

1   Vgl. G. Schwikart, Sexualität in den Weltreligionen. Islam, Gütersloh 2001, 111-145, hier 116.
2   Vgl. A. Renz, Der Mensch unter dem An-Spruch Gottes. Offenbarung und Menschenbild des Islam im Urteil gegenwärtiger christlicher Theologie, Bamberg 2002, 349-377. Anders: J. Gnilka, Bibel und Koran, 2004, 135.

Die Geschichte vom Sündenfall

Genesis (2,25; 3,1-24)

2 25Beide, Adam und seine Frau, waren nackt, aber sie schämten sich nicht voreinander.
3 1Die Schlange war schlauer als alle Tiere des Feldes, die Gott, der Herr, gemacht hatte. Sie sagte zu der Frau: Hat Gott wirklich gesagt: Ihr dürft von keinem Baum des Gartens essen? 2Die Frau entgegnete der Schlange: Von den Früchten der Bäume im Garten dürfen wir essen; 3nur von den Früchten des Baumes, der in der Mitte des Gartens steht, hat Gott gesagt: Davon dürft ihr nicht essen und daran dürft ihr nicht rühren, sonst werdet ihr sterben. 4Darauf sagte die Schlange zur Frau: Nein. Ihr werdet nicht sterben. 5Gott weiß vielmehr: Sobald ihr etwas davon esst, gehen euch die Augen auf; ihr werdet wie Gott und erkennt Gut und Böse. 6Da sah die Frau, dass es köstlich wäre, von dem Baum zu essen, dass der Baum eine Augenweide war und dazu verlockte, klug zu werden. Sie nahm von seinen Früchten und aß; sie gab auch ihrem Mann, der bei ihr war, und auch er aß. 7Da gingen beiden die Augen auf und sie erkannten, dass sie nackt waren. Sie hefteten Feigenblätter zusammen und machten sich einen Schurz. 8Als sie Gott, den Herrn, im Garten gegen den Tagwind einherschreiten hörten, versteckten sich Adam und seine Frau vor Gott, dem Herrn, unter den Bäumen des Gartens. 9Gott, der Herr, rief Adam zu und sprach: Wo bist du? 10Er antwortete: Ich habe dich im Garten kommen hören; da geriet ich in Furcht, weil ich nackt bin, und versteckte mich. 11Darauf fragte er: Wer hat dir gesagt, dass du nackt bist? Hast du von dem Baum gegessen, von dem zu essen ich dir verboten habe? 12Adam antwortete: Die Frau, die du mir beigesellt hast, sie hat mir von dem Baum gegeben und so habe ich gegessen. 13Gott, der Herr, sprach zu der Frau: Was hast du da getan? Die Frau antwortete: Die Schlange hat mich verführt und so habe ich gegessen. 14Da sprach Gott, der Herr, zur Schlange: Weil du das getan hast, bist du verflucht unter allem Vieh und allen Tieren des Feldes. Auf dem Bauch sollst du kriechen und Staub fressen alle Tage deines Lebens. 15Feindschaft

Die Kuh (Sure 2)

34Als wir zu den Engeln sagten: „Werft euch vor Adam nieder". Da warfen sie sich nieder, außer Iblîs. Er weigerte sich und war hochmütig. Er gehörte zu den Ungläubigen. 35Wir sagten: „Adam, bewohne den Garten, du und deine Frau! Esst von seinem Reichtum, wo ihr wollt! Naht euch aber nicht diesem Baum, sonst gehört ihr zu denen, die Unrecht tun!" 36Da ließ der Satan sie wegstrauchein und vertrieb sie von dort, wo sie waren. Wir sagten: „Geht hinunter! Die einen unter euch sind den anderen Feind. Ihr habt aber auf der Erde eine Weile Stätte und Nutznießung". 37Da erhielt Adam Worte von seinem Herrn. Der kehrte sich ihm wieder zu. Er ist der sich immer wieder Zuwendende und Barmherzige. 38Wir sagten: „Geht allesamt hinunter! Wenn dann von mir Führung zu euch kommt, die dann meiner Führung folgen, die befällt nicht Furcht und die sind nicht traurig.

Die Höhen (Sure 7)

11Wir haben euch erschaffen und dann gestaltet. Dann sagten wir zu den Engeln: „Werft euch vor Adam nieder!" Da warfen sie sich nieder, außer Iblîs. Er gehörte nicht zu denen, die sich niederwarfen. 12Er (Gott) sagte: Was hindert dich, dich niederzuwerfen, wenn ich es dir gebiete?" Er sagte: „Ich bin besser als er. Mich hast du aus Feuer erschaffen, ihn aber aus Ton". 13Er sagte: „So geh hinunter, von hier weg! Dir kommt es nicht zu, hier hochmütig zu sein. So geh hinaus! Du gehörst zu den Unterlegenen". 14Er sagte: „Gewähre mir Aufschub bis zu dem Tag, da sie auferweckt werden!" 15Er sagte: „Du gehörst zu denen, denen Aufschub gewährt wird". 16Er sagte: „Weil du mich irregeführt hast, lauere ich ihnen gewiss auf deinem geraden Weg auf. 17Dann komme ich ihnen von vorn und hinten, von rechts und von links. Die meisten von ihnen findest du nicht dankbar". 18Er sagte: „Geh hinaus, von hier weg, verabscheut und verstoßen! Wer von ihnen dir folgt – gewiss füllen werde ich mit euch allesamt die Hölle". 19„Adam, bewohne den Garten, du und deine Frau! Esst, von wo ihr wollt, naht euch aber setze ich zwischen dich und die Frau, zwischen deinen Nachwuchs und ihren Nachwuchs. Er trifft dich am Kopf und du triffst ihn an der Ferse. [16]Zur Frau sprach er: Viel Mühsal bereite ich dir, sooft du schwanger wirst. Unter Schmerzen gebierst du Kinder. Du hast Verlangen nach deinem Mann; aber er wird über dich herrschen. [17]Zu Adam sprach er: Weil du auf deine Frau gehört und von dem Baum gegessen hast, von dem zu essen ich dir verboten hatte: So ist verflucht der Ackerboden deinetwegen. Unter Mühsal wirst du von ihm essen alle Tage deines Lebens. [18]Dornen und Disteln lässt er dir wachsen und die Pflanzen des Feldes musst du essen. [19]Im Schweiße deines Angesichts sollst du dein Brot essen, bis du zurückkehrst zum Ackerboden; von ihm bist du ja genommen. Denn Staub bist du, zum Staub musst du zurück.

[20]Adam nannte seine Frau Eva (Leben), denn sie wurde die Mutter aller Lebendigen. [21]Gott, der Herr, machte Adam und seiner Frau Röcke aus Fellen und bekleidete sie damit.

[22]Dann sprach Gott, der Herr: Seht, der Mensch ist geworden wie wir; er erkennt Gut und Böse. Dass er jetzt nicht die Hand ausstreckt, auch vom Baum des Lebens nimmt, davon isst und ewig lebt! [23]Gott, der Herr, schickte ihn aus dem Garten von Eden weg, damit er den Ackerboden bestellte, von dem er genommen war. [24]Er vertrieb den Menschen und stellte östlich des Gartens von Eden die Kerubim auf und das lodernde Flammenschwert, damit sie den Weg zum Baum des Lebens bewachten.

nicht diesem Baum, sonst gehört ihr zu denen, die Unrecht tun!" [20]Da flüsterte der Satan ihnen ein, um ihnen aufzudecken, was ihnen von ihrer Scham verborgen war: „Euer Herr hat euch diesen Baum nur untersagt, damit ihr nicht zu Engeln werdet oder zu denen gehört, die ewig leben". [21]Und er schwor ihnen: „Ich gehöre zu denen, die euch gut raten".

[22]Da ließ er sie durch Trug zu Fall kommen. Als sie dann von dem Baum gekostet hatten, wurde ihnen ihre Scham offenbar, und sie begannen sofort, Blätter des Gartens über sich zusammenzuheften.

Ihr Herr rief ihnen zu: „Habe Ich euch nicht jenen Baum verwehrt und euch gesagt: ‚Der Satan ist euch deutlich Feind?' [23]Sie sagten: „Herr, wir haben uns selbst Unrecht getan. Wenn du uns nicht vergibst und dich unser nicht erbarmst, gehören wir gewiss zu den Verlierern". [24]Er sagte: „Geht hinunter! Die einen von euch sind den anderen Feind. Ihr habt aber auf der Erde eine Weile Stätte und Nutznießung". [25]Er sagte: „Auf ihr lebt ihr, auf ihr sterbt ihr und aus ihr werdet ihr hervorgebracht". [26]Ihr Kinder Adams, wir senden auf euch Kleidung hinab, die eure Scham bedeckt, und Prachtgewänder. Die Kleidung der Gottesfurcht aber, die ist besser. Das gehört zu Gottes Zeichen. Vielleicht lassen sie sich mahnen!

[27]Ihr Kinder Adams, der Satan soll euch doch nicht verführen, wie er eure Eltern aus dem Garten vertrieb, wobei er ihnen ihre Kleider auszog, um sie ihre Scham sehen zu lassen. Er sieht euch, er und seine Sippschaft, von wo ihr sie nicht seht. Wir haben die Satane denen zu Freund und Beistand gemacht, die nicht glauben.

Die Gemeinsamkeiten der Sündenfallerzählung in beiden Heiligen Schriften sind weitreichend, es werden aber auch Unterschiede aufgedeckt. Nur in der Bibel wird die Initiative zuerst der Frau zugeschrieben. Anders als Adam, der arabisch ebenso heißt, wird Eva im Koran nicht namentlich bezeichnet. Hier arbeitet Satan, der Versucher, mit einer Lüge, wenn er den Menschen einredet, sie würden durch den Genuss der verbotenen Baumfrucht zu Engeln und ewig leben. Die Verheißung der Schlange in der Bibel, dass den Menschen dann „die Augen aufgehen" und sie insofern „wie Gott werden", als sie nunmehr „Gut und Böse" unterscheiden würden, trifft auf das Wesen des Menschen, wie wir es kennen, ja zu.

EXKURS **Die Erbsünde**

Der Dialog zwischen Christen und Muslimen hat in der Erbsündenlehre einen Topos gefunden, über den man trefflich streiten kann und über den sich Differenzen wie Konvergenzen finden lassen. In christlicher Perspektive steht die Deutung des Sündenfalls durch den Apostel Paulus zur Debatte, auf der die Lehre von der Erbsünde des Konzils von Trient (1545-1563) basiert. Paulus schrieb im Römerbrief:

Durch einen einzigen Menschen kam die Sünde in die Welt und durch die Sünde der Tod und auf diese Weise gelangte der Tod zu allen Menschen, weil alle sündigten (Röm 5,12).

Danach ist Adam gleichsam der Urheber der sich über alle Nachkommen vererbenden Sünde, welche für alle den „Tod" mit sich bringt. Das Trienter Konzil legt im Dekret über die *Erbsünde*[3] vom 17. Juni 1546 verbindlich fest, dass nach katholischem Glauben Adam als erster Mensch im Paradies Gottes Gebot übertreten und damit den Zustand der Gnade verloren hat. Diese Ursünde wurde auf das ganze Menschengeschlecht vererbt. Sie kann allein durch das Erlösungswerk Jesu Christi gesühnt werden, und zwar im Sakrament der Taufe, welches mit Berufung auf Joh 3,5 „heilsnotwendig" ist.

Die moderne christliche Theologie hat die Erbsündenlehre neu interpretiert. Sie versteht zum einen die Sünde des Urpaars nicht historisch und die Vererbung dieser Sünde nicht wörtlich, sondern so, dass die Menschheit insgesamt in böse Strukturen verstrickt ist, deren Gründe oft außerhalb ihrer Verantwortung liegen. Zum Zweiten wurden die großen *Religionen* anerkannt, in ihnen „Strahlen der Wahrheit" entdeckt (NA 2) und ihnen damit auch Chancen des Heils zugestanden. Drittens wurde die Abwaschung der Erbsünde in der Säuglingstaufe als prospektive sakramentale Handlung für den Kampf gegen das Böse gesehen.

In *christlicher Sicht* gilt als Kern der Erbsündenlehre nicht die personale Schuld des Einzelnen, die jeder selbst zu bewältigen hat, sondern das nur teilweise schuldhafte Verstricktsein in Schuldzusammenhänge und sündhafte Strukturen, wovor letztlich Jesus Christus durch Kreuz und Auferstehung erlöst und zu neuem ewigen Leben befreit hat.

Die *islamische Theologie* geht davon aus, dass das Kind in eine von Frieden zwischen Gott und den Menschen geprägte Welt hineingeboren wird. Sie kennt aber auch personale Schuld, die durch Umkehr zum einen Gott, Vertiefung des Glaubens und Werke der Nächstenliebe aufgearbeitet werden kann. So muss der Dialog zwischen Christen und Muslimen über die Erbsünde bei der Deutung der Sünde Adams ansetzen und weiterführen zur Wahrnehmung des Bösen in der gegenwärtigen Welt.

Die tatsächliche unmittelbare Folge, dass die Menschen sich ihrer Scham bewusst werden, ist beiden Versionen gemeinsam, ebenso dann der Verlust des Paradieses, wodurch sie nun auch den Mühsalen des Menschseins (z.B. Arbeit) unterworfen sind. Außer den Mühen um den eigenen Unterhalt zählt die Bibel ausdrücklich besondere Belastungen für die Frau auf (Schwangerschaft, Geburt), aber auch und davon nicht zu trennen, ihre besondere Fähigkeit, Leben hervorzubringen. Der Koran hebt die Feindseligkeit unter Menschen als Resultat des Sündenfalls hervor.

Als Wieder-Zuwendung Gottes kündet der Koran „Führung" oder „Rechtleitung" für den bedrängten und orientierungslos gewordenen Menschen an, womit natürlich die Offenbarungen durch die Propheten und letztlich der Koran selbst gemeint sind. Nach christlicher Theologie ist es das Erlösungswerk Christi, vom Menschen im äußeren Bild der Taufe angenommen, das die so genannte „Erbsünde" überwindet („abwäscht"). Hierunter kann man eine vorgegebene Entfremdung von Gott verstehen, oder konkrete Zwänge, in die wir hineingeboren oder -gewachsen sind und die wir selbst nicht verantworten können, durch die wir jedoch an falschen, bösen oder schuldhaften Strukturen partizipieren. Der Islam kennt, wie auch das Judentum, das Konzept einer Erbsünde nicht. Er geht davon aus, dass der Mensch in einem guten und harmonischen Friedenszustand zwischen Gott und Mitmenschen hineingeboren wird. Diesen Idealzustand des Menschseins bezeichnet eben das Wort „Muslim". Der Islam ist davon überzeugt, dass jeder Mensch in diesem sehr umfassenden Sinne als Muslim bzw. Muslima zur Welt kommt, dann aber in dem Maße Schuld auf sich lädt, wie er/sie sich der „Führung" durch Gott – der religiösen Rechtleitung durch den Islam – verweigert.

5.4 Der Brudermord

Die Geschichte der zweiten Generation (Kain und Abel sind Söhne Adams und Evas, Gen 4,1f) liest sich wie eine Fortsetzung der „Garten-" oder Paradiesgeschichte mit dem Sündenfall. Wiederum geht es um gelingende Beziehungen und um Schuld. Jetzt wird der Erstgeborene Kain vom Bösen versucht und überwältigt, was dazu führt, dass die Beziehungen zwischen den Brüdern und zwischen Mensch und Gott auf den Prüfstand kommen. Im Koran werden die Brüder nicht namentlich genannt (die spätere Tradition gab ihnen die Namen Qâbîl und Hâbîl), und ihre Berufe Ackerbauer und Schafhirte scheinen weniger wichtig zu sein als die Frage nach ihrer Gottesfurcht.

3 H. Denzinger/P. Hünermann, Kompendium der Glaubensbekenntnisse und kirchlichen Lehrentscheidungen, Freiburg/Basel/Wien 371991, 498-502 (Nr. 1510-1516).

Genesis (4,1-16)

4 [1]Adam erkannte Eva, seine Frau; sie wurde schwanger und gebar Kain. Da sagte sie: Ich habe einen Mann vom Herrn erworben. [2]Sie gebar ein zweites Mal, nämlich Abel, seinen Bruder. Abel wurde Schafhirt und Kain Ackerbauer.

[3]Nach einiger Zeit brachte Kain dem Herrn ein Opfer von den Früchten des Feldes dar; [4]auch Abel brachte eines dar von den Erstlingen seiner Herde und von ihrem Fett. Der Herr schaute auf Abel und sein Opfer, 5aber auf Kain und sein Opfer schaute er nicht. Da überlief es Kain ganz heiß und sein Blick senkte sich. [6]Der Herr sprach zu Kain: Warum überläuft es dich heiß und warum senkt sich dein Blick? [7]Nicht wahr, wenn du recht tust, darfst du aufblicken; wenn du nicht recht tust, lauert an der Tür die Sünde als Dämon. Auf dich hat er es abgesehen, doch du werde Herr über ihn!

[8]Hierauf sagte Kain zu seinem Bruder Abel: Gehen wir aufs Feld! Als sie auf dem Feld waren, griff Kain seinen Bruder Abel an und erschlug ihn. [9]Da sprach der Herr zu Kain: Wo ist dein Bruder Abel? Er entgegnete: Ich weiß es nicht. Bin ich der Hüter meines Bruders? [10]Der Herr sprach: Was hast du getan? Das Blut deines Bruders schreit zu mir vom Ackerboden. [11]So bist du verflucht, verbannt vom Ackerboden, der seinen Mund aufgesperrt hat, um aus deiner Hand das Blut deines Bruders aufzunehmen. [12]Wenn du den Ackerboden bestellst, wird er dir keinen Ertrag mehr bringen. Rastlos und ruhelos wirst du auf der Erde sein. [13]Kain antwortete dem Herrn: Zu groß ist meine Schuld, als dass ich sie tragen könnte. [14]Du hast mich heute vom Ackerland verjagt und ich muss mich vor deinem Angesicht verbergen; rastlos und ruhelos werde ich auf der Erde sein und wer mich findet, wird mich erschlagen. [15]Der Herr aber sprach zu ihm: Darum soll jeder, der Kain erschlägt, siebenfacher Rache verfallen. Darauf machte der Herr dem Kain ein Zeichen, damit ihn keiner erschlage, der ihn finde. [16]Dann ging Kain vom Herrn weg und ließ sich im Land Not nieder, östlich von Eden.

Der Tisch (Sure 5)

[27]Trag ihnen die Geschichte der zwei Söhne Adams wahrheitsgemäß vor! Als sie ein Opfer darbrachten. Da wurde es von dem einen angenommen, von dem anderen nicht. Der sagte: „Ich töte dich gewiss". Er (der andere) sagte: „Gott nimmt nur von den Gottesfürchtigen an. [28]Selbst wenn du deine Hand nach mir ausstreckst, um mich zu töten, ich strecke meine nicht nach dir aus, um dich zu töten. Ich fürchte Gott, den Herrn aller Welten. [29]Ich will, dass du meine und deine Sünde auf dich lädst und zu den Gefährten des Feuers gehörst. Das ist die Vergeltung für die, die Unrecht tun."

[30]Da stiftete ihn seine Seele an, seinen Bruder zu töten, und er tötete ihn. Da wurde er einer der Verlierer.

[31]Da schickte Gott einen Raben, der in der Erde scharrte, um ihm zu zeigen, wie er die Leiche seines Bruders bedecken kann. Er sagte: „Weh mir! Bin ich unfähig, zu sein wie dieser Rabe, dass ich die Leiche meines Bruders bedecke?" Da wurde er einer derer, die bereuen.

[32]Deshalb haben wir den Kindern Israels vorgeschrieben: Wenn einer jemanden tötet, ohne dass es Vergeltung wäre für einen anderen oder für Unheil auf der Erde, dann ist das, als ob er die Menschen allesamt getötet hätte. Wenn aber einer jemandem Leben schenkt, dann ist das, als ob er den Menschen allesamt Leben geschenkt hätte. Unsere Gesandten haben ihnen die klaren Zeugnisse gebracht. Doch danach sind viele unter ihnen auf der Erde maßlos.

Was ist geschehen?

Gott hat offenbar das Opfer Kains weniger beachtet als jenes Abels, worauf Kain in Neid und Zorn entbrannte. Diesen parteiischen Gott konnte er nicht verstehen. Er ließ unbeachtet, dass er als Erstgeborener sowieso bevorteilt war und tötete aus Wut seinen Bruder Abel.

Nach der Bibel verhängt Gott über den Missetäter die Strafe ewig rastlosen und ruhelosen Umherirrens. Die Arbeit bringt keinen Erfolg mehr, selbst der Boden, der Abels Blut aufnehmen musste, bleibt verflucht. Die brüderliche Gemeinschaft ist auseinandergebrochen, ja zerstört, und Kain wendet sich dem Osten zu.

Der Koran akzentuiert die Geschichte als Folge der unterschiedlichen Gottesfurcht der Brüder. Während der eine den Herrn aller Welten nicht fürchtet und zum Töten bereit ist, verzichtet der Gottesfürchtige auf jede Gewalt und anerkennt den Gott über Leben und Tod. Der bemerkenswerte und oft zitierte Vers 32: *„Deshalb haben wir den Kindern Israels vorgeschrieben: Wenn einer jemanden tötet, ohne dass es Vergeltung wäre für einen anderen oder für Unheil auf der Erde, dann ist das, als ob er die Menschen allesamt getötet hätte. Wenn aber einer jemandem Leben schenkt, dann ist das, als ob er den Menschen allesamt Leben geschenkt hätte"*, bezieht sich offenbar auf eine Stelle im Talmud: *„Jedem, der eine Seele aus Israel vernichtet, rechnet die Schrift an, als ob er eine ganze Welt vernichtet hat, aber jedem, der der eine Seele aus Israel erhält, rechnet die Schrift an, als ob er eine ganze Welt erhalten hat"* (Traktat Sanhedrin IV 5c).

In Bibel und Koran zeigen die Täter Reue, worauf der barmherzige Gott die Missetäter neu annimmt und nicht endgültig verwirft. Laut Bibel erhält Kain ein Zeichen, das ihn vor Verfolgung schützt. Die Geschichte vom Brudermord kann insgesamt als Aufruf zum Gewaltverzicht und zum Respekt vor Leben und Gott als Stifter des Lebens interpretiert werden.

5.5 Noach und die große Flut

Bibel und Koran enthalten in Grundzügen die Geschichte Noachs und der großen Flut, eine Erfahrung, die uns jüngst am 26. Dezember 2004 drastisch vor Augen geführt wurde.[4] In der Bibel kann sie als Fortsetzung des Sündenfalls von Adam und Eva (Gen 3,1-6) und als Verallgemeinerung individueller Sünden auf die ganze Menschheit gesehen werden. Nach Genesis 6,1-9,28 hat die Bosheit der Menschen zugenommen. Erneut werden, nach der Freveltat am verbotenen Baum im Paradies und nach dem Vergehen an den durch Schönheit gekennzeichneten Frauen (Gen 6,2), die von Gott gesetzten Grenzen überschritten. Nun wurden weitere Grenzen missachtet,

---

4   Allerdings werden heute die Fragen der Schuld und der Strafe Gottes anders gesehen. Das Seebeben in Südasien vom 26. Dezember 2004 sollte nicht als Strafe Gottes für menschliche Schuld gedeutet werden.

was den Schöpfer Gott auf den Plan rief und die Idee einer vollständigen Vernichtung des Menschengeschlechtes hervorbrachte, ein Motiv, das in vielen Mythen des Alten Orients auf unterschiedliche Weise überliefert wird. Nur Noach, ein gerechter, untadeliger Mensch, wurde mit seiner Sippe und je einem Tierpaar in der Arche gerettet. Aus Zypressenholz gefertigt und mit Teer bestrichen, sollte sie in der lang andauernden großen Flut das Überleben garantieren.

Im Koran ist Noach als Hauptfigur der Geschichte ein *Prophet und Gesandter*, der den Menschen den rechten monotheistischen Glauben verkündet. Neu ist der große Spott, dem der Prophet nun ausgesetzt ist. Dieselbe Erfahrung musste Muhammad in seiner Auseinandersetzung mit den heidnischen Landsleuten der mekkanischen Aristokratie machen. Denn in seiner Heimat Mekka hatte er Widerspruch und Ablehnung bis zur offenen Feindseligkeit zu erdulden. Was im Koran nicht erwähnt wird, sind die Taube, die sich nach Ufern erkundigte, und der Regenbogen als göttliches Bundeszeichen. Auch setzt die Arche nicht auf dem Gebirge Ararat, sondern auf dem Berg Dschudi auf, der ebenfalls in der heutigen Osttürkei liegt. Gemeinsam indessen ist Bibel und Koran, dass Gott die Hand zur Versöhnung reicht und nach der großen Flut Frieden und Segen stiftet, was als Umschreibung des Bundes verstanden werden kann.

In *textkritischer* Hinsicht kann bemerkt werden, dass bereits die erste mekkanische Periode die große Flut und die Rettung der Gläubigen in Sure 69:11-12 kennt. In der zweiten Periode sind die zentralen Elemente in Sure 54:9-14 vorhanden, wobei Noach von seinem Volk als „Besessener" verunglimpft wird. Sure 71 ist vollständig Noach gewidmet. Am ausführlichsten ist die Noachgeschichte in Sure 11:27-50 aus der dritten mekkanischen Epoche geschildert. Wir benützen diesen Text als Leitfaden, strukturieren ihn und fügen weitere einschlägige Korantexte dazu, die Parallelen zu den biblischen Texten aufweisen.

Ausgangssituation: Vergehen der Menschen

Genesis (6,5-8)

6 [5]Der Herr sah, dass auf der Erde die Schlechtigkeit des Menschen zunahm und dass alles Sinnen und Trachten seines Herzens immer nur böse war. [6]Da reute es den Herrn, auf der Erde den Menschen gemacht zu haben, und es tat seinem Herzen weh. [7]Der Herr sagte: Ich will den Menschen, den ich erschaffen habe, vom Erdboden vertilgen, mit ihm auch das Vieh, die Kriechtiere und die Vögel des Himmels, denn es reut mich, sie gemacht zu haben. [8]Nur Noach fand Gnade in den Augen des Herrn.

Hûd (Sure 11)

[25]Wir sandten schon Noach zu seinem Volk. „Ich bin euch ein deutlicher Warner. [26]Dient nur Gott! Ich fürchte für euch die Strafe eines schmerzhaften Tages". [27]Da sagten die Ratsleute aus seinem Volk, die nicht glaubten: „Wir sehen, dass du nur ein Mensch bist wie wir und dass nur die dir folgen, die unsere Verachtetsten sind – ganz offensichtlich. Wir sehen nicht, dass ihr einen Vorzug uns gegenüber hättet, sondern meinen, dass ihr lügt".

Vorstellung Noachs

Genesis (6,9-13)

6 ⁹Das ist die Geschlechterfolge nach Noach: Noach war ein gerechter, untadeliger Mann unter seinen Zeitgenossen; er ging seinen Weg mit Gott. ¹⁰Noach zeugte drei Söhne Sem, Ham und Jafet. ¹¹Die Erde aber war in Gottes Augen verdorben, sie war voller Gewalttat. ¹²Gott sah sich die Erde an: Sie war verdorben, denn alle Wesen aus Fleisch auf der Erde lebten verdorben. ¹³Da sprach Gott zu Noach: Ich sehe, das Ende aller Wesen aus Fleisch ist da; denn durch sie ist die Erde voller Gewalttat. Nun will ich sie zugleich mit der Erde verderben.

Hûd (Sure 11)

²⁹(Er sagte: ...) „Ich verstoße die nicht, die glauben. Sie begegnen ihrem Herrn. Aber ich sehe, dass ihr ein unverständiges Volk seid." (...) ³²Sie sagten: „Noach, du hast mit uns gestritten und den Streit mit uns lange geführt. So bring uns, was du uns androhst, falls du zu den Wahrhaftigen gehörst!" ³³Er sagte: „Allein Gott bringt es euch, wenn er will. Ihr verhindert es nicht. ³⁴Nicht nützt euch mein Rat, wenn ich euch raten will, Gott aber euch irreführt. Er ist euer Herr. Zu ihm werdet ihr zurückgebracht". ³⁵Oder sagen sie (Muhammads Gegner): „Er hat ihn (den Koran) sich ausgedacht"? Sag: „Wenn ich ihn mir ausgedacht habe, dann lastet mein Vergehen auf mir. Ich habe aber nichts mit dem Verbrechen zu tun, das ihr begeht".

Der Bau der Arche

Genesis (6,14-22)

6 ¹⁴(Gott sprach zu Noach): Mach dir eine Arche aus Zypressenholz! Statte sie mit Kammern aus, und dichte sie innen und außen mit Pech ab! ¹⁵So sollst du die Arche bauen: Dreihundert Ellen lang, fünfzig Ellen breit und dreißig Ellen hoch soll sie sein. ¹⁶Mach der Arche ein Dach und hebe es genau um eine Elle nach oben an! Den Eingang der Arche bring an der Seite an! Richte ein unteres, ein zweites und ein drittes Stockwerk ein! ¹⁷Ich will nämlich die Flut über die Erde bringen, um alle Wesen aus Fleisch unter dem Himmel, alles, was Lebensgeist in sich hat, zu verderben. Alles auf Erden soll verenden. ¹⁸Mit dir aber schließe ich meinen Bund. Geh in die Arche, du, deine Söhne, deine Frau und die Frauen deiner Söhne! ¹⁹Von allem, was lebt, von allen Wesen aus Fleisch, führe ich je zwei in die Arche, damit sie mit dir am Leben bleiben; je ein Männchen und ein Weibchen sollen es sein. ²⁰Von allen Arten der Vögel, von allen Arten des Viehs, von allen Arten der Kriechtiere auf dem Erdboden sollen je zwei zu dir kommen, damit sie am Leben bleiben. ²¹Nimm dir von allem Essbaren mit und leg dir einen Vorrat an! Dir und ihnen soll es zur Nahrung dienen. ²²Noach tat alles genau so, wie ihm Gott aufgetragen hatte.

Hûd (Sure 11)

³⁶Und Noach wurde offenbart: „Unter deinem Volk wird nur glauben, der schon glaubt. So sei nicht bekümmert wegen dessen, was sie stets getan haben! ³⁷Baue das Schiff vor unseren Augen nach der Offenbarung! Sprich mich nicht wegen derer an, die Unrecht tun. Sie werden ertränkt". ³⁸Da baute er das Schiff. Und sooft Ratsleute aus seinem Volk an ihm vorbeikamen, spotteten sie über ihn. Er sagte: „Wenn ihr über uns spottet, dann spotten wir genauso über euch. ³⁹Ihr werdet erfahren, über wen Strafe kommt, die ihn zuschanden macht, und auf wen stete Strafe niedergeht". ⁴⁰Als schließlich unsere Verfügung kam und der Ofen brodelte, sagten wir: „Bring von allem ein Paar hinein, auch deine Leute – außer denen, gegen die das Wort schon ergangen ist – und die, die glauben." Nur wenige aber glaubten ihm.

Eintritt in die Arche

Genesis (7,1,7-9)

7 ¹Darauf sprach der Herr zu Noach: Geh in die Arche, du und dein ganzes Haus, denn ich habe gesehen, dass du unter deinen Zeitgenossen vor mir gerecht bist.
⁷Noach ging also mit seinen Söhnen, seiner Frau und den Frauen seiner Söhne in die Arche, bevor das Wasser der Flut kam. ⁸Von den reinen und unreinen Tieren, von den Vögeln und allem, was sich auf dem Erdboden regt, ⁹kamen immer zwei zu Noach in die Arche, Männchen und Weibchen, wie Gott dem Noach aufgetragen hatte.

Hûd (Sure 11)

⁴¹Er sagte: „Steigt ein! Seine Fahrt und seine Landung in Gottes Namen! Mein Herr ist voller Vergebung und barmherzig". ⁴²Es fuhr mit ihnen dahin auf Wogen wie Berge.

Die große Flut

Genesis (7,11b-12, 17-24)

7 ¹¹ᵇAn diesem Tag brachen alle Quellen der gewaltigen Urflut auf und die Schleusen des Himmels öffneten sich. ¹²Der Regen ergoss sich vierzig Tage und vierzig Nächte lang auf die Erde.
¹⁷Die Flut auf der Erde dauerte vierzig Tage. Das Wasser stieg und hob die Arche immer höher über die Erde. ¹⁸Das Wasser schwoll an und stieg immer mehr auf der Erde, die Arche aber trieb auf dem Wasser dahin. ¹⁹Das Wasser war auf der Erde gewaltig angeschwollen und bedeckte alle hohen Berge, die es unter dem ganzen Himmel gibt. ²⁰Das Wasser war fünfzehn Ellen über die Berge hinaus angeschwollen und hatte sie zugedeckt. ²¹Da verendeten alle Wesen aus Fleisch, die sich auf der Erde geregt hatten, Vögel, Vieh und sonstige Tiere, alles, wovon die Erde gewimmelt hatte, und auch alle Menschen. ²²Alles, was auf der Erde durch die Nase Lebensgeist atmete, kam um. ²³Gott vertilgte also alle Wesen auf dem Erdboden, Menschen, Vieh, Kriechtiere und die Vögel des Himmels; sie alle wurden vom Erdboden vertilgt. Übrig blieb nur Noach und was mit ihm in der Arche war. ²⁴Das Wasser aber schwoll hundertfünfzig Tage lang auf der Erde an.

Hûd (Sure 11)

⁴²Noach rief seinem Sohn zu, der abseits stand: „Sohn, steig mit uns ein und sei nicht mit den Ungläubigen!" ⁴³Er sagte: „Ich werde Zuflucht suchen auf einem Berg, der mich vor dem Wasser schützt". Er sagte: „Niemand schützt heute vor Gottes Verfügung, außer wenn Gott sich jemandes erbarmt". Die Woge trennte beide. Da gehörte er zu denen, die ertränkt wurden. (...)
⁴⁵Noach rief zu seinem Herrn: „Herr, mein Sohn gehört zu meinen Leuten. Dein Versprechen ist die Wahrheit. Du bist der weiseste derer, die entscheiden". ⁴⁶Er sagte: „Noach, er gehört nicht zu deinen Leuten. Das ist nicht recht getan: Bitte mich nicht um etwas, wovon du nichts weißt! Ich ermahne dich: Gehöre nicht zu den Unverständigen!" ⁴⁷Er sagte: „Herr, ich suche bei dir Zuflucht, dass ich dich nicht um etwas bitte, wovon ich nichts weiß. Wenn Du mir nicht vergibst und dich meiner erbarmst, gehöre ich zu den Verlierern".

Das Verbot (Sure 66)

¹⁰Gott hat für die, die ungläubig sind, Noachs Frau und die Lots als Beispiel gegeben. Sie unterstanden zwei rechtschaffenen von unseren Dienern. Da waren sie ihnen treulos und diese nützten ihnen gegen Gott nichts. Es wurde gesagt: „Geht ins Feuer, ihr zwei, mit denen, die hineingehen!"

Ende der großen Flut

Genesis(8,1-4,10-11, 18-20)

8 [1]Da dachte Gott an Noach und an alle Tiere und an alles Vieh, das bei ihm in der Arche war. Gott ließ einen Wind über die Erde wehen und das Wasser sank. [2]Die Quellen der Urflut und die Schleusen des Himmels schlossen sich; der Regen vom Himmel ließ nach [3]und das Wasser verlief sich allmählich von der Erde. So nahm das Wasser nach hundertfünfzig Tagen ab. [4]Am siebzehnten Tag des siebten Monats setzte die Arche im Gebirge Ararat auf. [10]Dann wartete er noch weitere sieben Tage und ließ wieder die Taube aus der Arche. [11]Gegen Abend kam die Taube zu ihm zurück, und siehe da: In ihrem Schnabel hatte sie einen frischen Olivenzweig. Jetzt wusste Noach, dass nur noch wenig Wasser auf der Erde stand.

[18]Da kam Noach heraus, er, seine Söhne, seine Frau und die Frauen seiner Söhne. [19]Auch alle Tiere kamen, nach Gattungen geordnet, aus der Arche, die Kriechtiere, die Vögel, alles, was sich auf der Erde regt. [20]Dann baute Noach dem Herrn einen Altar, nahm von allen reinen Tieren und allen reinen Vögeln und brachte auf dem Altar Brandopfer dar.

Hûd (Sure 11)

[44]Da wurde gesagt: „Erde, schlucke dein Wasser! Himmel, halt ein!" Das Wasser ging zurück. Die Sache war entschieden. Es setzte auf dem (Berg) Dschudi auf.

Es wurde gesagt: „Weg mit dem Volk, das Unrecht tut!"

[48]Es wurde gesagt: „Noach, geh hinunter mit unserem Frieden und unseren Segnungen über dich und über Gemeinschaften derer, die mit dir sind!" Es gibt Gemeinschaften, denen wir Nutznießung gewähren werden – dann trifft sie von uns schmerzhafte Strafe.

Neuanfang durch Gott

Genesis (9,1,8-13)

9 [1]Dann segnete Gott Noach und seine Söhne und sprach zu ihnen: Seid fruchtbar, vermehrt euch und bevölkert die Erde!

[8]Dann sprach Gott zu Noach und seinen Söhnen, die bei ihm waren: [9]Hiermit schließe ich meinen Bund mit euch und mit euren Nachkommen [10]und mit allen Lebewesen bei euch, mit den Vögeln, dem Vieh und allen Tieren des Feldes, mit allen Tieren der Erde, die mit euch aus der Arche gekommen sind. [11]Ich habe meinen Bund mit euch geschlossen: Nie wieder sollen alle Wesen aus Fleisch vom Wasser der Flut ausgerottet werden; nie wieder soll eine Flut kommen und die Erde verderben. [12]Und Gott sprach: Das ist das Zeichen des Bundes, den ich stifte zwischen mir und euch und den lebendigen Wesen bei euch für alle kommenden Generationen: [13]Meinen Bogen setze ich in die Wolken; er soll das Bundeszeichen sein zwischen mir und der Erde.

Die in Reihen stehen (Sure 37)

[79]„Friede über Noach in aller Welt!" [80]So vergelten wir denen, die das Gute tun. [81]Er gehört zu unseren gläubigen Dienern. [82]Dann ertränkten wir die anderen.

Das Vieh (Sure 6)

[6b]Da haben wir sie wegen ihren Sünden vernichtet. Nach ihnen aber haben wir eine andere Generation entstehen lassen.

Das Alter Noachs

Genesis (9,28-29)

9 [28]Noach lebte nach der Flut noch dreihundertfünfzig Jahre. [29]Die gesamte Lebenszeit Noachs betrug neunhundertfünfzig Jahre, dann starb er.

Die Spinne (Sure 29)

[14]Wir sandten Noach zu seinem Volk und er blieb unter ihnen tausend Jahre weniger fünfzig. Da packte sie, als sie Unrecht taten, die Flut. [15]Doch wir retteten ihn und die Gefährten des Schiffs und machten es für alle Welt zu einem Zeichen.

Welche neuen Akzente erhielt die Geschichte Noachs im Koran?

Die Geschichte von der Sintflut wird abgekürzt, aber an mehreren Stellen im Koran erwähnt. Sie behält die ursprüngliche Absicht eines erneuten Strafgerichtes bei. In der Architektur der Geschichte werden zahlreiche äußere und innere Veränderungen vorgenommen: Aus der Arche wird ein beladenes Schiff, welches dahinfährt; der Berg „Ararat" wird zum Berg „Dschudi". In beiden wird Noach 950 Jahre alt. Der biblische Noach ist ein streitbarer Prophet – wie später Muhammad –, der seinem Volk den rechten Glauben verkündet und vor dem Unglauben bewahren möchte. Dieser Prophet wird im Unterschied zum biblischen Noach verspottet. In der koranischen Version steht die Sünde des Unglaubens im Vordergrund. Die Leute werden in jene eingeteilt, die mit Noach an den einen Gott glauben, und andere, die nicht an den einen Gott glauben und dafür in der Flut ertränkt werden. Der Sohn Noachs zieht nicht dieselbe Konsequenz wie sein Vater. Er sucht einen hohen Berg, um der Flut zu entkommen. Aber vergebens. Er geht in den Fluten unter. Anders als in der Bibel berichtet der Koran über Noachs Frau. Er rückt sie in die Nähe von Lots Frau, die gegen Gottes Gebot in die sündige Stadt Sodom zurückblickte und zur Salzsäule erstarrte (Gen 19,26). Weil sie trotz ihres rechtschaffenen Mannes Noach treulos war und nicht an Gott glaubte, wurde sie zusammen mit Lots Frau und den Ungläubigen ins Feuer geschickt. In der Bibel wird mit Ausnahme der Arche alles vernichtet. Nur Noach und seine Sippe werden gerettet. Im Koran geht die ungerechte und ungläubige Gesellschaft zugrunde wie bei Lot, Schu'aib, Hûd und Sâlih. Die Reue und Barmherzigkeit Gottes kommt im erneuten Segen Gottes über Noach und jene, die nach der großen Flut die Arche verlassen, zum Ausdruck.

Im *Neuen Testament* wird die Geschichte von Noach und der großen Flut an vier Stellen aufgegriffen und eschatologisch-christologisch interpretiert: Lk 17,16; Mt 24,37-39; Hebr 11,7 und 2 Petr 2,5. Beispielhaft sei aus dem Matthäusevangelium zitiert, das im Lesejahr A am ersten Adventssonntag in der katholischen Liturgie vorgetragen wird:

Denn wie es in den Tagen des Noach war, so wird es bei der Ankunft des Menschensohnes sein. Wie die Menschen in den Tagen vor der Flut aßen und tranken und heirateten, bis zu dem Tag, an dem Noach in die Arche ging, und nichts ahnten, bis die Flut hereinbrach und alle wegraffte, so wird es bei der Ankunft des Menschensohnes sein. (Mt 24,37-39)

Die vier neutestamentlichen Stellen über Noach und die Sintflut stehen für das Kommen des Menschensohnes Jesus Christus zum Gericht über die Menschen. Die Gottlosen werden wie zur Zeit Noachs verurteilt und in den Fluten untergehen, die Gläubigen und Gerechten wie Noach gerettet.

5.6 Der Turmbau zu Babel

Die biblische „Urgeschichte" endet mit der im Alten Orient weit bekannten und in verschiedenen Versionen belegten Turmbausage (Gen 11,1-9). In ihr kommen urmenschliche Sehnsüchte zum Ausdruck wie der Versuch, sich ein Denkmal zu schaffen und dadurch für die Nachwelt ewig zu bleiben. Einmal mehr überschreitet der Mensch seine Grenzen und möchte werden wie Gott, eine Intention, die durch die Sprachverwirrung zerstört wird. Der Koran erzählt die Turmbaugeschichte so nicht. Eine Reminiszenz daran ist in die Mosetradition eingefügt („Der Vergebende", Sure 40:36-37) und auf den ungläubigen machtbesessenen Pharao bezogen. Dieser befiehlt Haman, einem Minister, der auch im Buch Ester vorkommt (z.B. Est 3,6), eine Burg zu bauen, und damit den Zugang zu Gott zu bewerkstelligen.

Genesis (11,1-9)

11 ¹Alle Menschen hatten die gleiche Sprache und gebrauchten die gleichen Worte. ²Als sie von Osten aufbrachen, fanden sie eine Ebene im Land Schinar und siedelten sich dort an. ³Sie sagten zueinander: Auf, formen wir Lehmziegel und brennen wir sie zu Backsteinen. So dienten ihnen gebrannte Ziegel als Steine und Erdpech als Mörtel. ⁴Dann sagten sie: Auf, bauen wir uns eine Stadt und einen Turm mit einer Spitze bis zum Himmel und machen wir uns damit einen Namen, dann werden wir uns nicht über die ganze Erde zerstreuen. ⁵Da stieg der Herr herab, um sich Stadt und Turm anzusehen, die die Menschenkinder bauten. ⁶Er sprach: Seht nur, *ein* Volk sind sie und *eine* Sprache haben sie alle. Und das ist erst der Anfang ihres Tuns. Jetzt wird ihnen nichts mehr unerreichbar sein, was sie sich auch vornehmen. ⁷Auf, steigen wir hinab und verwirren wir dort ihre Sprache, sodass keiner mehr die Sprache des anderen versteht. ⁸Der Herr zerstreute sie von dort aus über die ganze Erde und sie hörten auf, an der Stadt zu bauen. ⁹Darum nannte man die Stadt Babel (Wirrsal), denn dort hat der Herr die Sprache

Der Vergebende (Sure 40)

³⁶Pharao sagte: „Haman, baue mir eine Burg! Vielleicht erreiche ich die Zugänge, ³⁷die Zugänge der Himmel, damit ich hinaufsteige zu Moses Gott. Ich halte ihn (Mose) für einen Lügner". So wurde dem Pharao das Schlechte seines Tuns verschönt und er wurde vom Weg abgehalten. Pharaos List geht ganz ins Verderben.

Die Geschichte (Sure 28)

³⁸Pharao sagte: „Ihr Ratsleute, ich weiß für euch keinen Gott als mich. So zünde mir Feuer an, Haman, über Ton und schaffe mir eine Burg! Vielleicht steige ich hinauf zu Moses Gott. Ich halte ihn (Mose) für einen der Lügner". ³⁹Er und seine Heere waren auf der Erde im Unrecht hochmütig und meinten, dass sie nicht zu uns zurückgebracht würden.

Die Dichter (Sure 26)

¹²⁸Baut ihr auf jeder Anhöhe zum Spaß ein Zeichen ¹²⁹und schafft euch Bauten, damit ihr vielleicht ewig lebt?

Jona (Sure 10)

¹⁹Die Menschen waren nur eine einzige Gemeinschaft. Doch sie wurden uneins. Wäre

aller Welt verwirrt, und von dort aus hat er die Menschen über die ganze Erde zerstreut.

nicht schon ein Wort von deinem Herrn ergangen, wäre zwischen ihnen über das, worin sie uneins sind, schon entschieden worden.

Die Geschichte vom Turmbau steht nicht als ganze im Koran, sondern lediglich in verschiedenen Fragmenten und Motiven. Das Motiv der menschlichen Hybris wird auf den machtbewussten König Pharao anlässlich seiner Auseinandersetzung mit Mose übertragen. Dieser wähnte sich ja, selbst Gott zu sein (Sure 28:38). Pharao instrumentalisiert seinen Minister Haman – beide sind Archetypen für schlechte Menschen – für ihn eine Burg (keine Stadt und keinen Turm) zu erbauen, um ihm Ewigkeit und den Zugang zu Gott zu ermöglichen. Es geht also nicht um ein historisches Ereignis, sondern um moralpädagogische Hinweise.

Das Motiv der Menschheit als zunächst einziger Gemeinschaft (umma) taucht in „Jona", Sure 10:19 auf. In Genesis 11 lässt Gott die Kommunikation und dadurch die Kooperation durch die Sprachverwirrung abbrechen. Im Koran geht es hier um Entzweiung der Gemeinschaft in Glaubensfragen. Die Sprachenvielfalt unter den Menschen preist der Koran dagegen, zusammen mit den verschiedenen Hautfarben, ausdrücklich als Wunderzeichen Gottes:

Und zu seinen Zeichen gehören die Erschaffung der Himmel und der Erde, die Verschiedenheit eurer Sprachen und Farben. Darin sind Zeichen für die Wissenden. („Die Byzantiner", Sure 30:22)

Die Geschichte des Turm- bzw. Burgbaus bringt in Erinnerung, dass Glaube und Demut im Gegensatz zu Unglaube, Macht und Hybris stehen. Der gläubige Mensch soll sich seiner Endlichkeit und Begrenztheit bewusst bleiben, sonst zerstört er selbst die Beziehung zu Gott und den Frieden unter den Menschen.

5.7   Zusammenfassung

- Die synoptische und vergleichende Darstellung von biblischen und koranischen Texten lässt nicht nur wegen der Fülle von parallelen, gemeinsamen
  und auch unterschiedlichen Texten erstaunen. Sie zeigt ebenso sehr das In-
  einandergreifen und das Verwobensein der Heiligen Schriften von Judentum, Christentum und Islam bei allen Differenzen. Auf textlicher Basis hat
  sich in überraschender Weise Nähe und Verwandtschaft dieser drei abraha-
  mischen Religionen manifestiert.

- Die biblischen Urgeschichten beantworten die Woher- und Sinnfrage des
  menschlichen Daseins. Sie geben narrativ – in klassischen Erzählungen –
  Antworten auf die Frage nach dem Ursprung der Welt und der Menschen,
  auf das Problem des Bösen und auf die Frage: Wer ist der Mensch? Worin bestehen seine Größe, seine Gefährdungen und sein Ziel?

- Die eigenständigen Interpretationen der Urgeschichten durch Christentum
  und Islam korrespondieren mit neuen Glaubenserfahrungen mit Jesus und
  dessen Aussagen im Neuen Testament, bzw. mit den Offenbarungen Gottes
  an Muhammad und dessen daraus resultierendes Selbstverständnis sowie
  dessen Lebenserfahrungen in Mekka und Umgebung.

- Bibel und Koran zeichnen ein weitgehend ähnliches Menschenbild. Der
  Mensch ist auf Gott hin entworfen, schuldfähig und verantwortlich für sein
  Tun und Lassen. Er ist unter allen Geschöpfen herausgehoben, Segen und
  Frieden begleiten ihn. Die biblische Gottebenbildlichkeit, die Rede vom
  Bund Gottes mit ihm, ist im Koran vergleichbar mit seiner Rolle als Stellver-
  treter Gottes auf Erden.

- Der Koran sieht in vielen Motiven der Urgeschichten das von den Mekka-
  nern kritisierte Prophetentum Muhammads vorweggenommen. Häufig
  wird eine Einteilung der Menschen in solche vorgenommen, die ihre Existenz auf Gott hin orientieren – der Koran gebraucht *dafür* das Wort „Muslime" – und solche, für die anderes im Leben vorgeht („Ungläubige"). Letztere gehen an ihren falschen Werten zugrunde, während ersteren die Fülle
  des Lebens verheißen wird.

- Das Neue Testament greift verschiedene Motive und Gestalten auf, setzt sie
  in Bezug zu Jesus Christus und seine ein - für - alle - Mal gültige Erlösungs-
  tat durch Kreuz und Auferstehung.

- Die Geschichte vom Turmbau zu Babel zeigt erneut, wie der Mensch seine
  Grenzen testet und dabei die Furcht des Herrn verlieren kann.

5.8   Didaktische Impulse

Die großen Fragen der Menschheit, wie sie in den „Urgeschichten" enhalten sind, kommen im Lehrplan öfter vor und sind in verschiedenen Jahrgangs- und Entwicklungsstufen gegenwärtig. Sie können in einer Unterrichtseinheit mit interreligiösem Ausblick durchaus aufgegriffen werden.

- Zur Thematik der „Schöpfung" (9. Jahrgangsstufe) kann der Zeichentrickfilm „Am Anfang war" (2001) als Ausgangspunkt dienen, um Fragen nach dem Woher und Wohin des Menschen und der Welt zu diskutieren. Dieser Film lenkt die Aufmerksamkeit auf die Mitverantwortung der Menschen für die Umwelt, auf einen sparsamen Umgang mit den Ressourcen der Erde und ein lebensförderliches Miteinander, Grundideen, die mit Bibel und Koran vereinbar sind.

- Die beiden unterschiedlichen biblischen Schöpfungserzählungen und die Aussagen des Koran über die Entstehung des Menschen werfen zahlreiche Fragen auf, die im Unterricht und in Veranstaltungen der Erwachsenenbildung durchaus ihren Platz haben können: Wie stellen Bibel und Koran Schöpfung der Welt und Erschaffung des Menschen dar? Kann eine Geschlechterungerechtigkeit daraus abgeleitet werden? Was ist der Auftrag des Menschen in Bezug auf Umwelt, Tiere und Nachwelt? Welchen Stellenwert hat die Sexualität im Zusammenhang mit der Schöpfung? Vielleicht gibt es auch Ausblicke zu neueren Fragestellungen, wie sie etwa die Gentechnologie aufwirft.

- Die Geschichte vom Sündenfall wie auch die Erzählung von Kain und Abel (Grundschule) sind Erklärungsversuche der tieferen Frage nach dem Bösen und dem Ursprung der Schuld. Sie geben auch Antworten auf das Problem der Schuld und des Aufarbeitens misslungenen Handelns. Kunstbilder zu Kain und Abel (als Dias oder Folien) können zu diesen Themen ebenso hinführen wie die theologisch anspruchsvolle Frage der Erbschuld bzw. Erbsünde, welche Christentum und Islam different beantworten und die in Exkurs 1 eingehend behandelt wurde (Jahrgangsstufe 12). Für Kinder und Jugendliche kann das Problem „Geschwister – Freunde oder Konkurrenten?" virulent sein. Die koranische Geschichte vom „Brudermord" gibt zudem einen Hinweis auf den Umgang mit Vestorbenen (Zudecken mit Erde), während die biblische Geschichte das „Kainsmal" als Zeichen des Schutzes Gottes vorsieht. Der Vergleich von Gen 4,1-16 mit „Der Tisch", Sure 5:27-32 zeigt verschiedene Namen der Brüder und je andere Handlungsmotive sowohl bei den Brüdern als auch bei Gott.

- Die verschiedenen Phasen der Geschichte von Noach und seiner Sippe kommen in Bibel und Koran ähnlich vor und können miteinander vergli-

chen werden. Die biblische Geschichte ist vermutlich noch aus dem Gedächtnis zu rekonstruieren. Bei der Beschreibung und Kommentierung der
Flutkatastrophe in Südasien vom 26. Dezember 2004 wurden häufig Parallelen zur „Sintflutgeschichte" gezogen. Diese verortet allerdings die Ursache der Flut in der Bosheit der Menschen und deutet sie als Strafe Gottes,
was für heute eine Provokation darstellt. – Textarbeit kann die verschiedenen Phasen der Noachgeschichte parallelisieren (wie vorgeschlagen in
Kapitel 5.5), um Gemeinsamkeiten wie Differenzen zu erarbeiten. Unterschiede sind in Bezug auf die Rolle von Noach (Prophet), die Bergbezeich-
nungen (Dschudi-Ararat) und die Friedenstaube bzw. den Regenbogen
festzustellen (7. Jahrgangsstufe).

- Moderne Darstellungen des Turmbaus von Babel (vgl. Seipel, W., Der Turmbau zu Babel. Ursprung und Vielfalt von Sprache und Schrift, Graz 2003)
führen in die Problematik der menschlichen Hybris und der Kooperation
als Zeichen guter Beziehungen zwischen den Menschen und Gott ein. Das
Scheitern des Turmbaus bzw. des Burgbaus kann als Antwort des Glaubens
mit der neuen Kommunikation an Pfingsten in Bezug gesetzt werden. Dagegen setzt der Koran die von vorn herein von Gott gewollte Pluralität unter
Menschen voraus.

6. Abraham, Ismael und Isaak

Dieses Kapitel, mit dem wir nach den „Urgeschichten" nun – unter Vorbehalt[1] – historischen und geographischen Boden betreten, widmet sich Abraham und seinen Söhnen Ismael und Isaak aus biblischer und koranischer Sicht. Abraham (arab. Ibrâhîm) hat als Hörer des Rufes Gottes, als Zeuge unerschütterlichen Vertrauens und als Vater des Glaubens, konstitutive und identitätsstiftende Bedeutung für alle drei so genannten „abrahamitischen Religionen". Zumal aber zu seiner Zeit noch keine dieser Religionen institutionalisiert war, kann er von keiner exklusiv vereinnahmt werden.

Ismael (arab. Isma'îl), sein erstgeborener Sohn, gilt für Muslime als Stammvater der Araber und im heilsgeschichtlichen Sinn auch aller Muslime. Er soll hier auch deshalb gewürdigt werden, weil ihm seit neutestamentlicher Zeit die ebenfalls erhaltene Verheißung, zu einem großen Volk zu werden[2], strittig gemacht und allein Isaak zuerkannt wurde (Hebr 11,17f), der seinerseits als Stammvater des Volks Israel gilt. Methodisch greifen wir zunächst drei Bibel und Koran gemeinsame Traditionen heraus: den Aufbruch Abrahams (Kapitel 6.1), den Besuch bei Mamre (Kapitel 6.2) und die Glaubensprobe Abrahams und seines Sohnes (Kapitel 6.3). Dann werden Ismael und Isaak in jüdisch-christlicher und muslimischer Tradition dargestellt (Kapitel 6.4), die spezifisch koranische Überlieferung des Baus der Kaaba durch Abraham und Ismael (Kapitel 6.5) und schließlich alle drei aus neutestamentlicher Sicht (Kapitel 6.6).

Alle drei monotheistischen Religionen sind von Abrahams Grundhaltung beeindruckt: er war bereit, alle Sicherheiten loszulassen, sich immer wieder auf den Weg zu machen im Vertrauen auf Gottes Verheißung. Das rabbinische Judentum versteht ihn als ersten Juden; der Koran nennt ihn „Muslim", im Sinne von „Gott ergeben" („'Imrâns Leute", Sure 3:67). Aus den Angaben des Buches Genesis meint man erschließen zu können, dass er um das 18. Jahrhundert v. Chr. in Ur gelebt haben mag, im südlichen Mesopotamien (heute Irak). Von dort brach er nach Kanaan auf, um sich in Mamre bei Hebron niederzulassen. Im Koran kommt Abraham in 25 Suren vor. Ihm wird als Propheten auch eine eigene Offenbarungsschrift zugewiesen, die „Blätter des Abraham" („Der Höchste", Sure 87:18; „Der Stern", Sure 53:36f), ohne dass dazu Näheres mitgeteilt wird.[3] Die 14. Sure ist nach ihm benannt. Sie enthält Sendung und Verkündigung des Propheten sowie den Widerstand gegen seine Botschaft.

---

1 Siehe dazu unter 4.2 *„Historische" Texte*.
2 „Aber auch den Sohn der Magd [Hagar]will ich zu einem großen Volk machen, weil auch er dein Nachkomme ist" (Gen 21,13).
3 S. J. Wimmer, Die Blätter des Abraham, in: Blätter Abrahams 1, 2002, 7-9.

6.1 Abrahams Aufbruch

Wie es J.-D. Thyen in seiner Synopse vorschlägt, parallelisieren wir Abrahams Aufbruch nach den beiden verschiedenen Traditionen: Nach der Bibel als Berufung Gottes erfolgt er mit dem Befehl, Land, Vaterhaus und Verwandtschaft aufzugeben, wofür Abraham eine dreifache Verheißung erhält, nämlich Land, Volk und Segen.

Nach dem Koran entdeckte Abraham den Glauben aufgrund von Naturerscheinungen. Er erkannte in den Zeichen der untergehenden Sonne, des Mondes und der Sterne, dass sie Geschöpfe Gottes sind und keine göttliche Verehrung verdienen, die nur Gott allein zukommt (Sure 6:74-84). Doch dieser Glaube an den einen Gott bringt ihn mit seinem Vater in Konflikt. Abraham zerstört die vom Vater angebeteten Götzenbilder, worauf ihm dieser mit der Steinigung und mit Landesverweis droht.

Genesis (12,1-5)	Maria (Sure 19)
12 ¹Der Herr sprach zu Abram: Zieh weg aus deinem Land, von deiner Verwandtschaft und aus deinem Vaterhaus in das Land, das ich dir zeigen werde. ²Ich werde dich zu einem großen Volk machen, dich segnen und deinen Namen groß machen. Ein Segen sollst Du sein. ³Ich will segnen, die dich segnen; wer dich verwünscht, den will ich verfluchen. Durch dich sollen alle Geschlechter der Erde Segen erlangen. ⁴Da zog Abram weg, wie der Herr ihm gesagt hatte, und mit ihm ging auch Lot. Abram war fünfundsiebzig Jahre alt, als er aus Haran fortzog. ⁵Abram nahm seine Frau Sarai mit, seinen Neffen Lot und alle ihre Habe, die sie erworben hatten, und die Knechte und Mägde, die sie in Haran gewonnen hatten. Sie wanderten nach Kanaan aus und kamen dort an.	⁴¹Und gedenke in der Schrift des Abraham! Er war ein Wahrhaftiger und Prophet. ⁴²Als er zu seinem Vater sagte: „Vater, warum dienst du dem, was nicht hört, nicht sieht und dir nichts nützt? ⁴³Vater, an Wissen ist zu mir gekommen, was zu dir nicht gekommen ist. So folge mir, dann führe ich dich ebenen Weg! ⁴⁴Vater, diene nicht dem Satan! Der Satan widersetzt sich dem Allerbarmenden. ⁴⁵Vater, ich fürchte, dass dich Strafe vom Allerbarmenden trifft und du Freund und Beistand des Satans bist." ⁴⁶Er sagte: „Verschmähst du meine Götter, Abraham? Wenn du nicht aufhörst, werde ich dich gewiss steinigen. Halte dich eine Zeit von mir fern!" ⁴⁷Er sagte: „Friede über dich! Ich werde meinem Herrn für dich um Vergebung bitten. Er ist zu mir freundlich. ⁴⁸Ich halte mich aber fern von euch und dem, was ihr außer Gott anruft. Ich rufe zu meinem Herrn. Vielleicht bin ich, wenn ich zu meinem Herrn rufe, nicht trostlos."

Gott hat mit Abraham nach dem ersten Buch Mose einen Bund geschlossen (Gen 15,1-21), dessen Zeichen die Beschneidung ist (Gen 17,1-27). Gemäß Koran verlässt Abraham seine Heimat und seinen Vater in Frieden und bittet Gott für dessen kapitale Sünde um Vergebung. Von nun an muss er den einzigen Gott verkünden und alle Vielgötterei, die mit Satansdienst gleichgesetzt wird, bekämpfen.

6.2   Die drei Gäste von Mamre

Nachdem Abraham von Hagar, der Magd Saras, den Sohn Ismael erhielt, was nach damaligem Recht nichts Außergewöhnliches war, verhieß Gott Abraham einen zweiten Sohn und brachte damit Sara und ihn selbst zum Lachen (Gen 17,18). Gott offenbarte sich Abraham durch die drei Gäste bei den Eichen von Mamre. Dort hatte Abraham ein Zelt aufgeschlagen und Gott einen Altar gebaut. Er bewirtete die Gäste reich und erwies ihnen großzügige Gastfreundschaft. Der Koran erzählt die Geschichte der Gäste von Mamre dreimal: Kürzer als die Bibel, aber im Kern gleich.

Genesis (18,1-19)

18 [1]Der Herr erschien Abraham bei den Eichen von Mamre. Abraham saß zur Zeit der Mittagshitze am Zelteingang. [2]Er blickte auf und sah vor sich drei Männer stehen. Als er sie sah, lief er ihnen vom Zelteingang aus entgegen, warf sich zur Erde nieder [3]und sagte: Mein Herr, wenn ich dein Wohlwollen gefunden habe, geh doch an deinem Knecht nicht vorbei! [4]Man wird etwas Wasser holen; dann könnt ihr euch die Füße waschen und euch unter dem Baum ausruhen. [5]Ich will einen Bissen Brot holen und ihr könnt dann nach einer kleinen Stärkung weitergehen; denn deshalb seid ihr doch bei eurem Knecht vorbeigekommen. Sie erwiderten: Tu, wie du gesagt hast.

[6]Da lief Abraham eiligst ins Zelt zu Sara und rief: Schnell drei Sea feines Mehl! Rühr es an und backe Brotfladen! [7]Er lief weiter zum Vieh, nahm ein zartes, prächtiges Kalb und übergab es dem Jungknecht, der es schnell zubereitete. [8]Dann nahm Abraham Butter, Milch und das Kalb, das er hatte zubereiten lassen, und setzte es ihnen vor. Er wartete ihnen unter dem Baum auf, während sie aßen.

[9]Sie fragten ihn: Wo ist deine Frau Sara? Dort im Zelt, sagte er. [10]Da sprach der Herr: In einem Jahr komme ich wieder zu dir, dann wird deine Frau Sara einen Sohn haben. Sara hörte am Zelteingang hinter seinem Rücken zu. [11]Abraham und Sara waren schon alt; sie waren in die Jahre gekommen. Sara erging es längst nicht mehr, wie es Frauen zu ergehen pflegt. [12]Sara lachte daher still in sich hinein und dachte: Ich bin doch schon alt und verbraucht und soll noch das Glück der Liebe erfahren? Auch ist mein Herr doch

Die Worfelnden (Sure 51)

[24]Ist die Geschichte von den geehrten Gästen Abrahams zu dir gekommen? [25]Als sie bei ihm eintraten und sagten: „Friede!" Er sagte. „Friede, ihr unbekannten Leute." [26]Da ging er zu seinen Leuten, brachte ein fettes Kalb [27]und setzte es ihnen vor. Er sagte: „Wollt ihr nicht essen?" [28]Da fürchtete er sich vor ihnen. Sie sagten: „Fürchte dich nicht!", und verkündeten ihm einen klugen Jungen.

[29]Da kam seine Frau mit Geschrei herbei, schlug sich ins Gesicht und sagte: „Eine unfruchtbare Alte!" [30]Sie sagten: „So sagt dein Herr. Er ist der Weise und Wissende."

Hûd (Sure 11)

[69]Unsere Gesandten kamen zu Abraham mit der frohen Botschaft. Sie sagten: „Friede!" Er sagte. „Friede!" Es dauerte nicht lange, da brachte er ein gebratenes Kalb. [70]Als er dann sah, dass ihre Hände nicht zugriffen, fand er sie befremdlich und fürchtete sich vor ihnen. Sie sagten: „Fürchte dich nicht! Wir sind zu Lots Volk gesandt."

[71]Seine Frau stand dabei. Da lachte sie. Da verkündeten wir ihr Isaak und nach ihm Jakob. [72]Sie sagte: „Weh, soll ich gebären, wo ich doch eine alte Frau bin und der, mein Mann, ein Greis? Das ist eine wunderliche Sache". [73]Sie sagten: „Wunderst du dich über Gottes Verfügung? Gottes Barmherzigkeit und seine Segnungen über euch, ihr Leute des Hauses! Er ist lobenswürdig und rühmenswert".

Al-Hidschr (Sure 15)

[51]Tu ihnen kund von Abrahams Gästen! [52]Als sie bei ihm eintraten und sagten: „Friede!" Er

schon ein alter Mann! [13]Da sprach der Herr zu Abraham: Warum lacht Sara und sagt: Soll ich wirklich noch Kinder bekommen, obwohl ich so alt bin? [14]Ist beim Herrn etwas unmöglich? Nächstes Jahr um diese Zeit werde ich wieder zu dir kommen; dann wird Sara einen Sohn haben. [15]Sara leugnete: Ich habe nicht gelacht. Sie hatte nämlich Angst. Er aber sagte: Doch, du hast gelacht.

[16]Die Männer erhoben sich von ihrem Platz und schauten gegen Sodom. Abraham wollte mitgehen, um sie zu verabschieden. [17]Da sagte sich der Herr: Soll ich Abraham verheimlichen, was ich vorhabe? [18]Abraham soll doch zu einem großen, mächtigen Volk werden, durch ihn sollen alle Völker der Erde Segen erlangen. [19]Denn ich habe ihn dazu auserwählt, dass er seinen Söhnen und seinem Haus nach ihm aufträgt, den Weg des Herrn einzuhalten und zu tun, was gut und recht ist, damit der Herr seine Zusagen an Abraham erfüllen kann.

sagte: „Wir fürchten uns vor euch." [53]Sie sagten: „Fürchte dich nicht! Wir verkünden dir einen klugen Jungen." [54]Er sagte: „Ihr verkündet es mir, obwohl mich das Alter erfasst hat? Was verkündet ihr da?" [55]Sie sagten: „Wir verkünden dir wahrheitsgemäß. So gehöre nicht zu den Verzagten!" [56]Er sagte: „Wer verzagt gegenüber der Barmherzigkeit seines Herrn außer denen, die irregehen?"

Gemeinsam ist den verschiedenen Geschichten über die drei Gäste von Mamre, dass der Sohn (Isaak) angekündigt wird, und zwar trotz des hohen Alters von Sara und Abraham. Im Zentrum steht die Allmacht Gottes. Denn bei Gott ist kein Ding unmöglich. Seine Barmherzigkeit und sein Segen sind groß. Der biblische Text betont die Gastfreundschaft Abrahams und Saras, während der Koran unterstreicht, dass die Gäste eine Botschaft des Friedens bringen. Sie sind von Gott gesandt. Ihre Anzahl (drei) verklausuliert der Koran vielleicht dadurch, dass er sie zwar nicht ausdrücklich angibt, dafür aber die Geschichte dreimal erwähnt. Aus der Perspektive christlicher Rezeption ist diese Zahl insofern von Bedeutung, als die drei Gäste als Vorherbild der Dreifaltigkeit verstanden wurden, obwohl damit die Trinitätslehre in Richtung „Dreigötterlehre" missinterpretiert werden könnte (siehe dazu Kapitel 11.2)[4]. Bekanntestes Beispiel aus der Kunst ist die Ikone von Andrej Rubljow: Drei Engel in Menschengestalt sitzen an einem Altartisch.[5]

---

4   Ch. Dohmen, Was bleibt, wenn Gott in Dreien sichtbar werden soll? Überlegungen zur Visualisierung von Gottesvorstellungen, in: M. Bahr/U. Kropač/M. Schambeck (Hg.), Subjektwerdung und religiöses Lernen. Für eine Religionspädagogik, die den Menschen ernst nimmt, München 2005, 264-273.

5   Dazu: L. Müller, Die Dreifaltigkeitsikone des Andrej Rubljow, München 1990.

6.3 Abrahams Glaubensprüfung durch das Opfer des Sohnes

Das „Opfer Abrahams", bzw. die „Bindung Isaaks", die zahlreiche Darstellungen in islamischer und christlicher Kunst erfahren hat, stellt den dramatischen Höhepunkt im Leben Abrahams und wohl auch seines Sohnes dar. Der Psychotherapeut Tilmann Moser hat es zum Anlass genommen, um gegen ein vermeintlich grausames Gottesbild zu Felde zu ziehen. Er sah einen unmenschlichen, lebensfeindlichen Gott am Werk, mit dessen Hilfe die Kirche ihre Interessen wahrnehmen würde.[6] Schauen wir zunächst auf die Texte:

Genesis (22,1-18)

22 [1]Nach diesen Ereignissen stellte Gott Abraham auf die Probe. Er sprach zu ihm: Abraham! Er antwortete: Hier bin ich. [2]Gott sprach: Nimm deinen Sohn, deinen einzigen, den du liebst, Isaak, geh in das Land Morija und bring ihn dort auf einem der Berge, den ich dir nenne, als Brandopfer dar.
[3]Frühmorgens stand Abraham auf, sattelte seinen Esel, holte seine beiden Jungknechte und seinen Sohn Isaak, spaltete Holz zum Opfer und machte sich auf den Weg zu dem Ort, den ihm Gott genannt hatte. [4]Als Abraham am dritten Tag aufblickte, sah er den Ort von weitem. [5]Da sagte Abraham zu seinen Jungknechten: Bleibt mit dem Esel hier! Ich will mit dem Knaben hingehen und anbeten; dann kommen wir zu euch zurück.
[6]Abraham nahm das Holz für das Brandopfer und lud es seinem Sohn Isaak auf. Er selbst nahm das Feuer und das Messer in die Hand. So gingen beide miteinander. [7]Nach einer Weile sagte Isaak zu seinem Vater Abraham: Vater! Er antwortete: Ja, mein Sohn! Dann sagte Isaak: Hier ist Feuer und Holz. Wo aber ist das Lamm für das Brandopfer? [8]Abraham entgegnete: Gott wird sich das Opferlamm aussuchen, mein Sohn. Und beide gingen miteinander weiter.
[9]Als sie an den Ort kamen, den ihm Gott genannt hatte, baute Abraham den Altar, schichtete das Holz auf, fesselte seinen Sohn

Die in Reihen stehen (Sure 37)

[99]Er sagte: „Ich gehe zu meinem Herrn, er wird mich führen." [100]„Herr, schenk mir einen der Rechtschaffenen!" [101]Da verkündeten wir ihm einen gütigen Jungen.
[102]Als der dann erwachsen war, dass er sich mit ihm mühen konnte, sagte er: „Lieber Sohn, ich sah im Schlaf, dass ich dich schlachte. So schau, was meinst du?" Er sagte: „Vater, tu, was du geheißen bist! Du wirst, wenn Gott will, finden, dass ich zu den Standhaften gehöre".
[103]Als dann beide gottergeben waren und er ihn mit der Stirn auf den Boden legte, [104]riefen wir ihm zu: „Abraham, [105]du hast die Vision bestätigt". So vergelten wir denen, die das Gute tun. [106]Das ist die deutliche Prüfung!"
[107]Wir lösten ihn mit einem mächtigen Schlachtopfer aus [108]und hinterließen bei den Späteren über ihn: [109]„Friede über Abraham!"
[110]So vergelten wir denen, die das Gute tun. [111]Er gehört zu unseren gläubigen Dienern.
[112]Wir verkündeten ihm Isaak als einen Propheten, einen der Rechtschaffenen. [113]Wir segneten ihn und Isaak. Unter ihren Nachkommen ist mancher, der das Gute und mancher, der deutlich sich selbst Unrecht tut.

---

6   T. Moser, Gottesvergiftung, Frankfurt/M. 1976. Dazu: W. Böhme (Hg.), Ist Gott grausam? Eine Stellungnahme zu Tilmann Mosers „Gottesvergiftung", Stuttgart 1977. In diesem Sammelband stehen Antworten zu Mosers Frage aus psychologischer Sicht (A. Görres), aus pädagogischer Sicht (B. Maurer), aus religionspädagogischer Sicht (H.-J. Fraas), dazu Überlegungen über das richtige Verständnis von der Opferung Isaaks (O.H. Steck) und über den Sühnetod Jesu (G. Bornkamm).

Isaak und legte ihn auf den Altar, oben auf das Holz. [10]Schon streckte Abraham seine Hand aus und nahm das Messer, um seinen Sohn zu schlachten. [11]Da rief ihm der Engel des Herrn vom Himmel her zu: Abraham, Abraham! Er antwortete: Hier bin ich. [12]Jener sprach: Streck deine Hand nicht gegen den Knaben aus und tu ihm nichts zuleide! Denn jetzt weiß ich, dass du Gott fürchtest; du hast mir deinen einzigen Sohn nicht vorenthalten. [13]Als Abraham aufschaute, sah er: Ein Widder hatte sich hinter ihm mit seinen Hörnern im Gestrüpp verfangen. Abraham ging hin, nahm den Widder und brachte ihn statt seines Sohnes als Brandopfer dar. [14]Abraham nannte jenen Ort Jahwe-Jire (Der Herr sieht), wie man noch heute sagt: Auf dem Berg lässt sich der Herr sehen.

[15]Der Engel des Herrn rief Abraham zum zweiten Mal vom Himmel her zu [16]und sprach: Ich habe bei mir geschworen – Spruch des Herrn: Weil du das getan hast und deinen einzigen Sohn mir nicht vorenthalten hast, [17]will ich dir Segen schenken in Fülle und deine Nachkommen zahlreich machen wie die Sterne am Himmel und den Sand am Meeresstrand. Deine Nachkommen sollen das Tor ihrer Feinde einnehmen. [18]Segnen sollen sich mit deinen Nachkommen alle Völker der Erde, weil du auf meine Stimme gehört hast.

Merkmale der Texte über das Opfer Abrahams bzw. die Bindung Isaaks

Sowohl die biblische als auch die koranische Fassung akzentuieren nicht den Opfergedanken, sondern betonen den *Prüfungs- und Bewährungscharakter* des Geschehens. Es geht darum, ob Abraham seinen Glauben in einer Extremsituation bewahrt und Gott die Treue hält oder nicht. Er besteht die härteste aller vorstellbaren Prüfungen. Nachdem er bereits seine Vergangenheit durch den Aufbruch aus seiner Heimat aufgegeben hat, übereignet er nun ebenso vorbehaltlos auch das, was ihm als seine Zukunft verheißen war, der Unerforschlichkeit Gottes. Dieser Gott Abrahams will natürlich gerade *kein* Menschenopfer, denn durch den Engel wird es ja verhindert. Deshalb kann er auch nicht als „Feind des Lebens" bezeichnet werden. Im Gegenteil: die Episode stellt klar, dass Gott niemals wieder menschliches Blut in seinem Namen vergossen sehen möchte.

Auch Abrahams Sohn kann den Glaubensgehorsam seines Vaters und damit die von Gott erlassene Verfügung seines Willens akzeptieren. Der Koran gießt nach bestandener Prüfung „Frieden über Abraham,„ aus, und in der Bibel erneuert Gott seinen Bund mit ihm. Er verheißt ihm Segen in Fülle und zahlreiche Nachkommenschaft.

Der Erinnerung an diese Begebenheit ist das größte Fest im islamischen Jahresablauf, das Opferfest (arab. *'îd al-ad'ha*, türk. *kurban bayram*), gewidmet. Es findet während der Wallfahrtszeit nach Mekka – dem Ort des erinnerten Geschehens – statt und ist noch heute mit der rituellen Schlachtung von Opfertieren verbunden. Dabei sind sich die Gläubigen bewusst: *„Weder ihr Fleisch noch ihr Blut wird Gott erreichen, aber eure Frömmigkeit."* („Die Wallfahrt", Sure 22:37).[7]

6.4   Ismael, Stammvater der Araber, und Isaak

Kaum eine Gestalt des Alten Testaments hat so kontroverse Beurteilungen erfahren, wie Abrahams erstgeborener Sohn Ismael. Schon in den Paulusbriefen des Neuen Testaments als „Kind der Sklavin" (Gal 4,31) gebrandmarkt, wird er in der früheren christlichen Rezeption zu einem theologischen Abgrenzungssymbol bis hin zum paradigmatischen Feindbild für die in Mittelalter und Neuzeit empfundene militärische Bedrohung durch den Islam. Heutige Theologen (z.B. Th. Naumann) stellen mit Recht fest, dass das Alte Testament solchen Zerrbildern keine Grundlage bietet, sondern sogar den Boden für respektvolle Annäherungen an den Islam bereitet. Der Koran erwähnt sowohl Ismael (arab. Isma'îl) als auch Isaak (arab. Ishâq[8]) in zahlreichen, doch inhaltlich unzusammenhängenden Stellen als Propheten und vorbildhafte Muslime. Außerkoranische islamische Überlieferungen knüpfen eng an die biblischen Erzählungen an und weisen gleichzeitig, auch geographisch, weit über sie hinaus. Als Stammvater arabischer Stämme und schließlich des letzten der Propheten, Muhammad, wird Ismael hier zur herausragenden Figur der Heilsgeschichte.

Zusammenfassende Nacherzählung aus Koran und muslimischer Tradition:

In Kanaan wurde erst Ismael, dann Isaak geboren; sie wuchsen gemeinsam auf und waren beide von ihrem Vater gleichermaßen geliebt. Nur führte der unterschiedliche Status ihrer Mütter in der Familie Abrahams zu dauerndem Streit, denn Sara war Abrahams Hauptfrau und Hagar ihre Sklavin. Dies veranlasste Abraham, Hagar und Ismael um des

---

7   Vgl. S. Leimgruber, Das islamische Opferfest Id al-Adha, in: H. Brosseder (Hg.), Christentum, Judentum, Islam. Feiertage und religiöse Tradition. Predigten mit Hintergrund, Donauwörth 2004, 116-118.

8   mit einem anderen s-Laut als im Hebräischen; dadurch wird aus der Wortwurzel für „lachen" (hebr. Jizcháq: „er lacht", Gen 17,17ff; 18,12-15) die für „entfernt sein".

Friedens willen an einen anderen Ort zu bringen. So machten sie sich zu dritt in Richtung der südlichen Wüste auf den Weg und kamen in das Tal von Mekka. Hier baute er Hagar eine Hütte aus Zweigen, in der sie mit Ismael wohnen konnte, und machte sich wieder auf den Heimweg. Als Wasser und Proviant zu Ende gegangen waren, begab sich Hagar auf die Suche nach Wasser oder einer Karawane, die Lebensmittel bei sich führte. Aber sie fand nichts. Siebenmal rannte sie in ihrer Not, ohne inne zu halten, zwischen den Anhöhen as-Safa und al-Marwa hin und her, bis sie verzweifelt zu ihrem erschöpften Kind zurückkehrte. Da scharrte Ismael mit seinem Fuß den Boden auf und Wasser sprudelte daraus hervor. So ward der berühmte Brunnen „Samsam" gefunden, und die beiden konnten ihren Durst löschen. Der Brunnen verlieh dem Tal Fruchtbarkeit, die es zum Handelsplatz vieler Karawanen machte.

Hier gründeten Abraham und Ismael das Heiligtum der Kaaba. Unmittelbar an der Kaaba wurden Ismael und Hagar später begraben. Ismael aber wurde zum Stammvater eines großen Teils der arabischen Stämme, aus denen später der Prophet Muhammad hervorgehen sollte, während die meisten anderen großen Propheten des Koran der über Isaak laufenden Nachkommenslinie Abrahams entstammen.[9]

Isaak heiratet seine Verwandte Rebekka (Gen 24) und wird Vater von Zwillingen: Esau und Jakob, der dann unter dem Namen „Israel" zum Vater der Zwölf Stämme und somit des ganzen, nach ihm benannten Volkes wird. Dennoch steht auch Ismael, nicht anders als sein jüngerer Halbbruder Isaak, in den biblischen Segensverheißungen des Abrahamsbundes. Seine ägyptische Mutter Hagar, die stellvertretend für Sara Abraham seinen ersten Sohn schenkt, macht vor seiner Geburt eine „Exoduserfahrung": Sie flieht aus der Bedrängnis ihrer Sklavenrolle in die Wüste und erfährt dort eine verheißungsvolle Gottesbegegnung. Nach Gottes Zuwendung an Abraham erfolgt dann auch seine Zuwendung an Sara, die ihrerseits Isaak zur Welt bringt. Abraham wird dann nacheinander mit der Forderung nach Preisgabe seiner Söhne konfrontiert: Ismael soll er mit seiner Mutter zusammen, „in die Wüste schicken" – so die Darstellung der Bibel (Gen 21,9-21); Isaak soll er gar mit eigener Hand töten.

Die Erzählung von der Opferung (oder besser: Bindung) Isaaks spielt im Koran eine zentrale Rolle, allerdings lässt der Koran die Frage, um welchen Abrahamssohn es sich dabei gehandelt hat, offen. Während sich in der historischen Koranauslegung durchaus beide Meinungen finden, wird heute – offenbar im Zuge moderner und eher politisch bedingter muslimischer Abgrenzungsströmungen vom Judentum – meist dezidiert die Überzeugung vertreten, dass es Ismael war, dem die Rolle in der Episode zusteht. Dabei übersieht man freilich, dass der Koran die Frage nach der Identität doch wohl bewusst unbeantwortet lässt, um konkurrierendes Abstammungsden-

---

9   Vgl. Th. Naumann, Die biblische Verheißung für Ismael als Grundlage für eine christliche Anerkennung des Islam?, in: A. Renz/S. Leimgruber, Lernprozess Christen Muslime, Münster 2002, 152-170.

ken aus der Wirkungsgeschichte der Erzählung auszuklammern und allein das Verhalten Abrahams seinem Gott gegenüber in den Mittelpunkt zu stellen.

6.5 Der Bau der Kaaba durch Abraham und Ismael

Das Ende Abrahams wird in Bibel und Koran unterschiedlich dargestellt. In der islamischen Tradition wird die Hagar-Ismael-Erzählung in eine aus biblischer Sicht überraschende, aus koranischer freilich durchaus konsequenten Richtung weitergeführt: Sie finden ihre neue Heimat dort, wo Mekka entsteht und Abraham mit Ismael zusammen das Heiligtum der Kaaba stiftet und die Urform der Wallfahrt (der so genannten Hadsch) begründet. Die Bibel sieht ein stattliches Begräbnis des 175-jährigen Abraham und der Sara durch die Söhne Ismael und Isaak vor. Damit zeigt sie, dass die beiden Söhne nicht völlig getrennte Wege gingen und dem Vater die letzte Ehre gemeinsam erwiesen.

Genesis (25,711; 17,20-22)
25 [7]Das ist die Zahl der Lebensjahre Abrahams: Hundertfünfundsiebzig Jahre wurde er alt, [8]dann verschied er. Er starb in hohem Alter, betagt und lebenssatt, und wurde mit seinen Vorfahren vereint.
[9]Seine Söhne Isaak und Ismael begruben ihn in der Höhle von Machpela bei Mamre, auf dem Grundstück des Hetiters Efron, des Sohnes Zohars, [10]auf dem Grundstück, das Abraham von den Hetitern gekauft hatte. Dort sind Abraham und seine Frau Sara begraben.
[11]Nach dem Tod Abrahams segnete Gott seinen Sohn Isaak und Isaak ließ sich beim Brunnen Lahai-Roï nieder.

17 [20]Auch was Ismael angeht, erhöre ich dich. Ja, ich segne ihn, ich lasse ihn fruchtbar und sehr zahlreich werden.
Zwölf Fürsten wird er zeugen und ich mache ihn zu einem großen Volk.
[21]Meinen Bund aber schließe ich mit Isaak, den dir Sara im nächsten Jahr um diese Zeit gebären wird.
[22]Als Gott das Gespräch beendet hatte, verließ er Abraham und fuhr zur Höhe auf.

Die Kuh (Sure 2)
[124]Als sein Herr Abraham durch Worte prüfte. Da erfüllte er sie. Er sagte: „Ich mache dich zu einer Wegleitung für die Menschen." Er sagte: „Auch manche unter meinen Nachkommen!" Er sagte: „Meine Verpflichtung erstreckt sich nicht auf die, die Unrecht tun."
[125]Und als wir das Haus den Menschen zur Zuflucht und Sicherheit schufen – „Nehmt euch Abrahams Stätte als Gebetsort!" und wir Abraham und Ismael verpflichteten: „Reinigt mein Haus für die, die den Umlauf durchführen, in anhänglicher Verehrung sich verneigen und niederwerfen!"
[126]Und als Abraham sagte: „Herr, mach dies zu einem sicheren Ort und versorge seine Leute mit Früchten, die unter ihnen, die an Gott und den Jüngsten Tag glauben!" Er sagte: „Wer ungläubig ist, dem gewähre ich ein wenig Nutznießung. Dann zwinge ich ihn in die Feuerstrafe." Welch schlechtes Ende!
[127]Als Abraham vom Haus die Fundamente hochzog und Ismael. „Herr nimm von uns an! Du bist der Hörende und Wissende. [128]Herr, mach uns dir ergeben und aus unseren Nachkommen eine dir ergebene Gemeinschaft! Zeige uns unsere Riten und kehre dich uns wieder zu! Du bist der sich immer wieder Zukehrende und Barmherzige.
[129]Herr, berufe bei ihnen einen Gesandten aus ihnen, der ihnen deine Zeichen vorträgt, sie

die Schrift und die Weisheit lehrt und sie läutert! Du bist der Mächtige und Weise."
[130]Wer verschmäht Abrahams Religionsgemeinschaft außer dem, der sich selbst zum Toren macht? Wir erwählten ihn im Diesseits, und im Jenseitig-Letzten gehört er zu den Rechtschaffenen.
[131]Als sein Herr ihm sagte: „Sei ergeben!" Er sagte: „Ich bin dem Herrn aller Welt ergeben."
[132]Und Abraham trug es seinen Söhnen auf, auch Jakob tat dies: „Meine Söhne, Gott hat euch die Religion erwählt. So sterbt doch nur gottergeben!" [133]Oder wart ihr Zeugen, als der Tod Jakob nahte? Als er zu seinen Söhnen sagte: „Wem dient ihr nach mir?" Sie sagten: „Deinem Gott dienen wir, dem Gott deiner Väter Abraham, Ismael und Isaak als einzigem Gott. Wir sind ihm ergeben."
[134]Das ist eine vergangene Gemeinschaft. Sie bekommt, was sie begangen hat, und ihr bekommt, was ihr begangen habt. Ihr werdet nicht nach dem befragt, was sie stets getan haben. [135]Sie sagen: „Seid Juden oder Christen, dann werdet ihr geführt!" Sag: „Aber nein, Abrahams Religionsgemeinschaft! Ein aus innerstem Wesen Glaubender! Er gehörte nicht zu denen die (Gott) Partner beigeben."
[136]Sagt: „Wir glauben an Gott, an das, was zu uns, zu Abraham, Ismael, Isaak, Jakob und den Stämmen herabgesandt, was Mose und Jesus gegeben wurde, was den Propheten gegeben wurde von ihrem Herrn. Wir machen bei keinem von ihnen einen Unterschied. Wir sind ihm (Gott) ergeben."

Abraham hat nach der koranischen Version den einen Zweig seiner Familie nicht verstoßen, sondern um des Friedens willen räumlich verlegt, wie dies bis heute in polygamen islamischen Gesellschaften als ganz normal erachtet würde. Auch die biblische Version weist darauf hin, dass der Kontakt zwischen Isaak und Ismael nicht abgebrochen wurde (gemeinsam begraben sie ihren Vater schließlich in Hebron). Es kann also zwar von Spannungen zwischen den Müttern, keineswegs aber von einem archetypischen Bruderkonflikt die Rede sein. Gottes Verheißung, Bund und Treue stehen vielmehr unkündbar auch den Nachfahren Ismaels zu, als die sich die Gemeinschaft aller Muslime von den arabischen Völkern über die Abstammungslinie bis zu Muhammad begreift.

6.6   Neutestamentlicher Ausblick

Das Neue Testament bezieht sich häufig auf Abraham. Er wird sogar von den alttestamentlichen Gestalten am häufigsten zitiert. Wesentliches Kennzeichen Abrahams im Neuen Testament ist sein tief gläubiges Vertrauen auf Gott und dessen Fürsorge auf dem Weg. Für die Christen ist dieses Glaubensvertrauen wesentliches Kennzeichen ihres Selbstverständnisses. Eine bloß äußerliche Verwandtschaft genügt keineswegs. Im Gedankensystem des Apostels Paulus nimmt Abraham die Rechtfertigung aus Gnade an. Nicht die Erfüllung des mosaischen Gesetzes genügt, sondern für echten Glauben ist eine von Herzen freie Überzeugung nötig. Der nachpaulinische Hebräerbrief brachte diese Einstellung auf den Punkt:

Glaube aber ist: Feststehen in dem, was man erhofft, Überzeugtsein von Dingen, die man nicht sieht. Aufgrund dieses Glaubens haben die Alten ein ruhmvolles Zeugnis erhalten. Aufgrund des Glaubens erkennen wir, dass die Welt durch Gottes Wort erschaffen worden und so aus Unsichtbarem das Sichtbare entstanden ist. (...) Aufgrund des Glaubens gehorchte Abraham dem Ruf, wegzuziehen in ein Land, das er zum Erbe erhalten sollte; und er zog weg, ohne zu wissen, wohin er kommen würde. Aufgrund dieses Glaubens hielt er sich als Fremder im verheißenen Land wie in einem fremden Land auf und wohnte mit Isaak und Jakob, den Miterben derselben Verheißung in Zelten; denn er erwartete die Stadt mit den festen Grundmauern, die Gott selbst geplant und gebaut hat. Aufgrund des Glaubens empfing selbst Sara die Kraft, trotz ihres Alters noch Mutter zu werden; denn sie hielt den für treu, der die Verheißung gegeben hatte. So stammen denn auch von einem einzigen Menschen, dessen Kraft bereits erstorben war, viele ab: zahlreich wie die Sterne am Himmel und der Sand am Meeresstrand, den man nicht zählen kann. (Hebr 11,1-11)

So wird im Neuen Testament öfter auf Abraham und hier auch auf Sara als Leitbilder lebendigen Glaubens Bezug genommen. Isaak gilt ebenfalls als „unser Vater" (Röm 9,10), als „Kind der Verheißung" (Röm 9,7-9) und sogar als „Glaubensheld" (Hebr 11,20), während Ismael lediglich als „Kind der Sklavin" (Gal 4,31) vorkommt.

Zum Schluss dieses Kapitels beschäftigen wir uns mit der Geschichte vom reichen Prasser und vom armen Lazarus, in der Mose und Abraham vorkommen, zudem der „Schoß Abrahams".

Es war einmal ein reicher Mann, der sich in Purpur und feines Leinen kleidete und Tag für Tag herrlich und in Freuden lebte. Vor der Tür des Reichen aber lag ein armer Mann namens Lazarus, dessen Leib voller Geschwüre war. Er hätte gern seinen Hunger mit dem gestillt, was vom Tisch des Reichen herunterfiel. Stattdessen kamen die Hunde und leckten an seinen Geschwüren. Als nun der Arme starb, wurde er von den Engeln in Abrahams Schoß getragen. Auch der Reiche starb und wurde begraben. In der Unterwelt, wo er qualvolle Schmerzen litt, blickte er auf und sah von weitem Abraham, und Lazarus in seinem Schoß. Da rief er: Vater Abraham, hab Erbarmen mit mir und schick Lazarus zu mir; er soll wenigstens die Spitze seines Fingers ins Wasser tauchen und mir die Zunge kühlen, denn ich leide große Qual in diesem Feuer. Abraham erwiderte: Mein Kind, denk daran, dass du schon zu Lebzeiten deinen Anteil am Guten erhalten hast, Lazarus aber nur Schlechtes. Jetzt wird er dafür getröstet, du aber musst leiden. Außerdem ist zwischen uns und euch ein tiefer, unüberwindlicher Abgrund, sodass niemand von hier zu euch oder von dort zu uns kommen kann, selbst wenn er wollte. Da sagte der Reiche: Dann bitte ich dich, Vater, schick ihn in das Haus meines Vaters! Denn ich habe noch fünf Brüder. Er soll sie warnen, damit nicht auch sie an diesen Ort der Qual kommen. Abraham aber sagte: Sie haben Mose und die Propheten, auf die sollen sie hören. Er erwiderte: Nein, Vater Abraham, nur wenn einer von den Toten zu ihnen kommt, werden sie umkehren. Darauf sagte Abraham: Wenn sie auf Mose und die Propheten nicht hören, werden sie sich auch nicht überzeugen lassen, wenn einer von den Toten aufersteht. (Lk 16,19-31)

Das bekannte Gleichnis vom reichen Prasser und vom armen Lazarus ist eine Lehrerzählung und bringt Jesu Kritik an selbstgefälligem Luxus zum Ausdruck. Während der Reiche in Saus und Braus lebt und die Not des Lazarus gar nicht zur Kenntnis nimmt, erfährt dieser nur Widrigkeiten. Doch am Ende erhält Lazarus, übersetzt „Gott hat geholfen", seinen Lohn in der Teilhabe an der Mahlgemeinschaft Abrahams. Der Evangelist Lukas setzt der Gefahr des Reichtums das Hören auf Gottes Wort durch die Propheten und Mose, dem Geber des lebensspendenden Gesetzes, gegenüber. Wer ihnen nicht zuhört, wird auch die Botschaft eines Auferstandenen – gemeint ist wohl Christus – nicht hören und in der Unterwelt qualvoll zugrunde gehen. Wer aber auf Gottes Wort hört, darf mit Lazarus in den „Schoß Abrahams" eingehen, d.h. in die innigste Gemeinschaft mit ihm.

6.7   Zusammenfassung

- Abraham ist in Bibel und Koran Leitbild des Gottvertrauens. Durch das Hören auf Gottes Wort, seine Freiheit, seinen Willen Gott zu überantworten und durch seine Bereitschaft, das Teuerste, seinen Sohn, hinzugeben, hat er der großen Herausforderung des Glaubens standgehalten und ist zum Bindeglied zwischen den drei monotheistischen Religionen Judentum, Christentum und Islam geworden.
- In seiner hoffenden Grundeinstellung hat er nicht nur Gott in allen Lebenssituationen die Treue gewahrt, sondern auch den Menschen durch seine Gastfreundschaft konkrete Liebe erwiesen. In den Heiligen Schriften aller drei abrahamitischen Religionen wird er als „Freund Gottes" bezeichnet: Jes 41,8; Jak 2,23 und „Die Frauen", Sure 4:125.
- Der Koran sieht Abraham als das Urbild der bedingungslosen Hingabe an den Willen des einzigen Gottes. So wird Abraham zum Vorbild aller Muslime, sowie über Ismael zum Stammvater Muhammads. Zusammen mit seinem erstgeborenen Sohn begründete er Kaaba, Pilgerfahrt und Opferfest.
- Nach jüdisch-christlicher Auffassung kommt Gottes Erwählung, Liebe und Treue zum Volk Israel in den *Verheißungen* für Abraham, Isaak und Jakob zum Ausdruck, aber auch im *Bund*, den er mit dem Stammvater Abraham und durch Mose geschlossen und nicht mehr zurückgenommen hat.

- Gottes *Segen* ist aber nicht nur Abraham und Isaak zugesagt, sondern ausdrücklich auch Ismael, den Gott „zu einem großen Volk machen will" (Gen 21,13). Muslime berufen sich also auch aus biblischer Sicht zurecht auf Gottes Segenszusage. Zu Unrecht wurde Ismael Gottes Segen abgesprochen.

- Das Neue Testament deutet Abraham als Urbild des Glaubens, der Gottes Wort gehört und angenommen hat. Deshalb ist er bereits zum „Mahl der Seligen" (Mt 8,11) eingegangen. In seine Gemeinschaft, „in seinen Schoß", sind alle berufen, die Gottes Wort hören und verwirklichen.

6.8   Didaktische Impulse

- Das Thema „Gottes Weg mit Abraham" ist in der 5. Jahrgangsstufe vorgesehen. In einer späteren Lernphase kann das Thema im Zusammenhang mit den „abrahamitischen Religionen" erneut aufgegriffen und in neuen Kontexten behandelt werden.

- Ein vorrangiges Anliegen wäre dabei, das „Opfer Abrahams" bzw. die „Bindung Isaaks" überzeugend zu interpretieren und zu deuten. Als Einstieg in die Problematik eignet sich z.B. die Darstellung von Rembrandt, die häufig in Religionsbüchern anzutreffen ist (vgl. Kapitel 6.9). Was besagt die „Opferung" des geliebten Sohnes? Geht es um ein Menschenopfer des grausamen, lebensfeindlichen Gottes, der im Neuen Testament noch das Opfer Jesu fordert? Oder steht bei Abraham und Isaak die Prüfung und Bewährung des Glaubens an den einen Gott im Vordergrund? – Auskunft auf diese Frage geben die entsprechenden Texte in Gen 22,1-18 und in „Die in Reihen stehen", Sure 37:99-113.

- Ein weiterer didaktischer Impuls für interreligiöses Lernen zu Abraham, Isaak und Ismael geht vom vagen bis negativen Bild aus, das sich Christen von Ismael machen, während sie für Isaak mehr Sympathie bekunden. Die biblische Segenslinie geht von Abraham über Isaak zu Jakob. Auch im Neuen Testament gilt Isaak als „Kind der Verheißung" (Röm 9,8), während Ismael das „Kind der Sklavin" (Gal 4,31) ist. Für Christinnen und Christen ist deshalb wichtig, auch die positiven Aussagen der Bibel über Ismael zur Kenntnis zu nehmen wie jene Verheißungen Gottes: „Aber auch den Sohn der Magd will ich zu einem großen Volk machen, weil auch er dein Nachkomme ist" (Gen 21,13) oder „Ja ich segne ihn, ich lasse ihn fruchtbar und sehr zahlreich werden" (Gen 17,20). Somit stehen auch Muslime, die sich auf Ismael als ihren Stammvater beziehen, ausdrücklich unter den Segensverheißungen der Bibel.

- Neu für Christen ist die islamische Tradition vom Kaababau durch Abraham und Ismael („Die Kuh", Sure 2:124-136). Bilder und Filme über die Kaaba bringen auch Gespräche über Wallfahren, Pilgerschaft und Opferfest in Gang (sowohl bei Christen wie bei Muslimen).

- Für Fortgeschrittene und Interessierte (12. Jahrgangsstufe; Erwachsene) bietet die Geschichte von der Offenbarung Gottes durch die drei Gäste bei den Eichen von Mamre einen willkommenen Anlass, um über das (dreifaltige) Gottesbild nachzudenken. Dazu wäre die bekannte Ikone von A. Rubljow eine gute, streitbare Veranschaulichung. Die Gottesfrage kann im Hinblick auf alle drei abrahamitischen Religionen angesprochen werden.

FREUNDE ABRAHAMS E.V.

Eine wissenschaftlich fundierte Beschäftigung mit der Religionsgeschichte des Alten Orients kann Wege zu gegenseitigem Verständnis, zu Achtung voreinander für die Nachkommen im Glauben Abrahams aufzeigen. Die Gesellschaft *Freunde Abrahams e.V.* möchte die interreligiöse Verständigung, insbesondere zwischen Judentum, Christentum und Islam, auf wissenschaftlicher Grundlage fördern und die Erkenntnisse akademischer Forschungsarbeit über den universitären Rahmen hinaus einer breiteren Öffentlichkeit vermitteln. Sie veranstaltet Vorträge, Exkursionen und Reisen und gibt die Zeitschrift *Blätter Abrahams. Beiträge zur interreligiösen Diskussion*, sowie ein regelmäßiges Mitteilungsblatt *Abrahams Post* heraus.

Informationen über: www.freunde-abrahams.de
freundeabrahams@lycos.de, Tel. 089-15881260,
Freunde Abrahams e.V.
c/o Prof. Dr. Dr. Manfred Görg
Jenaer Straße 4
80992 München

7.   „Die schönste der Geschichten"[1]: Josef

Zu den bekanntesten Erzählungen des Alten Testaments gehört die lang und ausführlich erzählte Josefsgeschichte. Im Buch Genesis ist sie klar verortet als Bindeglied zwischen den vorausgehenden Patriarchengeschichten, die von Abraham, Isaak und Jakob/Israel erzählen, und den dann folgenden Berichten über das Schicksal des Volkes der Israeliten, die nun in Ägypten ansässig sind, um dann mit Mose wieder in das Land Kanaan einzuziehen. Hier kommt Josef also eine konstituierende Position zu. Sie ist zugleich die Schnittstelle von einer an herausgehobene Individuen geknüpften Gottesbeziehung zu einer, die das ganze Volk einbezieht und in den Vordergrund rückt. Seine heilsgeschichtliche Stellung würdigt auch das Neue Testament in der Rede des Stephanus (Apg 7,9f) und im Hebräerbrief (Hebr 11,22). Die Evangelisten greifen seinen Namen für den Ziehvater Jesu auf; nach Matthäus war dieser ebenfalls Sohn eines Jakob (Mt 1,16). Schon in jüdischer, wie auch in christlicher Tradition, wurde die Erzählung wieder und wieder rezipiert und kommentiert. Auch in weltlicher Literatur wird sie gern verarbeitet, vgl. etwa für den deutschen Sprachraum Thomas Manns Roman *Josef und seine Brüder* (1943).

Im Koran nimmt die Josefsgeschichte einen besonders prominenten Raum ein. Üblicherweise streut der Koran älteres Erzählgut nur mehr oder weniger lose ein; die meisten biblischen Episoden werden in unterschiedlichem Kontext in verschiedenen Suren *erwähnt*, aber eigentlich nicht *erzählt*. Offenbar werden diese Geschichten bereits als bekannt vorausgesetzt und nur benutzt, indem bestimmte Aspekte herausgegriffen werden, um spezifische Aussagen zu beleuchten, zu klären oder auch zu berichtigen. Zwar gilt dies alles auch für die koranische Version der Josefserzählung, die immer wieder abkürzt und in ihrem narrativen Verlauf zuweilen springt, sodass sie ohne erläuternde Zugaben nicht überall verständlich wäre. Und doch wird sie auf zwei Weisen ganz besonders herausgehoben: zum einen, weil sie als einzige Geschichte nicht über mehrere Stellen verteilt, sondern *zusammenhängend erzählt* wird und dabei die ganze 12. Sure („Jûsuf" = „Josef" ; abgesehen von den Einleitungsworten, Verse 1-3, und den Schlussermahnungen, Verse 102-111) *ausfüllt*. Und zum anderen wird sie zu Beginn ausdrücklich als die „beste" oder „schönste" (das arabische Adjektiv qualifiziert beides) Geschichte des Koran bezeichnet:

[1]Dies sind die Zeichen der deutlichen Schrift. [2]Wir haben sie hinabgesandt als arabischen Koran. Vielleicht versteht ihr! [3]Wir erzählen dir die schönste der Geschichten[2], indem wir dir diesen Koran offenbaren. Vorher gehörtest du zu den Achtlosen. („Josef", Sure 12:1-3)

---

1   Zitat aus „Josef", Sure 12:3.
2   Eigene Übersetzung des exakten Wortlauts, in Abweichung von der Übersetzung von Hans Zirker.

Wir behandeln die Josefsgeschichte im Folgenden in Auszügen:

7.1   Josef wird von seinen Brüdern verkauft

Josef (arab. Jûsuf) wird als Kind von seinem Vater bevorzugt und darüber von seinen Brüdern gehasst. Sie kommen überein, ihn zwar nicht zu töten, aber doch loszuwerden: Sie werfen ihn erst in einen Brunnen oder eine Zisterne und verkaufen ihn dann an vorüberziehende Händler.

Genesis (37,3-4,9-10,12,23-27,31-35)
37 ³Israel liebte Josef unter allen seinen Söhnen am meisten, weil er ihm noch in hohem Alter geboren worden war. Er ließ ihm einen Ärmelrock machen. ⁴Als seine Brüder sahen, dass ihr Vater ihn mehr liebte als alle seine Brüder, hassten sie ihn und konnten mit ihm kein gutes Wort mehr reden. (...)
⁹Er hatte noch einen anderen Traum. Er erzählte ihn seinen Brüdern und sagte: Ich träumte noch einmal: Die Sonne, der Mond und elf Sterne verneigten sich tief vor mir. ¹⁰Als er davon seinem Vater und seinen Brüdern erzählte, schalt ihn sein Vater und sagte zu ihm: Was soll das, was du da geträumt hast? Sollen wir vielleicht, ich, deine Mutter und deine Brüder, kommen und uns vor dir zur Erde niederwerfen? (...)
¹²Als seine Brüder fortgezogen waren, um das Vieh ihres Vaters bei Sichem zu weiden, sagte Israel zu Josef: Deine Brüder weiden bei Sichem das Vieh. Geh, ich will dich zu ihnen schicken. Er antwortete: Ich bin bereit.

²³Als Josef bei seinen Brüdern angekommen war, zogen sie ihm sein Gewand aus, den Ärmelrock, den er anhatte, ²⁴packten ihn und warfen ihn in die Zisterne. Die Zisterne war leer; es war kein Wasser darin. ²⁵Als sie dann beim Essen saßen und aufblickten, sahen sie, dass gerade eine Karawane von Ismaelitern aus Gilead kam. Ihre Kamele waren mit Tragakant, Mastix und Ladanum beladen. Sie waren unterwegs nach Ägypten. ²⁶Da schlug Juda seinen Brüdern vor: Was haben wir davon, wenn wir unseren Bruder erschlagen und sein Blut zudecken? ²⁷Kommt, verkaufen wir ihn den Ismaelitern. Wir wollen aber

Josef (Sure 12)
⁴Als Josef seinem Vater sagte: „Vater, ich sah elf Sterne, Sonne und Mond. Ich sah, wie sie sich vor mir niederwarfen". ⁵Er sagte: „Lieber Sohn, erzähle nicht deinen Brüdern deine Vision, sonst gehen sie listig gegen dich vor! Der Satan ist dem Menschen deutlich Feind. ⁶So erwählt dich dein Herr und lehrt dich, die Geschichten zu deuten. Er vollendet seine Gnade an dir und den Leuten Jakobs, wie er sie früher an deinen Vätern Abraham und Isaak vollendete. Dein Herr ist wissend und weise". ⁷In Josef und seinen Brüdern liegen Zeichen für die, die fragen.
⁸Als sie sagten: „Josef und sein Bruder sind unserem Vater lieber als wir, wo wir doch zusammengehören. Unser Vater ist in deutlicher Verirrung. ⁹Tötet Josef oder jagt ihn davon, damit das Gesicht eures Vaters für euch frei werde und ihr danach rechtschaffene Leute seid!" ¹⁰Einer unter ihnen sagte: „Tötet Josef nicht, sondern werft ihn in den Abgrund der Zisterne, damit ihn irgendeine Karawane aufnehme, wenn ihr etwas tun wollt!"

¹⁹Eine Karawane kam. Da sandten sie ihren Wasserträger und der ließ seinen Eimer hinunter. Er sagte: „Was frohe Botschaft! Das ist ein Junge." Und sie versteckten ihn als Ware. Gott weiß, was sie tun. ²⁰Sie verkauften ihn zu schäbigem Preis, für wenige Drachmen. Es lag ihnen nichts an ihm.

nicht Hand an ihn legen, denn er ist doch unser Bruder und unser Verwandter. Seine Brüder waren einverstanden. (...)
[31]Da nahmen sie Josefs Gewand, schlachteten einen Ziegenbock und tauchten das Gewand in das Blut. [32]Dann schickten sie den Ärmelrock zu ihrem Vater und ließen ihm sagen: Das haben wir gefunden. Sieh doch, ob das der Rock deines Sohnes ist oder nicht. [33]Als er ihn angesehen hatte, sagte er: Der Rock meines Sohnes! Ein wildes Tier hat ihn gefressen. Zerrissen, zerrissen ist Josef. [34]Jakob zerriss seine Kleider, legte Trauerkleider an und trauerte um seinen Sohn viele Tage. [35]Alle seine Söhne und Töchter machten sich auf, um ihn zu trösten. Er aber ließ sich nicht trösten und sagte: Ich will dauernd zu meinem Sohn in die Unterwelt hinabsteigen. So beweinte ihn sein Vater.

[16]Am Abend kamen sie weinend zu ihrem Vater. [17]Sie sagten: „Vater, wir gingen, um einen Wettlauf zu machen, und ließen Josef bei unseren Sachen. Da fraß ihn der Wolf. Du glaubst uns aber nicht, selbst wenn wir die Wahrheit sagen". [18]Sie brachten ihn auf sein Hemd falsches Blut. Er sagte: „Aber nein, ihr habt euch selbst eine Sache eingeredet. Doch schön standhaft! Gott wird zur Hilfe gerufen gegen das, was ihr zusammenredet".

Josefs Brüder begehen Unrecht: Der unschuldige Josef wird zum Opfer, gleichzeitig wird der Vater Jakob, dessen Bevorzugung seines Lieblingskindes den Tätern ihr Motiv liefert, von ihnen mit dem Entzug Josefs bestraft. Jakobs Reaktion unterscheidet sich im Koran, wo er sich gegen den Schein der Realität trotzig an Gott festmacht, von Genesis: Hier reagiert er mit grenzenloser Trauer und wünscht sich selbst zu seinem Kind in die Unterwelt, ein Bereich, der in der Bibel nicht oft zur Sprache kommt und möglicherweise mit der ägyptischen Verortung der Josefsgeschichte zu tun hat. Ganz zu Anfang spielen schon Träume, ein zentrales Motiv in der Erzählung, eine Rolle: Sie nehmen vorweg, dass alles Folgende seinen Platz in Gottes Vorsehung hat und dass der Ausgang der Handlung bei ihm schon feststeht, noch bevor die Entwicklungen ihren Lauf nehmen.

7.2   Josef und die Frau des Potifar

Wieder wird Josef unschuldig zum Opfer: Obwohl als Sklave verkauft, trifft ihn zunächst ein glückliches Los, seine Stelle im Haushalt eines Hofbeamten lässt keine Wünsche offen. Sein gutes Aussehen – sowohl biblische wie islamische Tradition schreibt Josef geradezu sprichwörtliche Schönheit zu – führt zu den Nachstellungen der Frau des Hauses mit den bekannten Konsequenzen: Er verweigert sich und wird trotzdem eingekerkert.

Genesis (39,1-16,19-21)

39 ¹Josef hatte man nach Ägypten gebracht. Ein Hofbeamter des Pharao, ein Ägypter namens Potifar, der Oberste der Leibwache, hatte ihn den Ismaelitern abgekauft, die ihn dorthin gebracht hatten. ²Der Herr war mit Josef und so glückte ihm alles. Er blieb im Haus seines ägyptischen Herrn. ³Dieser sah, dass der Herr mit Josef war und dass der Herr alles, was er unternahm, unter seinen Händen gelingen ließ. ⁴So fand Josef sein Wohlwollen und er durfte ihn bedienen. Er bestellte ihn zum Verwalter seines Hauses und vertraute ihm alles an, was er besaß. ⁵Seit er ihm sein Haus und alles, was ihm gehörte, anvertraut hatte, segnete der Herr das Haus des Ägypters um Josefs willen. Der Segen des Herrn ruhte auf allem, was ihm gehörte im Haus und auf dem Feld. ⁶Er ließ seinen ganzen Besitz in Josefs Hand und kümmerte sich, wenn Josef da war, um nichts als nur um sein Essen. Josef war schön von Gestalt und Aussehen.

⁷Nach einiger Zeit warf die Frau seines Herrn ihren Blick auf Josef und sagte: Schlaf mit mir! ⁸Er weigerte sich und entgegnete der Frau seines Herrn: Du siehst doch, mein Herr kümmert sich, wenn ich da bin, um nichts im Haus; alles, was ihm gehört, hat er mir anvertraut. ⁹Er ist in diesem Haus nicht größer als ich und er hat mir nichts vorenthalten als nur dich, denn du bist seine Frau. Wie könnte ich da ein so großes Unrecht begehen und gegen Gott sündigen? ¹⁰Obwohl sie Tag für Tag auf Josef einredete, bei ihr zu schlafen und ihr zu Willen zu sein, hörte er nicht auf sie. ¹¹An einem solchen Tag kam er ins Haus, um seiner Arbeit nachzugehen. Niemand vom Hausgesinde war anwesend. ¹²Da packte sie ihn an seinem Gewande und sagte: Schlaf mit mir! Er ließ sein Gewand in ihrer Hand und lief hinaus. ¹³Als sie sah, dass er sein Gewand in ihrer Hand zurückgelassen hatte und hinausgelaufen war, ¹⁴rief sie nach ihrem Hausgesinde und sagte zu den Leuten: Seht nur! Er hat uns einen Hebräer ins Haus gebracht, der seinen Mutwillen mit uns treibt. Er ist zu mir gekommen und wollte mit mir schlafen; da habe ich laut geschrien. ¹⁵Als er hörte, dass ich laut aufschrie und rief, ließ er sein Gewand bei mir liegen und floh ins Freie. ¹⁶Sein Kleid ließ sie bei sich liegen, bis sein Herr nach Hause kam. (...)

Josef (Sure 12)

²¹Der aus Ägypten, der ihn gekauft hatte, sagte zu seiner Frau: „Nimm ihn ehrenvoll auf! Vielleicht nützt er uns. Oder wir nehmen ihn als Kind an". So verliehen wir Josef Macht im Land. Auch wollten wir ihn lehren, die Geschichten zu deuten. Gott siegt in seiner Sache. Aber die meisten Menschen wissen nicht Bescheid. ²²Als er erwachsen war, gaben wir ihm Weisheit und Wissen. So vergelten wir denen, die das Gute tun.

²³Die, in deren Haus er war, versuchte, ihn zu verführen. Sie verschloss die Türen und sagte: „Komm her!" Er sagte: „Bewahre Gott! Mein Herr hat mich gut aufgenommen. Denen, die Unrecht tun, ergeht es nicht gut". ²⁴Sie begehrte ihn, und auch er hätte sie begehrt, hätte er nicht das Zeichen seines Herrn gesehen. ²⁵Sie eilten beide einander voraus zur Tür. Da zerriss sie ihm von hinten das Hemd. Bei der Tür fanden sie ihren (der Frau) Herrn. (...) ²⁶Er sagte: „Sie hat mich zu verführen versucht." Da bezeugte ein Zeuge von ihren Leuten: „Wenn sein Hemd vorn zerrissen ist, dann hat sie die Wahrheit gesagt und er gehört zu den Lügnern. ²⁷Wenn aber sein Hemd hinten zerrissen ist, dann hat sie gelogen und er gehört zu den Wahrhaftigen." ²⁸Als er dann sah, dass sein Hemd hinten zerrissen war, sagte er: „Das gehört zu eurer Frauenlist. Eure List ist mächtig". (...)

³⁰Da sagten Frauen in der Stadt: „Die Frau des mächtigen Herrn versucht, ihren Knecht zu verführen. Er hat sie liebestoll gemacht. Wir sehen sie in deutlicher Verirrung." ³¹Als sie von ihren Listen hörte, sandte sie zu ihnen und bereitete ihnen ein Gelage. Sie gab jeder von ihnen ein Messer und sagte (zu Josef): „Komm zu ihnen heraus!" Als sie ihn dann sahen, bewunderten sie ihn, schnitten sich in die Hände und sagten: „Gott behüte! Der ist kein Mensch. Der ist nichts anderes als ein edler Engel". ³²Sie sagte: „Das ist der, dessentwegen ihr mich getadelt habt. Ich habe ihn zwar zu verführen versucht, doch er hat widerstanden. Wenn er aber nicht tut, was ich ihm gebiete, wird er gewiss eingesperrt und gehört zu den Unterlegenen."

[19]Als sein Herr hörte, wie ihm seine Frau erzählte: So hat es dein Sklave mit mir getrieben!, packte ihn der Zorn. [20]Er ließ Josef ergreifen und in den Kerker bringen, wo die Gefangenen des Königs in Haft gehalten wurden. Dort blieb er im Gefängnis. [21]Aber der Herr war mit Josef. Er wandte ihm das Wohlwollen und die Gunst des Gefängnisleiters zu.

[35]Nachdem sie die Zeichen gesehen hatten, war ihnen offenbar geworden, dass sie ihn für eine Weile einsperren sollten.

Josef widersteht einer Versuchung. Seine Rechtschaffenheit erweist sich dadurch, dass er in jenem glücklichen Abschnitt seines Lebens sich selbst, seinem wohlwollenden Dienstherrn und somit auch und vor allem seiner Beziehung zu Gott treu bleibt. In der Bibel folgt auf das Fehlverhalten von Potifars Frau unmittelbar weiteres Unrecht: Ihr Mann lässt sich vom Anschein der Situation täuschen und bestraft den unschuldigen Josef. Der Koran scheint sich hier zu bemühen, alle Beteiligten in ein positiveres Licht zu rücken: Der Hausherr kommt durch ein angemessenes Verfahren (Zeugenanhörung) zu einem gerechten Urteil, spricht Josef frei und verdammt die Schuldige. Der Frau werden dann aber gewissermaßen mildernde Umstände zuerkannt: Josefs unwiderstehlicher Attraktivität wäre jede Frau erlegen, es trifft sie also mehr der Vorwurf von Schwäche als von Schuld. Dass Josef schließlich doch eingekerkert wird, ist dann auch nicht mehr die Folge menschlicher Schuld, sondern wird unmittelbar auf Gottes Plan zurückgeführt.

7.3   Josef im Gefängnis

Wie schon einmal im Brunnen, erlebt Josef einen beinahe ausweglosen Tiefpunkt. Doch Gottes Plan geht weiter. Josefs Schicksal wird eng mit dem von zwei scheinbar zufällig auftretenden Protagonisten verknüpft.

Genesis (40,1-23)
40 [1]Einige Zeit später vergingen sich der königliche Mundschenk und der Hofbäcker gegen ihren Herrn, den König von Ägypten. [2]Der Pharao war aufgebracht über seine beiden Hofbeamten, den Obermundschenk und den Oberbäcker. [3]Er gab sie in Haft in das Haus des Obersten der Leibwache, in den Kerker, wo Josef gefangen gehalten wurde. [4]Der Oberste der Leibwache betraute Josef mit ihrer Bedienung. Als sie einige Zeit in Haft waren, [5]hatte jeder von ihnen einen Traum. Der Mundschenk und der Bäcker des

Josef (Sure 12)
[36]Mit ihm kamen zwei Knechte ins Gefängnis. Der eine von ihnen sagte: „Ich sah mich Wein keltern", und der andere: „Ich sah mich auf dem Kopf Brot tragen, von dem die Vögel fraßen. Gib uns davon die Deutung! Wir sehen, du gehörst zu denen, die das Gute tun". [37]Er sagte: „Das Essen, mit dem ihr versorgt werdet, kommt nicht zu euch, ohne dass ich euch davon die Deutung gegeben habe, bevor es zu euch kommt. Das gehört zu dem, was mich mein Herr gelehrt hat.

Königs von Ägypten, die im Kerker gefangen gehalten wurden, hatten in derselben Nacht einen Traum, der für jeden von ihnen eine besondere Bedeutung haben sollte. 6Am Morgen kam Josef zu ihnen und sah ihnen an, dass sie missmutig waren. 7Da fragte er die Hofbeamten des Pharao, die mit ihm im Hause seines Herrn in Gewahrsam gehalten wurden: Warum seht ihr heute so böse drein? 8Sie antworteten ihm: Wir hatten einen Traum, aber es ist keiner da, der ihn auslegen kann. Josef sagte zu ihnen: Ist nicht das Träumedeuten Sache Gottes? Erzählt mir doch!

9Darauf erzählte der Obermundschenk Josef seinen Traum. Er sagte zu ihm: Im Traum sah ich vor mir einen Weinstock. 10Am Weinstock waren drei Ranken und es war mir, als triebe er Knospen. Seine Blüten wuchsen und schon reiften die Beeren an seinen Trauben. 11Ich hatte den Becher des Pharao in meiner Hand. Ich nahm die Beeren, drückte sie in den Becher des Pharao aus und gab dem Pharao den Becher in die Hand. 12Da sprach Josef zu ihm: Das ist die Deutung: Die drei Ranken sind drei Tage. 13Noch drei Tage, dann wird der Pharao dich vorladen und dich wieder in dein Amt einsetzen. Du wirst dem Pharao den Becher reichen, wie es früher deine Aufgabe war, als du noch sein Mundschenk warst. 14Doch denk an mich, wenn es dir gut geht. Tu mir dann einen Gefallen: Erzähl dem Pharao von mir und hol mich aus diesem Haus heraus! 15Denn entführt hat man mich aus dem Land der Hebräer und auch hier habe ich nichts getan, dass man mich hätte ins Gefängnis werfen müssen.

16Als der Oberbäcker merkte, dass Josef eine günstige Deutung gegeben hatte, sagte er zu ihm: Auch ich hatte einen Traum. Ich hatte drei Körbe Feingebäck auf meinem Kopf. 17Im obersten Korb war allerlei Backwerk für die Tafel des Pharao. Aber die Vögel fraßen es aus dem Korb auf meinem Kopf. 18Josef antwortete: Das ist die Deutung: Die drei Körbe sind drei Tage. 19Noch drei Tage, dann wird der Pharao dich vorladen und dich an einem Baum aufhängen; die Vögel werden von dir das Fleisch abfressen.

20Drei Tage darauf hatte der Pharao Geburtstag. Er veranstaltete für alle seine Hofleute ein Gastmahl. Da lud er vor versammeltem Hof

Ich habe die Religionsgemeinschaft eines Volkes verlassen, das nicht an Gott glaubt und nicht an das Jenseitig-Letzte. 38Ich bin der Religionsgemeinschaft meiner Väter Abraham, Isaak und Jakob gefolgt. Es kommt uns nicht zu, dass wir Gott etwas als Partner beigeben! Das gehört zu Gottes Gabenfülle uns und allen Menschen gegenüber. Aber die meisten Menschen danken nicht. 39Ihr beiden Gefängnisgenossen! Sind getrennte Herren besser oder Gott, der Eine und Allbezwingende? 40Ihr dient außer ihm nur Namen, die ihr gebildet habt, ihr und eure Väter, zu denen Gott aber keine Ermächtigung herabgesandt hat. Das Urteil kommt nur Gott zu. Er hat geboten, dass ihr nur ihm dienen sollt. Das ist die rechte Religion. Aber die meisten Menschen wissen nicht Bescheid.

41Ihr beiden Gefängnisgenossen! Der eine von euch schenkt seinem Herrn Wein ein. Der andere aber wird gekreuzigt und die Vögel fressen von seinem Kopf. Die Sache, über die ihr um Bescheid ersucht, ist schon entschieden". 42Zum einen von ihnen, von dem er dachte, dass er freikomme, sagte er: „Gedenke meiner bei deinem Herrn!" Doch der Satan ließ ihn vergessen, seinen Herrn zu erinnern. Da blieb er noch einige Jahre im Gefängnis.

den Obermundschenk und den Oberbäcker
vor. ²¹Den Obermundschenk setzte er wieder
in sein Amt ein; er durfte dem Pharao den Becher reichen. ²²Den Oberbäcker ließ er aufhängen. Alles geschah, wie es Josef ihnen gedeutet hatte. ²³Der Obermundschenk aber
dachte nicht mehr an Josef und vergaß ihn.

Josef wird nach dieser dramatischen Wende in seinem Schicksal erneut be-
günstigt: Sei es wegen seines gewinnenden Wesens, sei es wegen „guter Führung",
wird ihm auch im Gefängnis eine privilegierte Stellung eingeräumt. Und nun ergibt es
sich, dass er seine besondere Gottesgabe, sein Talent Träume zu deuten, zum Einsatz
bringen kann.

In dieser Episode fällt ein markanter Unterschied der beiden Versionen auf: Im
Koran formuliert Josef hier ein Grundbekenntnis zum Glauben an Gott, an dem er seinen persönlichen Lebensweg ausrichtet. Diese so genannte „Gefängnispredigt", das
sind die Verse 37-40 der Josefssure, kommt in der Genesisversion nicht vor. Für die
Sure bildet sie den inhaltlichen Höhepunkt der gesamten Erzählung; um sie herum
gruppieren sich die übrigen Erzählabschnitte in narrativ symmetrisch auf- und abstei-
gendem Wechsel. Sie fasst aus islamischer Sicht die Grundaussage der Josefssure, und
darüber hinaus des ganzen Koran zusammen, nämlich das Bekenntnis zu Gott, zum
einen Gott, zum Gott Abrahams, Isaaks und Jakobs. Josef spricht dieses Bekenntnis im
Gefängnis in einer Situation, die in beiden Versionen den tiefsten Punkt seines Lebens-
laufs markiert. Schon einmal, in der Zisterne bzw. im Brunnen, erlebte er Auswegslo-
sigkeit; damals noch unmündig und passiv, ohne Einfluss auf das, was mit ihm geschah. Im Gefängnis wird er nun zum ersten Mal von sich aus initiativ. Sein Vertrauen
auf Gottes Zuwendung – und auf Wendung in seinem Leben – wird hier am eindrucks-
vollsten bekräftigt.

7.4   Die Träume des Pharao

Die nächste Wendung der Geschichte erhöht Josef wieder – diesmal bis an die
höchstmögliche Position. Zudem wird aus dem hebräischen Ex-Sklaven und mehrma-
ligen Opfer ein Retter des großen ägyptischen Volkes.

Genesis (41,1-10,12-15,25,29-33,37-40,45)
41 ¹Zwei Jahre später hatte der Pharao einen
Traum: Er stand am Nil. ²Aus dem Nil stiegen
sieben gut aussehende, wohlgenährte Kühe
und weideten im Riedgras. ³Nach ihnen stiegen sieben andere Kühe aus dem Nil; sie sa-

hen hässlich aus und waren mager. Sie stellten sich neben die schon am Nilufer stehenden Kühe ⁴und die hässlichen, mageren Kühe fraßen die sieben gut aussehenden und wohlgenährten Kühe auf. Dann erwachte der Pharao. ⁵Er schlief aber wieder ein und träumte ein zweites Mal: An einem einzigen Halm wuchsen sieben Ähren, prall und schön. ⁶Nach ihnen wuchsen sieben kümmerliche, vom Ostwind ausgedörrte Ähren. ⁷Die kümmerlichen Ähren verschlangen die sieben prallen, vollen Ähren. Der Pharao wachte auf: Es war ein Traum.

⁸Am Morgen fühlte er sich beunruhigt; er schickte hin und ließ alle Wahrsager und Weisen Ägyptens rufen. Der Pharao erzählte ihnen seine Träume, doch keiner war da, der sie ihm hätte deuten können. ⁹Da sagte der Obermundschenk zum Pharao: Heute muss ich an meine Verfehlung erinnern: ¹⁰Als der Pharao über seine Diener aufgebracht war, gab er mich ins Haus des Obersten der Leibwache in Haft, mich und den Oberbäcker. (...) ¹²Dort war mit uns zusammen ein junger Hebräer, ein Sklave des Obersten der Leibwache. Wir erzählten ihm unsere Träume und er legte sie uns aus. Jedem gab er die zutreffende Deutung. ¹³Wie er es uns gedeutet hatte, so geschah es: Mich setzte man wieder in mein Amt ein, den andern hängte man auf. ¹⁴Da schickte der Pharao hin und ließ Josef rufen. ¹⁵(...) Josef antwortete dem Pharao: Nicht ich, sondern Gott wird zum Wohl des Pharao eine Antwort geben. (...)

²⁵Der Traum des Pharao ist ein und derselbe. Gott sagt dem Pharao an, was er vorhat: (...) ²⁹Sieben Jahre kommen, da wird großer Überfluss in ganz Ägypten sein. ³⁰Nach ihnen aber werden sieben Jahre Hungersnot heraufziehen: Da wird der ganze Überfluss in Ägypten vergessen sein und Hunger wird das Land auszehren. ³¹Dann wird man nichts mehr vom Überfluss im Land merken wegen des Hungers, der danach kommt; denn er wird sehr drückend sein. ³²Dass aber der Pharao gleich zweimal träumte, bedeutet: Die Sache steht bei Gott fest und Gott wird sie bald ausführen. ³³Nun sehe sich der Pharao nach einem klugen, weisen Mann um und setze ihn über Ägypten. (...) ³⁷Die Rede gefiel dem Pharao und allen seinen Hofleuten. ³⁸Der Pharao

Josef (Sure 12)

⁴³Der König sagte: „Ich sah sieben fette Kühe, die von sieben mageren gefressen wurden, und sieben grüne Ähren und andere verdorrte. Ihr Ratsleute, gebt mir Bescheid über meine Vision, falls ihr eine Vision erklären könnt!" ⁴⁴Sie sagten: „Wirre Träume! Wir kennen die Deutung der Träume nicht".

⁴⁵Der unter ihnen, der freigekommen war und sich nach einer Weile erinnerte, sagte: „Ich werde euch davon die Deutung geben. So sendet mich!" ⁴⁶„Josef, du Wahrhaftiger, gib uns Bescheid über sieben fette Kühe, die von sieben mageren gefressen werden, und über sieben grüne Ähren und andere, verdorrte. Vielleicht kehre ich zu den Leuten zurück und sie erfahren es". ⁴⁷Er sagte: „Sieben Jahre sät ihr wie gewohnt. Was ihr erntet, das lasst in seiner Ähre, außer wenigem, von dem ihr esst. ⁴⁸Danach kommen sieben harte, die verzehren, was ihr für sie vorgesorgt habt, außer wenigem, von dem ihr verwahrt. ⁴⁹Danach kommt dann ein Jahr, in dem den Menschen Regen gegeben wird und sie keltern". (...)

⁵⁴Der König sagte: „Bringt ihn mir, damit ich ihn ganz für mich habe". Als er ihn dann gesprochen hatte, sagte er: „Heute wirst du bei uns hochgestellt und vertrauenswürdig". ⁵⁵Er sagte: „Setzte mich über die Vorräte des Landes! Ich bin achtsam und wissend".

⁵⁶So verliehen wir Josef Macht im Land. Er nahm darin Wohnung, wo er wollte. Wir treffen mit unserer Barmherzigkeit, wen wir wollen, und lassen den Lohn derer, die das Gute tun, nicht verloren gehen. ⁵⁷Der jenseitigletzte Lohn ist gut für die, die glauben und gottesfürchtig sind.

sagte zu ihnen: Finden wir einen Mann wie diesen hier, einen, in dem der Geist Gottes wohnt? [39]Dann sagte der Pharao zu Josef: [40]Du sollst über meinem Hause stehen und deinem Wort soll sich mein ganzes Volk beugen. Nur um den Thron will ich höher sein als du. (...)

[45]Der Pharao verlieh Josef den Namen Zafenat-Paneach und gab ihm Asenat, die Tochter Potiferas, des Priesters von On, zur Frau. So wurde Josef Herr über Ägypten.

Beide Versionen betonen, dass es nicht Josefs eigenes Verdienst ist, das ihm weiterhilft, sondern Gottes Fügung: „*Nicht ich, sondern Gott* (...)" (Gen 41,16) „*So verliehen wir Josef Macht im Land*" (Sure 12:56). Entscheidend ist, dass Josef sich voll und ganz dazu bekennt: zu allem, was Gott für ihn und durch ihn plant. In guten wie in schlechten Zeiten gibt es für ihn daran keinen Zweifel. So erlebt er, dass das, was Gott aus einer noch so unscheinbaren Existenz zu machen vermag, weit über unsere kühnsten Träume hinausreichen kann!

7.5   Die Reisen der Brüder nach Ägypten

Die Geschichte hätte hier für Josef zu Ende sein können. Doch sie geht weiter: der Bruch mit seiner Familie muss noch geheilt werden. Um den komplizierten Ablauf verfolgen zu können, müssen wir relativ ausführlich zitieren:

Genesis 41,56; 42,5,7,9,15-16,25,29; 43,1-4,11-16	**Josef (Sure 12)**
41 [56]Als die Hungersnot über das ganze Land gekommen war, öffnete Josef alle Speicher und verkaufte Getreide an die Ägypter. Aber der Hunger wurde immer drückender in Ägypten. (...)	[58]Josefs Brüder kamen und traten bei ihm ein. Da erkannte er sie, sie ihn aber nicht. [59]Als er sie mit ihrer Ausstattung versorgt hatte, sagte er: „Bringt mir von eurem Vater einen eurer Brüder! Seht ihr nicht, dass ich volles Maß gebe und der beste Gastgeber bin? [60]Wenn ihr ihn mir nicht bringt, dann bekommt ihr bei mir kein Maß und kommt nicht in meine Nähe". [61]Sie sagten: „Wir werden ihn seinem Vater abnötigen. Das tun wir!"
42 [5]Die Söhne Israels kamen also mitten unter anderen, die auch gekommen waren, um Getreide zu kaufen; denn Hungersnot herrschte in Kanaan. (...)	[62]Er sagte zu seinen Knechten: „Steckt ihre Ware in ihre Satteltaschen! Vielleicht erkennen sie sie, wenn sie zu ihren Leuten zurückgekehrt sind. Vielleicht kommen sie zurück".
[7]Als Josef seine Brüder sah, erkannte er sie. Aber er gab sich ihnen nicht zu erkennen, sondern fuhr sie barsch an. Er fragte sie: Wo kommt ihr her? Aus Kanaan, um Brotgetreide zu kaufen, sagten sie. (...)	[63]Als sie dann zu ihrem Vater zurückgekehrt waren, sagten sie: „Vater, uns wurde das Maß verwehrt. So schicke unseren Bruder mit uns,
[9]Josef erinnerte sich an das, was er von ihnen	

geträumt hatte, und sagte: Spione seid ihr. Um nachzusehen, wo das Land eine schwache Stelle hat, seid ihr gekommen. (...) ¹⁵So wird man euch auf die Probe stellen: Beim Leben des Pharao! Ihr sollt von hier nicht eher loskommen, bis auch euer jüngster Bruder da ist. ¹⁶Schickt einen von euch hin! Er soll euren Bruder holen; ihr anderen aber werdet in Haft genommen. So wird man euer Gerede überprüfen und feststellen können, ob ihr die Wahrheit gesagt habt oder nicht. Beim Leben des Pharao, ja, Spione seid ihr. (...) ²⁵Josef befahl dann, ihre Behälter mit Getreide zu füllen, einem jeden von ihnen das Geld wieder in den Sack zurückzulegen und ihnen für die Reise Verpflegung mitzugeben. So geschah es. (...) ²⁹Sie kamen zu ihrem Vater Jakob nach Kanaan und berichteten ihm alles, was ihnen zugestoßen war.

43 ¹Der Hunger lastete schwer auf dem Land. ²Das Getreide, das sie aus Ägypten gebracht hatten, war aufgezehrt. Da sagte ihr Vater zu ihnen: Geht noch einmal hin, kauft uns etwas Brotgetreide! ³Juda antwortete ihm: Der Mann hat uns nachdrücklich eingeschärft: Kommt mir ja nicht mehr unter die Augen, wenn ihr nicht euren Bruder mitbringt. ⁴Wenn du bereit bist, unseren Bruder mitzuschicken, ziehen wir hinunter und kaufen dir Brotgetreide. (...) ¹¹Da sagte ihr Vater Israel zu ihnen: Wenn es schon sein muss, dann macht es so: Nehmt von den besten Erzeugnissen des Landes in eurem Gepäck mit und überbringt es dem Mann als Geschenk: etwas Mastix, etwas Honig, Tragakant und Ladanum, Pistazien und Mandeln. ¹²Nehmt den doppelten Geldbetrag mit! Das Geld, das sich wieder oben in euren Getreidesäcken fand, gebt mit eigenen Händen zurück! Vielleicht war es ein Versehen. ¹³So nehmt denn euren Bruder mit, brecht auf und geht wieder zu dem Mann zurück! ¹⁴Gott, der Allmächtige, lasse euch Erbarmen bei dem Mann finden, sodass er euch den anderen Bruder und Benjamin freigibt. Ich aber, ich verliere noch alle Kinder. ¹⁵Die Männer nahmen das Geschenk und den doppelten Geldbetrag mit und dazu auch Benjamin. Sie machten sich auf, zogen nach

damit uns zugemessen werde. Wir behüten ihn gewiss". ⁶⁴Er sagte: „Vertraue ich ihn euch anders an als vorher seinen Bruder?" Doch Gott ist ein besserer Hüter.

Ägypten hinab und traten vor Josef hin. ¹⁶Als Josef bei ihnen Benjamin sah, sagte er zu seinem Hausverwalter: Führe die Männer ins Haus, schlachte ein Tier und richte es her! Die Männer werden nämlich mit mir zu Mittag essen.

Genesis (44,1-18,30-31,34)

44 ¹Dann befahl Josef seinem Hausverwalter: Fülle die Getreidesäcke der Männer mit so viel Brotgetreide, wie sie tragen können, und leg das Geld eines jeden oben in den Sack! ²Meinen Becher, den Silberbecher, leg oben in den Sack des Jüngsten mit dem Geld, für das er Getreide gekauft hat. Er tat, wie Josef es angeordnet hatte. ³Als es am Morgen hell wurde, ließ man die Männer mit ihren Eseln abreisen. ⁴Sie hatten sich noch nicht weit von der Stadt entfernt, da sagte Josef zu seinem Hausverwalter: Auf, jag hinter den Männern her! Wenn du sie eingeholt hast, sag ihnen: Warum habt ihr Gutes mit Bösem vergolten und mir den Silberbecher gestohlen? ⁵Das ist doch der, aus dem mein Herr trinkt und aus dem er wahrsagt. Da habt ihr etwas Schlimmes getan. ⁶Der Hausverwalter holte sie ein und sagte zu ihnen, was ihm aufgetragen war. ⁷Sie antworteten ihm: Wie kann mein Herr so etwas sagen? Niemals werden deine Knechte so etwas tun. ⁸Sieh her, das Geld, das wir oben in unseren Getreidesäcken fanden, haben wir dir aus Kanaan zurückgebracht. Wie könnten wir da aus dem Haus deines Herrn Silber oder Gold stehlen? ⁹Der von den Knechten, bei dem sich der Becher findet, soll sterben und auch wir sollen dann unserem Herrn als Sklaven gehören. ¹⁰Also gut, sagte er, es soll geschehen, wie ihr sagt: Bei wem er sich findet, der sei mein Sklave, doch ihr anderen sollt straffrei bleiben. ¹¹Jeder stellte eiligst seinen Sack auf die Erde und öffnete ihn: ¹²Er durchsuchte alles, beim Ältesten begann er und beim Jüngsten hörte er auf. Der Becher fand sich im Sack Benjamins. ¹³Da zerrissen sie ihre Kleider. Jeder belud seinen Esel und sie kehrten in die Stadt zurück. ¹⁴So kamen Juda und seine Brüder wieder in das Haus Josefs, der noch dort war. Sie fielen vor ihm zur Erde nieder. ¹⁵Josef sagte zu ihnen: Was habt ihr getan? Wusstet ihr denn

Josef (Sure 12)

⁶⁷Und er sagte: „Söhne, geht nicht durch ein einziges Tor hinein, sondern durch verschiedene! Ich nütze euch gegen Gott nichts. Das Urteil kommt nur Gott zu. Auf ihn vertraue ich", auf ihn sollen vertrauen, die vertrauen! ⁶⁸Als sie dort hineingingen, wo ihnen ihr Vater befohlen hatte, nützte es ihnen gegen Gott nichts. Es war nur ein Bedürfnis, das Jakob in seiner Seele erfüllte. Er besaß Wissen, weil wir es ihn gelehrt hatten. Aber die meisten Menschen wissen nicht Bescheid. ⁶⁹Als sie bei Josef eintraten, nahm er seinen Bruder zu sich. Er sagte: „Siehe, ich bin es, dein Bruder. So sei nicht bekümmert wegen dessen, was sie stets getan haben!" ⁷⁰Als er sie dann mit ihrer Ausstattung versorgt hatte, tat er das Trinkgefäß in die Satteltasche seines Bruders. Dann rief ein Rufer aus: „He da, Karawane, ihr seid Diebe!" ⁷¹Sie sagte, indem sie sich ihnen zuwandten: „Was vermisst ihr?" ⁷²Sie sagten: „Wir vermissen den Pokal des Königs. Wer ihn bringt, bekommt die Ladung eines Kamels. Ich bürge dafür". ⁷³Sie sagten: „Bei Gott, ihr wisst doch, wir sind nicht gekommen, um im Land Unheil zu stiften, und sind keine Diebe". ⁷⁴Sie sagten: „Und womit soll vergolten werden, wenn ihr lügt?" ⁷⁵Sie sagten: „So soll es vergolten werden: Der, in dessen Gepäck er (der Pokal) gefunden wird, der soll die Vergeltung sein. So vergelten wir denen, die Unrecht tun". ⁷⁶Da begann er mit ihren Säcken vor dem Sack seines Bruders. Aus dem zog er ihn dann. So heckten wir für Josef eine List aus. Nach der Rechtsordnung des Königs durfte er seinen Bruder nicht festhalten, außer wenn Gott es wollte. Wir erhöhen um Ränge, wen wir wollen. Über jedem, der Wissen besitzt, ist ein Wissender. (...)

⁷⁸Sie sagten: „Mächtiger Herr, er hat einen sehr alten Vater. So nimm einen von uns an

nicht, dass ein Mann wie ich wahrsagen kann? [16]Juda erwiderte: Was sollen wir unserem Herrn sagen, was sollen wir vorbringen, womit uns rechtfertigen? Gott hat die Schuld deiner Knechte ans Licht gebracht. So sind wir also Sklaven unseres Herrn, wir und der, bei dem sich der Becher gefunden hat. [17]Doch Josef gab zur Antwort: Das kann ich auf keinen Fall tun. Derjenige, bei dem sich der Becher gefunden hat, der soll mein Sklave sein. Ihr anderen aber zieht in Frieden hinauf zu eurem Vater! [18]Da trat Juda an ihn heran und sagte: Bitte, mein Herr, dein Knecht darf vielleicht meinem Herrn offen etwas sagen, ohne dass sein Zorn über deinen Knecht entbrennt; denn du bist wie der Pharao. (...) [30]Wenn ich jetzt zu deinem Knecht, meinem Vater, käme und der Knabe wäre nicht bei uns, da doch sein Herz so an ihm hängt, [31]wenn er also sähe, dass der Knabe nicht dabei ist, würde er sterben. Dann brächten deine Sklaven deinen Knecht, unseren greisen Vater, vor Gram in die Unterwelt. (...) [34]Denn wie könnte ich zu meinem Vater hinaufziehen, ohne dass der Knabe bei mir wäre? Ich könnte das Unglück nicht mit ansehen, das dann meinen Vater träfe.

seiner Stelle! Wir sehen, du gehörst zu denen, die das Gute tun". [79]Er sagte: „Bewahre Gott, dass wir einen anderen nehmen als den, bei dem wir unsere Sachen gefunden haben! Da täten wir gewiss Unrecht". (...)

[89]„Wisst ihr, was ihr mit Josef und seinem Bruder damals in eurem Unverstand getan habt?" [90]Sie sagten: „Bist du denn Josef?"

Genesis 45,1-2,4-9

45 [1]Josef vermochte sich vor all den Leuten, die um ihn standen, nicht mehr zu halten und rief: Schafft mir alle Leute hinaus! So stand niemand bei Josef, als er sich seinen Brüdern zu erkennen gab. [2]Er begann so laut zu weinen, dass es die Ägypter hörten; auch am Hof des Pharao hörte man davon. (...) [4]Josef sagte zu seinen Brüdern: Kommt doch näher zu mir her! Als sie näher herangetreten waren, sagte er: Ich bin Josef, euer Bruder, den ihr nach Ägypten verkauft habt. [5]Jetzt aber lasst es euch nicht mehr leid sein und grämt euch nicht, weil ihr mich hierher verkauft habt. Denn um Leben zu erhalten, hat mich Gott vor euch hergeschickt. [6]Ja, zwei Jahre sind es jetzt schon, dass der Hunger im Land wütet. Und noch fünf Jahre stehen bevor, in denen man weder pflügen noch ernten wird. [7]Gott aber hat mich vor euch hergeschickt, um von euch im Land einen Rest zu erhalten und viele von euch eine große Ret-

Josef (Sure 12)

[90]Er sagte: „Ich bin Josef und das ist mein Bruder. Gott erweist uns Güte."

[91]Sie sagten: „Bei Gott! Gott hat dich uns vorgezogen. Wir haben gesündigt". [92]Er sagte: „Heute gibt es gegen euch keinen Vorwurf. Gott vergibt euch. Er ist der barmherzigste der Barmherzigen."

tungstat erleben zu lassen. [8]Also nicht ihr habt mich hierher geschickt, sondern Gott. Er hat mich zum Vater für den Pharao gemacht, zum Herrn für sein ganzes Haus und zum Gebieter über ganz Ägypten. [9]Zieht eiligst zu meinem Vater hinauf und meldet ihm: So hat dein Sohn Josef gesagt: Gott hat mich zum Herrn für ganz Ägypten gemacht. Komm herunter zu mir, lass dich nicht aufhalten!

Geschickt arrangiert Josef nun einen Handlungsablauf, der in der Versöhnung mit seinen Brüdern mündet. Er hätte sich ihnen auch sofort zu erkennen geben können; er hätte sich entweder an ihnen rächen und sie strafen können, oder ihnen gleich von sich aus verzeihen können. Doch die Versöhnung setzt auf Seiten der Brüder das Eingeständnis der eigenen Schuld und die Bereitschaft zur Reue voraus: „*Gott hat die Schuld deiner Knechte ans Licht gebracht*" (Gen 44,16) bzw. „*Wir haben gesündigt!*" (Num 14,40). Die Brüder, die ursprünglich Josef zum Sklaven gemacht haben, sind nun bereit, sich selbst als Sklaven anzubieten, um einen ihrer Brüder, Benjamin, vor demselben Schicksal zu bewahren. Ihre Umkehr ist eindeutig, sie haben Hass und Neid abgelegt und sind lieber bereit, selbst Unrecht zu erleiden, als es erneut anderen zuzufügen. Daraufhin kann Josef die erlösenden Worte sprechen: „*Ich bin Josef, euer Bruder*" (Gen 45,4); Rache und Strafe sind nicht mehr notwendig. Gott hat alles gefügt, alles hatte seinen Sinn.

7.6   Jakobs Familie in Ägypten vereint

Die Familie, die am Anfang auseinander gebrochen wurde, wird zum Schluss wieder vereint. Josefs eigener Traum, mit dem die Erzählung eingesetzt hat, geht jetzt in Erfüllung.

Genesis (45,25; 46,1-4,27-28)
45 [25]Sie zogen also von Ägypten hinauf und kamen nach Kanaan zu ihrem Vater Jakob.

46 [1]Israel brach auf mit allem, was ihm gehörte. Er kam nach Beerscheba und brachte dem Gott seines Vaters Isaak Schlachtopfer dar. [2]Da sprach Gott in einer nächtlichen Vision zu Israel: Jakob! Jakob! Hier bin ich!, antwortete er. [3]Gott sprach: Ich bin Gott, der Gott deines Vaters. Fürchte dich nicht, nach Ägypten hinabzuziehen; denn zu einem großen Volk mache ich dich dort. [4]Ich selbst

Josef (Sure 12)
[93]„Nehmt mein Hemd da mit und werft es über das Gesicht meines Vaters, dann kann er wieder sehen. Und kommt mit euren Leuten allesamt zu mir!"
[94]Als die Karawane aufgebrochen war, sagte ihr Vater: „Ich spüre Josefs Geruch. Wenn ihr mich nur nicht als Schwätzer abtätet!" [95]Sie sagten: „Bei Gott, du bist in deiner alten Verirrung".
[96]Als dann der Freudenbote kam, warf er das Hemd über sein (Jakobs) Gesicht, da konnte er wieder sehen.

ziehe mit dir hinunter nach Ägypten und ich führe dich auch selbst wieder herauf. Josef wird dir die Augen zudrücken.

²⁷Insgesamt waren vom Haus Jakob siebzig Personen nach Ägypten gekommen. ²⁸Jakob schickte Juda voraus zu Josef, um ihn zu sich nach Goschen zu bestellen. So kamen sie ins Gebiet von Goschen.

⁹⁷Sie sagten: „Vater, bitte für uns um Vergebung unserer Sünden! Wir haben gesündigt". ⁹⁸Er sagte: „Ich werde meinen Herrn um Vergebung für euch bitten. Er ist der Vergebende und Barmherzige". ⁹⁹Als sie dann bei Josef eintraten, nahm er seine Eltern zu sich und sagte: „Kommt herein nach Ägypten, wenn Gott will, in Sicherheit". ¹⁰⁰Er erhob seine Eltern zum Thron. Sie aber warfen sich ehrfürchtig vor ihm nieder. Er sagte: „Vater, das ist die Deutung meiner früheren Vision. Mein Herr hat sie wahr gemacht und mir Gutes getan, als er mich aus dem Gefängnis herausgeschafft und euch aus der Steppe gebracht hat, nachdem der Satan zur Zwietracht zwischen mir und meinen Brüdern aufgestachelt hatte. Mein Herr ist umsichtig mit dem, was er will. Er ist der Wissende und Weise".

Auch für Jakob mündet nun der große Schmerz seines Lebens in Heilung: Als Voraussetzung dafür wird ihm, ähnlich wie vor ihm dem Abraham, abverlangt, seine Heimat zu verlassen, also sein bisheriges Leben, seine Vergangenheit, hinter sich zu lassen. Nur im Vertrauen auf Gott ist er dazu in der Lage und wird mit großer Nachkommenschaft – also mit Zukunft über alle Maßen – belohnt.

7.7   Versöhnung

Der Schluss bindet die Erzählung wieder in den historisierenden Zusammenhang der Bibel ein. Das Haus Jakobs, die Israeliten, sind nun in Ägypten, von wo aus sie im unmittelbar folgenden Buch Exodus unter Mose wieder heraus und zurück in ihre Heimat geführt werden. Der Koran knüpft am Schluss der Sure wieder an deren Einleitungsworte an (Verse 1-3), und verortet sie insgesamt innerhalb seiner allgemein ethisch-moralischen Grundaussage, dem Festmachen der eigenen Existenz, für das Diesseits und für das Jenseits am barmherzigen Gott.

Genesis (50,12-13,22-26)
50 ¹²Jakobs Söhne taten an Jakob so, wie er ihnen aufgetragen hatte. ¹³Sie brachten ihn nach Kanaan und begruben ihn in der Höhle des Grundstücks von Machpela. Abraham hatte das Grundstück bei Mamre als eigene Grabstätte von dem Hetiter Efron gekauft. (...) ²²Josef blieb in Ägypten, er und das Haus seines Vaters. Josef wurde hundertzehn Jahre alt.

Josef (Sure 12)
¹⁰¹„Herr, du hast mir Herrschaft gegeben und mich gelehrt, Geschichten zu deuten. Schöpfer des Himmels und der Erde, du bist mein Freund und Beistand im Diesseits und im Jenseitig-Letzten. Berufe mich als Gottergebenen ab und stelle mich zu den Rechtschaffenen!" ¹⁰²Das gehört zu den verborgenen Geschichten. Wir haben es dir offenbart. Du warst

[23]Er sah noch Efraims Söhne und Enkel. Auch die Söhne Machirs, des Sohnes Manasses, kamen auf Josefs Knie zur Welt.

[24]Dann sprach Josef zu seinen Brüdern: Ich muss sterben. Gott wird sich euer annehmen, er wird euch aus diesem Land heraus und in jenes Land hinaufführen, das er Abraham, Isaak und Jakob mit einem Eid zugesichert hat. [25]Josef ließ die Söhne Israels schwören: Wenn Gott sich euer annimmt, dann nehmt meine Gebeine von hier mit hinauf! [26]Josef starb im Alter von hundertzehn Jahren. Man balsamierte ihn ein und legte ihn in Ägypten in einen Sarg.

nicht bei ihnen als sie ihre Sache beschlossen, indem sie Listen ausheckten. [103]Die meisten Menschen sind nicht gläubig, auch wenn du darauf bedacht bist. (...)
[105]An wie so machen Zeichen in den Himmeln und auf der Erde gehen sie vorbei und wenden sich von ihnen ab! (...)

[111]Es ist keine ausgedachte Geschichte, sondern die Bestätigung dessen, was schon vor ihr vorlag, die genaue Darlegung jeder Sache, Führung und Barmherzigkeit für Leute, die glauben.

7.8   Josef im Neuen Testament und in apokryphen Schriften

Im Neuen Testament wird der Name Josef für den Ziehvater Jesu gewählt. Dessen Vater hieß nach Matthäus Jakob (Mt 1,16), genau wie der Vater des alttestamentlichen Josef. Dieser stand für die Zeitgenossen Jesu zweifellos im Vordergrund, wenn der Name Josef genannt oder neu vergeben wurde. Die Apostelgeschichte lässt Stephanus in seiner Verteidigungsrede vor dem Hohen Rat die Josefsgeschichte in den wichtigsten Zügen zusammenfassen. Wie die Ereignisse in Josefs Leben von Gott vorausbestimmt waren, so ist die ganze Josefsgeschichte ihrerseits ein Abschnitt im großen Heilsplan Gottes, der für Stephanus in Christus sein Ziel gefunden hat (Apg 7,9-18). Ebenso sieht es der Verfasser des Hebräerbriefs, den die Tradition dem Paulus zuschreibt: Bis zu seinem letzten Willen fügt Josef sich ein in das größere Ganze, in welchem er, wie auch die anderen Gestalten des Alten Bundes, durch die Kraft seines Glaubens die ihm zugedachte Rolle spielen kann (Hebr 11,8-22; bes. 21f).

Ein jüdischer Roman aus hellenistischer Zeit (2. Jahrhundert v. Chr.), „Josef und Asenat"[3], schmückt den Fortgang der Geschichte weiter aus und erzählt, wie Josef seine ägyptische Frau trifft (vgl. Gen 41,45) und heiratet, freilich erst nachdem diese sich zu seinem Gott bekehrt hat. Sie wurde die Mutter der Stämme Manasse und Efraim (Gen 46,20). Auch die islamische Tradition verwob diesen Stoff zu einer beliebten, oft erzählten und besonders gern mit Bildern illustrierten Geschichte. Josefs Frau erhält hier den orientalischen Namen Sulaika.

---

3   in: E. Weidinger, Die Apokryphen, Augsburg 1989, 231-255.

7.9   Zusammenfassung

- Die Josefsgeschichte gehört sowohl in der jüdisch-christlichen wie auch in der muslimischen Tradition zum bekanntesten und beliebtesten religiösen Erzählgut.
- Josef erlebt zunächst ganz ohne eigenes Zutun einen dramatischen Wechsel von Auf und Ab in seinem Leben. Er bleibt sich selbst stets treu und erkennt in allem, was mit ihm geschieht, zum Guten wie zum Schlechten, Gottes größere Planung.
- So erweist sich auf eindrucksvolle Weise, dass Gott aus dem Leben derer, die sich voll und ganz auf ihn einlassen, mehr zu machen vermag, als wir uns vorstellen können.
- Weiter zeigt die Erzählung Grundmuster menschlicher Verstrickung in Schuld und Versuchung, Unrecht und Leid auf und weist dann den Weg, wie die Beteiligten ohne Gewalt und Vergeltung aus dem Konflikt heraus kommen: Versöhnung wird möglich, und Strafe oder Rache werden überflüssig, wenn Unrecht aufgedeckt wird und die, die es begangen haben, sich dazu bekennen und sich davon abkehren. Dann ist der, der das Unrecht erlitten hat, unter Berufung auf den barmherzigen Gott, zur Vergebung aufgefordert.
- In der koranischen Version nimmt die so genannte Gefängnispredigt des Josef (Sure 12:37-40), ein Grundsatzbekenntnis zum Glauben an den einen Gott, einen ganz zentralen Platz ein.
- In der außerbiblischen und ebenso in der außerkoranischen Literatur wurde die Josefsgeschichte besonders gern und oft aufgenommen. Von den klassischen Rezeptionen sind der jüdische Roman „Josef und Asenat" und die islamische Erzählung „Jûsuf und Sulaika„ die wichtigsten. In ihnen steht Josefs ägyptische Frau im Mittelpunkt.

7.10   Didaktische Impulse

- Die Josefsgeschichte gehört von der Grundschule an zu den spannendsten und dramatischsten Geschichten. Lehrerinnen und Lehrer sollten beachten, dass die Geschichte weit bekannt ist und deshalb nach neueren, evtl. bildlichen oder filmischen Erzählweisen verlangt. Viele Kinder sind bereit, auf Anleitung hin die Geschichte nachzuspielen und dadurch nachzuerleben. – Erwachsene könnten sich den Roman von Thomas Mann „Josef und seine Brüder" in Ausschnitten vornehmen. Mann kannte auch die koranische Version und schöpfte auch aus ihr für seinen Roman.

- Die Josefsgeschichte enthält zahlreiche Motive, die zu regen Diskussionen führen können: Es geht um Beziehungen zwischen Brüdern und ihrem Vater, um Begünstigung und Liebesentzug, um das Verstoßen-Werden und in der Fremde-Sein, um Träume als Wegweisung Gottes; es geht um Abstieg und Aufstieg, und v.a. ist die Josefsgeschichte als Versöhnungsgeschichte zu lesen, die einen Neuanfang ermöglicht.

- Spezifisch für die islamische Version der Josefserzählung ist die „Gefängnispredigt" in „Josef", Sure 12:37-40. Sie fasst das Bekenntnis Josefs zu einem Gott zusammen, und zwar in der Notsituation des Gefängnisses in Ägypten. Die Gefängnispredigt Josefs ist gleichsam eine Kurzfassung des gesamten Koran und verdient es, als solche genauer gelesen zu werden. Sie kann als farbiges Textbeispiel in der Sekundarstufe I innerhalb der Einführung in den Islam (7. Jahrgangsstufe) verwendet werden.

- Die Versöhnung zwischen Josef und seinen Brüdern verdichtet sich in der Szene des Wieder-Erkennens. Diese Szene zeigt den tieferen Sinn der Geschichte auf. Josef, von Gott wunderbar geführt, vergibt seinen Brüdern das ihm zugefügte Unrecht. Während Christen eine ähnliche Vergebung im Erlösungswerk Jesu Christi erkennen, weisen Muslime von Josef auf Muhammad, den Inbegriff der Propheten, hin.

8. Mose und der Dekalog

Mose gehört zu den faszinierendsten Figuren des Alten Testaments. Die jüdische Religion sieht in ihm seine Gründergestalt, auch wenn einzelne historische Fakten aus seinem Leben legendarischen Charakter haben. Mose führte Gottes Befreiungstat am Volk Israel in Ägypten aus und überbrachte das Leben spendende Gesetz. Auch Christen stufen Mose hoch ein, und zwar als Prophet und Gesetzgeber, der dann aber mit Jesus Christus, dem endgültigen Retter, in Beziehung gesetzt wird. Der Koran erwähnt Mose hinter Muhammad am zweithäufigsten und konturiert ihn als „Urbild der Propheten", der freilich von Muhammad, dem „Siegel der Propheten", übertroffen wird.

Mose wurde in der europäischen Kultur- und Geistesgeschichte immer wieder gewürdigt: durch Michelangelo in Rom (1516), wo er kraftvoll als alter, bärtiger Mann mit Hörnern[1] dargestellt wird; in der Literatur und in der Musik, etwa im Oratorium „Israel in Ägypten" (1738) von Georg Friedrich Händel. Der Psychotherapeut Sigmund Freud sah in Mose einen Monotheisten[2], und neuerdings möchte der Ägyptologe Jan Assmann im Ägypter Mose den Ursprung der Unterscheidung von wahr und falsch in den Religionen festmachen, woraus ein großes Gewaltpotenzial und ein gesteigertes Sündenbewusstsein resultiere.[3]

In diesem Kapitel werden folgende Fragen gestellt: Wer war und ist Mose für die Juden (Kapitel 8.1), für die Muslime (Kapitel 8.2) und für die Christen (Kapitel 8.5)? Die Basis für unsere Untersuchung bildet das Erzählgut in Bibel und Koran. Im zweiten Unterabschnitt (Kapitel 8.2) wird eine Synopse biblischer und koranischer Texte zu denselben Begebenheiten und Motiven erstellt, aus der in Kapitel 8.3 vier exemplarisch ausgewählt, eingeleitet und kommentiert werden. Kapitel 8.4 bespricht Mose als Vermittler des Dekalogs, wobei weitere Texte des Koran zugezogen werden.

8.1 Mose in der Tora

Sehr wahrscheinlich sind im Buch Exodus Einzelgeschichten über Mose, die zunächst mündlich überliefert wurden, zu einer relativ kohärenten Mosegeschichte zusammengewachsen. Die Etymologie des Namens verweist einerseits auf das ägyptische „erzeugen, gebären", andererseits – in der wundersamen Kindheitsgeschichte –

---

1   Der gehörnte Moses geht auf die Vulgataübersetzung zurück; diese hat das vom hebräischen *qeren* „Horn, Spitze, Strahl" abgeleitete Verb nicht wie üblich mit „strahlen", sondern mit „gehörnt sein", *cornutus*, übersetzt.
2   S. Freud, Der Mann Mose und die monotheistische Religion, 1939.
3   J. Assmann, Moses der Ägypter, München/Wien 1998. Dazu kritisch: M. Görg, Mose und die Gabe der Unterscheidung, in: Religionsunterricht an höheren Schulen (rhs) 44 (2001) 1-9.

auf das „Herausziehen" des Binsenkörbchens aus dem Wasser durch die Tochter des Pharao (Ex 2,10), was auch als Anspielung auf das „Herausziehen" Israels aus Ägypten gelesen werden kann.[4]

Nacherzählung der biblischen Mosegeschichte (Exodus 2-34)[5]

Bald nach der legendenumrankten Geburt, Aussetzung und Jugend hat sich Mose schwer schuldig gemacht, als er einen ägyptischen Aufseher, welcher einen Israeliten zurechtwies, erschlug. Deshalb flüchtete er nach Midian (Ex 2,15-22), wo er Schafe und Ziegen hütete. Moses heiratete dort Zippora, die Tochter von Jitro (im Koran Schu'aib, vgl. Kap. 10.6), die ihm zwei Söhne schenkte. Die Bibel erzählt die Berufung des Mose durch die Stimme Gottes im nicht verbrennenden Dornbusch, worauf Mose antwortete: „Hier bin ich" (Ex 3,4). Dieser Ort der Gottesbegegnung wurde heilig, und Mose musste die Schuhe ausziehen. Gott offenbarte sich Mose als der Gott der Geschichte: „Ich bin der Gott deines Vaters, der Gott Abrahams, der Gott Isaaks und der Gott Jakobs" (Ex 3,6).

Gott sandte Mose (und seinen Bruder Aaron) zum Pharao, um das israelitische Volk aus der ägyptischen Sklaverei in das Gelobte Land zu führen. Doch Pharao wollte Israel nicht ziehen lassen. Trotz der Beglaubigungswunder – der Stab wurde zur Schlange – verharrte Pharao in seiner selbstherrlichen Haltung. So sandte Gott die zehn ägyptischen Plagen (Ex 7,1-11,10): Blutrotes Nilwasser, die Frösche, die Mücken, die Stechfliegen, die Viehseuche, die Geschwüre, den Hagel, die Heuschrecken, die Finsternis und den Tod der Erstgeburt.

Trotz aller Wunder glaubte Pharao nicht, sondern – wie die Bibel sagt – Gott verhärtete sein Herz. Auf Gottes Geheiß erfolgte der Auszug in der Nacht des Paschafestes (Ex 12, 1-14), in der die Israeliten ein Lamm schlachteten und es in Eile verzehrten. Die überraschten und aufgebrachten Ägypter jagten den ausgerissenen Israeliten hinterher, worauf Mose durch seinen Stab das Schilfmeer teilte, die Israeliten trockenen Fußes das andere Ufer erreichten, die Ägypter jedoch mit Ross und Reiter versanken. Diese Rettung am Schilfmeer lebt im Bewusstsein Israels als grundlegendes Heilsereignis fort, während die Christen diesen Basistext (Ex 14,15-15,1) in der Liturgie der Osternacht hören und für sich als Folie für die Taufe erachten.

Mose pries Gott im Lied: „Der Herr ist ein Krieger, Jahwe ist sein Name" (Ex 15,3), bei dem seine Schwester, die Prophetin Mirjam, die Frauen des Volkes singend und tanzend anführte (Ex 15,20). Auf der Wüstenwanderung kam es zu Anfechtungen und gar Aufständen Israels gegen Gott und Mose, denn das Volk sehnte sich in der heißen Wüste nach Wasser und den Fleischtöpfen Ägyptens zurück. Da ließ Gott Manna regnen, und Wachteln breiteten sich aus. Trotzdem verehrte das Volk ein selbstgemachtes Goldenes Kalb.

---

4   M. Görg, Mose und die Gabe der Unterscheidung, 9.
5   Zur Historizität des Mose: E. Otto (Hg.), Mose, Ägypten und das Alte Testament (Stuttgarter Bibel-Studien 189) Stuttgart 2000.

Am Sinai offenbarte sich Gott dem Mose und gab ihm den Dekalog (Ex 20,1-21; Dtn 5,1-21), die Zusammenfassung der Leben ermöglichen Gesetze. Dem Bundesschluss Gottes mit Mose (Ex 24,1-15) folgte die Errichtung eines Heiligtums (der sogenannten „Stiftshütte") zu dessen Verehrung. Dazu kamen weitere Anordnungen, die dann hauptsächlich im Buch Deuteronomium festgehalten wurden.

Schließlich zog das Volk vom Sinai weiter ins Gelobte Land Kanaan. Mose konnte es nur schauen, nicht aber betreten, sein Bruder Aaron, und dann Josua als sein Nachfolger, führten das Volk weiter an. Mose starb im Alter von 120 Jahren in Moab, wurde dort begraben und von den Israeliten beweint (Dtn 34,1-9).

Mose ist in Exodus und Deuteronomium der demütige und zuverlässige Knecht Gottes. Als Bote vermittelte er zwischen Gott und den Israeliten. Auf der einen Seite vertritt er das Volk vor Gott, auf der anderen Seite richtete er Gottes Offenbarung dem Volk aus. Seine drei Rollen sind die des Gesetzgebers, des Feldherrn und des Volksführers. Gegenüber dem Pharao verkündigte er Gottes Befreiung, die er dann auch ins Werk setzt. Darüber hinaus ist er ein Wundertäter im Stile der Propheten Elija und Elischa; er ist Interpret des Dekalogs, der Zehn Worte, und schließlich Erbauer des Heiligtums, damit die Befreiung durch Gott gefeiert werden kann.

8.2 Mose im Koran – Vorbild Muhammads

Für den Koran ist Mose (arab. Mûsâ) nach Muhammad die wichtigste Gestalt. Er hat Gottes Offenbarung erhalten. Muhammad dagegen wurde die Vollgestalt der göttlichen Offenbarung gegeben. Mose ist „Urbild der Propheten". Sein Schicksal, als Prophet abgelehnt zu werden, ist demjenigen Muhammads vorausgegangen. Überdies präfiguriert er wichtigste Merkmale Muhammads: Demut, Glaube an den einen Gott und das Gebet als lebendige Beziehung zu Gott.

Wenn auch weniger ausgeprägt als die Josefsgeschichte, sind doch auch über Mose längere Erzählungen zu finden, vor allem in den Suren: „Die Kuh" 2:49-73; „Das Vieh" 7:103-160; „Tâ Hâ" 20:9-98; „Die Dichter" 26:10-68; „Die Geschichte" 28:3-46 und „Der Vergebende" 40:23-46[6]. Sure 28, „die Geschichte", versteht sich als „Geschichte von Mose und Pharao" (Sure 28:3).

---

6 In Sure 18 sind außerdem Motive aus dem Gilgameschepos und dem Alexanderroman verarbeitet: K. Prenner, Muhammad und Musa, Altenberge 1986.

Gemeinsame Motive der Moseerzählungen		
Bibel Exodus	**Begebenheit/Motiv**	**Koran**
2,3	Aussetzung	20:39; 28:7
2,5-9	Auffinden	28:10
2,10	Jugend	28:9; 20:40
2,12-14	Tötung eines Ägypters	28:15-16
2,15	Flucht	28:22-28
2,23-4,17	Berufung	20:9-48; 26:10-16; 28:29-35
4,2-8	Beglaubigungswunder	26:30-33
7,1-11,10	Die ägyptischen Plagen	7:130-135
13,17-14,31	Rettung am Schilfmeer	10:90-92; 17:103-104
15,27; 17,1-7	Wasser aus dem Felsen	7:160; 2,60
16,9-25	Manna und Wachteln	2:57
19,1-25; 24, 1-18	Bundesschluss	2:40; 7:134.142-145; 4:154; 5:70; 7:169; 2:83
24,12; 31,18; 32.15	Gesetz der Tora	7:142-145
21,23-25	Hauptgebot	17:2-3; 5:44-45

Ähnlich wie in der Bibel ist im Koran Pharao der Gegenspieler von Mose. Er macht gemeinsame Sache mit den Ungläubigen, den Götzendienern und Polytheisten. Daher wird mit ihm auch jener Haman vergesellschaftet, den die Bibel als Erzbösewicht in ganz anderem Kontext nennt, nämlich im Buch Ester, viele Jahrhunderte später, am Hof des persischen Königs. Hier kommt überdeutlich die überall spürbare Zurückhaltung des Koran gegenüber bestimmten historischen Daten und Schauplätzen zum Tragen; es geht vielmehr um die zeitübergreifenden Aussagen und Begebenheiten. Pharao und Haman werden als Archetypen des Bösen kombiniert und die Darstellung damit verstärkt. Dagegen lebt und verkündet Mose den Glauben an den einen Gott. So schildert auch der Koran die Bewahrung des Säuglings Mose durch Aussetzung im Wasser. Er kennt seine Berufung zum Propheten, ähnlich wie im Dornbusch: in Feuer und Baum („Die Geschichte", Sure 28:15). Er verschweigt weder den Todschlag eines Ägypters („Tâ Hâ", Sure 20:35), noch seine Flucht nach und Heirat in Midian.

Mose führt die Auseinandersetzung mit dem hartnäckig ungläubigen Pharao, der sich auch durch die Plagen (im Koran sind es fünf, nicht zehn: „Die Höhen", Sure 7:127-131) nicht beirren lässt, ja sich selbst als Gott versteht („Die Reißenden", Sure 79:24). Während das Pesachmahl – zentral für Israels Erinnerungskultur – im Koran fehlt, kommt der dramatische Durchzug durch das gespaltene Meer und der Tod der ungläubigen Ägypter anschaulich zur Darstellung. Theologisch bedeutsam ist, dass auch der Koran – wie der Theologe Hagemann herausstellt – von einem Bundesschluss spricht, zu dem Verpflichtungen und gegenseitige Treue gehören.

Ihr Kinder Israels, gedenkt der Gnade, die ich euch geschenkt habe! Erfüllt eure Verpflichtung mir gegenüber, dann erfülle ich meine euch gegenüber. Vor mir, nur vor mir, fürchtet euch. („Die Kuh", Sure 2:40).

Brennpunkt der Geschichte des Mose und Profil dieses Propheten ergeben sich durch die Auseinandersetzung des Volkes mit Mose in der Wüste sowie durch den Wettstreit mit den Zauberern des Pharao. Mose und das Volk werden im Glauben geprüft. Während Gottes Offenbarung am Sinai und die Herabsendung der Tora weitgehend mit der biblischen Darstellung übereinstimmen, hat der Koran eine eigene Tradition in Gottes Zorn über den „Samariter"[7], der zur Anfertigung des Goldenen Kalbes angestiftet habe („Die Geschichte", Sure 28:85.95-97), und das Tal Tuwa. „Mose war für Muhammad *das* Vorbild schlechthin"[8]. Seine Botschaft war bereits jene, die auch Muhammad verkünden wird:

Siehe, ich bin Gott. Kein Gott ist außer mir. So diene mir und verrichte das Gebet, um meiner zu gedenken! („Tâ Hâ", Sure 20:14).

Die westliche Islamwissenschaft möchte in der Mosedarstellung im Koran die damalige Situation Muhammads in Mekka sehen. Seine konsequent monotheistische Verkündigung provozierte die mekkanischen Kaufleute der wohlhabenden Oberschicht zusehends und brachte Muhammad eine erbitterte Gegnerschaft. Nun lag es nahe, die früheren Propheten, namentlich Abraham, Noach und Mose, mit ihm selbst zu vergleichen und in ihnen typologische Vorherbilder wahrzunehmen. So habe Muhammad ein anstehendes Problem in seinem Lebenskontext auf die früheren Propheten zurückprojiziert. „Die früheren Gottesmänner nahmen so immer mehr die Konturen des arabischen Propheten an. Ihre Gegner wurden so zu Spiegelbildern der heidnischen Mekkaner."[9] Es entstand ein verhältnismäßig klar strukturiertes Präsentationsschema der Propheten, das jeweils in den Erzählabschnitten analog wiederzufinden ist:

a) Der Prophet ist mit der Botschaft zum Volk gesandt;
b) die Mehrheit des Volkes lehnt die Botschaft ab, eine Minderheit nimmt sie an;
c) der Gesandte und die Getreuen werden gerettet;
d) die Ungläubigen werden bestraft.

---

7   Eigentlich ein Anachronismus, denn von Samaritern kann zur Zeit des Mose noch nicht gesprochen werden. Der Koran signalisiert auch hier unmissverständlich, dass für den Leser oder Hörer nicht historische Abläufe im Vordergrund stehen sollen, sondern zeitübergreifende Glaubensinhalte.

8   L. Hagemann, Propheten – Zeugen des Glaubens. Koranische und biblische Deutungen, Altenberge ²1993, 65.

9   R. Paret, Mohammed und der Koran. Geschichte und Verkündigung des arabischen Propheten, Stuttgart ⁵1980, 99.

Diesem Schema entsprach auch die Einteilung der Personen in Gläubige und Ungläubige und die Aufteilung der Inhalte in Glauben und Unglauben. So wurden die Prophetenerzählungen zu mahnenden Erinnerungen aus der Geschichte, vergleichbar mit den Erinnerungen des Apostels Paulus an bestimmte Ereignisse aus der Geschichte Israels, die er als warnende Beispiele (typoi) für die Korinther charakterisierte (1 Kor 10,5-6).

8.3 Eigenständigkeit und Konvergenz von Bibel und Koran, dargestellt an vier Textbeispielen

Um die Parallelen, aber auch die Unterschiede zwischen Bibel und Koran zu belegen, sollen vier Textstellen in synoptischem Vergleich näher untersucht werden:

Mose Geburt und Bewahrung

Die erste Stelle erinnert an Mose Geburt und Bedrohung des Säuglings durch den Pharao. Das israelitische Volk wuchs in Ägypten zur Stärke heran. Pharao begann sich vor ihm zu fürchten und ließ deshalb alle Knaben in den Nil werfen.

Exodus(2,1-10)

2 [1]Ein Mann aus einer levitischen Familie ging hin und nahm eine Frau aus dem gleichen Stamm. [2]Sie wurde schwanger und gebar einen Sohn. Weil sie sah, dass es ein schönes Kind war, verbarg sie es drei Monate lang. [3]Als sie es nicht mehr verborgen halten konnte, nahm sie ein Binsenkästchen, dichtete es mit Pech und Teer ab, legte den Knaben hinein und setzte ihn am Nilufer im Schilf aus. [4]Seine Schwester blieb in der Nähe stehen, um zu sehen, was mit ihm geschehen würde.

[5]Die Tochter des Pharao kam herab, um im Nil zu baden. Ihre Dienerinnen gingen unterdessen am Nilufer auf und ab. Auf einmal sah sie im Schilf das Kästchen und ließ es durch ihre Magd holen. [6]Als sie es öffnete und hineinsah, lag ein weinendes Kind darin. Sie bekam Mitleid mit ihm und sie sagte: Das ist ein Hebräerkind. [7]Da sagte seine Schwester zur Tochter des Pharao: Soll ich zu den Hebräerinnen gehen und dir eine Amme rufen, damit sie dir das Kind stillt? [8]Die Tochter des

Die Geschichte (Sure 28)

[7]Moses Mutter offenbarten wir: „Still ihn! Doch wenn du für ihn fürchtest, dann lege ihn ins Meer! Fürchte dich nicht und sei nicht traurig! Wir bringen ihn zu dir zurück und machen ihn zu einem deiner Gesandten". [8]Da lasen ihn Pharaos Leute auf. Er sollte ihnen Feind und Kummer werden. Pharao, Haman und deren Heere waren Sünder. [9]Pharaos Frau sagte: „Freude soll er sein für mich und dich. Tötet ihn nicht! Vielleicht nützt er uns oder wir nehmen ihn als Kind an". Dabei ahnten sie nichts. [10]Das Herz von Moses Mutter aber wurde leer. Fast hätte sie ihn verraten, wenn wir nicht ihr Herz gefestigt hätten, damit sie zu den Gläubigen gehörte. [11]Sie sagte zu seiner Schwester: „Geh ihm nach!" Da beobachtete sie ihn aus der Entfernung, ohne dass sie es merkten. [12]Vorher hatten wir für ihn Ammen verboten. Da sagte sie: „Soll ich euch zu einer Familie weisen, die ihn für euch in Obhut nimmt und es gut mit ihm meint?" [13]Da brachten wir ihn zu seiner Mutter zurück, damit sie sich freue, nicht traurig

Pharao antwortete ihr: Ja, geh! Das Mädchen ging und rief die Mutter des Knaben herbei. ⁹Die Tochter des Pharao sagte zu ihr: Nimm das Kind mit und still es mir! Ich werde dich dafür entlohnen. Die Frau nahm das Kind zu sich und stillte es. ¹⁰Als der Knabe größer geworden war, brachte sie ihn der Tochter des Pharao. Diese nahm ihn als Sohn an, nannte ihn Mose und sagte: Ich habe ihn aus dem Wasser gezogen.

sei und wisse, dass Gottes Versprechen wahr ist. Aber die meisten von ihnen wissen nicht Bescheid. ¹⁴Als er erwachsen war und stattlich, gaben wir ihm Urteilskraft und Wissen. So vergelten wir denen, die das Gute tun.

In der Bibel wird Mose im Binsenkörbchen am Nilufer vor dem Kindermord Pharaos bewahrt. Dessen Tochter findet ihn, rettet ihn und gibt ihn seiner Mutter zum Stillen. Der Koran kennt die Aussetzung auf dem Nil ebenfalls, zeichnet aber Mose von Anfang an als Gegenspieler des ungläubigen Pharao und seines Untergebenen Haman. Mose wird zu deren „Feind" und „Grund zum Kummer" gestempelt („Die Geschichte", Sure 28:8). Aus ihm soll etwas Großes, ein Gesandter, werden. Dazu erhält er „Urteilskraft und Wissen" („Die Geschichte", Sure 28:14), die unentbehrlichen Voraussetzungen für das Prophetenamt. Unterschiedlich zur Bibel ist, dass Mose durch die Frau, nicht die Tochter des Pharao, gerettet wird. (Mose wird somit zum Adoptivsohn Pharaos!) Doch die Struktur der Erzählungen ist vergleichbar.

Die Berufung des Mose

In der Jugendzeit tötete Mose einen Ägypter, weil dieser einen Hebräer geschlagen hatte, und verscharrte ihn im Sand. „Die Geschichte", Sure 28:15 berichtet dazu, dass er ihm „einen Schlag versetzte, der für ihn tödlich endete". Dann bereut er die Missetat und Gott verzeiht ihm. Mose flüchtet nach Midian, heiratet und bekommt mit seiner Frau zwei Söhne. Dann wird er beim Schafe-Hüten am Berg Horeb (Koran: im Tal Tuwa) zum Propheten berufen: In der Bibel spricht ein Engel aus einen Dornbusch, der nicht verbrennt; im Koran geschieht die Berufung durch das Feuer aus einem Baum auf gesegnetem Boden („Die Geschichte", Sure 28:29f):

Exodus (3,1-6)	Tâ Hâ (Sure 20)
3 ¹Mose weidete die Schafe und Ziegen seines Schwiegervaters Jitro, des Priesters von Midian. Eines Tages trieb er das Vieh über die Steppe hinaus und kam zum Gottesberg Horeb. ²Dort erschien ihm der Engel des Herrn in einer Flamme, die aus einem Dornbusch emporschlug. Er schaute hin: Da brannte der Dornbusch und verbrannte doch nicht. ³Mose sagte: Ich will dorthin gehen und mir	⁹Ist die Geschichte von Mose zu dir gekommen? ¹⁰Als er ein Feuer sah und zu seinem Volk sagte: „Bleibt hier! Ich habe ein Feuer erblickt. Vielleicht bringe ich euch davon Glut oder finde beim Feuer Führung". ¹¹Als er dann bei ihm ankam, wurde er gerufen: „Mose! ¹²Ich bin es, dein Herr. So ziehe deine Sandalen aus! Du bist im geheiligten Tal Tuwa. ¹³Ich habe dich erwählt. So höre auf

die außergewöhnliche Erscheinung ansehen. Warum verbrennt denn der Dornbusch nicht? [4]Als der Herr sah, dass Mose näher kam, um sich das anzusehen, rief Gott ihm aus dem Dornbusch zu: Mose, Mose! Er antwortete: Hier bin ich. [5]Der Herr sagte: Komm nicht näher heran! Leg deine Schuhe ab; denn der Ort, wo du stehst, ist heiliger Boden. [6]Dann fuhr er fort: Ich bin der Gott deines Vaters, der Gott Abrahams, der Gott Isaaks und der Gott Jakobs. Da verhüllte Mose sein Gesicht; denn er fürchtete sich, Gott anzuschauen.

das, was offenbart wird! [14]Siehe, ich bin Gott. Kein Gott außer mir. So diene mir und verrichte das Gebet, um meiner zu gedenken!"

Abraham (Sure 14)

[5]Wir sandten Mose mit unserem Zeichen: „Bring dein Volk aus der Finsternis heraus ins Licht und erinnere es an Gottes Tage!" Darin sind Zeichen für jeden Standhaften und Dankbaren. [6]Als Mose zu seinem Volke sagte: „Gedenkt der Gnade Gottes euch gegenüber, als er euch vor Pharaos Leuten rettete".

Beim Lesen der Berufungsgeschichte fällt Folgendes auf: Gott offenbart sich nach beiden Schriften durch das Feuer; in der Bibel im nicht verbrennenden Dornbusch. Der Ort der Offenbarung ist heilig und verlangt das Ausziehen der Schuhe, was beim islamischen Gebet – und nicht selten auch in Kirchen und Synagogen des Orients – bis heute praktiziert wird. Dieser Ort ist nach dem Koran das „heilige Tal Tuwa" (siehe auch „Die Reißenden", Sure 79:16), in der Bibel der Gottesberg Horeb, der mit dem Sinai gleichgesetzt wird. Die islamische Tradition verbindet den Berg Sinai, der auch im Koran erwähnt wird („Der Feigenbaum", Sure 95:2), ebenfalls mit diesem Geschehen und lokalisiert das Tal Tuwa dort, wo sich heute das Katharinenkloster am Fuß des Mosesberges befindet. Gott offenbart sich Mose nach der Bibel als der Gott der Väter, Abraham, Isaak und Jakob, als Gott der Geschichte, im Koran als der eine Gott, neben dem keine anderen Götter angebetet werden sollen. Mose empfängt also bei seiner Berufung den monotheistischen Glauben und den Auftrag zum Gebet: „Siehe, ich bin Gott. Kein Gott ist außer mir. So diene mir und verrichte das Gebet, um meiner zu gedenken!" („Tâ Hâ", Sure 20:14).

Mose und die ägyptischen Zauberer beim Pharao

Die kurz geschilderte Begebenheit handelt vom Auftrag Gottes an Mose und Aaron, beim Pharao vorzusprechen und ihn um die Befreiung der Israeliten aus der Sklaverei zu bitten. Da kommt es zu einem Wettstreit der „Zeichen" oder Wunder zwischen Mose/Aaron und den Wahrsagern bzw. Zauberern aus Ägypten.[10]

Exodus 7,8,10-13)

7 [8]Der Herr sprach zu Mose und Aaron: [9]Wenn der Pharao zu euch sagt: Tut doch ein Wunder zu eurer Beglaubigung!, dann sag zu Aaron: Nimm deinen Stab und wirf ihn vor

Die Höhen (Sure 7)

[113]Die Zauberer kamen zu Pharao und sagten: „Wir bekommen Lohn, wenn wir Sieger sind?" [114]Er sagte: „Ja, ihr gehört zu denen, die (mir) nahe gebracht sind". [115]Sie sagten:

---

10   K. Prenner, Muhammad und Musa. Strukturanalytische und theologische Untersuchungen zu den mekkanischen Musa-Perikopen des Qur'an, Altenberge 1986, 63-74.

den Pharao hin! Er wird zu einer Schlange werden.
[10]Als Mose und Aaron zum Pharao kamen, taten sie, was ihnen der Herr aufgetragen hatte: Aaron warf seinen Stab vor den Pharao und seine Diener hin und er wurde zu einer Schlange. [11]Da rief auch der Pharao Weise und Beschwörungspriester und sie, die Wahrsager der Ägypter, taten mit Hilfe ihrer Zauberkunst das Gleiche: [12]Jeder warf seinen Stab hin und die Stäbe wurden zu Schlangen. Doch Aarons Stab verschlang die Stäbe der Wahrsager. [13]Das Herz des Pharao aber blieb hart und er hörte nicht auf sie. So hatte es der Herr vorausgesagt.

„Mose, entweder wirfst du oder wir". [116]Er sagte: „Werft ihr!" Als sie dann warfen, bezauberten sie die Augen der Menschen, jagten ihnen Furcht ein und führten mächtigen Zauber vor.
[117]Wir offenbarten Mose: „Wirf deinen Stock!", und da verschlang der, was sie vorgaukelten. [118]Da bestätigte sich die Wahrheit und als falsch erwies sich, was sie stets getan hatten. [119]Sie wurden da besiegt und kehrten unterlegen zurück. [120]Die Zauberer wurden zur Anbetung niedergeworfen. [121]Sie sagten: „Wir glauben an den Herrn aller Welt, [122]den Herrn von Mose und Aaron".

Während die Exoduserzählung Aaron den Stab werfen lässt, dieser zur Schlange wird und die Stäbe der Beschwörungspriester verschlingt, Pharaos Herz aber nicht erweichen kann, wirft im Koran Mose den Stock. Der wundersame Stab kommt auch schon bei der Berufung im Tal Tuwa vor („Die Geschichte", Sure 28:31). Die Hauptakteure der Begebenheit sind aber die ägyptischen Zauberer. Sie verhandeln vorerst über den Siegeslohn (Nähe Pharaos), bezaubern dann die Augen der Menschen und flößen ihnen Furcht ein. Als Unterlegene im Kampf gegen Mose kehren sie zurück. Die eigenständige Koranversion zeigt nun die Bekehrung der Zauberer. Sie werfen sich zur Anbetung nieder und bekennen sich zum Gott Moses und Aarons. So wurden die Verlierer zu Gottesfürchtigen.

Damit zeigt die Szene beispielhaft die Auseinandersetzung der Gesandten mit widergöttlichen Mächten, was letztlich ein Spiegelbild der eigenen Sendung des Propheten Muhammads ist. Seine Aufgabe bestand ja darin, das arabische Volk von fremden Gottheiten abzubringen und ihm den Eingottglauben zu verkünden.

Das Goldene Kalb – Abfall des Volkes und Erneuerung des Bundes

Die Israeliten zweifelten immer wieder, ob ihr Auszug erfolgreich verlaufen werde, doch die wunderbare Rettung am Schilfmeer und die Bewahrung des Volkes vor dem Tod in der Wüste gaben Mose recht. Als nächste entscheidende „Station" der Moseerzählung gilt der Aufenthalt der Israeliten in der Sinai-Wüste. Mose empfängt auf dem Berg Sinai von Gott die Zehn Worte oder Gebote, die auf steinernen Gesetzestafeln festgehalten sind. Während Mose noch am Berg verweilt, beginnt das Volk unruhig zu werden und von Aaron Götter zu verlangen; hier setzt die Geschichte vom Goldenen Kalb ein.

Exodus (32,1-5,14-21; 34,9-11)

32 [1]Als das Volk sah, dass Mose noch immer nicht vom Berg herabkam, versammelte es sich um Aaron und sagte zu ihm: Komm, mach uns Götter, die vor uns herziehen. Denn dieser Mose, der Mann, der uns aus Ägypten heraufgebracht hat – wir wissen nicht, was mit ihm geschehen ist. [2]Aaron antwortete: Nehmt euren Frauen, Söhnen und Töchtern die goldenen Ringe ab, die sie an den Ohren tragen, und bringt sie her! [3]Da nahm das ganze Volk die goldenen Ohrringe ab und brachte sie zu Aaron. [4]Er nahm sie von ihnen entgegen, zeichnete mit einem Griffel eine Skizze und goss danach ein Kalb. Da sagten sie: Das sind deine Götter, Israel, die dich aus Ägypten heraufgeführt haben. [5]Als Aaron das sah, baute er vor dem Kalb einen Altar und rief aus: Morgen ist ein Fest zur Ehre des Herrn. (...)

[14]Da ließ sich der Herr das Böse reuen, das er seinem Volk angedroht hatte. [15]Mose kehrte um und stieg den Berg hinab, die zwei Tafeln der Bundesurkunde in der Hand, die Tafeln, die auf beiden Seiten beschrieben waren. Auf der einen wie auf der andern Seite waren sie beschrieben. [16]Die Tafeln hatte Gott selbst gemacht und die Schrift, die auf den Tafeln eingegraben war, war Gottes Schrift. (...)

[19]Als Mose dem Lager näher kam und das Kalb und den Tanz sah, entbrannte sein Zorn. Er schleuderte die Tafeln fort und zerschmetterte sie am Fuß des Berges. [20]Dann packte er das Kalb, das sie gemacht hatten, verbrannte es im Feuer und zerstampfte es zu Staub. Den Staub streute er in Wasser und gab es den Israeliten zu trinken. [21]Zu Aaron sagte Mose: Was hat dir dieses Volk getan, dass du ihm eine so große Schuld aufgeladen hast? (...)

34 [9]Er [Mose] sagte: Wenn ich deine Gnade gefunden habe, mein Herr, dann ziehe doch mein Herr mit uns. Es ist zwar ein störrisches Volk, doch vergib uns unsere Schuld und Sünde und lass uns dein Eigentum sein! [10]Da sprach der Herr: Hiermit schließe ich einen Bund: Vor deinem ganzen Volk werde ich Wunder wirken, wie sie auf der ganzen Erde und unter allen Völkern nie geschehen sind. Das ganze Volk, in dessen Mitte du bist, wird die Taten des Herrn sehen; denn was ich mit dir vorhabe, wird Furcht erregen. [11]Halte dich an das, was ich dir heute auftrage.

Die Höhen (Sure 7)

[148]Und Moses Leute nahmen sich, nachdem er weg war, aus ihrem Schmuck ein Kalb in brüllender Gestalt. Sahen sie nicht, dass es nicht zu ihnen sprach und sie keinen Weg führte? Sie nahmen es sich und taten Unrecht. [149]Als ihnen aufging und sie sahen, dass sie irregegangen waren, sagten sie: „Wenn unser Herr sich nicht unser erbarmt und uns vergibt, gehören wir gewiss zu den Verlierern". [150]Als Mose zornig und betrübt zu seinem Volk zurückkehrte, sagte er: „Wie schlecht ist, was ihr, als ich weg war, an meiner Stelle getan habt! Habt ihr auf die Verfügung eures Herrn gedrängt?"

Er warf die Tafeln hin, packte den Kopf seines Bruders und zog ihn an sich. Dieser sagte: „Sohn meiner Mutter, die Leute haben mir zugesetzt und hätten mich fast getötet. So lass nicht die Feinde über mich schadenfroh triumphieren und versetze mich nicht zu dem Volk, das Unrecht tut!"

[151]Er sagte: „Herr vergib mir und meinem Bruder und führe uns in deiner Barmherzigkeit! Du bist der barmherzigste der Barmherzigen."

[152]Die sich das Kalb genommen haben, wird Zorn von ihrem Herrn treffen und Schmach im diesseitigen Leben. So vergelten wir denen die sich etwas ausdenken. [153]Die aber Missetaten begehen und danach umkehren und glauben – Dein Herr ist danach voller Vergebung und barmherzig.

[154]Als Moses Zorn sich beruhigt hatte, nahm er die Tafeln. In ihrer Niederschrift ist die Führung und Barmherzigkeit für die, die sich vor ihrem Herrn fürchten.

Die Entsprechungen der beiden Erzählungen vom Goldenen Kalb sind groß: Aus dem Schmuck der Leute wird ein Goldenes Kalb (im Koran eines, das brüllt) angefertigt. In beiden kommen die Motive des In-die-Irre-Gehens und des Frevels vor. Mose schleudert im Zorn die Tafeln hin und weist seinen Bruder Aaron zurecht. Mose tritt in beiden Entwürfen als Fürbitter des Volkes auf. Bibel und Koran sehen die Mitte der Erzählungen im Glauben an den einen, wahren, lebendigen und barmherzigen Gott, der die Menschen begleitet und auf den rechten Weg führt.

Spezifisch für die alttestamentliche Version ist die Tatsache, dass sich das Volk nirgends seiner Schuld bewusst ist und dass es Gott reut. Gott schließt erneut einen Bund und befiehlt Mose, seine Gebote weiter zu befolgen. Im Koran ist besonders, dass Mose für sich und Aaron um Vergebung bittet („Die Höhen", Sure 7:151). Ferner kennt der Koran den Eifer der Leviten nicht, die gegen 3000 Leute töten, weil sie zum Götzendienst abgefallen sind (Ex 32,28). Wiederum ist hier ein moralpädagogisches Interesse sichtbar: Wer sündigt, dann aber umkehrt, dem vergibt der allbarmherzige Gott. Im Koran dominiert der Versuch, „letztlich ganz Ägypten zum Glauben an den einen und wahren Gott hinzuführen"[11].

8.4 Mose – Vermittler des Gebots der Gottes- und Nächstenliebe

Nachdem eine Reihe von Begebenheiten aus dem Leben des Moses und des Volkes Israel behandelt und zahlreiche Entsprechungen aufgedeckt wurden, soll nun Mose als Vermittler eines Ethos betrachtet werden, welches Judentum, Christentum und Islam – aber auch andere Religionen – zutiefst zusammenhält. Die Formulierungen mögen sich unterscheiden, der Sache nach geht es um die Gottes- und Nächstenliebe. Im Alten Testament fand dieses Gebot seine Zusammenfassung in den Zehn Worten (Dekalog), die uns in zwei sehr ähnlichen Versionen (Ex 20,1-21 und Dtn 5,6-22) überliefert sind.

Das *Neue Testament* beruft sich auf das Alte. So gibt etwa Jesus dem Gesetzeslehrer, der ihn auf die Probe stellen wollte, die Antwort: *„Du sollst den Herrn, deinen Gott lieben mit ganzem Herzen und ganzer Seele und mit all deiner Kraft und all deinen Gedanken"*, und: *„Deinen Nächsten sollst du lieben wie dich selbst"* (Lk 10,27, zitiert aus Dtn 6,5; Lev 19,18). Unter den Geboten der Nächstenliebe steht Jesus wiederum auf alttestamentlicher Basis: *„Du sollst nicht töten, du sollst nicht ehebrechen, du sollst nicht stehlen, du sollst nicht falsch aussagen; ehre Vater und Mutter!"* und: *„Du sollst deinen Nächsten lieben wie dich selbst"* (Mt 19,18-19).

Der *Koran* sieht Mose als Propheten, dem Gott in vierzig Tagen auf dem Berg Sinai die Offenbarung gegeben hat. Der Koran anerkennt Gottes Offenbarung an Mose,

---

11   K. Jaros, Der Islam IV. Biblische Heilige und Propheten im Koran, Ulm 1997, 162.

wie er auch die Offenbarung des Psalters an David und des Evangeliums an Jesu anerkennt. So ist auch das biblische Haupt- und Doppelgebot im Koran grundsätzlich vorhanden, wenn auch in seiner eigenen sprachlichen Gestalt. Mose ist im Koran der Empfänger der Schrift (vgl. „Das Vieh" Sure 6:154; „Die Dünen", Sure 46:12) analog zur Auffassung des Judentums von den fünf Büchern Mose. Mose hat ebenfalls Gottes Offenbarung erhalten, die als Buch des Himmels niedergelegt ist. Diese Schrift enthält das Ethos in verschiedenen Suren, oft unabhängig von den Moseerzählungen. In „Die Entscheidung", Sure 25,64-74 kommen die Gebote 1, 5 und 6 vor; in „Die Gläubigen", Sure 23:1-11 die Gebote 6 bis 9; in „Die Nachtreise", Sure 17,24-39 die Gebote 1, 4, 5 und 6. Hans Küng spricht von einem „Weltethos" und meint ein allen Religionen gemeinsames ethisches Minimum,[12] worunter er Schutz der Menschenwürde, Gewaltlosigkeit, Solidarität und Wahrhaftigkeit versteht. Nachfolgend sind zum Dekalog exemplarische Entsprechungen aus dem Koran aufgeführt: Der Prolog des Dekalogs (Ex 20,1-2) ist gleichsam die Klammer des Ganzen und begründet die einzelnen Verpflichtungen.

Exodus (20,1-3)
20 [1]Dann sprach Gott alle diese Worte: [2]Ich bin Jahwe, dein Gott, der dich aus Ägypten geführt hat, aus dem Sklavenhaus. [3]Du sollst neben mir keine anderen Götter haben. (1. Gebot)

Die Nachtreise (Sure 17)
[22]Gib nicht Gott noch einen Gott bei, sonst sitzt du gescholten und verlassen!

Die elementarste Gemeinsamkeit zwischen Bibel und Koran bzw. zwischen allen drei abrahamitischen Religionen betrifft das Bekenntnis zum einen und einzigen Gott. Judentum, Christentum und Islam sind sich einig im Glauben an ihn. Freilich, das Gottesbild ist streng monotheistisch (Judentum, Islam) oder monotheistisch trinitarisch offen (Christentum). Unterschiedlich wird das Bilderverbot gehandhabt. Im Judentum wird es auf Bilder Gottes bezogen und sehr konsequent und wörtlich gehalten. Im Islam bestand zwar nicht immer und überall, aber doch meist und so auch heute eine große Scheu vor geschöpflichen Darstellungen ganz allgemein, obwohl der Koran selbst kein explizites Bilderverbot enthält. Christen gehen im Allgemeinen sehr viel großzügiger mit religiösen Bildern um. Wichtig ist, dass Bilder keine naiven Abbilder Gottes und keine zu verehrenden Götzen sind.

Exodus (20,4)
20 [4]Du sollst dir kein Gottesbild machen und keine Darstellung von irgendetwas am Himmel droben, auf der Erde unten oder im Wasser unter der Erde. (2. Gebot)

Koran
(kein explizites Bilderverbot im Koran)

---

12   H. Küng, Projekt Weltethos, München 1990; ders., Dokumentation zum Weltethos, München 2002.

Exodus (20,8-10)
20 [8]Gedenke des Sabbats: Halte ihn heilig! [9]Sechs Tage darfst du schaffen und jede Arbeit tun. [10]Der siebte Tag ist ein Ruhetag, dem Herrn, deinem Gott, geweiht. An ihm darfst du keine Arbeit tun: du, dein Sohn und deine Tochter, dein Sklave und deine Sklavin, dein Vieh und der Fremde, der in deinen Stadtbereichen Wohnrecht hat. (3. Gebot)

Der Freitag (Sure 62)
[9]Ihr, die ihr glaubt, wenn zum Gebet am Tag der Versammlung – Freitag –, gerufen wird, dann eilt, Gottes zu gedenken, und lasst den Handel! Das ist besser für euch, falls ihr Bescheid wisst.

Das Sabbatgebot ist ein Geschenk der Tora an die Menschheit. Die Begründung wird im Buch Exodus mit der Ruhe von der Arbeit für Menschen und Tiere und der Weihe dieses Tages an Gott gegeben, im Deuteronomium mit dem Sechstagewerk und der Befreiung Israels durch Gott (Dtn 5,15). Im Koran ist kein ausdrücklicher Ruhetag vorgesehen, auch nicht am Freitag, wo das muslimische Mittagsgebet mit Predigt stattfindet. Nur der Handel soll dann während der Dauer des Gebetes ruhen („Der Freitag", Sure 62:9). Gott ist durch das Sechstagewerk nicht müde geworden („Qâf", Sure 50:38). Freilich zielt auch die biblische Schöpfungsgeschichte nicht auf eine quasi vermenschlichte Erschöpfung Gottes ab, sondern meint eine souverän überschauende Majestät des Schöpfers. Das spricht auch der Koran an, wenn Gott sich auf seinem Thron niederlässt („Die Anhöhen", Sure 7:42, und Parallelstellen). Im Christentum wurde der jüdische Sabbat mit der Erinnerung an Gottes Befreiung christologisch gedeutet als Tag der Feier der Auferstehung Jesu Christi und als endgültige Befreiung durch Jesu Kreuz und Auferstehung, und somit auf den Sonntag übertragen.

Das vierte Gebot der Elternachtung ist wieder allen abrahamitischen Religionen gemeinsam, auch wenn es unterschiedlich ausgedehnt wird.

Exodus (20,12)
20 [12]Ehre deinen Vater und deine Mutter, damit du lange lebst in dem Land, das der Herr, dein Gott, dir gibt (4. Gebot).

Die Frauen (Sure 4)
[36]Tut den Eltern Gutes, den Verwandten, Waisen und den Notleidenden, dem verwandten Nachbarn und dem fern stehenden, dem Gefährten zur Seite, dem Reisenden und denen, die eure Rechte als Sklaven besitzen.

In den großen Religionen der Welt ist die Achtung und Verehrung der Eltern aus Dankbarkeit selbstverständlich. Die moderne Gesellschaft mit den postmodernen Kleinfamilien bringt neue Probleme, besonders für die älteren Menschen, mit sich und erfordert einen Generationenvertrag.

Das fünfte Gebot betrifft den Schutz des Lebens.

Exodus (20,13)

20 [13]Du sollst nicht morden (5. Gebot).

Die Nachtreise (Sure 17)

[33]Tötet nicht das Leben, das Gott für unantastbar erklärt hat, es sei denn nach Recht! Wenn jemand zu Unrecht getötet wird, dann geben wir seinem Beistand Ermächtigung (zur Blutrache). Doch soll er im Töten nicht maßlos sein. Ihm wird geholfen.

In allen Religionen ist das Leben die größte von Gott gegebene Gabe und deshalb unantastbar. Doch gab und gibt es überall auch Ausnahmen wie das individuelle Selbstverteidigungsrecht und lange Zeit die kirchliche Lehre vom gerechten Krieg. Die Koranstelle verbindet mit dem Gebot der Achtung vor dem Leben eine Warnung vor übertriebenen Sanktionen. Das Alte Testament verbindet denselben Gedanken mit der so genannten Talionsformel (*„Auge um Auge, Zahn um Zahn"*, Ex 21,24). Jesus fordert mit seinem Gebot der Feindesliebe (Mt 5,45; Lk 6,27) und seinem Verzicht auf jegliche Gewalt ein radikales Umdenken, dem man mehr Gefolgschaft wünschte. Die Proklamation der Menschenrechte durch die UNO (1948) hat auf politischer Ebene weltweit neue Maßstäbe gesetzt und dem Recht auf Leben höchste Priorität eingeräumt.

Exodus (20,14)

20 [14]Du sollst nicht die Ehe brechen. (6. Gebot)

Die Nachtreise (Sure 17)

[32]Naht euch nicht der Unzucht! Sie ist Schandtat, ein schlechter Weg!

Das sechste Gebot betrifft Ehe und Sexualität. Unzucht wird in allen Religionen abgelehnt. Während die Bibel die Ehe heiligt, lässt der Koran bis zu vier Frauen unter der Voraussetzung zu, dass alle gleichberechtigt behandelt werden („Die Frauen", Sure 4:3). Immer wieder haben islamische Kommentatoren auf die praktische Unerfüllbarkeit dieser Bedingung hingewiesen und daraus abgeleitet, dass zumindest für die meisten Menschen eine Vielehe nicht empfohlen werden kann. In einigen islamisch geprägten Staaten ist sie dennoch nicht unüblich, in anderen ist sie heute verboten.

Exodus (20,15.17)

20 [15]Du sollst nicht stehlen. (...)

[17]Du sollst nicht nach dem Haus deines Nächsten verlangen. Du sollst nicht nach der Frau deines Nächsten verlangen, nach seinem Sklaven oder seiner Sklavin, seinem Rind oder seinem Esel oder nach irgendetwas, das deinem Nächsten gehört (7. Gebot).

Die Nachtreise (Sure 17)

[34]Naht euch nicht dem Vermögen der Waisen, es sei denn auf die beste Art, bis sie volljährig ist! Erfüllt die Verpflichtung! Nach der Verpflichtung wird gefragt.

Schutz des *Eigentums* und Solidarität mit den Armen sind Pfeiler aller Religionen. Der Islam kennt als seine vierte Säule die Sozialabgabe, das so genannte Almosen, das Teilen mit den Nachbarn und Bedürftigen. Wichtig ist hier der Übergang von einem individualistischen Denken zu einem gemeinschaftlichen und sogar globalen Handeln in solidarischer Verantwortlichkeit.

Exodus (20,16)
Du sollst nicht falsch gegen deinen Nächsten aussagen (8. Gebot).

Die Nachtreise (Sure 17)
[36]Geh nicht dem nach, von dem du nichts weißt! Gehör, Blick und Verstand – nach all dem wird gefragt.

Die Parteien (Sure 33)
[70]Sprecht zutreffende Worte!

In beiden Heiligen Schriften geht es um die Wahrhaftigkeit oder Aufrichtigkeit, die unabdingbar für ein gelingendes Zusammenleben der Menschen und Voraussetzung für jede wirkliche Gemeinschaft ist.

Fassen wir nun zusammen: Der Dekalog – die Zehn Worte – sind Lebensregeln des Volkes Israel, die von Gott geheiligt wurden und ein gemeinschaftliches Leben in Gerechtigkeit und Frieden ermöglichen. In der hier gewählten Nummerierung betreffen die ersten drei Gebote den Glauben an Gott, den einen, während die Gebote vier bis zehn *Werte* für ein gedeihliches Zusammenleben der Menschen herausstellen.

Das erste Gebot des Dekalogs, rückgebunden an die Einleitung „Ich bin Jahwe, *dein Gott, der dich aus Ägypten geführt hat, aus dem Sklavenhaus. Du sollt neben mir keine anderen Götter haben*" (Ex 20,2-3) zieht sich wie der Cantus firmus durch den ganzen Koran und bestimmt die Grundhaltung der Muslime. Dabei hat man sich immer zu vergegenwärtigen, dass mit „anderen Gottheiten" über den engen anti-polytheistischen Wortsinn hinaus auch alles angesprochen sein kann, was man so verehrt, wie man eigentlich nur Gott verehren soll: Alles, was Menschen zum Mittelpunkt ihres Lebens machen und wodurch ihr Tun bestimmt wird, sei es Geld, Macht, Karriere, Sport, Wissenschaft und vieles andere mehr. Das gemeinsame Gebot erinnert daran, dass letztlich nichts außer Gott wirklich wichtig für unser Dasein ist!

Die obigen Parallelen für die Gebote vier bis zehn zeigen, wie sehr der Koran dieselben Grundwerte wie die jüdisch-christliche Tradition vertritt, besonders das Leben, die Familie, das Eigentum und die Tugend der Wahrhaftigkeit. Damit werden in traditioneller Sprache „Gottesliebe" und „Nächstenliebe" miteinander verbunden, denn im Wahren dieser Werte wird transparent, dass Gott und nicht der Mensch Herr über das Leben ist. Kaum bekannt ist, dass der Koran das Gebot der Nächstenliebe auch ganz ausdrücklich kennt:

Das verkündet Gott seinen Dienern, die glauben und gute Werke tun, als frohe Botschaft. Sag: „Ich verlange von euch dafür keinen Lohn außer der Liebe zu den Nächsten[13]." Wer Gutes voll-

---

13 Wörtliche Übersetzung in Abweichung von Zirker.

bringt, dem mehren wir dafür Gutes. Gott ist voller Vergebung und dankbar. („Die Beratung", Sure 42:23)

Fast alle Übersetzungen setzen hier anstelle von „Nächstenliebe": „Liebe zu den Verwandten" oder auch interpretierend: „Liebe *wie* zu den Verwandten". Das arabische Wort, das der Koran hier gebraucht (*al-qurbâ*), wird nämlich für „Verwandte" benützt und heute allgemein so verstanden. Es bedeutet aber ganz wörtlich „die Nächsten". Obwohl also selbst Muslime sich heute kaum mehr dessen bewusst sind, enthält der Koran hier dasselbe Gebot, wie es im Alten Testament verankert ist (Lev 19,18: *„Du sollst deinen Nächsten lieben wie dich selbst.").* Indem Jesus aus der Tora zitiert, stellt er Gottes- und Nächstenliebe auf die gleiche Stufe und in den Mittelpunkt seiner Botschaft: *„Du sollst den Herrn, deinen Gott, lieben mit ganzem Herzen und ganzer Seele, mit all deiner Kraft und all deinen Gedanken und: Deinen Nächsten sollst du lieben wie dich selbst"* (Lk 10,27).

8.5   Mose im Neuen Testament

Im Neuen Testament gilt Mose als „Diener Gottes" (Hebr 3,5), als „Führer und Befreier" (Apg 7,35) aus der Knechtschaft in Ägypten. Zunehmend – besonders bei Paulus – stehen aber die Äußerungen Mose im Zeichen der Auseinandersetzung von Gesetz und Evangelium, von Synagoge und Kirche, eine Auseinandersetzung, die sowohl durch Kontinuität als auch durch Differenz und Überbietung gekennzeichnet ist. Mit der Mose-Christus-Typologie ist gemeint: Während Mose das Gesetz und den Willen Gottes proklamiert, erfüllt Jesus das Gesetz, ohne sich etwa am Sabbat unterjochen zu lassen (Joh 7,19-23). Jesus ist „größer" als Mose (Hebr 3,3), insofern er näher bei Gott ist und dessen Herrlichkeit nicht nur im Antlitz aufleuchtet, sondern durch seine gesamte Menschwerdung (Joh 1,14). Jesu Kritik eines rein äußerlich verstandenen Gesetzes zeigt sich in der Bergpredigt (Mt 5,1-7,29) bzw. in der Feldrede (Lk 6,20-49).

Eine klassische Verhältnisbestimmung zwischen Mose und Jesus liegt in der bekannten Geschichte von der *Verklärung Jesu* (Mk 9,2-10 par) vor. Es sollen „drei Hütten" gebaut werden: eine für Mose, eine für Elija und eine für Jesus.

Sechs Tage danach nahm Jesus Petrus, Jakobus und Johannes beiseite und führte sie auf einen hohen Berg, aber nur sie allein. Und er wurde vor ihren Augen verwandelt; seine Kleider wurden strahlend weiß, so weiß, wie sie auf Erden kein Bleicher machen kann. Da erschien vor ihren Augen Elija und mit ihm Mose und sie redeten mit Jesus. Petrus sagte zu Jesus: Rabbi, es ist gut, das wir hier sind. Wir wollen drei Hütten bauen, eine für dich, eine für Mose und eine für Elija. Er wusste nämlich nicht, was er sagen sollte; denn sie waren vor Furcht ganz benommen. Da kam eine Wolke und warf ihren Schatten auf sie, und aus der Wolke rief eine Stimme: Das ist mein geliebter Sohn; auf ihn sollt ihr hören. Als sie dann um sich blickten, sahen sie auf einmal niemand mehr bei sich außer Jesus. Während sie den Berg hinabstiegen, verbot er ihnen, irgendjemand zu erzählen, was sie gesehen hatten, bis der Menschensohn von den Toten auferstanden sei. Dieses Wort beschäftigte sie und sie fragten einander, was das sei: von den Toten auferstehen. (Mk 9,2-10).

Der Text ist deutlich auf alttestamentlichem Hintergrund geschrieben: Jesus, der neue Mose, empfängt auf einem Berg (Tabor) Gottes Offenbarung. Die Wolke ist Zeichen der Gegenwart Gottes. Während das Antlitz des Mose erstrahlte, wird Jesus „vor ihren Augen verwandelt", so dass die Kleider „strahlend" weiß wurden (Mk 9,3). Die „drei Hütten" dürften auf die Fundamente für ein Leben im Zeichen der Reich-Gottes-Botschaft hinweisen: nämlich auf „Mose" als Geber des Gesetzes, Elija als Prophet und schließlich Jesus als geliebten Sohn Gottes. Wer sich auf die Reich-Gottes-Botschaft einlassen will, soll auf Jesus Christus hören. Er bleibt übrig, wenn Gesetz und Prophetentum verschwinden sollten. Die Geschichte von der Verklärung möchte das Hören auf Jesus und seine frohe Botschaft ins Zentrum rücken.

Ein vergleichbares Verklärungserlebnis deutet der Koran zu Beginn der 17. Sure („Die Nachtreise") für Muhammad an; die islamische Tradition erklärt dazu, dass der Prophet auf wunderbare Weise von Mekka nach Jerusalem entrückt wurde und dort auf dem ehemaligen Tempelberg von Abraham, Mose und Jesus empfangen wurde. Auf dem Felsen, auf dem früher der Tempel Salomos stand, beteten sie zusammen unter der Vorbeterschaft Muhammads. Dann wurde Muhammad von dort in den Himmel aufgenommen und schließlich noch in derselben Nacht nach Mekka zurückgebracht.

Die bekannte Geschichte der Begegnung Jesu mit den *Emmausjüngern* (Lk 24,13-35) erwähnt ebenfalls Mose und nennt Jesus einen Propheten: *„Er (Jesus) war ein Prophet, mächtig in Wort und Tat vor Gott und dem ganzen Volk"* (Lk 24,19b). Daraufhin erläutert Jesus den Emmausjüngern die jüngst gemachten Erfahrungen mit dem Gekreuzigten: *„Und er legte ihnen dar, ausgehend von Mose und allen Propheten, was in der ganzen Schrift über ihn geschrieben steht"* (Lk 24,27). Hier wird bei Mose bereits ein Zeugnis für Jesus gesehen, worauf wir im letzten Kapitel 12 zu sprechen kommen werden. Mose ist Vorausbild für Jesus (vgl. Apg 3,22; 7,37), d.h. in seinem Prophetenschicksal wird bereits das Schicksal Jesu erkennbar (vgl. Apg 7,35). Nach dem ersten Korintherbrief zog Jesus schon durch die Wüste mit, wo Mose aus dem Fels Wasser erhielt. *„Und dieser Fels war Christus"* (1 Kor 10,2). Und die Erhöhung Jesu am Kreuz wird verglichen mit dem rettenden Aufrichten der ehernen Schlange durch Mose. *„Und wie Mose die Schlange in der Wüste erhöht hat, so muss der Menschensohn erhöht werden, damit jeder der (an ihn) glaubt, in ihm das ewige Leben hat"* (Joh 3,14).

In dieser Mose-Jesus-Typologie verkündete Mose als Prophet Gottes Willen und führte das Volk durch die Wüste. Bei der Anfechtung sorgte er mit Wasser für das Volk, mit dem Stab zähmte er auch das Meer. Jesus – nach Johannes „Weg, Wahrheit und Leben" (Joh 14,6) – wird am Kreuz erhöht, wodurch den Menschen nach Leid und Tod ewiges Leben geschenkt wird.[14]

---

14   Auch für den Völkerapostel *Paulus* ist Mose der Empfänger und Vermittler des Gesetzes (Röm 9,15; 10,19). Doch ist für ihn das Gesetz als Heilsweg bereits „vergangen", und Mose gehört einer vergangenen Zeit an, die jetzt durch das Kommen Jesu Christi eingeholt wird. Hat Mose den Dienst des Buchstabens verkörpert, so wird der Neue Bund durch den Dienst des Geistes verwirklicht.

8.6   Zusammenfassung

- Mose ist für Juden, Christen und Muslime ein erstrangiger Mittelsmann zwischen Gott und dem Volk Israel. Vor Gott vertritt er das Volk und tritt fürbittend auf; vor dem Volk macht er Gottes Willen im Stile eines Propheten kund.

- Mose ist als Volksführer und Gesetzgeber stets zuverlässig und demütig. Er ist „Diener" und „Knecht Gottes". Im Unterschied zu Pharao beansprucht er niemals, an Gottes statt zu treten. Bei aller Nähe zu Gott weiß er um sein Versagen, etwa als er den Ägypter tötete, und er kann dieses auch bereuen. Durch seine Einsicht und Reue lässt er Gottes Barmherzigkeit durchscheinen.

- Mose brachte Juden und Christen den Dekalog als „Kurzfassung" und Ausdruck von Gottes Wille. Der Dekalog ist zugleich Ausdruck eines transkulturellen, interreligiösen „Weltethos", dem weitgehend auch die Muslime zustimmen. Für die Zehn Gebote zentral sind Ein-Gott-Glaube, Bilderverbot, Respekt gegenüber den Eltern, Unantastbarkeit des Lebens, Schutz von Ehe und Familie, Achtung des Eigentums und Wahrhaftigkeit. Für das Weltethos stehen Menschenwürde, Gewaltlosigkeit, Solidarität und Wahrhaftigkeit im Zentrum.

- Gottes Offenbarung an Mose im Feuer ist in Bibel und Koran bezeugt; dieser Gott Israels ist auch der Gott Jesu und der Gott der Muslime. Wie das Zweite Vatikanische Konzil konstatiert, beten Muslime mit den Christen den einen, barmherzigen Gott an (Lumen Gentium LG 16). In multireligiösen Gebeten können sich Juden, Christen und Muslime an diesen einzigen, barmherzigen Gott wenden, wenn auch nicht miteinander, so doch nacheinander.

- Christen werden Mose in Zusammenhang mit Jesus sehen, insofern Mose „die Ursprungsspur des österlichen Weges" eingezeichnet hat, nämlich die Taufe (vgl. 1 Kor 10,2), welche Rettung aus Gefangenschaft und Tod in ein neues Leben und eine neue Freiheit führt.

- Muslime werden Mose auf Muhammad hin verstehen. Was Mose an Funktionen und Kompetenzen eines Propheten aufweist, wird in Muhammad, dem „Siegel der Propheten" ausgeprägter begegnen. Mose ist für die Muslime erstrangiger Zeuge des rechten Glaubens an den einen und einzigen Gott.

- Die koranischen Erzählungen über Mose verdeutlichen, wie sehr der Islam Muhammad nicht als völligen Neuerer versteht (vgl. auch Muhammads Wort: „Ich bin keine Neuheit unter den Gesandten", „Die Dünen", Sure 46:9), sondern in Kontinuität zu den früheren Propheten und wie sehr seine

Predigt als Fortsetzung und Vollendung der prophetischen Verkündigung verstanden wird. Der Islam ersetzt den neutestamentlichen antithetischen Parallelismus zwischen Mose und Christus durch einen kontinuierlichen Parallelismus zwischen Mose und Muhammad.

8.7 Didaktische Impulse

- Mit Bildern, Folien oder Filmausschnitten könnten Erinnerungen an Mose und dessen Umfeld wachgerufen werden: an die Geburt des Mose und die Aussetzung im Binsenkörbchen, an die Zeit der ägyptischen Sklaverei, an König Pharao, den Gegenspieler des Mose, an den Bruder Aaron und die Schwester Mirjam, an die Wüstenzeit mit ihren Anfechtungen und Wundern, an die „steinernen Tafeln" des Dekalogs und an den Durchzug durch das Rote Meer, kurz, die gesamte biblische Mosegeschichte ist zu vergegenwärtigen.

- Die Gestalt des Mose ist in Bibel und Koran in ihrer Besonderheit herauszuarbeiten. Im Koran ist Mose als Urbild der von Gott gesandten Propheten zu verstehen, der den Eingottglauben verkündet und jede Götzenverehrung missbilligt. Die Bibel kennt Mose zuerst als Befreier aus der Unterdrückung und dann als Gesetzgeber. Das Neue Testament wiederum sieht in Jesus den neuen Mose, v.a. anlässlich der Bergpredigt.

- Gemeinsame Motive sowie Unterschiede sind in den Moseerzählungen nach Bibel und Koran (vgl. Tabelle in Kapitel 8.2) zu erarbeiten: Aussetzung, Jugend, Berufung, Tötung eines Ägypters, zehn (Bibel) bzw. fünf (Koran) ägyptische Plagen; die Rettung am Schilfmeer; Wasser aus dem Felsen; Goldenes/brüllendes Kalb; Manna und Wachteln.

- Da die Zehn Gebote mit dem Hauptgebot verwechselt werden, lohnt eine Aufstellung der Gebote 1 bis 10 nach Ex 20. Vergleiche aus dem Koran sind in den Suren 4:17 und 62 zu finden, was für einige überraschend sein dürfte.

- In den Lehrplänen kommen die Zehn Worte häufig und an verschiedenen Stellen vor: z.B. im Zusammenhang mit dem Tötungsverbot, mit Abtreibung oder mit den Fragen des Umgangs zwischen den Generationen (4. Gebot). In Bezug auf die Einehe (6. Gebot) sind auch Differenzen auszumachen. Die Filme von Krzystof Kieslowski, geeignet ab 16 Jahren, aktualisieren die Zehn Gebote für die Gegenwart. Sie fordern eine gezielte Verarbeitung.

- Der Dekalog weist im interreligiösen Vergleich auf gemeinsame Grundwerte hin: Leben, Familie, Wahrhaftigkeit, Eigentum. Hans Küng hat von einem Weltethos gesprochen und gemeinschaftsbezogene Tugenden wie

Solidarität hinzugefügt. Daran könnte sich eine Diskussion über aktuelle Grundwerte anschließen.

- Am Beispiel der Geschichte von der „Verklärung Jesu" (Mk 9,2-10) kann Mose in Bezug zu Jesus gesetzt werden (vgl. Kapitel 8.5). In ähnlicher Weise ist Mose mit Muhammad im Islam zu besprechen. Daraus ergäbe sich ein Gespräch über Jesus und Muhammad.

9. Die Könige

Um uns etwas in die Geschichte Israels einzufinden, präsentieren wir zuerst einen historischen Überblick[1]:

Die Könige der Bibel

Das Alte Testament liefert eine Fülle von Angaben über die politische Geschichte der Königszeit. Dennoch können die Regierungsdaten der Könige oft nur ungefähr erschlossen werden. Zu beachten ist ferner, dass besonders die frühen Könige (Saul, David und Salomo) außerbiblisch nicht belegt sind.

Vereinigtes Reich

Saul	ca. 1030-1010 v. Chr.
David	ca. 1010-970 v. Chr.
Salomo	ca. 970-930 v. Chr.

Nach dem Tod Salomos wurde das Reich geteilt in das Königreich Juda im Süden (hebräisch „Jehuda"; Hauptstadt: Jerusalem), und das Königreich Israel im Norden (Hauptstadt: Sichem, dann Tirzah, später: die neu erbaute Residenzstadt Samaria). Israel wurde von den Assyrern 722 v. Chr. erobert und unter dem Namen „Samaria" als Provinz einverleibt, Juda im Jahr 587/586 v. Chr. von den Babyloniern.

Israel (die wichtigsten Herrscher:)		**Juda** (die wichtigsten Herrscher:)	
Jerobeam	930-910 v. Chr.	Rehabeam	930-914 v. Chr.
Omri	885-874 v. Chr.	Joasch	841-802 v. Chr.
Ahab	874-853 v. Chr.	Ahas	735-719 v. Chr.
Hoschea	731-722 v. Chr.	Hiskija	727-699 v. Chr.
		Joschija	640-609 v. Chr.
		Zidkija	597-587 v. Chr.

Babylonische Gefangenschaft 586-539 v. Chr.

Nach der Rückkehr der Juden aus der so genannten Babylonischen Gefangenschaft erhielt das Gebiet um Jerusalem wieder die Bezeichnung „Jehuda", bzw. später lateinisch „Judäa". 135 n. Chr. wurde das Land offiziell vom römischen Kaiser Hadrian in „Palästina" umbenannt.

---

[1] Quelle: A. Lemaire, „Könige (Chronologie)", in: Neues Bibel-Lexikon, hg. von M. Görg und B. Lang, Zürich/Düsseldorf 1988-2001, Bd. 2, 508-510.

Von den Königen des Alten Testaments werden nur die drei ersten Saul (Kapitel 9.1), David (Kapitel 9.2) und Salomo (Kapitel 9.3) auch im Koran rezipiert. Wie alle heilsgeschichtlichen Gestalten werden sie hier unter die „Propheten" oder „Gesandten" Gottes eingereiht. Gegenüber dieser Würde tritt ihre Königsrolle in den Hintergrund. Muslime sprechen daher üblicherweise nicht vom „König", sondern vom „Propheten" David oder Salomo. Auch vertragen sich die kritischen Züge, die die Bibel ja durchaus auch, und zuweilen ganz schonungslos, von ihren Königen zeichnet, nicht mit der islamischen Maxime von der grundsätzlichen Unfehlbarkeit aller Propheten.

9.1 „Ist denn auch Saul unter den Propheten?"[2]

Der erste israelitische König Saul (hebr. Scha'ûl, „der [von Gott] Erbetene") kommt im Koran nur kurz unter dem Namen Talût vor, d.h. „der Hochgewachsene". Seine überragende Körpergröße hebt auch die Bibel ausdrücklich hervor (1 Sam 9,2; vgl. Sure 2,247). Bei der arabischen Namensgebung kommt zudem eine Angleichung der drei Namen Talût (Saul), Dschalût (Goliat) und Dawûd (David) zum Tragen. Die David-Goliat-Erzählung folgt im Koran unmittelbar auf die Einführung Sauls als König.

1 Samuel (8,19-20; 9,1-2,15-17; 15,3,9-10, 23; 31,1,3-4,7	Die Kuh (Sure 2)
8 [19]Doch das Volk wollte nicht auf Samuel hören, sondern sagte: Nein, ein König soll über uns herrschen. [20]Auch wir wollen wie alle anderen Völker sein. Unser König soll uns Recht sprechen, er soll vor uns herziehen und soll unsere Kriege führen. (...) 9 [1]Damals lebte in Benjamin ein Mann namens Kisch, ein Sohn Abiëls, des Sohnes Zerors, des Sohnes Bechorats, des Sohnes Afiachs, ein wohlhabender Benjaminiter. [2]Er hatte einen Sohn namens Saul, der jung und schön war; kein anderer unter den Israeliten war so schön wie er; er überragte alle um Haupteslänge. (...) [15]Der Herr aber hatte Samuel, einen Tag bevor Saul kam, das Ohr für eine Offenbarung geöffnet und gesagt: [16]Morgen um diese Zeit schicke ich einen Mann aus dem Gebiet Benjamins zu dir. Ihn sollst du zum Fürsten meines Volkes Israel salben. Er wird mein Volk	[246]Hast du nicht die Ratsleute unter den Kindern Israels nach Mose gesehen, als sie zu einem Propheten, den sie hatten, sagten: „Berufe uns einen König, damit wir auf Gottes Weg kämpfen!" Er sagte: „Wenn euch zu kämpfen vorgeschrieben wird, kämpft ihr vielleicht dann doch nicht?" Sie sagten: „Wie kämen wir dazu, nicht auf Gottes Weg zu kämpfen, wo wir doch aus unseren Häusern und von unseren Kindern vertrieben worden sind?" Doch als ihnen zu kämpfen vorgeschrieben wurde, kehrten sie sich bis auf wenige unter ihnen ab. Gott kennt die, die Unrecht tun. [247]Ihr Prophet sagte zu ihnen: „Gott hat euch Saul als König berufen." Sie sagten: „Wie sollte er die Herrschaft über uns haben, wo sie uns doch eher zukommt, als ihm und ihm nicht großes Vermögen gegeben worden ist?" Er sagte: „Gott hat ihn aus euch erwählt und

---

2 1 Sam 19,24.

aus der Gewalt der Philister befreien; denn ich habe die Not meines Volkes Israel gesehen und sein Hilfeschrei ist zu mir gedrungen. [17]Als Samuel Saul sah, sagte der Herr zu ihm: Das ist der Mann, von dem ich dir gesagt habe: Der wird über mein Volk herrschen.

15 [3]Darum zieh jetzt in den Kampf und schlag Amalek! Weihe alles, was ihm gehört, dem Untergang! Schone es nicht, sondern töte Männer und Frauen, Kinder und Säuglinge, Rinder und Schafe, Kamele und Esel! (...)
[9]Saul und das Volk schonten Agag, ebenso auch die besten von den Schafen und Rindern, nämlich das Mastvieh und die Lämmer, sowie alles, was sonst noch wertvoll war. Das wollten sie nicht dem Untergang weihen. Nur alles Minderwertige und Wertlose weihten sie dem Untergang. [10]Deshalb erging das Wort des Herrn an Samuel: (...) [23]„Denn Trotz ist ebenso eine Sünde wie die Zauberei, Widerspenstigkeit ist ebenso (schlimm) wie Frevel und Götzendienst. Weil du das Wort des Herrn verworfen hast, verwirft er dich als König."

31 [1]Als die Philister gegen Israel kämpften, flohen die Israeliten vor ihnen; viele waren gefallen und lagen erschlagen auf dem Gebirge von Gilboa. (...) [3]Um Saul selbst entstand ein schwerer Kampf. Die Bogenschützen hatten ihn getroffen und er war sehr schwer verwundet. [4]Da nahm Saul selbst das Schwert und stürzte sich hinein. (...)
[7]Als die Israeliten auf der anderen Seite der Ebene und jenseits des Jordan sahen, dass die Israeliten geflohen und dass Saul und seine Söhne tot waren, verließen sie ihre Städte und flohen. Dann kamen die Philister und besetzten die Städte.

2 Samuel (6,1)
6 [1]David versammelte wiederum alle jungen Krieger aus Israel, dreißigtausend Mann, [2]brach auf und zog mit seinem ganzen Heer nach Baala in Juda, um von dort die Lade Gottes heraufzuholen, über der der Name des Herrn der Heere, der über den Kerubim thront, ausgerufen worden ist.

ihm Größe an Wissen und Gestalt verliehen." Gott gibt seine Herrschaft, wem er will. Gott ist allwissend.

[248]Und ihr Prophet sagte zu ihnen: „Das Zeichen seiner Herrschaft ist, dass die Lade zu euch kommt. In ihr ist Ruhe von eurem Herrn und ein Bestand dessen, was Moses Leute und die Aarons hinterlassen haben. Die Engel tragen sie. Darin ist für euch ein Zeichen, falls ihr glaubt."

Richter (7,2-7)

7 ²Der Herr sagte zu Gideon: Die Leute, die du bei dir hast, sind zu zahlreich, als dass ich Midian in deine Gewalt geben könnte. Sonst könnte sich Israel mir gegenüber rühmen und sagen: Meine eigene Hand hat mich gerettet. ³Ruf daher so laut, dass die Leute es hören: Wer sich fürchtet und Angst hat, soll umkehren. Gideon musterte sie und darauf kehrten von den Leuten zweiundzwanzigtausend um, während zehntausend bei ihm blieben. ⁴Doch der Herr sagte zu Gideon: Die Leute sind immer noch zu zahlreich. Führ sie hinab ans Wasser; dort will ich sie für dich mustern. Von wem ich sagen werde: Er soll mit dir gehen!, der soll mitgehen, und jeder, von dem ich zu dir sagen werde: Dieser soll nicht mit dir gehen!, der soll nicht mitgehen. ⁵Gideon führte die Leute zum Wasser hinab und der Herr sagte zu ihm: Stell alle, die das Wasser mit der Zunge auflecken, wie es ein Hund tut, auf einen besonderen Platz, und ebenso alle, die sich zum Trinken hinknien. ⁶Die Zahl derer, die das Wasser aufleckten, betrug dreihundert Mann. Alle übrigen Leute aber knieten sich hin, um das Wasser zu trinken, indem sie es mit der Hand zum Mund führten. ⁷Der Herr sagte zu Gideon: Durch die dreihundert Mann, die (das Wasser) aufgeleckt haben, will ich euch retten; ich werde Midian in deine Gewalt geben. Alle übrigen Leute sollen nach Hause gehen.

²⁴⁹Als dann Saul mit den Heeren ausrückte, sagte er: „Gott prüft euch mit einem Fluss: Wer aus ihm trinkt, der gehört nicht zu mir. Wer aber nicht von ihm kostet, der gehört zu mir. Es sei denn, einer schöpft nur eine Handvoll." Da tranken sie aus ihm bis auf wenige unter ihnen. Als er ihn dann überquerte und mit ihm die, die glaubten, sagten sie: „Wir haben heute keine Kraft gegen Goliat und seine Heere." Die damit rechneten, dass sie Gott begegnen, sagten: „Wie manch kleine Truppe besiegte schon mit Gottes Erlaubnis eine große!". Gott ist mit den Standhaften.

Im Alten Testament kommt den ausführlichen und kontroversen Erzählungen von Saul eine bedeutende Funktion für den historischen Prozess der Staatswerdung Israels zu. Nach der Landnahme und der Übergangsperiode der so genannten „Richter" (Stammesführer), wird durch den Propheten Samuel und auf Verlangen des Volkes das Königtum eingeführt. Obwohl sich Sauls Herrschaft also auf göttliche Legitimation stützt, stellt er offenbar keine Idealbesetzung für das Amt dar und scheitert dramatisch in den Kämpfen gegen die neuen Erzfeinde der Israeliten, die Philister. Das 1. Buch Samuel porträtiert ihn als ausgesprochen kontroverse Gestalt: von Gott auserwählt und anmutig, zugleich überheblich, brutal, voll Eifersucht und Hass gegen David. Gescheitert und verwundet stürzt er sich selbst ins Schwert und wird doch von David beweint und als Held gepriesen (2 Sam 1,17-27).

Der Koran legt, wie stets, keinen Wert auf eine exakte historische oder geographische Einordnung und benennt weder Samuel noch die Philister beim Namen, noch spielen die Orte des Geschehens eine Rolle. Die Episode von der Musterung weniger

Kämpfer, deren Vertrauen auf Gott im Angesicht einer übermächtigen Bedrohung hervorgehoben wird, schreibt das Alte Testament dem Richter Gideon zu. Es geht im Koran ausschließlich um die Inhalte. Wie in der Bibel ist hier auch im Koran ausdrücklich von religiös untermauertem Kampf die Rede („kämpfen auf Gottes Weg"), also von „heiligem Krieg", wobei freilich nicht genug betont werden kann, dass weder Bibel noch Koran an irgendeiner Stelle diesen Begriff verwenden. Ausdrücklich macht der Koran erlittenes Unrecht zur Voraussetzung für den dann allerdings zwingend gebotenen Defensivkrieg.

EXKURS „Heiliger Krieg"

Von Gewalt und Blutvergießen, Mord und Totschlag, Krieg und sogar Genozid lesen wir sowohl in der Bibel wie auch im Koran. Entgegen einem weit verbreiteten Vorurteil kommt dergleichen in der Bibel erheblich häufiger und in viel erschreckenderer Deutlichkeit zur Sprache, als im Koran. Auch wurden zu allen Zeiten, und keineswegs nur im Alten Testament im Namen der Religion Kriege geführt und unaussprechliche Gewalt verübt. Auch Christen haben ihren Glauben viel zu oft mit dem Schwert verbreitet, und ohne die „Christianisierung" Lateinamerikas durch Völkermord, Überfremdung und heilloser Zerrüttung der Kulturen der Indios und Indianer wäre das Christentum heute nicht die größte Weltreligion.

Natürlich aber ist es nicht das, wozu die Heiligen Schriften – die eine so wenig wie die andere – ihre Anhänger aufrufen wollen. Sie, und besonders das Alte Testament, schildern vielmehr zunächst einmal die Welt, wie sie geworden ist und decken unverblümt alle Scheußlichkeiten auf, zu denen der Mensch fähig ist. Die Mechanismen von Gewalt und Unrecht werden vorgeführt und alle möglichen Motive bloßgestellt, einschließlich des leider nach wie vor sehr verbreiteten: dass Menschen sich dabei auf Gott berufen. Schließlich bringen Heilige Schriften auch diejenigen Seiten an Gott selbst in die Diskussion mit ein, die uns an ihm oft genug vor den Kopf stoßen und die uns rätselhaft bleiben müssen. Dann aber – und vor allem – zeigen Heilige Schriften ja auch die Wege auf, die aus den dunklen Seiten der uns mit-umfassenden Wirklichkeit hinaus führen und entwerfen grandiose Bilder von dem, wie der Mensch sein kann und soll, wenn er sich auf Gott einlässt.

Der Begriff vom „Heiligen Krieg" ist, nicht überraschend, von Menschen geprägt worden, die die Grundaussagen ihrer eigenen Religion fürchterlich verzerrt und auf den Kopf gestellt haben, von den („christlichen") Kreuzfahrern nämlich. Heute wird damit bei uns oft ein ganz anderer, arabischer Begriff falsch übersetzt, der zwar im Islam in der Tat von sehr zentraler Bedeutung ist, der aber zunächst mit Krieg oder Gewalt nichts zu tun hat. „Dschihad" bedeutet das stete Bemühen und ständige Herausgefordert-Sein, das von Gott gewollte Ideal, wie man selbst und die Welt sein sollte, im eigenen Leben und in der Welt umzusetzen. Den Kampf jedes Einzelnen mit sich selbst, sich selbst immer wieder zu überwinden und ein besserer Mensch zu werden, nennen Muslime oft den „großen Dschihad". Er ist Voraussetzung dafür, dass man dann auch versuchen kann, nach außen zu wirken und mitzuhelfen, die Welt zu verbessern. Soziales Engagement, Umweltschutz, Tierschutz, all das und vieles mehr gehört folglich zu Dschihad. Allerdings wird Gewalt dabei nicht ausgeklammert. Auch im Koran finden sich ja massiv Aufrufe zu Gewalt, und der Prophet Muhammad hat selbst (Verteidigungs-)Kriege angeführt. Hier kommt zum Tragen, dass das Böse, also alles, was Schuld daran ist, dass die Welt nicht so ist, wie sie sein sollte, nicht ausgeklammert oder ignoriert werden darf, sondern aktiv angegangen und bekämpft werden muss, und wenn es sein muss – aber nur dann! – auch mit Gewalt. **Dann** also hat Dschihad auch mit Gewalt zu tun und im äußersten Fall auch mit Krieg, der dann von der Religion nicht nur legitimiert, sondern ausdrücklich geboten ist. „Heilig" aber kann Krieg **niemals** sein, nicht im Islam und nirgendwo sonst.

Freilich darf aber die traurige Tatsache, dass Gewalt und Terror in weiten Teilen der islamischen Welt heute leider Hochkonjunktur haben, keinesfalls ignoriert oder verharmlost werden. Mit dem Hinweis, dass westliche Medien Dschihad falsch übersetzen, ist das Problem noch nicht gelöst. Es war dies aber nicht immer so, und es müssen – wie bei allen Fällen von Gewalt – nicht nur ihre Auswirkungen, sondern auch ihre Ursachen ins Auge gefasst und bekämpft werden.

9.2   David – „ein Mann nach dem Herzen des Herrn"[3]

Der David der Bibel ist in erster Linie der Begründer eines mächtigen Reiches, er erobert Jerusalem für Israel und erhebt es zur Hauptstadt, er begründet eine Dynastie, die vierhundert Jahre herrscht, und auf seine Nachkommen werden die Hoffnungen des jüdischen Volkes auf die Wiederkunft eines messianischen Königs projiziert. Für das Neue Testament kommt für Christus keine andere Abstammung in Frage als „aus dem Haus und Geschlecht Davids" (Lk 2,4; Joh 7,42). Dabei bleibt David selbst immer ganz Mensch, mit besonderen Qualitäten – als Dichter von Psalmen etwa, aber

---

3   1 Sam 13,14.

auch mit ausgeprägten Schwächen. Der Koran bezeichnet David (Dawûd, auch: Dahûd, was an arab. „Jahûd" = „Juda, Juden" anklingt) als von Gott eingesetzten Herrscher (→„Kalif", was hier natürlich in der wörtlichen Bedeutung von „Nachfolger", nämlich Sauls, gemeint ist), weise und gerecht, ohne dass ihm selbst Verfehlungen angelastet werden, und ausdrücklich als Propheten, dem das Buch der Psalmen gegeben wurde.

1 Samuel (17,4,8-9,32-33,37,42-43,45,47, 49-50)

17 [4]Da trat aus dem Lager der Philister ein Vorkämpfer namens Goliat aus Gat hervor. Er war sechs Ellen und eine Spanne groß. (...) [8]Goliat trat vor und rief zu den Reihen der Israeliten hinüber: Warum seid ihr ausgezogen und habt euch zum Kampf aufgestellt? Bin ich nicht ein Philister und seid ihr nicht die Knechte Sauls? Wählt euch doch einen Mann aus! Er soll zu mir herunterkommen. [9]Wenn er mich im Kampf erschlagen kann, wollen wir eure Knechte sein. Wenn ich ihm aber überlegen bin und ihn erschlage, dann sollt ihr unsere Knechte sein und uns dienen. (...) [32]David sagte zu Saul: Niemand soll wegen des Philisters den Mut sinken lassen. Dein Knecht wird hingehen und mit diesem Philister kämpfen. [33]Saul erwiderte ihm: Du kannst nicht zu diesem Philister hingehen, um mit ihm zu kämpfen; du bist zu jung, er aber ist ein Krieger seit seiner Jugend. (...) [37]Und David sagte weiter: Der Herr, der mich aus der Gewalt des Löwen und des Bären gerettet hat, wird mich auch aus der Gewalt dieses Philisters retten. Da antwortete Saul David: Geh, der Herr sei mit dir. (...) [42]Voll Verachtung blickte der Philister David an, als er ihn sah; denn David war noch sehr jung, er war blond und von schöner Gestalt. [43]Der Philister sagte zu David: Bin ich denn ein Hund, dass du mit einem Stock zu mir kommst? Und er verfluchte David bei seinen Göttern. (...) [45]David antwortete dem Philister: Du kommst zu mir mit Schwert, Speer und Sichelschwert, ich aber komme zu dir im Namen des Herrn der Heere, des Gottes der Schlachtreihen Israels, den du verhöhnt hast. (...) [47]Auch alle, die hier versammelt sind, sollen erkennen, dass der Herr nicht durch Schwert und Speer Rettung verschafft; denn es ist ein Krieg des Herrn und er wird euch in unsere Gewalt geben. (...)

Die Kuh (Sure 2)

[249]„Wir haben heute keine Kraft gegen Goliat und seine Heere." Die damit rechneten, dass sie Gott begegnen, sagten: „Wie manch kleine Truppe besiegte schon mit Gottes Erlaubnis eine große!" Gott ist mit den Standhaften.

[250]Als sie gegen Goliat und seine Heere auszogen, sagten sie: „Herr, gieße Standhaftigkeit über uns aus, festige unsere Schritte und hilf uns gegen das ungläubige Volk!" [251]Da schlugen sie sie mit Gottes Erlaubnis und David tötete Goliat.

Gott gab ihm die Herrschaft und die Weisheit. Er lehrte ihn einiges, was er wollte. Würde Gott nicht die einen Menschen durch die anderen abwehren, würde die Erde verderben. Aber Gott hat Gabenfülle für alle Welt.

[49]Er griff in seine Hirtentasche, nahm einen Stein heraus, schleuderte ihn ab und traf den Philister an der Stirn. Der Stein drang in die Stirn ein und der Philister fiel mit dem Gesicht zu Boden. [50]So besiegte David den Philister mit einer Schleuder und einem Stein; er traf den Philister und tötete ihn, ohne ein Schwert in der Hand zu haben.

2 Samuel (12,1-9,13)

12 [1]Darum schickte der Herr den Natan zu David; dieser ging zu David und sagte zu ihm: In einer Stadt lebten einst zwei Männer; der eine war reich, der andere arm. [2]Der Reiche besaß sehr viele Schafe und Rinder, [3]der Arme aber besaß nichts außer einem einzigen kleinen Lamm, das er gekauft hatte. Er zog es auf und es wurde bei ihm zusammen mit seinen Kindern groß. Es aß von seinem Stück Brot und es trank aus seinem Becher, in seinem Schoß lag es und war für ihn wie eine Tochter. [4]Da kam ein Besucher zu dem reichen Mann und er brachte es nicht über sich, eines von seinen Schafen oder Rindern zu nehmen, um es für den zuzubereiten, der zu ihm gekommen war. Darum nahm er dem Armen das Lamm weg und bereitete es für den Mann zu, der zu ihm gekommen war. [5]Da geriet David in heftigen Zorn über den Mann und sagte zu Natan: So wahr der Herr lebt: Der Mann, der das getan hat, verdient den Tod. [6]Das Lamm soll er vierfach ersetzen, weil er das getan und kein Mitleid gehabt hat. [7]Da sagte Natan zu David: Du selbst bist der Mann. So spricht der Herr, der Gott Israels: Ich habe dich zum König von Israel gesalbt und ich habe dich aus der Hand Sauls gerettet. [8]Ich habe dir das Haus deines Herrn und die Frauen deines Herrn in den Schoß gegeben und ich habe dir das Haus Israel und Juda gegeben, und wenn das zu wenig ist, gebe ich dir noch manches andere dazu. [9]Aber warum hast du das Wort des Herrn verachtet und etwas getan, was ihm missfällt? Du hast den Hetiter Urija mit dem Schwert erschlagen und hast dir seine Frau zur Frau genommen; durch das Schwert der Ammoniter hast du ihn umgebracht.

[13]Darauf sagte David zu Natan: Ich habe gegen den Herrn gesündigt. Natan antwortete David: Der Herr hat dir deine Sünde vergeben; du wirst nicht sterben.

Sâd (Sure 38)

[20]Wir festigten seine Herrschaft, gaben ihm die Weisheit und die Unterscheidungskraft der Rede. [21]Ist die Geschichte über den Streit zu dir gekommen? Als sie über die Mauern in den Palast einstiegen. [22]Als sie zu David eindrangen. Da erschrak er vor ihnen. Sie sagten: „Fürchte dich nicht! Zwei Streitende, von denen der eine dem anderen Gewalt angetan hat. So entscheide zwischen uns nach Recht! Handle nicht willkürlich und führe uns zum rechten Weg! [23]Dieser, mein Bruder, hat neunundneunzig Schafe, ich nur eines. Da sagte er: ‚Vertrau es mir an!' und bedrängte mich in der Rede". [24]Er sagte: „Er hat dir wirklich Unrecht getan, dass er dein Schaf zu seinen hinzuforderte". Viele, die Besitz zusammenlegen, tun einander Gewalt an. Nicht aber die, die glauben und gute Werke tun. Das aber sind wenige.

David dachte, dass wir ihn prüften. Da bat er seinen Herrn um Vergebung, fiel in Verneigung nieder und kehrte reumütig um. [25]Da vergaben wir ihm dies. Bei uns bekam er Nähe und schöne Heimkehr.

[26]„David, wir haben dich zum Statthalter auf der Erde bestellt. So entscheide zwischen den Menschen nach Recht und folge nicht dem Gelüst, dass es dich nicht irreleitet, ab von Gottes Weg!".

Psalmen (148,7.9-10)

148 [7]Lobt den Herrn, ihr auf der Erde, / ihr Seeungeheuer und all ihr Tiefen, (...)
[9]ihr Berge und all ihr Hügel, / ihr Fruchtbäume und alle Zedern,
[10]ihr wilden Tiere und alles Vieh, / Kriechtiere und gefiederte Vögel,

Die Sabäer (Sure 34)

[10]Wir gaben David von uns Gnadenfülle – „Ihr Berge, singt mit ihm Kehrverse, zusammen mit den Vögeln!" und wir machten ihm das Eisen geschmeidig.

Die Frauen (Sure 4)

[163]Wir haben dir offenbart wie Noach und den Propheten nach ihm. Wir offenbarten Abraham, Ismael, Isaak, Jakob, den Stämmen, Jesus, Ijob, Jona, Aaron und Salomo, David gaben wir einen Psalter –

Das Motiv des Kampfes eines einzelnen, physisch unterlegenen Helden gegen einen Kraftprotz und seines überraschenden Sieges ist in der altorientalischen Literatur mehrfach belegt, etwa in der altägyptischen Erzählung von Sinuhe.[4] Auf die Einzelheiten von Davids Vorgehen gegen Goliat den Philister verzichtet der Koran, dem es nicht so sehr auf Mut und List eines Einzelnen, sondern auf das bedingungslose Vertrauen auf Gott auch gegen widrige Umstände in scheinbar aussichtsloser Lage ankommt – dieselbe Grundaussage, wie sie uns bereits in der Josefsgeschichte begegnet ist.

Die Natangeschichte wird vom Koran so erzählt, dass sie eigentlich nur auf dem Hintergrund der biblischen Version verständlich wird; aus islamischer Sicht wird allerdings ganz entschieden ausgeschlossen, dass ein Prophet Vergehen wie Ehebruch und Mord begehen könnte. Ausdrücklich zur Sprache kommen nur die positiven Mechanismen der Zuwendung an Gott: Buße und Vergebung.

Die Bibel hat aus David, einem Hirtenjungen, den Begründer einer Dynastie gemacht, deren Königtum in göttlicher Ewigkeit weiterbesteht („Dein Haus und dein Königtum sollen durch mich auf ewig bestehen bleiben; den Thron soll auf ewig Bestand haben." 2 Sam 7,16). Trotzdem macht sie aus ihm keinen „Übermenschen", er bleibt verstrickt in menschliche Unzulänglichkeiten und Schwächen, und wird Exempel für Schuld, Reue und Sühne, für Gottes Zuwendung und Vergebung.

Dem Koran gilt David in erster Linie als Prophet, dessen Größe und Bedeutung in seiner Verkündigung liegt. Muslimen gilt der Psalter als das Buch Davids, und als eine der bedeutendsten Offenbarungsschriften von denen, die vor Muhammad herabgesandt wurden. Zusammen mit der Tora (taurâ) als dem Buch des Moses und dem Evangelium (indschîl) als dem Buch Jesu macht er für sie das Wesentliche an der Bibel aus.

---

4   Die Sinuhe-Geschichte ist eines der berühmtesten Werke altägyptischer Literatur; ihre Kenntnis war in der Welt des Alten Orients sicher weit verbreitet. Für deutsche Übersetzungen siehe z.B.: E. Blumenthal, Altägyptische Reiseerzählungen, Leipzig 1984.

EXKURS **Die Psalmen**

Im Buch der Psalmen, oder: Psalter, sind aus dem Schatz religiöser Lyrik des Alten Israel 150 Hymnen, Dank-, Klage-, Königs- Kult-, und Wallfahrtslieder gesammelt. Ihre Überschriften beziehen etwa die Hälfte davon ausdrücklich auf David, wobei solche Bezüge nicht zwangsläufig im Sinne von Verfasserschaft verstanden werden müssen. Manche Psalmen, wie z.B. solche, die vom Exil und von der Rückkehr nach Jerusalem sprechen, sind ohne Zweifel jünger. Andererseits ist durchaus wahrscheinlich, dass ein authentischer Kern um David herum entstanden sein mag. Dass Könige auch selbst religiöse Lyrik verfasst haben, hat Vorbilder: Der ägyptische Pharao Echnaton hat schon Jahrhunderte früher einen Sonnenhymnus gedichtet. Teile daraus könnten nach Meinung vieler Wissenschaftler sogar in den 104. Psalm eingeflossen sein.

Im Koran heißt das dem Propheten David geoffenbarte Buch *zabûr* und die einzelnen Psalmen auf arabisch *mazamîr*, was sich von hebr. *mizmôr*, „Gesang, Psalm" ableitet. Mehr als bei anderen Büchern der Bibel kommt die lyrische Gestalt der Psalmen und ihre poetische Eindrücklichkeit dem islamischen Verständnis von Gotteswort in Heiliger Schrift entgegen: In unverändertem Wortlaut haben die Psalmen nunmehr seit Jahrtausenden dem Lob und dem Dank, der Verzweiflung, dem Bitten, Hoffen und Beten der Menschen in einer Weise Ausdruck zu geben vermocht, die sie bewegt hat wie kaum ein anderer Teil Heiliger Schriften.

9.3 „Selbst Salomo in all seiner Pracht ...!"[5]

Salomo, der Sohn und Nachfolger Davids als König über Israel, wird in der Bibel als politische Heilsfigur und Friedensfürst (sein Name, hebr. *Schlomoh*, kommt von *Schalom*, „Friede, Heil") porträtiert, der seinem Volk ein goldenes Zeitalter beschert. Seine Machtentfaltung wird so geschildert, dass sie Züge der benachbarten Großreiche, vor allem Ägyptens, annimmt, in offenem Kontrast zum völligen Fehlen jeglicher archäologischer oder textlicher Belege für Salomo außerhalb der Bibel. Zwar bleibt auch er nicht von Kritik verschont, doch sprichwörtlich werden seine Weisheit und Pracht; auf sie nimmt auch Jesus in Gleichnissen Bezug (Mt 6,29; Mt 12,42; Lk 11,31). Die biblische Weisheitsliteratur (einige Psalmen, die Sprichwörter, Kohelet, Hoheslied und die →deuterokanonische Weisheit Salomos) beruft sich auf seine – zumindest

---

5   Lk 12,27.

zum großen Teil sicher nicht authentische – Verfasserschaft. Die jüdische Tradition hat darüber hinaus die biblischen Überlieferungen durch umfangreiche Literatur noch weiter ausgeschmückt. Im Koran erbt *Sulaimân*, was ebenso „friedvoll, heilvoll" bedeutet, von David die Prophetenschaft und die Königsherrschaft. Seine Weisheit nimmt hier betont übernatürliche Züge an, seine Macht reicht bis in die Welt der Tiere und der Dschinn hinein. Eigene Offenbarungsschriften werden ihm dagegen nicht ausdrücklich zugewiesen.

1 Könige (5,9-13; 10,10-13; 7,1-2,7-9,51; 8,6-7; 9,10-11)
5 [9]Gott gab Salomo Weisheit und Einsicht in hohem Maß und Weite des Herzens – wie Sand am Strand des Meeres. [10]Die Weisheit Salomos war größer als die Weisheit aller Söhne des Ostens und alle Weisheit Ägyptens. [11](...) Sein Name war bekannt bei allen Völkern ringsum. [12]Er verfasste dreitausend Sprichwörter und die Zahl seiner Lieder betrug tausendundfünf.

[13]Er redete über die Bäume, von der Zeder auf dem Libanon bis zum Ysop, der an der Mauer wächst. Er redete über das Vieh, die Vögel, das Gewürm und die Fische.

Die Ameisen (Sure 27)
[15]Wir gaben David und Salomo Wissen. Sie sagten: „Das Lob gebührt Gott, der uns vor vielen seiner gläubigen Diener ausgezeichnet hat".

[16]Salomo beerbte David und sagte: „Ihr Menschen, uns ist die Sprache der Vögel gelehrt und von allem gegeben worden. Das ist die deutliche Gabenfülle".

[17]Zu Salomo wurden seine Heere versammelt aus Dschinn, Menschen und Vögeln, in Gruppen eingeteilt. [18]Als sie schließlich zum Tal der Ameisen kamen, sagte eine von ihnen: „Ihr Ameisen, geht in eure Wohnungen! Salomo und seine Heere sollen doch nicht, ohne es zu merken, euch zertreten". [19]Da lächelte er belustigt über ihre Rede und sagte: „Herr, halte mich an, für deine Gnade zu danken, die du mir und meinen Eltern geschenkt hast, und Gutes zu tun, das dir gefällt! Führe mich in deiner Barmherzigkeit hinein zu deinen rechtschaffenen Dienern!"
[20]Er musterte die Vögel und sagte: „Wieso sehe ich den Wiedehopf nicht? Oder gehört er zu den Abwesenden? [21]Ich strafe ihn gewiss hart oder schlachte ihn, außer wenn er mir deutliche Ermächtigung bringt". [22]Da blieb er nicht lange aus und sagte: „Ich habe erfahren, was du nicht erfahren hast. Ich bringe dir von Saba eine zuverlässige Nachricht. [23]Ich fand, dass eine Frau über sie herrscht, der von allem gegeben ist und die einen mächtigen Thron hat. [24]Und ich fand, dass sie und ihr Volk sich außer vor Gott vor der Sonne niederwerfen. Der Satan verschönt ihnen ihre Taten und hält sie vom Weg ab. (...) [27]Er sagte: „Wir werden schauen, ob du die Wahrheit sagst oder zu den Lügnern gehörst. [28]Geh mit meinem Schreiben da und übergib es ihnen!

10 ¹Die Königin von Saba hörte vom Ruf Salomos und kam, um ihn mit Rätselfragen auf die Probe zu stellen. ²Sie kam nach Jerusalem mit sehr großem Gefolge, mit Kamelen, die Balsam, eine gewaltige Menge Gold und Edelsteine trugen, trat bei Salomo ein und redete mit ihm über alles, was sie sich vorgenommen hatte. ³Salomo gab ihr Antwort auf alle Fragen. Es gab nichts, was dem König verborgen war und was er ihr nicht hätte sagen können.

⁴Als nun die Königin von Saba die ganze Weisheit Salomos erkannte, als sie den Palast sah, den er gebaut hatte, ⁵die Speisen auf seiner Tafel, die Sitzplätze seiner Beamten, das Aufwarten der Diener und ihre Gewänder, seine Getränke und sein Opfer, das er im Haus des Herrn darbrachte, da stockte ihr der Atem. ⁶Sie sagte zum König: Was ich in meinem Land über dich und deine Weisheit gehört habe, ist wirklich wahr. ⁷Ich wollte es nicht glauben, bis ich nun selbst gekommen bin und es mit eigenen Augen gesehen habe. Und wahrlich, nicht einmal die Hälfte hat man mir berichtet; deine Weisheit und deine Vorzüge übertreffen alles, was ich gehört habe. ⁸Glücklich sind deine Männer, glücklich diese deine Diener, die allezeit vor dir stehen und deine Weisheit hören. ⁹Gepriesen sei Jahwe, dein Gott, der an dir Gefallen fand und dich auf den Thron Israels setzte. Weil Jahwe Israel ewig liebt, hat er dich zum König bestellt, damit du Recht und Gerechtigkeit übst. ¹⁰Sie gab dem König hundertzwanzig Talente Gold, dazu eine sehr große Menge Balsam und Edelsteine. Niemals mehr kam so viel Balsam in das Land, wie die Königin von Saba dem König Salomo schenkte. (...)

¹³König Salomo gewährte der Königin von Saba alles, was sie wünschte und begehrte. Dazu beschenkte er sie reichlich, wie es nur der König Salomo vermochte. Schließlich kehrte sie mit ihrem Gefolge in ihr Land zurück.

7 ¹An seinem Palast baute Salomo dreizehn Jahre, bis er ihn ganz vollendet hatte. ²Er baute das Libanonwaldhaus, (...). ⁷Er schuf

Dann kehre dich von ihnen ab und schau, was sie erwidern!"

²⁹Sie sagte: „Ihr Ratsleute, mir ist ein ehrenvolles Schreiben übergeben worden. ³⁰Es ist von Salomo und lautet: ‚Im Namen Gottes, des Allerbarmenden und Barmherzigen. ³¹Seid nicht gegen mich überheblich! Kommt ergeben zu mir!'" (...) ³⁴Sie sagte: „Wenn Könige in eine Stadt gehen, verwüsten sie sie und demütigen die Mächtigen unter ihren Leuten. So handeln die. ³⁵Ich aber schicke ihnen Gesandte mit einem Geschenk und schaue, womit diese zurückkommen".

³⁶Als er (der Gesandte der Königin) dann zu Salomo kam, sagte der: „Wollt ihr mich mit reichem Gut versorgen? Da ist doch, was Gott mir gegeben hat, besser als das, was er euch gegeben hat. Aber nein, ihr selbst freut euch über euer Geschenk. ³⁷Kehre zu ihnen zurück, dann kommen wir gewiss zu ihnen mit Heeren, über die sie keine Macht haben, und vertreiben sie aus ihrer Stadt, gedemütigt und unterlegen!" ³⁸Er sagte: „Ihr Ratsleute, wer von euch bringt mir ihren Thron, bevor sie ergeben zu mir kommen?" ³⁹Einer unter den Dschinn, ein verschlagener Dämon, sagte: „Ich bringe ihn dir, bevor du von deinem Platz aufstehst. Ich bin dazu gewiss stark genug und vertrauenswürdig". ⁴⁰Der Wissen aus der Schrift besaß, sagte: „Ich bringe ihn dir", bevor dein Blick zu dir zurückkehrt". Als er ihn dann bei sich stehen sah, sagte er: „Das ist von der Gabenfülle meines Herrn, damit er mich prüfe, ob ich danke oder undankbar bin. Wer dankt, der tut es ganz zu seinen Gunsten. Wenn jemand aber undankbar ist – Mein Herr ist reich und edel". ⁴¹Er sagte: „Macht ihren Thron unkenntlich, dann schauen wir, ob sie sich führen lässt oder zu denen gehört, die sich nicht führen lassen".

⁴²Als sie kam, sagte man: „Ist so dein Thron?" Sie sagte: „Es ist, als wäre er es". „Uns wurde schon vor ihr das Wissen gegeben und wir sind gottergeben". ⁴³Ihr stand das entgegen, dem sie außer Gott diente. Sie gehörte zu einem ungläubigen Volk. ⁴⁴(...) Sie sagte: „Herr, ich habe mir selbst Unrecht getan. Mit Salomo bin ich Gott ergeben, dem Herrn aller Welt."

die Thronhalle, das ist die Gerichtshalle, um darin Recht zu sprechen. (...) ⁸(...) Auch baute Salomo für die Tochter des Pharao, die er geheiratet hatte, ein Haus, das dieser Halle glich. ⁹Alle diese Bauten waren vom Grund bis zu den Gesimsen aus wertvollen Steinen aufgeführt, (...).
⁵¹„So wurden alle Arbeiten, die König Salomo für das Haus des Herrn ausführen ließ, vollendet."

8 ⁶Darauf stellten die Priester die Bundeslade des Herrn an ihren Platz, in die Gotteswohnung des Hauses, in das Allerheiligste, unter die Flügel der Kerubim. ⁷Denn die Kerubim breiteten ihre Flügel über den Ort, wo die Lade stand, und bedeckten sie und ihre Stangen von oben her.

9 ¹⁰Zwanzig Jahre hatte Salomo an den beiden Häusern, dem Tempel des Herrn und dem königlichen Palast, gebaut. ¹¹Der König Hiram von Tyrus hatte ihn dabei mit Zedern- und Zypressenholz sowie mit Gold in der gewünschten Menge unterstützt.

Die Sabäer (Sure 34)

¹²Dem Salomo (machten wir dienstbar) den Wind, der morgens einen Monat weit hinweht und abends einen zurück. Und wir ließen die Quelle des geschmolzenen Erzes für ihn fließen.
Dabei arbeiteten manche der Dschinn vor ihm mit der Erlaubnis seines Herrn. Wer unter ihnen von unserer Verfügung abwich, den ließen wir die Strafe des Höllenfeuers kosten. ¹³Sie machten für ihn, was er wollte an Palästen, Bildwerken, Schüsseln wie Trögen und feststehenden Kesseln. „Werkt, Davids Leute, in Dankbarkeit!" Wenige unter meinen Dienern aber sind dankbar.

Im Koran sind gelegentlich Passagen enthalten, die ihre Entsprechungen zwar nicht im Alten Testament, wohl aber in außerbiblischen jüdischen Überlieferungen finden. Das rabbinische Schrifttum von der Antike bis zum Mittelalter umfasst neben den kanonisierten und kommentierten Lehrtexten des Talmud, Erzählerisches zu biblischen Inhalten in Form von belehrenden Geschichten und Legenden (Midraschim), sowie Nacherzählungen, Auslegungen und Kommentare zur Bibel (in den Targumim). Um die Gestalt des Salomo ranken sich eine ganze Reihe solcher Erzählungen. Details der im Koran sehr ausführlichen Geschichte um die Königin von Saba – die islamische Tradition weiß auch ihren Namen Bilqîs – kommen im 2. Targum zu Ester vor.[6]

Wie sein Vater David, ist auch Salomo nach der biblischen Darstellung keineswegs frei von menschlichen Schwächen; dass er nicht-israelitische Kulte in Jerusalem zulässt, kreidet ihm die Bibel besonders an. Gleichzeitig wird seine Herrschaft zu einer Art „Goldenem Zeitalter" für Israel; er ist der beispielhafte Friedensfürst, wie sein Name schon zum Ausdruck bringt, und dies in markantem Gegensatz zu David, dem die kriegerische Expansion und die Festigung von Macht und Reich oblagen. Salomo ist nun die Ausschmückung, besonders Jerusalems als Herz von Israel, vorbehalten.

---

6 Für dieses und weitere Beispiele zu Salomo vgl. J.-D. Thyen, Bibel und Koran, 156-169.

Das in der Bibel in großer Breite geschilderte, ehrgeizige Bauprogramm Salomos, für das er prestigeträchtige Außenkontakte instrumentalisierte, und das zunächst Paläste für ihn und seinen Harem umfasste und dann in der Gründung des Tempels von Jerusalem kulminierte, wird vom Koran dadurch aus einer vordergründig realen Ebene herausgenommen indem die Mitwirkung von Dschinn dafür unterstellt wird. Der Tempel selbst, für Israel bis zu seiner letzten Zerstörung im Jahr 70 n. Chr. konstitutiv, wird im Koran kaum erwähnt. Stattdessen nimmt ja die Kaaba, als von Abraham und Ismael gestiftetes Haus Gottes in Mekka, eine vergleichbar zentrale Rolle ein. Allerdings schafft die islamische Tradition einen ganz wichtigen Bezug zum Ort des Jerusalemer Heiligtums, wenn sie die in Sure 17 geschilderte Nachtreise und Himmelfahrt des Propheten Muhammad mit demselben Felsen verknüpft, auf dem einst das Allerheiligste des Salomonischen Tempels stand, und über dem die frühen →Kalifen dann den achteckigen Felsendom mit seiner goldenen Kuppel als ideales Bauwerk errichten ließen. Erneuert wurde der Felsendom im 16. Jahrhundert von dem glanzvollen türkischen Sultan, der nicht umsonst den Namen „Sulaiman der Prächtige" führte.

Salomos Größe macht der Koran offenbar daran fest, dass er trotz seines Reichtums, seiner Macht und der wunderbaren Gaben, die ihm von Gott verliehen wurden, nicht hochmütig wird, sondern dass er selbst sie zum Anlass für Dankbarkeit und für Rechtschaffenheit nimmt („Die Ameisen", Sure 27:19).

9.4   Zusammenfassung

- Im Alten Testament sind die Könige Israels in erster Linie politische Herrschergestalten. Nach Saul, David und Salomo wird das Reich geteilt: Für Juda im Süden (Hauptstadt Jerusalem) werden noch 20 Könige genannt, für Israel im Norden (Hauptstadt Samaria) weitere 19.
- Während die Bibel die Könige einerseits als Heilsgestalten darstellt, bleiben sie gleichzeitig auch menschlichem Versagen unterworfen; sie begründen ein Großreich, entfalten legendäre Pracht, sind mit sprichwörtlicher Weisheit gesegnet, werden aber auch schuldig an Menschen und an Gott.
- Berichte von Kriegshandlungen, Davids Dichtkunst (Psalmen) und Salomos Weisheit sind beiden Schriften gemeinsam.
- Der Koran rezipiert nur die drei ersten Könige, hebt sie aus der Bühne ihrer Geschichtlichkeit heraus und betont ihre Rolle als Propheten, d.h. Gottesmänner.
- Wie alle Propheten werden die Könige im Koran von Schuldzuweisungen frei gehalten.

- Die islamische Tradition nennt Saul, David und Salomo auch „die rechtschaffenen Könige", im Vorgriff auf die „rechtschaffenen" ersten vier Kalifen nach Muhammad (vgl. Kapitel 3.1).

9.5 Didaktische Impulse

- Die Geschichten der drei Könige Saul, David und Salomo kommen nicht mehr in allen Lehrplänen vor. Deshalb ist es sinnvoll, zuerst ein *Zeitfries* zu erstellen und die drei Könige historisch einzuordnen (vgl. dazu Kapitel 9).
- Im Koran wie in der Bibel hat *David als Verfasser des Psalters* eine zentrale Stellung. Die Psalmen sind als Gedichte sehr wertvoll und haben in Judentum wie Christentum eine grosse Tradition. Darin kommen menschliche Gefühle wie Verzweiflung, Klage und sogar Fluch ebenso zum Ausdruck wie Erfahrungen der Dankbarkeit und des Lobes. Unmittelbar zugänglich sind u.a. Psalm 23 (Der Herr ist mein Hirte) oder Psalm 139 über die Weisheit Gottes (vgl. Exkurs über die Psalmen unter Kapitel 9.2).
- In beiden Schriften wird der *Kampf zwischen David und Goliat* geschildert, was als Anlass für eine Profilierung der beiden in Bibel (König) und Koran (Prophet) genommen werden könnte. Die Geschichte ist ab der Grundschule bekannt und kann entwicklungsentsprechend auf der Sekundarstufe neu verstanden werden.
- Der Kampf zwischen David und Goliat gibt Anlass, um über den so genannten *heiligen Krieg* zu diskutieren (vgl. Exkurs bei Kapitel 9.1). Aus der Bibel wäre herauszuarbeiten, wie sehr Gläubige im Krieg auf Gott vertrauen, ihn als Helfer in Not anrufen, ja als Mitstreiter und Mitkämpfer! Auf der anderen Seite wäre die Instrumentalisierung des heiligen Krieges durch islamistische Fundamentalisten zu erwähnen.
- Schliesslich könnte man sich auf die Suche nach den *Bauwerken von Salomo* machen, der im Koran *Sulaimân* genannt wird. Ihm wird der Tempel in Jerusalem zugeschrieben, an dessen Stelle heute der islamische Felsendom steht.
- Die beiden spannenden Geschichten von Natan und vom salomonischen Urteil könnten erarbeitet werden (Sekundarstufe I und II).

10. Weitere Propheten und Gestalten in Koran und Bibel

Wir haben bisher das Augenmerk auf die herausragenden Vertreter der gemeinsamen Überlieferung im Alten Testament und im Koran gerichtet. Weitere Gestalten bleiben noch anzusprechen, deren heilsgeschichtliche Bedeutung keineswegs geringer gewichtet werden müsste. Die Engel und Dschinn als Boten einer anderen Sphäre (Kapitel 10.1) und der Teufel als Widersacher Gottes (Kapitel 10.2) gehören dazu.

Bemerkenswert ist, dass gerade diejenigen Propheten, deren Botschaft einen wesentlichen Teil des Alten Testaments ausmacht und ohne die wir uns die Bibel gar nicht vorstellen könnten – Jesaja, Jeremia und Ezechiel sowie die meisten der so genannten „Kleinen Propheten" wie Hosea, Amos, Habakuk und Sacharia – im Koran gar nicht vorkommen. Aber auch umgekehrt weiß der Koran von Propheten, die die Bibel nicht kennt. Bei einigen versucht man, sie mit biblischen Personen unter anderen Namen in Verbindung zu bringen; bei Hûd und Sâlih den Propheten der arabischen Völker 'Âd und Thamûd ist dies sicher nicht möglich. Aus muslimischer Sicht ist man sich jedenfalls bewusst, dass es noch zahlreiche Propheten gegeben hat, die der Koran nicht erwähnt. Dhu'l-Kifl hat keine spezifische Identität (Kapitel 10.11). Nicht nur die Nachkommen Abrahams – die Israeliten und die arabischen Stämme – sondern alle Völker hatten Propheten.[1]

Das Kapitel endet mit dem neutestamentlichen Zacharias und seinem Sohn Johannes dem Täufer (Kapitel 10.12), die wie Maria, die Mutter Jesu (Kapitel 10.13), auf Kapitel 11 verweisen und wiederum für Bibel und Koran bedeutungsvoll sind.

10.1 Boten aus einer anderen Sphäre: Engel und Dschinn

Der Glaube an Engel gehört zu den gemeinsamen Inhalten von Judentum, Christentum und Islam. Für Muslime gehört er dezidiert zu den im Koran vorgegebenen Grundpositionen: *„Jeder glaubt an Gott, seine Engel, seine Schriften und seine Gesandten"* („Die Kuh", Sure 2:285). Hebräisch und Arabisch heißen sie (fast) gleich: mal'ach, bzw. malâk, was ins Griechische mit *ángelos* übersetzt wurde. Daher kommt unser deutsches Wort Engel; wörtlich bedeutet es in den genannten Sprachen aber schlicht: „Bote". Unter Engeln dürfen wir uns also etwas vorstellen, was zwischen Gott und der Realität un-

---

1   Vgl. *„Wir haben aus der Mitte jeder Gemeinschaft einen Gesandten erstehen lassen"* (Sure 16:36).

serer diesseitigen Existenz vermittelt und über Bereiche hin Verbindungen verkörpert, die uns sonst nicht erfassbar sind. Schon im Alten Orient hat man solche Gedanken durch allerlei Flügelwesen ins Bild gesetzt. Das Alte Testament bewahrt daran Erinnerungen, wenn es von Kerubim und Serafim spricht, womit religionsgeschichtlich geflügelte Sphingen und geflügelte Schlangen aus Ägypten entlehnt sind. Ansonsten treten Engel in der Bibel, soweit sie überhaupt näher beschrieben werden, in Menschengestalt und ohne Flügel auf, welche erst eine Zugabe der späteren Ikonographie sind. Engel sind körperlos, ungeschlechtlich und unsterblich. Nach islamischer Tradition hat Gott sie aus *Licht* erschaffen. Sie preisen Gott unablässig, dienen ihm, und sie begleiten Menschen. Muslime glauben wie Christen an *Schutzengel*. Diese registrieren auch das Verhalten und den Glauben der Menschen. Selbst militante Vorstellungen kommen sowohl in der Bibel zur Sprache, wo die Engel als bewaffnete Streitmacht Gottes, als „himmlische Heerscharen" (Neh 9,6ff), erscheinen, wie im Koran, wo sie an der Seite der Gläubigen in den Kampf ziehen. Eine herausragende Rolle spielt Gabriel, arab. *Dschibrîl*, der Maria die Empfängnis, also die Fleischwerdung von Gottes Wort verheißt, und Muhammad den Koran vorträgt.

Eine dem Islam eigene Vorstellung ist hingegen der Glaube an die so genannten Dschinn („Dschinn" ist Plural, der Singular lautet „Dschinni"). Sie sind weder Menschen noch Engel und bilden eine eigene Kategorie von Zwischenwesen, von Gott aus *Feuer* erschaffen („Der Allerbarmende", Sure 55:15). Ihr Name wird von einem arabischen Wort für „verhüllen", „verbergen", aber auch vom lateinischen *genius* abgeleitet. Dschinn können sowohl gut, als auch böse wirken. Sie sind, wie die Menschen, vor Gott verantwortlich und dem Gericht unterworfen. Sie hören die Botschaft des Koran und müssen sich entscheiden, ob sie glauben oder nicht („Die Dünen", Sure 46:29ff). Obwohl sie sich unserer menschlichen Wahrnehmung entziehen, sind sie in der Lage, beliebige Gestalt anzunehmen. Sie können Menschen bei ihrem Tun unterstützen oder ihnen schaden. Auch gibt es manchmal die Vorstellung, dass Menschen in bewusstem Kontakt mit Dschinn stehen können. Im Volksglauben nehmen Dschinn einen enorm breiten Raum ein, weshalb Amulette und abergläubische Praktiken zum Schutz vor den potentiellen Gefahren durch Dschinn – dazu gehört z.B. der „böse Blick" – äußerst verbreitet sind. Bekannt ist die oft humoristische Darstellung von Dschinn in den Märchen von 1001 Nacht[2]: der Flaschengeist aus Aladins Wunderlampe beispielsweise ist ein hilfreicher Dschinn. Die islamische Tradition hat unterschiedliche Positionen zum Glauben an Dschinn vertreten, der berühmte Philosoph und Arzt Avicenna (eigentlich: Ibn Sina, gest. 1037 n. Chr.) etwa stritt sie ab. Moderne Interpretationen versuchen manchmal, sie als Chiffren für Phänomene zu verstehen, die sich

---

2   Vgl. Kapitel 11.6 Die Geschichten von „1001 Nacht", in: A. Renz/S. Leimgruber, Christen und Muslime. Was sie verbindet, was sie unterscheidet, München ²2005, 262-265.

unserer unmittelbaren Wahrnehmung entziehen, oder die unser menschliches Verstehen transzendieren. So sind – und sollen demnach auch – einer hemmungslosen „Verkopfung" der Religion Grenzen gesetzt sein.

10.2   Iblîs – der Teufel und Widersacher

In allen Offenbarungsreligionen kommen Gestalten wie der Teufel, der Satan oder Widersacher vor. Darunter werden personale, den Menschen und seinen Glauben schädigende, verführerische Mächte verstanden, oft personifiziert in einem Gegenspieler Gottes. Im Alten Testament kommt er über dreißig Mal vor. Er wird als Fürst der abgefallenen Engel verstanden. Der Satan gehört zu den so genannten Söhnen Gottes im himmlischen Hofstaat, wo er die Rolle eines Opponenten spielt, der von Gott die Macht zu schädigen erhalten hat (Ijob 1-2; 1 Chr 21,1).

Im *Judentum* finden wir eine dualistische, von Gut und Böse geprägte Engel- und Dämonenlehre mit einem von Gott abgefallenen und aus dem Himmel gestürzten Engelsfürsten vor. Als Gegner Gottes und Verführer der Menschen versucht er, Gottes Heilspläne in Israel zu durchkreuzen. Er vollstreckt Gottes Strafurteil und wird am Ende selbst beseitigt.

Das *Neue Testament* baut auf den alttestamentlichen und jüdischen Vorstellungen auf. Dazu kommt der Teufel als Feind vor (z.B. Mt 13,39; Lk 10,19), als „der Böse" (Mt 13,19.38), und „Herrscher der Welt" (Joh 12,31; 16,11) als „Mörder vom Anbeginn und Vater der Lüge" (1Joh 3,8). Der Teufel ist in der Versuchungsgeschichte Jesu in der Wüste (Mk 1,12-13 par) ein erfolgloser Gegenspieler Jesu im messianischen Heilswerk. Bei der Dämonenaustreibung durch Jesus wird er seines Einflusses beraubt (Mk 3,22; Lk 11,20). Er reitet einen heftigen Angriff in der Passion Jesu, wo er in Judas fährt (Lk 22,3; Joh 13,27) und auch die treuen Jünger schüttelt (Lk 22,31). Doch ist die Kreuzigung Jesu eine Entmachtung und tiefste Niederlage des Teufels, dessen endgültige Vernichtung schon entschieden ist.

Insgesamt ist der Teufel in der Bibel „personaler (aber geschöpflich unterlegener) Widersacher Gottes und des Gottessohnes, die Offenbarung der personalen Bestimmtheit geschichtlicher Unheilsentwicklung und der Repräsentant der sich geschichtlich gegen Gott auflehnenden Wesen mit freier Verfügungsmacht, wenn auch die Ausdrucksweisen noch mythologisch an das alte Weltbild gebunden sind"[3]. Im *Koran* heißt der Teufel „Iblîs", wohl vom griechischen *diábolos*, oder „Satan" (arab. *schaitân*). Iblîs hat sich aus Hochmut geweigert, in Anbetung niederzufallen, worauf Gott ihn verflucht und aus dem Paradies getrieben hat. Mit Gottes Erlaub-

---

3   Schnackenburg, R. , „Teufel", in: Lexikon für Theologie und Kirche ²1964, Bd. 9, 1-4.

nis darf er dennoch bis zum Weltende versuchen, die Menschen im Glauben anzufechten und vom rechten Weg abzubringen. Doch dann wird er mitsamt seinen Anhängern in die Hölle geworfen. Maßgebliche Texte sind: „Die Kuh", Sure 2:34; „Die Höhen", Sure 7:11-17; „Al-Hidschr", Sure 15:26-43; „Die Nachtreise", Sure 17:61-65; „Tâ Hâ", Sure 20:116; „Die Dichter", Sure 26:94f; „Sâd", Sure 38:71-85. Als besonders charakteristischer Text des Koran für das Satansverständnis seien folgende Verse aus Sure 17 „Die Nachtreise" ausgewählt:

[61]Als wir zu den Engeln sagten: „Werft euch vor Adam nieder!" Da warfen sie sich nieder, außer Iblîs. Er sagte: „Soll ich mich vor dem niederwerfen, den du aus Ton erschaffen hast?" [62]Er sagte: „Was meinst du von dem, den du an Ehre über mich gestellt hast? Wenn du mir bis zum Tag der Auferstehung Aufschub gewährst, überwältige ich gewiss seine Nachkommen, außer wenigen." [63]Er sagte: „Geh! Wer von ihnen dir folgt – die Hölle ist eure Vergeltung in vollem Maß. [64]Reize mit deiner Stimme, wen von ihnen du kannst, biete gegen sie deine Pferde und dein Fußvolk auf, nimm Anteil am Vermögen und an den Kindern und mach ihnen Versprechungen! Der Satan verspricht ihnen aber nur Trug. [65]Über meine Diener hast du keine Macht." Dein Herr genügt als Sachwalter. („Die Nachtreise", Sure 17:61-65).

Hier wird Iblîs als hochmütiger abgefallener Engel schon vor Adam dargestellt, der sich nicht vor Gott niederwerfen will und damit die islamische Religion kompromittiert. Der Satan will im Laufe der Zeit weitere Menschen verführen und überwältigen. Sein endgültiges Los aber ist die Hölle, in die ihn Gott mitsamt seinen Anhängern werfen wird.

10.3   Idrîs – Henoch, ein Gefolgsmann Gottes?

An zwei Stellen (Sure 21:85f und Sure 19:56f) erwähnt der Koran „Idrîs", den muslimische Kommentatoren mit dem in Genesis 4,17 und 5,18-24 erwähnten Henoch identifizieren. Beide Namen kommen im Arabischen bzw. Hebräischen jeweils von „erziehen, lehren" und sollen diese Gestalt wohl als Kulturstifter ausweisen. Als solcher galt Henoch früher, und heute noch in manchen Ostkirchen, als außerordentlich bedeutsam. An der ersten Genesisstelle ist er ein Sohn Kains, welcher die erste Stadt gründete und sie nach ihm (Henoch) benannte. An der zweiten Stelle ist Henoch der Sohn eines Jered und Vater von Metuschelach : *„Henoch war seinen Weg mit Gott gegangen, dann war er nicht mehr da; denn Gott hatte ihn aufgenommen"* (Gen 5,24). An dieser Stelle vernehmen wir zum einen von der innigen Beziehung zwischen Henoch und Gott, zum anderen seine „Entrückung" auf Grund des Glauben, seines vorbildlichen Lebenswandels und seiner Frömmigkeit. Henoch wurde 365 Jahre alt (ein Weltsonnenjahr). Das Neue Testament hält diese Entrückung im Hebräerbrief fest.

Aufgrund des Glaubens wurde Henoch entrückt und musste nicht sterben; er wurde nicht mehr gefunden, weil Gott ihn entrückt hatte; vor der Entrückung erhielt er das Zeugnis, dass er Gott gefiel. Ohne Glauben aber ist es unmöglich, (Gott) zu gefallen; denn wer zu Gott kommen will, muss glauben, dass er ist und dass er denen, die ihn suchen, ihren Lohn geben wird. (Hebr 11,5f vgl. Lk 3,37).

Als Entrückter partizipiert Henoch am eschatologischen Gericht. In der jüdischen und christlichen Literatur ist der entrückte Henoch sehr beliebt. Er wird zum Vorbild im Glauben und Handeln, dann zum Vermittler göttlicher Geheimnisse (Jub 4,19), zum Hohenpriester und schließlich zum Menschensohn.

Im *Koran* wird Idrîs in die Reihe mit Ismael und Dhu'l-Kifl (vgl. Kapitel 10.11) gestellt und zu den Standhaften gezählt („Die Propheten", Sure 21:85f). Idrîs gilt wegen seines Lebens und seiner Gottesbeziehung als Prophet, was sich dann auch in der „Entrückung" zeigt: *„Und gedenke in der Schrift des Idrîs! Er war ein Wahrhaftiger und Prophet. Wir erhoben ihn an einen hohen Ort"* („Maria", Sure 19:56f).

10.4   Hûd und das Volk bei den Dünen

Das vorislamische Volk der 'Âd – historisch ist es außerhalb des Koran nicht greifbar – lebte nach Ansicht der Kommentatoren im Süden der Arabischen Halbinsel. Sie galten als besonders kräftig und hochgewachsen und im Bewusstsein ihrer Stärke als rücksichtslos und gewalttätig. Unter ihnen tritt Hûd, nach dem die 11. Sure benannt ist, als Mahner zur Umkehr auf:

46 [21]Gedenke des Bruders [Hûd] der 'Âd! Als er bei den Dünen sein Volk warnte – Warnungen gab es vor ihm und nach ihm. „Dient nur Gott! Ich fürchte für euch die Strafe eines mächtigen Tages." [22]Sie sagten: „Bist du gekommen, um uns von unseren Göttern wegzulocken? So bring uns, was du uns androhst, falls du zu den Wahrhaftigen gehörst!" [23]Er sagte: „Das Wissen steht ganz bei Gott. Ich richte euch nur aus, womit ich gesandt worden bin. Aber ich sehe, dass ihr ein unverständiges Volk seid." [24]Als sie dann sahen, wie es sich als aufziehendes Gewölk ihren Tälern näherte, sagten sie: Das ist aufziehendes Gewölk, das uns Regen bringt." „Aber nein, das ist, worauf ihr drängt: ein Wind, der schmerzhafte Strafe bringt [25]und alles zerstört nach der Verfügung seines Herrn." Am Morgen sah man dann nur noch ihre Wohnungen. So vergelten wir dem verbrecherischen Volk. [26]Wir hatten ihnen Macht verliehen, wie wir sie euch nicht verliehen haben und ihnen Gehör, Blick und Herz geschaffen. Doch ihr Gehör, Blick und Herz nützten ihnen nichts, da sie Gottes Zeichen stets geleugnet hatten. Es packte sie, worüber sie sich stets belustigt hatten. [27]Wir haben rings um euch die Stätte vernichtet und die Zeichen verschieden dargelegt. Vielleicht kehren sie um! [28]Warum halfen ihnen denn die nicht, die sie sich außer Gott, um sich anzunähern, zu Göttern genommen hatten? Aber nein, die entschwanden ihnen. Das ist ihre Lüge und was sie sich stets ausgedacht haben. („Die Dünen", Sure 46:21-28, vgl. auch „Hûd", Sure 11:50-60).

Das Volk 'Âd hört nicht auf den Propheten. Sie richten sich an hartnäckigen Gewaltherrschern aus („Hûd", Sure 11:59), statt auf den Propheten Hûd zu hören. Wären sie umgekehrt, hätten sie die Barmherzigkeit Gottes erfahren; aber: *„Die 'Âd glaubten doch nicht an den Herrn. Weg mit den 'Âd!"* („Hûd", Sure 11:60).

10.5 Sâlih und die Kamelstute

Wie Hûd war auch Sâlih Prophet eines arabischen Volkes, der Thamûd. Der Name Sâlih ist unter Muslimen sehr verbreitet und bedeutet „gut, richtig". Die Thamûd waren für ihr Leben in Reichtum und Wohlstand bekannt. Dass sie „aus den Bergen Wohnungen aushöhlten", erinnert an die historischen Nabatäer mit ihren Felsenstädten Petra in Jordanien und Madâ'in-Sâlih („Städte des Sâlih") in Saudi-Arabien. Doch ihr Wohlstand erwies sich als vergänglich, denn sie orientierten sich an denen, „die Unheil auf der Erde stiften und nicht Heil" („Die Dichter", Sure 26:152).

26 [141]Die Thamud bezichtigten die Gesandten der Lüge. [142]Als ihr Bruder Sâlih zu ihnen sagte: „Wollt ihr nicht gottesfürchtig sein? [143]Ich bin ein vertrauenswürdiger Gesandter. [144]So fürchtet Gott und gehorcht mir! [145]Ich verlange von euch dafür keinen Lohn. Mein Lohn liegt allein beim Herrn aller Welt. [146]Lässt man euch bei dem, was ihr hier habt, sicher sein, [147]in Gärten und an Quellen, [148]bei Getreidefeldern und Palmen mit schlankem Blütenstand, [149]indessen ihr tüchtig Häuser aus den Bergen haut? [150]So fürchtet Gott und gehorcht mir, [151]nicht der Verfügung und Maßlosen, [152]die Unheil auf der Erde stiften und nicht Heil!" [153]Sie sagten: „Du gehörst zu den von Zauber Betörten. [154]Du bist nur ein Mensch wie wir. So bring ein Zeichen, falls du zu den Wahrhaftigen gehörst!" [155]Er sagte: „Das ist eine Kamelstute, die getränkt werden soll, und ihr werdet getränkt an einem festgesetzten Tag. [156]Rührt sie nicht mit Schlechtem an, sonst packt euch die Strafe eines mächtigen Tages!" [157]Doch sie schnitten ihr die Flechsen durch. Das mussten sie bereuen. [158]Doch da packte sie die Strafe. Darin ist ein Zeichen. Die meisten von ihnen aber sind nicht gläubig. („Die Dichter", Sure 26:141-158; vgl. auch „Genau dargelegt", Sure 41:17-18).

Die knappen Ausführungen des Koran wurden von der Tradition reich ausgeschmückt. Eine berühmte Sammlung von Erzählungen zu den Propheten[4] berichtet dazu zahlreiche Details. So soll Sâlih im Alter von 40 Jahren (wie Muhammad) von Gott gesandt worden sein, um sein Volk durch das Festmachen an Gott von seiner Maßlosigkeit abzubringen. Die Thamûd sagen zu, den einen Gott akzeptieren zu wollen, verlangen aber dafür erst ein Wunder: Aus einem Berg soll eine Kamelstute entstehen, riesengroß und wunderschön. „Das ist leicht für meinen Herrn", deklamiert der Prophet, worauf die Thamûd immer mehr verlangen: reine Milch soll die Kamelstute geben, die im Sommer kühl und im Winter warm ist, und die von Krankheiten heilt. Sie soll ihre Milch von selbst geben, ohne gemolken zu werden, aber sie soll nicht auf den Weiden

---

4   Qisâs al-Anbijâ von al-Kisa'i; in englischer Übersetzung: W. M. Thackston, The Tales of the Prophets, Boston 1978, hier 117-128.

der Thamûd grasen. Sâlih sagt alles zu und verlangt lediglich, dass das Tier nicht geritten und nicht verletzt werden darf. Die Thamûd schließen den Bund ab, bekennen, dass es keinen Gott gibt außer dem Einen und dass Sâlih sein Gesandter ist. Sogleich windet sich der Berg „wie eine Frau beim Gebären", und aus dem Fels entsteht die wunderbare Kamelstute. Doch – es dauert nicht lang, da führt ihre Aggresivität sie dazu, den Bund zu brechen und das Kamel zu verwunden (oder zu töten). Der Engel Gabriel wird gesandt um die Thamûd zu strafen. Sâlih selbst sei dann nach Palästina ausgewandert, wo noch heute sein Grab in der Stadt Ramla verehrt wird.[5]

10.6   Jitro – Schu'aib, Priester und Prophet

Den Schwiegervater des Mose nennt das Buch Exodus Jitro (Ex 18,1; an anderer Stelle auch Reguel), und weist ihn als einen „Priester von Midian" aus. Deshalb hat man den koranischen Propheten Schu'aib mit ihm identifiziert, der zum Volk der Madian entsandt wurde. Die Midianiter lebten im Nordwesten der Arabischen Halbinsel und wohl auch auf der gegenüberliegenden Halbinsel Sinai. Jitro ist also kein Israelit, aber dennoch ein Mann des Glaubens, ein Gerechter, der dem Gott des Mose folgt:

Exodus (18,9-12)

18 ⁹Jitro freute sich über alles, was der Herr an Israel Gutes getan hatte, als er es aus der Hand der Ägypter rettete. ¹⁰Jitro sagte: Gepriesen sei der Herr, der euch aus der Hand der Ägypter und des Pharao gerettet hat. ¹¹Jetzt weiß ich: Jahwe ist größer als alle Götter. Denn die Ägypter haben Israel hochmütig behandelt, doch der Herr hat das Volk aus ihrer Hand gerettet. ¹²Dann holte Jitro, der Schwiegervater des Mose, Tiere für Brandopfer und Schlachtopfer zur Ehre Gottes. Aaron und alle Ältesten Israels kamen, um mit dem Schwiegervater des Mose vor dem Angesicht Gottes ein Mahl zu halten.

Hûd (Sure 11)

⁸⁴Und nach Madian (sandten wir) ihren Bruder Schu'aib. Er sagte: „Mein Volk, dient Gott! Ihr habt keinen Gott außer ihm. Mindert nicht Maß und Gewicht! Ich sehe, dass es euch gut geht. Ich fürchte aber euch die Strafe eines umfassenden Tages. ⁸⁵Und: „Mein Volk, gebt gerecht volles Maß und Gewicht, schmälert den Menschen nicht ihre Sachen und stiftet nicht frech Unheil auf der Erde!" (...) ⁸⁸Er sagte: „Mein Volk, was meint ihr: Wenn ich klares Zeugnis von meinem Herrn habe und er mich mit schönem Unterhalt versorgt hat? Ich will mich euch nicht in dem, was ich euch untersage, widersetzen. Ich will Heil stiften, soweit ich kann. Mein Erfolg steht allein bei Gott. Auf ihn vertraue ich und zu ihm kehre ich reumütig um."

Auf Schu'aib als Stammvater beruft sich auch die Religionsgemeinschaft der Drusen, die im 11. Jahrhundert aus dem schiitischen Islam heraus entstanden ist, und deren Angehörige heute in Galiläa, Libanon und Syrien leben. Sie verehren sein Grab in der Nähe von Tiberias am See Gennesaret.

---

5   Beduinen des Sinai zeigen das Grab des Sâlih in der Nähe des Katharinenklosters.

Die koranischen Schilderungen vom Strafgericht, das über die Völker von Hûd, von Sâlih, von Schu'aib und ebenfalls von Lot (Sodom und Gomorrha) kommt, folgen immer dem gleichen Muster: Gott müht sich um die Menschen, er schickt ihnen aus ihrer Mitte Propheten, die ihnen den Weg zu ihm weisen; doch die Gesellschaft lehnt sie ab und geht letztlich an ihren falschen Werten, ihrem Vertrauen auf Gewalt oder auf materielle Güter zu Grunde.

10.7 Elija, der Helfer, Prophet und Wundertäter

Sowohl Elija als auch Elischa kommen in Bibel und Koran vor. Der biblische Elija stammt aus Tischbe im ostjordanischen Gilead. Er lebte als typischer Wanderprophet im 9. Jahrhundert v. Chr. Sein Name, der auch in der Griechisch abgewandelten Form Elias gebräuchlich ist, lautet übersetzt „Mein Gott ist Jahwe" und wurde zum Programm seiner Verkündigung gegenüber dem König Ahab und dessen Gemahlin Isebel, die den Baalskult förderten. Der Prophet Elija war Verfechter der Jahwereligion und geißelte am Königshof den Baalskult. Die 400 Baalspropheten ließ er töten. Dennoch vermochte er sich am Hof nicht durchzusetzen und musste die Flucht ergreifen. Am Berg Horeb wurde ihm eine wunderbare Gotteserscheinung zuteil, die ihm offenbarte, dass Jahwe kein Gott der Gewalt und der Vernichtung sei, sondern sich „im Säuseln" zeige. Als Kämpfer für den Monotheismus wurde die Figur des Elija Mose nachgestaltet. Hinzu kommt, dass er lebendigen Leibes entrückt vorgestellt wurde und zum eschatologischen Gericht kommen wird. Die alttestamentlichen Quellen für dieses Elijabild sind 1 Kön 17-19, 21 und 2 Kön 1,1-17; 2 Kön 2 enthält die bekannte Entrückung; Sir 48,1-11 fasst die geschichtlichen und eschatologischen Stoffe in einem Lobpreis zusammen.

Im *Spätjudentum* wurde Elija zu einem volkstümlichen, Legenden umrankten Wundertäter und Retter mit den Kennzeichen: Beschützer der Menschen auf Erden und Retter der Bedrängten[6], Entrückung, Wiederkunft, Wiederherstellung des Friedens und Fürsprecher. Er beachtet die rechte Ausführung der Beschneidung, weshalb für ihn anlässlich jeder Beschneidung ein Stuhl bereitgestellt wird. Bei Gericht soll er den zweiten Platz neben dem Messias einnehmen, was bis heute beim Passahmahl dazu führt, dass ein Becher für ihn bereitsteht und die Türe offengehalten wird.

Das *Neue Testament* nimmt öfter auf Elija Bezug: Er gilt als Nothelfer (Mk 15, 34-37), als Beispiel wirkmächtigen Betens (Jak 5,17f), als Argument, dass Gott Israel niemals verworfen hat (Röm 11,2-4) und als Erweis der Kraft des Glaubens (Hebr

---

6   In der Leidensgeschichte wurden Jesus die Psalmworte *„Mein Gott, mein Gott ('Elî, elî'), warum hast du mich verlassen?"* (Ps 22,2) in den Mund gelegt, was Umstehende so deuteten, als rufe Jesu zu Elija (Mk 15,35)!

11,35). Das Mirakulöse gehört offenbar zum Elijabild, aber auch die Tatsache, dass er als Helfer in Krisenzeiten angerufen wird.

Im *Koran* kommt Elija (arab. *Iljâs*) nur an zwei Stellen vor: Zum einen ist er in die Prophetenreihe eingefügt, wo er Zacharias, Johannes und Jesus folgt und vor Ismael, Elischa, Jona und Lot ("Das Vieh", Sure 6:86-87) steht. Zum andern ist ein Bezug zur Tätigkeit, wie sie die Bibel darstellt, in Sure 37 erkennbar: Elija kämpft gegen den polytheistischen Baalsglauben und setzt sich für die Anbetung des einen Gottes ein! Dies brachte ihm Verleumdung ein.

1 Könige (18,17-18,36-40)

18 [17]Sobald Ahab Elija sah, rief er aus: Bist du es, Verderber Israels? [18]Elija entgegnete: Nicht ich habe Israel ins Verderben gestürzt, sondern du und das Haus deines Vaters, weil ihr die Gebote des Herrn übertreten habt und den Baalen nachgelaufen seid. (...)
[36]Zu der Zeit nun, da man das Speiseopfer darzubringen pflegt, trat der Prophet Elija an den Altar und rief: Herr, Gott Abrahams, Isaaks und Israels, heute soll man erkennen, dass du Gott bist in Israel, dass ich dein Knecht bin und all das in deinem Auftrag tue. [37]Erhöre mich, Herr, erhöre mich! Dieses Volk soll erkennen, dass du, Herr, der wahre Gott bist und dass du sein Herz zur Umkehr wendest. [38]Da kam das Feuer des Herrn herab und verzehrte das Brandopfer, das Holz, die Steine und die Erde. Auch das Wasser im Graben leckte es auf. [39]Das ganze Volk sah es, warf sich auf das Angesicht nieder und rief: Jahwe ist Gott, Jahwe ist Gott!
[40]Elija aber befahl ihnen: Ergreift die Propheten des Baal! Keiner von ihnen soll entkommen. Man ergriff sie und ließ sie zum Bach Kischon hinabführen und dort töten.

Die in Reihen stehen (Sure 37)

[123]Auch Elija gehörte zu den Gesandten. [124]Als er zu seinem Volk sagte: "Wollt ihr nicht gottesfürchtig sein? [125]Wollt ihr zu Baal rufen und den besten Schöpfer verlassen, [126]Gott, euren Herrn und den Herrn eurer Vorväter?"
[127]Da bezichtigten sie ihn der Lüge und gehörten so zu denen, die vorgeführt werden, [128]außer Gottes auserkorenen Dienern.
[129]Wir hinterließen bei den Späteren über ihn: [130]"Friede über Elija!" [131]So vergelten wir denen, die das Gute tun. [132]Er gehört zu unseren gläubigen Dienern.

Bibel und Koran schildern Elija als prophetischen Umkehrprediger. Nach der Bibel gelingt es ihm, das Volk vom Baalskult wegzubringen und auf Gott hinzuführen, während er nach dem Koran von seinen Zeitgenossen als Lügenprophet abgelehnt wird. Obwohl Elija nach der Bibel viele Baalspropheten in den Tod schickte, ruft der Koran "Frieden" über ihn aus. Im islamischen Volksglauben lebte Elija als wundertätiger Helfer in vielfältiger Not fort. Seine "Entrückung" oder Himmelfahrt nimmt die "Himmelsreise" Muhammads vorweg.

10.8   Der Prophet Elischa, Nachfolger Elijas

„Elischa„, zu deutsch: „Gott hat erlöst", war der Sohn Schafats aus Abel-Me-
hola um 850-800 v. Chr. Er wurde Nachfolgeprophet des Elija und kämpfte ebenfalls
gegen den Baalskult. Bekannt ist Elischas Berufung beim Pflügen, als Elija den Mantel
über ihn warf (1 Kön 19,19-21), er sich von zu Hause verabschiedete und Elija nach-
folgte. Später wurde Elischa in Bet-El von Jugendlichen als „Kahlkopf" verspottet (2
Kön 2,23). Im Unterschied zu Elija hatte Elischa eine Schülerschaft und war zu einem
festen Wohnsitz (Gilgal, Samaria) verpflichtet. Besonders erwähnt sei seine Heilung
des aramäischen Feldherrn Naaman (2 Kön 5, vgl. Lk 4,27). Elischa, ausgestattet mit
Gottes Geist, erwies sich als Helfer der Notleidenden. Folgende biblische Stellen handeln von ihm: 1 Kön 19,19-21; 2 Kön 2,13-8,15; 2 Kön 9,1-13; 2 Kön 13,14-21. Unter ihnen sind einige Texte jenes des Propheten Elija nachgebildet, doch im Unterschied zu
dessen Himmelfahrt wurde der verstorbene Elischa begraben.

Der *Koran* setzt Elischa (arab. *Aljasa'*) in die Reihe der Propheten Ismael, Jona
und Lot („Das Vieh", Sure 6:86) sowie Dhu'l-Kifl. Er wird zu den „Guten" gezählt: *„Und
gedenke des Ismael, des Elischa und des Dhu'l-Kifl! Sie alle gehören zu den Guten"* („Sâd", Sure
38:48). Elischa wird im Koran nur an diesen beiden Stellen erwähnt. Er steht somit in
der Reihe der von Gott berufenen Propheten, zeichnet sich durch Hilfe bei Notleidenden aus und weist auf den Propheten Muhammad hin.

10.9   Der Prophet Jona „mit dem Fisch"

Jona gehört in allen drei abrahamitischen Religionen zu den bekannten Propheten. Sein besonderes Kennzeichen ist wohl die legendarische Erzählung von seinem dreitägigen Verbleib im Bauch des Fisches, was im Koran dazu führte, dass Jona
kurz als „der mit dem Fische" bezeichnet wurde („Die Eintreffende", Sure 68:48 und
„Die Propheten", Sure 21:87).

In der *Bibel* ist das Jonabuch eine mit zahlreichen Wundern ausgestaltete No-
velle und Lehrerzählung, keine bloße Sammlung von Prophetenworten. *„Mach dich auf
den Weg, und droh ihr das Strafgericht an"* (Jona 1,2). Mit diesen Worten beauftragt Gott den
Propheten Jona, der Stadt Ninive wegen ihrer bösen Taten das Gericht zu verkünden
und deren Bewohner zur Umkehr aufzufordern. Doch zunächst verweigert sich Jona
diesem Auftrag und versucht, in einem Schiff nach Tarschisch zu fliehen. Diese Wei-
gerung verursacht jedoch einen gefährlichen Meeressturm, der die Seeleute an den Abgrund bringt. Nachdem das Los den Schuldigen (Jona) bestimmt hat, werfen ihn die
Seeleute über Bord in den gefährlichen Sturm, wo ihn ein großer Fisch verschluckt. –
Kapitel 2 des Jonabuches enthält ein Dankgebet des Propheten aus dem Bauch des Fisches für seine Rettung, aber kein Wort der Reue für die ursprüngliche Flucht. „Wer

nichtige Götzen verehrt, der handelt treulos" heißt es in Vers 2,9. Jona bekennt sich zum einen lebendigen Gott und wird gerettet. Daraufhin sendet Gott Jona ein zweites Mal nach Ninive mit derselben Drohbotschaft. Diesmal gehorcht er und ruft aus: „*Noch vierzig Tage, und Ninive ist zerstört!*" (Jona 3,4b). Die Leute erhören Jona; sie rufen ein Fasten aus und ziehen Bußgewänder an. Der König erhebt sich von seinem Thron, legt seinen Mantel ab, hüllt sich in ein Bußgewand und setzt sich in die Asche. Gott sieht die Umkehr und führt das Gericht nicht aus. Jona gerät darüber in Zorn. Er verliert sogar den Lebensmut und wünscht sich den Tod. Gott aber zeigt ihm durch die Rizinusstaude, dass sein Heilswille die ganze Schöpfung angeht.

Das *Neue Testament* betont die Umkehr der Niniviten aufgrund der Predigt Jonas als Signal für die Umkehr dieser Generation: „*Denn wie Jona für die Einwohner von Ninive ein Zeichen war, so wird es auch der Menschensohn für diese Generation sein.*" (Lk 11,30). Dann deutet Matthäus Jonas dreitägigen Aufenthalt im Bauch des Fisches christologisch: „*Denn, wie Jona drei Tage und drei Nächte im Bauch des Fisches war, so wird auch der Menschensohn drei Tage und drei Nächte im Innern der Erde sein.*" (Mt 12,40). Das heißt, Jesu Verbleiben bis zum dritten Tag in der Unterwelt wird auf der Folie des Schicksals von Jona im Fisch gedeutet, und seine Auferweckung mit dem neuem Leben Jonas als gehorsamer Prophet.

Von den 12 „kleinen" biblischen Propheten ist allein Jona (arab. „Jûnus") in den *Koran* aufgenommen. Er begegnet sogar als Name der zehnten Sure, welche über die Allmacht und Allwissenheit Gottes, über das jüngste Gericht und die Vergeltung der Menschen nach ihren Werken handelt.

Warum gab es denn keine Stadt, die glaubte, so dass ihr Glaube ihr genutzt hätte, außer Jonas Volk. Als sie glaubten, behoben wir ihnen die schandvolle Strafe im diesseitigen Leben und gewährten ihnen eine Weile Nutznießung. („Jona", Sure 10:98)

Am ausführlichsten berichtet „Die in Reihen stehen", Sure 37:139-148 über Jona:

Auch Jona gehörte zu den Gesandten. Als er auf das beladene Schiff floh. Da zog er das Los und gehörte zu den Verlierern. Da verschlang ihn – er war verurteilenswert – der Fisch. Wenn er da nicht zu denen gehört hätte, die lobpreisen, wäre er in seinem Bauch verblieben bis zu dem Tag, da sie auferweckt werden. Da warfen wir ihn auf das kahle Land, ganz elend, ließen einen Kürbisbusch über ihn wachsen und sandten ihn zu Hunderttausenden oder mehr. Da glaubten sie und wir gewährten ihnen eine Weile Nutznießung. („Die in Reihen stehen", Sure 37:139-148)

Im Koran kommen dieselben Elemente wie in der Bibel vor. Die zweite Drohbotschaft bringt ebenfalls eine Umkehr. Gott rettet „Hunderttausende" (in der Bibel 120.000; Jona 4,11). Ein Kürbisbusch steht anstelle der Rizinusstaude.

So harre standhaft auf das Urteil deines Herrn! Sei nicht wie der mit dem Fisch (Jona), als er bekümmert rief. Wenn ihn nicht Gnade von seinem Herrn erreicht hätte, wäre er, abgewiesen, auf das kahle Land geworfen worden. Da erwählte ihn sein Herr und machte ihn zu einem der Rechtschaffenen. Die ungläubig sind, brächten dich, wenn sie die erinnernde Mahnung hören, mit ihren Blicken fast zu Fall. Sie sagen: ‚Er ist ein Besessener.‘ Es ist aber nur erinnernde Mahnung für alle Welt. („Das Schreibrohr" Sure 68:48-52)

An beiden Stellen des Koran wird Jona zunächst kritisch dargestellt. Der Grund dafür liegt wohl in seiner zögerlichen Achtung der Macht Gottes und in seiner Flucht vor dem prophetischen Auftrag, bevor er sich dann in seine Bestimmung fügt. Dies bestätigt nochmals folgende Stelle:

Und der mit dem Fisch, als er erzürnt wegging und meinte, wir vermöchten nichts gegen ihn. Da rief er in den Finsternissen: ‚Kein Gott ist außer dir. Gepriesen seist du! Ich habe zu denen gehört, die Unrecht tun‘. („Die Propheten", Sure 21:87)

Der Koran vertritt parallel zur Bibel: Der in Not geratene Jona preist als einziger Gott, und so wird er erhört. Er wird ein zweites Mal als Prophet zu den Niniviten (Hunderttausenden) gesandt. Im Koran werden Jona, der sich bekehrte, und alle gläubig Gewordenen gerettet.

Fazit: Bibel und Koran schildern die Geschichte des Propheten Jona: Die Bibel ausführlicher, mit Wundern umrankt, der Koran an mehreren Stellen, geraffter und in Fragmenten. In beiden Überlieferungen steht der Glaube im Zentrum als Abkehr vom Bösen und Umkehr zu Gott. Angesichts der Flucht und des zweifelnden Glaubens Jonas zeichnet der Koran zunächst ein eher ambivalentes Bild des Propheten: Jona ist ein zögernder Prophet. Die Bibel hebt die Umkehr sowohl des Propheten wie der Niniviten hervor und erweckt Sympathie für den suchenden Glauben Jonas. Das Matthäus-Evangelium (Mt 12,40) konturiert Jesus auf dem Hintergrund des prophetischen Wirkens Jona. Jesus gehört wie Jona zu den „Protestleuten gegen den Tod"[7]. Das dreitägige Sein Jonas im Bauch des Fisches ist ein Vorausbild für das Prophetenschicksal Jesu, insbesondere für seinen Tod und seine Auferstehung. Gott ist in Bibel und Koran „gnädig und barmherzig", langmütig und reich an Huld. Seine Drohungen reuen ihn. Rizinusstaude (Jona 4,9f) bzw. Kürbisbusch („Die in Reihen stehen", Sure 37:146) stehen für Gottes Heilswillen in der ganzen Schöpfung.

10.10 Ijob – der Rebell und Dulder

Das alttestamentliche Buch Ijob oder Hiob gehört zu den großen Werken der Weltliteratur. „Ijob" heißt „der Angefeindete". Nicht nur die literarische Gestaltung – weisheitliches Lehrgedicht, Streitgespräch, Klagelied und Hymnus – ist herausragend.

---

7   W. Bruners, Was Jesus von Nazareth wollte, oder Das Erbe des Jona, Wien 2002, 13.

Sein Inhalt zeigt das Ringen der Menschen mit Gott und betrifft wiederum die großen Fragen des Lebens: Was ist der Sinn des Leidens? Wie ist das Leiden in die menschliche Existenz zu integrieren? Gibt es eine Gerechtigkeit? Wie sind ungerechtes Leiden und Barmherzigkeit Gottes vereinbar?

Das Buch Ijob enthält eine Rahmenerzählung und zwei Hauptteile. Die Kapitel 1 und 2 (Prolog) schildern Ijobs Glück, seine zweifache existenzbedrohende Prüfung und den Besuch seiner Freunde. In Kapitel 42,7-12 (Epilog) verurteilt Gott die falschen Ansichten der Freunde und rehabilitiert Ijob. Der erste Hauptteil (Kapitel 3-27) stellt den Dialog zwischen Ijob und seinen Freunden in drei Reden dar: Ijob klagt, ringt mit Gott und beteuert seine Unschuld. Als Antwort folgen die Vorwürfe, Argumente und Beschuldigungen der Freunde. Im zweiten Hauptteil enthält Kapitel 28 ein Loblied auf die Weisheit, und die Kapitel 29-31 zeigen Ijob als Rebell. Es folgen später eingefügte Elihu-Reden, die Antwort Gottes und die Unterwerfung Ijobs. Anzumerken bleibt, dass die Bibel Ijob nicht unter die Propheten einreiht, wohl aber das Neue Testament.

Im *Neuen Testament* werden die Propheten auch als Beispiele der Ausdauer und Vorbilder der Geduld dargestellt, unter ihnen besonders Ijob. Im Jakobusbrief etwa heißt es:

Brüder, im Leiden und in der Geduld nehmt euch die Propheten zum Vorbild, die im Namen des Herrn gesprochen haben. Wer geduldig alles ertragen hat, den preisen wir glücklich. Ihr habt von der Ausdauer des Ijob gehört und das Ende gesehen, das der Herr herbeigeführt hat. Denn der Herr ist voll Erbarmen und Mitleid. (Jak 5,10-11)

Diese vorbildliche Tugend Ijobs hat wohl bewirkt, dass man bis heute – übrigens auch bei Muslimen – von einer „Ijobsgeduld" spricht, die stets zugleich Gottes Erbarmen zeigt. Ijob (arab. *Ajjûb*) kommt im Koran viermal vor: In „Die Frauen", Sure 4:163 wird er zwischen den Propheten Jesus und Jona erwähnt. In „Das Vieh", Sure 6:84 steht sein Name zwischen Salomo und Josef. Damit gehört Ijob in die Reihe der Propheten, deren historische Abfolge für den Koran unbedeutend ist. Seine Geschichte soll vor allem die Fürsorge und Barmherzigkeit Gottes veranschaulichen. Zwei kürzere Abschnitte aus den Suren 38 und 21 berichten Folgendes:

Gedenke unseres Dieners Ijob! Als er zu seinem Herrn rief: ‚Mich hat der Satan mit Mühsal und Strafe getroffen.' ‚Stampfe mit dem Fuß! Da ist kühles Wasser zum Waschen und Trinken.' Wir schenkten ihm seine Leute und noch einmal so viel dazu in unserer Barmherzigkeit, als erinnernde Mahnung für die Verständigen. ‚Und nimm ein Bündel in die Hand und schlage damit zu! Sei nicht eidbrüchig!' Wir fanden ihn standhaft. Welch guter Diener! Er war zur Umkehr bereit. („Sâd", Sure 38:41-44)

Von Ijob wird in Sure 38 ein gutes, positives Bild gezeichnet, weil er Gott diente, bußfertig und standhaft im Glauben war. Er erlitt Qualen, die ihm der Satan auferlegte, geduldig.

Und Ijob, als er zu seinem Herrn rief: ‚Mich hat Schaden getroffen! Du bist der barmherzigste der Barmherzigen.' Da erhörten wir ihn und behoben, was ihn an Schaden getroffen hatte. Wir gaben ihm seine Leute und noch einmal so viel dazu aus Barmherzigkeit von uns und als erinnernde Mahnung für die, die dienen. („Die Propheten", Sure 21:83-84)

Sure 21 berichtet von Ijobs Klage zum Herrn, vor allem, um dadurch Gottes Barmherzigkeit und Fürsorge zu veranschaulichen. Nachdem Ijob Familie und Besitz verloren hatte, rief er zum Herrn, der sich seiner erbarmte und ihm doppelt so viel (vgl. Ijob 42,10) wie er besessen hatte zurückgab. Diese Weitherzigkeit Gottes ist eine erinnernde Mahnung an die Gläubigen.

Fazit: Die große Gestalt Ijob kommt in der 42 Kapitel umfassenden Weisheitsliteratur der Bibel vor und steht für den rebellischen und duldenden Propheten. Er wird existentiell zutiefst herausgefordert und im Leiden geprüft, ohne zu zerbrechen und an Gottes geheimnisvoller Gerechtigkeit zu verzweifeln. Die vier koranischen Stellen, an denen Ijob vorkommt, stellen ihn in die Reihe der Propheten und Diener des Herrn, die sich bekehren, den einen Gott anbeten und sein Erbarmen verkünden. Das Neue Testament erblickt in Ijob ein Leitbild der Bewährung in der Bedrängnis (Jak 5,1-11).

10.11 Dhu'l-Kifl – der „anonyme" Prophet

An zwei Stellen erwähnt der Koran den Dhu'l-Kifl unter den Propheten, einmal zusammen mit Ismael und Idrîs („Die Propheten", Sure 21:85), dann mit Ismael und Elischa („Sâd", Sure 38:48). Irgendwelche Angaben zur Identität der rätselhaften Gestalt macht der Koran nicht, und selbst die islamische Tradition weiß zu ihm nichts Verbindliches zu sagen. Dhu'l-Kifl ist kein Eigenname im eigentlichen Sinn, sondern eine Bezeichnung, die einem im Koranarabisch vertrauten Muster folgt: So kommt etwa der Prophet Jona im Koran auch unter dem Beinamen Dhu'l-Nun, „der mit dem Fisch" vor („Die Propheten", Sure 21:87). Eine andere Gestalt heißt Dhu'l-Qarnain, „der mit dem Hörnerpaar" („Die Höhle", Sure 18:83-101; dieser tritt nicht als Prophet auf; er wird oft mit dem historischen Alexander dem Großen in Verbindung gebracht, der sich auf Münzen mit Widderhörnern abbilden ließ). Dhu'l-Kifl kann wahlweise mit „der mit dem Pfand/mit der Bürgschaft", „der mit der Ernährung", oder mit „der mit der Verdopplung" übersetzt werden. In der Annahme, dass es sich dabei um eine alternative Bezeichnung für einen anderen Propheten handelt, wurden schon Elija, Elischa, Jesaja, Esra, Ijob, Zacharias, u.a. dafür vorgeschlagen. Einiges für sich hätte eine Identifizierung mit Ijob, von dem es in „Die Propheten", Sure 21:84 heißt, dass Gott ihn mit dem *Doppelten* von dem kompensiert hat, was ihm zuvor genommen wurde. Im nächsten Vers (85) wird dann Dhu'l-Kifl genannt.

Andererseits erinnert der Koran selbst daran, dass uns nicht alle Propheten, die jemals aufgetreten sind, noch namentlich bekannt sind. „Die Biene", Sure 16:36, spricht ausdrücklich davon, dass Gott zu jedem Volk Propheten entsandt habe, also nicht nur zu den Völkern der Bibel und des Korans. Bei manchen historischen Gestalten oder solchen der Religionsgeschichte wird unter Muslimen diskutiert, ob sie eventuell in diesem Sinne als Propheten gelten können, so zum Beispiel beim ägyptischen Pharao Echnaton wegen seiner monotheistischen Lehre, oder auch bei Buddha. Der „Schleier", der die Identität des Dhu'l-Kifl umgibt, kann – und soll vielleicht auch – davor bewahren, Gottes Erwählung auf die bekannten Gestalten einzuengen. Einzuschränken bleibt dann aber doch, dass es aus islamischer Sicht *nach* Muhammad definitiv keine Propheten mehr gegeben habe.

10.12 Zacharias und sein Sohn Johannes der Täufer

Es mag die Bibelleser erstaunen, dass sie auch im Koran recht viel über Zacharias und seinen Sohn Johannes erfahren können, freilich mit etwas anderer Akzentsetzung. Beide werden dort als Propheten mit Blick auf den Propheten Muhammad verstanden, die gottergeben und pietätvoll handeln. Die Bibel indessen schildert in allen vier Evangelien Johannes im Hinblick auf Jesus, als dessen Ankünder, Wegbereiter und Täufer. Er ruft die Leute zur Umkehr auf, was er selbst durch ein asketisches, karges Leben, teilweise in der Wüste, vorlebt. Johannes bildet gleichsam das Scharniergelenk zwischen den alttestamentlichen Verheißungen eines Messias und den neutestamentlichen „Erfüllungen" in Jesus Christus, dem Offenbarer Gottes und Retter der Menschen. Hier sei die ausführliche lukanische Version über Zacharias (Lk 1,5-25) mit drei Koranstellen („Maria", Sure 19:2-15; 'Imrâns Leute", Sure 3:38-41 und „Die Propheten", Sure 21:89-90) parallelisiert.

Lukas (1,5-25)	Maria (Sure 19)
1 ⁵Zur Zeit des Herodes, des Königs von Judäa, lebte ein Priester namens Zacharias, der zur Priesterklasse Abija gehörte. Seine Frau stammte aus dem Geschlecht Aarons; sie hieß Elisabet. ⁶Beide lebten so, wie es in den Augen Gottes recht ist, und hielten sich in allem streng an die Gebote und Vorschriften des Herrn. ⁷Sie hatten keine Kinder, denn Elisabet war unfruchtbar, und beide waren schon in vorgerücktem Alter. ⁸Eines Tages, als seine Priesterklasse wieder an der Reihe war und er beim Gottesdienst mitzuwirken hatte, ⁹wurde, wie nach der Priesterordnung üblich, das Los geworfen, und Zacharias fiel die Aufgabe zu, im Tempel	²Die mahnende Erinnerung an die Barmherzigkeit deines Herrn gegenüber seinem Diener Zacharias. ³Als er seinen Herrn im Stillen anrief. ⁴Er sagte: „Herr, schwach geworden ist mir das Gebein und altersgrau der Kopf. Ich war, wenn ich zu dir rief, Herr, nie trostlos. ⁵Ich fürchte aber die, die als Erben nach mir kommen. Meine Frau ist unfruchtbar. So schenk mir von dir her einen entfernteren Erben, ⁶der mich beerbt und erbt von den Leuten Jakobs! Mache ihn, Herr, wohlgefällig!" ⁷„Zacharias, wir verkünden dir einen Jungen mit Namen Johannes. Niemandem gaben wir vorher einen Namen wie ihm". ⁸Er sagte: „Herr, wie soll ich einen Jungen bekommen,

des Herrn das Rauchopfer darzubringen.
[10]Während er nun zur festgelegten Zeit das Opfer darbrachte, stand das ganze Volk draußen und betete. [11]Da erschien dem Zacharias ein Engel des Herrn; er stand auf der rechten Seite des Rauchopferaltars. [12]Als Zacharias ihn sah, erschrak er und es befiel ihn Furcht. [13]Der Engel aber sagte zu ihm: Fürchte dich nicht, Zacharias! Dein Gebet ist erhört worden. Deine Frau Elisabet wird dir einen Sohn gebären; dem sollst du den Namen Johannes geben. [14]Große Freude wird dich erfüllen und auch viele andere werden sich über seine Geburt freuen. [15]Denn er wird groß sein vor dem Herrn. Wein und andere berauschende Getränke wird er nicht trinken und schon im Mutterleib wird er vom Heiligen Geist erfüllt sein. [16]Viele Israeliten wird er zum Herrn, ihrem Gott, bekehren. [17]Er wird mit dem Geist und mit der Kraft des Elija dem Herrn vorangehen, um das Herz der Väter wieder den Kindern zuzuwenden und die Ungehorsamen zur Gerechtigkeit zu führen und so das Volk für den Herrn bereit zu machen.
[18]Zacharias sagte zu dem Engel: Woran soll ich erkennen, dass das wahr ist? Ich bin ein alter Mann und auch meine Frau ist in vorgerücktem Alter. [19]Der Engel erwiderte ihm: Ich bin Gabriel, der vor Gott steht, und ich bin gesandt worden, um mit dir zu reden und dir diese frohe Botschaft zu bringen. [20]Aber weil du meinen Worten nicht geglaubt hast, die in Erfüllung gehen, wenn die Zeit dafür da ist, sollst du stumm sein und nicht mehr reden können bis zu dem Tag, an dem all das eintrifft. [21]Inzwischen wartete das Volk auf Zacharias und wunderte sich, dass er so lange im Tempel blieb. [22]Als er dann herauskam, konnte er nicht mit ihnen sprechen. Da merkten sie, dass er im Tempel eine Erscheinung gehabt hatte. Er gab ihnen nur Zeichen mit der Hand und blieb stumm. [23]Als die Tage seines Dienstes (im Tempel) zu Ende waren, kehrte er nach Hause zurück.
[24]Bald darauf empfing seine Frau Elisabet einen Sohn und lebte fünf Monate lang zurückgezogen. Sie sagte: [25]Der Herr hat mir geholfen; er hat in diesen Tagen gnädig auf mich geschaut und mich von der Schande befreit, mit der ich in den Augen der Menschen beladen war.

wo meine Frau unfruchtbar ist und ich allzu hohes Alter erreicht habe?" [9]Er sagte: „So ist es. Dein Herr sagt: ‚Das fällt mir leicht. Schon vorher habe ich auch dich erschaffen, als du nicht gewesen warst'". [10]Er sagte: „Herr, schaff mir ein Zeichen". Er sagte: „Dein Zeichen ist, dass du drei volle Tage nicht zu den Menschen sprichst". [11]Da kam er zu seinen Leuten aus dem Tempel und offenbarte ihnen: „Lobpreist morgens und abends!"
[12]„Johannes, nimm die Schrift machtvoll!" Wir gaben ihm als Kind Urteilskraft, [13]ein liebevolles Gemüt von uns her und Lauterkeit. Er war gottesfürchtig [14]und ehrerbietig gegen seine Eltern. Er war kein widersetzlicher Gewaltherrscher. [15]Friede über ihn am Tag, da er geboren wurde, am Tag, da er stirbt, und am Tag, da er zum Leben erweckt wird!

ʿImrâns Leute (Sure 3)

[38]Dort rief Zacharias zu seinem Herrn: „Herr, schenke mir von dir her gute Nachkommen! Du hörst das Rufen". [39]Da riefen ihm, während er im Tempel stand und betete, die Engel zu: „Gott verkündet dir Johannes, damit er ein Wort Gottes bestätige, als Gebieter, Asket und Prophet von den Rechtschaffenen". [40]Er sagte: „Herr, wie soll ich einen Jungen bekommen, wo ich doch hohes Alter erreicht habe und meine Frau unfruchtbar ist?" Er sagte: „So ist Gott. Er tut, was er will". [41]Er sagte: „Herr, schaff mir ein Zeichen!" Er sagte: „Dein Zeichen ist, dass du drei Tage nur durch Gesten zu den Menschen sprichst. Gedenke viel deines Herrn und lobpreise am Abend und in der Frühe!"

Die Propheten (Sure 21)

[89]Und Zacharias, als er zu seinem Herrn rief: „Herr, lass mich nicht allein! Du bist der beste Erbe." [90]Da erhörten wir ihn und schenkten ihm Johannes. Wir stellten ihm seine Frau wieder her. Sie eiferten stets um die guten Dinge, riefen zu uns in Verlangen und Furcht und waren vor uns demütig.

Beide Heiligen Schriften zeichnen Zacharias (arab. *Sakarijjâ*) auf ähnliche Weise als hochbetagten, jüdischen Priester, der mit seiner Frau Elisabet kinderlos war. Beim Opfer im Jerusalemer Tempel erscheint ihm Gott bzw. ein oder mehrere Engel, der (die) seine Bitte um einen Nachkommen namens Johannes erhört(en). In beiden Schriften reagiert Zacharias mit Zweifeln, worauf ihm von Gott Stummheit auferlegt wird. Während Zacharias in koranischer Sicht ein Zeichen erbittet und Gott ihm eine dreitägige Stummheit auferlegt, dauert diese Stummheit nach Lukas bis zur Geburt des Täufers (Lk 1,64). In beiden Darstellungen lobt anschließend Zacharias Gott für sein Erbarmen, in der Bibel mit dem ausführlichen „Benedictus" (Lk 1,68-79), das Gottes Bund mit Abraham in Erinnerung ruft (Lk 1,73).

Johannes gilt im Koran als ein rechtschaffener Prophet (wie Jesus und Muhammad), der sich durch Gottesfurcht und Gottergebenheit wie auch durch Gehorsam gegenüber den Eltern (Sure 19:12-14) auszeichnet. Darüber hinaus wird er ausdrücklich als „Asket" („'Imrâns Leute", Sure 3:39) geschildert, der lauter, liebevoll und mit Urteilskraft ausgestattet ist („Maria", Sure 19:14). Sein innerer Bezug zu Jesus (durch die Verkündigung und das Martyrium) spielen im Koran so gut wie keine Rolle, was aber für die Bibel zentral ist: Johannes ist mit Wort und Tat Bereiter des Weges Jesu Christi als dem endgültigen Heil und als dem Erlöser schlechthin. Er verkündet den Juden eine Botschaft der Sinnesänderung und praktiziert eine Taufe der Umkehr. Als Asket lebt er karg, teils in der Wüste, teils am Jordan. Seine Demut gegenüber Jesus kommt im Wort zum Ausdruck, dass er sich nicht für würdig erachtet, Jesus die Schuhriemen zu öffnen. Dennoch sah und verstand er Jesus nicht. Die Jünger mussten ihm erklären, was sie durch Jesus erfuhren: „*Blinden wurde das Augenlicht gegeben, Aussätzige werden rein und Taube hören; Tote stehen auf und den Armen wird das Evangelium verkündet.*" (Mt 11,5).

Durch seine Verkündigung und sein Wirken schlug Johannes eine Brücke zwischen alttestamentlicher Messiasverheißung und neutestamentlicher Erfüllung in Jesus Christus, dessen Tod er abbildete. Johannes wurde als Gefängnisinsasse unter Herodes Antipas enthauptet – sehr wahrscheinlich anlässlich eines Festmahls des Königs. Als Grund für seinen Tod wird Johannes' Kritik an Herodes angegeben, der die Frau seines Bruders Philippus geheiratet hatte (Mk 6,19). Seine Frau Herodias konnte Johannes diese Kritik nicht verzeihen und flüsterte ihrer tanzenden Tochter Salome den Wunsch ins Ohr, das Haupt des Johannes auf einem Teller zu sehen. Diese Erzählung von der Enthauptung des Täufers (Mk 6,17-29) mag teilweise legendarischen Charakter haben. Sicher ist, dass Johannes der Täufer Jesus auch in Bezug auf den Märtyrertod Jesus voraus ging und ihm den Weg bereitete. Der Reihe Johannes – Jesus in der Bibel entspricht im Koran die Reihe Johannes – Muhammad.

10.13 Maria, die gottesfürchtige, jungfräuliche Mutter Jesu

Zum Abschluss dieses Kapitels und als Überleitung zum nächsten über Jesus Christus kommen wir auf Maria (arab. *Marjam*), die Mutter Jesu, zu sprechen. Maria hat im Christentum eine herausgehobene, heilsgeschichtliche Stellung und wird besonders im katholischen Raum als Fürsprecherin, Gottesmutter und als Schwester im Glauben verehrt, während Martin Luther immerhin das Magnifikat kommentiert hat[8]. Der Koran spricht in zehn Suren[9] von Maria, zumeist im Zusammenhang mit Jesus, der „Sohn Marias", und Sure 19 trägt ihren Namen. Sie ist die einzige Frau, die im Koran namentlich erwähnt und in der islamischen Frömmigkeit auch verehrt wird, was die christlichen Konzilsväter 1965 anerkannt haben.[10]

Nach dem Zeugnis des *Neuen Testaments* hat ihr ein Engel die Empfängnis vom Heiligen Geist angekündigt (Lk 1,26-38); sie hat Elisabet, die Mutter des Täufers Johannes (Lk 1,39-56), besucht und dabei eine frohe Begegnung mit ihr, die ebenfalls schwanger war, erlebt, was in den Lobpreis Gottes, das Magnifikat (Lk 1,46-55), einmündete. Maria und vor allem ihr Mann Josef (Mt 1,19) waren durch diese Verheißung anfänglich irritiert, auch noch, als sie der Zwölfjährige auf der Wallfahrt in Jerusalem verließ, um im Tempel zu lehren (Lk 2,41-52), und als er sich von der Herkunftsfamilie distanzierte, um in der neuen Familie derer zu sein, die Gottes Willen erfüllen (Mk 3,31-35). Nach dem Johannesevangelium steht Maria deutlich in der Nachfolge Jesu, sowohl in der Schilderung der Hochzeit zu Kana (Joh 2,1-10) als auch unter dem Kreuz (Joh 19,25-27). Sie ist die auf Gottes Wort Hörende und vorbehaltlos Glaubende. In ihr beginnt Gottes Heilswirken durch Jesus Christus, angekündigt für Christen bereits beim Propheten Jesaja 7,14: *„Seht, die Jungfrau wird ein Kind empfangen, sie wird einen Sohn gebären, und sie wird ihm den Namen Immanuel (‚Gott mit uns') geben."*

Maria hat ihre Bedeutung nicht aus sich selbst, sondern im Hinblick auf Jesus, den Christus und Erlöser sowie innerhalb der Heilsgeschichte[11]. Ähnlich wie die Kunst Maria in der Regel mit dem Kind abbildet, wird sie auch in der Theologie stets in christologischer Perspektive gesehen. Nach dem Zweiten Vatikanischen Konzil ist Jesus Christus der einzige Mittler zwischen Gott und den Menschen (vgl. 1 Tim 2,5-6). Durch eine Anbetung Marias würde ihr göttliche Würde zuteil und damit die einzige Mittlerschaft Jesu verdunkelt. Vom ersten Augenblick ihrer Empfängnis an blieb sie frei von Schuld, voll der Gnade, und zwar im Hinblick auf das Erlöserwerk Jesu

---

8   In der ökumenischen Theologie haben die beiden letzten Dogmen mangels expliziter biblischer Zeugnisse Anlass zu Kontroversen gegeben: Die Definition der Unbefleckten Empfängnis Mariens (8. Dezember 1854) und der Aufnahme Mariens in den Himmel (1. November 1950).

9   Dazu: G. Riße, Maria, die Gottesfürchtige, in: Pastoralblatt 1997, (5/1997), 131-138.

10 „... und sie (die Muslime) ehren seine jungfräuliche Mutter, die sie bisweilen auch in Frömmigkeit anrufen" (Nostra aetate, Nr. 3).

11 Vgl. die Konzilskonstitution „Lumen Gentium" Nr. 52-69.

Christi.[12] Sie war vor anderen großmütige Gefährtin Jesu von Nazaret. „Indem sie Christus empfing, gebar und nährte, im Tempel dem Vater darstellte und mit ihrem am Kreuz sterbenden Sohn litt, hat sie beim Werk des Erlösers in durchaus einzigartiger Weise in Gehorsam, Glaube, Hoffnung und brennender Liebe mitgewirkt" (Lumen Gentium Nr. 61). Durch ihre Stellung in der Heilsgeschichte ist sie für die Glaubenden Vorbild, Helferin und Fürsprecherin, ohne der einzigen Mittlerschaft Jesu etwas abzutragen oder hinzuzufügen. Die Jungfrau Maria wird zum Urbild der Kirche und zur „Schwester" aller Glaubenden. Erst das Konzil von Ephesus (431) definierte Maria als Gottesgebärerin (griech. „*theotokos*"). Und erst 1950 wurde die leibliche Aufnahme Marias in den Himmel proklamiert.

Der *Koran* nennt Maria meistens im Zusammenhang mit Jesus, welcher häufig „Sohn Marias" genannt wird. Damit wird Marias Rolle als Prophetenmutter herausgehoben und gleichzeitig das Besondere an Jesus, der keinen menschlichen Vater hat (siehe unten Kapitel 11), angesprochen. Üblich wäre die Filiation (Namensbildung mit „Sohn von NN") über den Vater; „Jesus, Sohn Gottes" darf aber aus islamischer Sicht so nicht formuliert werden. Maria selbst, deren Eltern nach christlicher Überlieferung (Protoevangelium des Jakobus) Joachim und Anna (eigentlich: Hanna) waren, wird im Koran interessanter Weise „Tochter Amrams" und „Schwester Aarons" genannt. Amram (arab. 'Imrân) war der Vater von Mose, Aaron und (beider Schwester) Mirjam, die als Prophetin am Schilfmeer (Ex 15,20) aufgetreten ist. Freilich verwechselt hier der Koran keineswegs die beiden Frauen gleichen Namens („Maria" ist die lateinische Form des hebräischen „Mirjam"), zwischen denen weit über tausend Jahre gelegen haben, wiewohl dies in der Literatur gelegentlich so unterstellt wird. Vielmehr projiziert der Koran bewusst die heilsgeschichtliche Bedeutung – nicht die Historizität! – der alttestamentlichen Maria (Mirjam), als Schwester des großen Propheten Mose, auf die neutestamentliche Mirjam (Maria), die ja tatsächlich genealogisch in der Nachkommenschaft Amrams gestanden haben mag, als Frau an der Seite des großen Propheten Jesus. So werden auf besonders feinsinnige Weise Jesus und Mose parallelisiert.

Neu gegenüber der Bibel ist die Episode um die Geburt Marias in der Sure „'Imrâns Leute":

(apokryphes) Protoevangelium des Jakobus: (Jak 1,1; 2,1; 4,1,6-9; 5,2,16; 8,1,30)	'Imrâns Leute (Sure 3)
1 [1]In den „Geschichten der zwölf Stämme Israels" war Joachim ein sehr reicher Mann, und er brachte alle seine Opfergaben für den Herrn doppelt. **2** [1]Anna, seine Frau, stimmte indessen ein zwiefaches Klagelied an und erhob zwiefa-	[35]Als 'Imrâns Frau sagte: „Herr, was in meinem Leib ist, gelobe ich dir: Es sei geweiht. So nimm es von mir an! Du bist der Hörende und Wissende." [36]Als sie dann geboren hatte, sagte sie: „Herr, ich habe ein Mädchen geboren – Gott wusste es am besten, was sie geboren hatte. Das Männliche ist nicht wie das

---

12   Vgl. Günter Riße: Maria, die Gottesfürchtige. Das Marienbild im Koran, in: Pastoralblatt (5/1997), 138.

ches Jammern: „Meine Witwenschaft will ich bejammern, bejammern meine Kinderlosigkeit dazu."

4 ¹Und siehe, ein Engel des Herrn trat zu ihr ⁶und sprach: „Anna, Anna, der Herr hat deine Bitte erhört. Du wirst empfangen und gebären, ⁷und deine Nachkommenschaft wird in der ganzen Welt genannt werden." Da sprach Anna: „So wahr der Herr, mein Gott, lebt, ⁸wenn ich gebären werde, sei es ein Knabe oder ein Mädchen, so will ich es dem Herrn meinem Gott, als Opfergabe darbringen, ⁹und es soll ihm Dienste verrichten alle Tage seines Lebens."

5 ²Es erfüllten sich aber ihre sechs Monate (ihre Monate), wie (der Engel) gesagt hatte: im siebenten [neunten] Monat gebar Anna. Und sie sprach zu der Hebammen: „Was habe ich geboren?" Und die Hebamme sprach: „Ein Mädchen." Da sprach Anna: „Erhoben ist meine Seele¹⁶ an diesem Tag." Und sie legte es nieder. Als aber die Tage erfüllt waren, da reinigte sich Anna von ihrem Wochenbett und gab dem Kinde die Brust, und sie verlieh ihm den Namen Maria.

8 ¹Und seine Eltern zogen hinab, verwundert und mit Lob und Preis für Gott, den Allmächtigen, darum dass sich das Kind nicht rückwärts gewandt hatte³⁰ [zu ihnen]. Maria aber wurde im Tempel [bei Zacharias] wie eine Taube gehegt und empfing Nahrung aus der Hand eines Engels.

Weibliche. Ich habe es Maria genannt und stelle es mit ihren Nachkommen unter deinen Schutz vor dem gesteinigten Satan."

³⁷Da nahm ihr Herr sie gut an und ließ sie gut heranwachsen. Er gab sie Zacharias zur Obhut. Sooft Zacharias zu ihr in den Tempel ging, fand er sie versorgt. Er sagte: „Maria, woher hast du das bekommen?". Sie sagte: „Von Gott. Gott versorgt, wen er will, ohne Berechnung." (...)

Erwählung Marias:

⁴²Als die Engel sagten: „Maria, Gott hat dich erwählt und gereinigt, erwählt aus den Frauen aller Welt. ⁴³Maria, sei deinem Herrn demütig ergeben! Wirf dich nieder und verneige dich mit denen, die sich verneigen!" ⁴⁴Das gehört zu den verborgenen Geschichten. Wir offenbaren es dir. Du warst nicht bei ihnen, als sie ihre Stäbe warfen, wer von ihnen Maria in Obhut nehmen solle, und nicht, als sie miteinander stritten. ⁴⁵Als die Engel sagten: „Maria, Gott verkündet dir von sich ein Wort, dessen Name ist: Christus, Jesus, der Sohn Marias. Geehrt ist er im Diesseits und im Jenseits-Letzten und gehört zu denen, die (Gott) nahe gebracht sind. ⁴⁶Er spricht zu den Menschen in der Wiege und als Erwachsener und gehört zu den Rechtschaffenen." ⁴⁷Sie sagte: „Herr, wie sollte ich ein Kind bekommen, wo mich kein Mensch berührt hat?" Er sagte: „So ist Gott. Er erschafft, was er will. Wenn er eine Sache beschließt, dann sagt er zu ihr nur: ‚Sei!', und da ist sie".

Das Rätsel dieses Textes löst sich dann, wenn man das apokryphe Kindheitsevangelium oder das Protoevangelium des Jakobus, entstanden zwischen 150 und 200 n. Chr. (evtl. in Ägypten oder Syrien) zu Rate zieht¹³. Dort ist von Joachim und Anna die Rede, den Eltern Marias, die der Koran aus den genannten Gründen als Amram ('Imrân), bzw. „Amrams Frau" anspricht. Sie weiht das Neugeborene Gott aufgrund ihrer Unfruchtbarkeit. Die Betonung, dass es ein Mädchen war, bringt eine Enttäuschung zum Ausdruck, denn erhofft wurde ein Junge, der auch tauglich für den Tempeldienst war. Doch wird das Mädchen Gottes Weisheit anheimgestellt, der dieses Geschenk gegeben hat und wohl Großes mit ihm vorhat. Der in Sure 3:36 genannte „Schutz vor

---

13   Protoevangelium des Jakobus, in: W. Schneemelcher, Neutestamentliche Apokryphen. Evangelien, Tübingen 51987, Bd.1, 334-349.

dem gesteinigten Satan" meint das nur für Maria und Jesus zutreffende Vorrecht der Bewahrung vor dem Satan im Augenblick der Geburt, was auch in die →Hadithsammlung von al-Buchâri (gest. 870) aufgenommen wurde. Die Rede vom Schutz Marias vor dem „gesteinigten Satan" gab Anlass, von der Sündenfreiheit Marias (und Jesu) zu reden, wohl auf dem Hintergrund von der angenommenen Sündenfreiheit Muhammads.

Sure 3:37 entspricht ebenfalls dem Jakobusevangelium: Maria wird im Alter von drei Jahren in den Tempel in die Obhut des Zacharias gebracht und auf wunderbare Weise von Gott durch die Hand eines Engels gespeist.

Sure 3:42 spricht von der wunderbaren Erwählung Marias aus allen Frauen, was an das Magnifikat erinnert, wonach alle Geschlechter Maria, die demütige Dienerin, preisen werden (Lk 1,47). Gerade diese Demut und Gottergebenheit fordert auch Sure 3:43. Maria soll eine „Muslima", im Sinne von „eine gottergebene Frau" sein, somit ein Vorbild für die Gläubigen. Nach Sure 3:44 wurden Losstäbe geworfen, um zu entscheiden, welcher Mann Maria in Obhut nehmen soll. Wie im Jakobusevangelium, nimmt im Koran der Priester Zacharias Maria im Tempel in seine Obhut („'Imrâns Leute", Sure 3:37). Sure 3:45 bringt schließlich die Verkündigung Jesu, was Maria mit dem Hinweis abwehrt, keinen Mann zu erkennen (vgl. Lk 1,34 *„Wie soll das geschehen, da ich keinen Mann erkenne?"*). Doch dies ist bei Gott beschlossene Sache, der Jesus durch das Wort „Sei" erschafft.

Schließlich kündigen ihr die Engel Jesus an (Sure 3:45), dessen Schöpfung durch das Wort „Sei" (Sure 3:47) an Lukas erinnert: *„Der Heilige Geist wird über dich kommen und die Kraft des Höchsten wird dich überschatten"* (Lk 1,35). Gottes Schöpfung durch das Wort entspricht die von Christentum und Islam gleichermaßen angenommene Jungfräulichkeit Marias.

Fazit: Die häufige Erwähnung Jesu als Sohn Marias und die weiteren Stellen zeigen insgesamt eine bedeutende Stellung Marias im Koran. Bibel und Koran betonen die Geburt Jesu von Maria als Jungfrau als Tat Gottes, seines Geistes oder Wortes. Dem entspricht in der Bibel, dass sie mit Josef verlobt war, im Koran, dass „*kein Mensch (sie) berührt hat*" („'Imrâns Leute", Sure 3:47). In Christentum und Islam, besonders in der Sufitradition, wird Maria als Vorbild gesehen, als demütige Muslima, die sich verneigt („'Imrâns Leute", Sure 3:43), die fastet („Maria", Sure 19:26) und der deswegen entsprechende Verehrung zuteil wird. Während die katholische Kirche in ihr die Gefährtin Jesu und Schwester der Glaubenden auf dem Weg sieht, somit die Mutter der Kirche, die Auserwählte aus allen Frauen und die Trägerin göttlicher Geheimnisse, bedeutet Maria für Muslime, die Mutter Jesu, eine „liebliche Knospe, die sich zur duftenden Blüte, Jesus, entfaltet"[14].

---

14 A. Schimmel, Meine Seele ist eine Frau. Das Weibliche im Islam, München 1995, 21. Dazu: H.-J. Klauck, Apokryphe Evangelien. Eine Einführung, Stuttgart 2002, 89-98. Vgl. 4.4.4 in dieser Schrift.

10.14 Zusammenfassung

- In diesem Kapitel sind bedeutende Gestalten aus Bibel, Koran und weiterer antiker Literatur dargestellt worden. Auffällig war dabei wiederum, wie viele solche Gestalten in Bibel und Koran anzutreffen sind. Doch gibt es auch spezifisch koranische Propheten, z.B. Hûd und Sâlih, allen voran Muhammad, und spezifisch biblische Propheten wie Jesaja, Jeremia und Ezechiel, die im Koran keine Rolle spielen. Nach islamischer Auffassung sendet Gott eigentlich zu allen Völkern Propheten, wobei auch die biblischen Erzväter und Könige als Propheten gesehen werden. Sie alle bezeugen Gottes Offenbarung und treten für authentisches Glaubensleben ein: für ein Leben in Gerechtigkeit vor Gott und in Gemeinschaft mit den Menschen.
- Bibel und Koran sind Vorstellungen von Engeln als Boten Gottes und von Satan als Widersacher Gottes gemeinsam, dem Koran darüber hinaus spezifisch die aus Feuer geschaffenen, verantwortlichen Mittelwesen „Dschinn". In den Augen aufgeklärter Kritiker gehören sie einem vergangenen mythologischen Weltbild an. Denkbar wäre auch, dass sie für nicht fassbare, positive und negative Phänomene stehen, die ein rein empirisches, intersubjektiv überprüfbares Erkennen überschreiten.
- Koran und Bibel haben eine Vorliebe für volkstümliche Propheten, die Menschen in Bedrängnis begleiten und vor Gefahren schützen. Sie sind mit wundersamen Heilskräften ausgestattet und zeichnen sich durch „Entrückung" aus, die Unsterblichkeit andeutet.
- Während Propheten in christlicher Sicht stets auf Jesus Christus hin gelesen werden, insbesonders Johannes der Täufer, stehen sie im Koran in der Reihe, die von Muhammad „besiegelt" wird.
- Maria wird in Koran und Bibel als gottesfürchtige jungfräuliche Mutter Jesu gesehen, wobei der Koran ihre Erwählung, Jungfräulichkeit und Mutterschaft ähnlich akzentuiert wie die Bibel. Die Gemeinsamkeiten mit apokryphen Schriften anlässlich ihrer Geburt zeigen, welche außerbiblische Literatur und Überlieferungen damals lebendig waren.

10.15 Didaktische Impulse

- Die hier erarbeiteten weiteren Figuren, die teils in beiden Heiligen Schriften vorkommen, teils spezifisch sind, können bei Gelegenheit wie in einem Lexikon nachgeschlagen und studiert werden.
- Interessant ist, Parallelen für den biblischen Ijob im Koran nachzuschlagen, Erinnerungen an Jona „mit dem Fisch" zu finden und die beiden von

Wundern umrankten, beliebten Propheten Elija und Elischa im Koran anzutreffen.

- Anhand der koranischen Gestalten Hûd, Sâlih und Schu'aib kann das auch in der Bibel mit der Sintfluterzählung und mit der Zerstörung von Sodom und Gomorrha verbundene Motiv katastrophaler Strafgerichte thematisiert werden. Welche falschen Werte können dazu führen, dass eine Gesellschaft zugrunde geht? Wie sind Naturkatastrophen (wie etwa am 26. Dezember 2004) zu bewerten?

- Lohnend ist des Weiteren eine kleine Studie zu Maria im Islam anzustellen. Denn neu ist die Erzählung von ihrer Geburt, welche an das apokryphe Jakobusevangelium erinnert. Maria wird von Christen und Muslimen als jungfräuliche Mutter Jesu verehrt, die von aller Schuld bewahrt blieb. Ausgangspunkt könnten Marienbilder oder Filme über Maria und ihren Auftrag sein.

- Was neuerdings an Interesse gewonnen hat, ist die Rede von Engeln als Boten Gottes und als Schutzengel der Menschen sowie die Rede vom Teufel als Ursache und Erklärung des Bösen.

- Zu diskutieren wäre, woher wir Dschinn kennen (in Literatur, Filmen) und weshalb sie im Islam eine so große Rolle spielen.

11. „Wer ist doch dieser?" – Jesus Christus in Bibel und Koran

Die drängende Frage der Jünger auf dem stürmischen See Gennesaret treibt uns bis heute um: *„Wer ist doch dieser, dass ihm sogar Wind und Wasser gehorchen?"* (Mk 4,41 par). Wie wurde damals Jesus verstanden, und welche Zugänge zu ihm gibt es heute? – Der Koran bietet eine „externe Christologie"[1], die nun zunehmend die christliche Theologie herausfordert. Sechshundert Jahre nach dem Tod Jesu äußerte sich eine neue Heilige Schrift über Jesus als Menschen und Propheten sowie – im negierenden Sinne – als Sohn Gottes. Diese islamische Theologie braucht jetzt neue, nicht verletzende, angemessene Antworten. Die Frage nach Jesus Christus ist gleichsam eine Offerte an den christlich-islamischen Dialog heute. Das Zweite Vatikanische Konzil machte einen ersten Schritt in diese Richtung, als es in der „Erklärung über das Verhältnis der Kirche zu den Nichtchristlichen Religionen" die Muslime mit Hochachtung („*cum aestimatione*") anerkannte und ihnen zugestand, dass sie „Jesus, (…) zwar nicht als Gott anerkennen, doch als Propheten verehren" (Nostra aetate, Nr. 3).[2]

Deshalb fragen wir in diesem Kapitel zunächst danach, wie die christliche Theologie selbst Jesus Christus versteht, welchen Stellenwert die Christologie in der Gesamtheit ihrer Theologie hat und was mit der so genannten Zwei-Naturen-Lehre gemeint ist, welche offensichtlich im Koran abgewehrt wird (Kapitel 11.1). Dann wenden wir uns den koranischen Aussagen über Jesus (Kapitel 11.2) zu, sowohl den zustimmenden wie auch den abgrenzenden. Es folgen Kommentare zu einschlägigen Suren über Geburt und Kindheit Jesu (Kapitel 11.3), über seine Worte und Taten (Kapitel 11.4) und über die im Koran unklaren Aussagen betreffend Kreuzigung und „Erhebung" (Kapitel 11.5). Die Frage wird diskutiert, inwiefern Jesus als „Gottergebener", als „Muslim" bezeichnet werden kann (Kapitel 11.6). Ein Exkurs versucht schließlich, das schwierige Problem anzugehen, über Jesus Christus innerhalb einer Trinitätstheologie verständlich und evident zu sprechen.

---

1 M. Bauschke, Jesus – Stein des Anstoßes. Die Christologie des Korans und die deutschsprachige Theologie, Köln/Wien 2000, 403; ders., Jesus im Koran, Köln u.a. 2001.

2 Um die weitere Forschung nicht zu behindern, wurden die Fragen nach einer Anerkennung des Koran und der Stellung Muhammads bewusst offen gelassen. Das traditionelle Offenbarungsverständnis, wonach die allgemeine Offenbarung mit dem Tod des letzten Apostels aufhört, wurde nicht wiederholt.

11.1   Jesus Christus aus christlicher Sicht

Die Rede von und die Lehre über Jesus Christus, die so genannte Christologie, bildet die tragende Mitte und den Angelpunkt der christlichen Theologie. Sie fasst das Glaubensbekenntnis der Christen wie in einer Linse zusammen und gilt als Kurzformel oder Inbegriff des Glaubens. Als Basis dient ihr das nachösterliche Christusbekenntnis der Jerusalemer Urgemeinde: Jesus von Nazaret, der nach gegenwärtigem Forschungsstand von ca. 7 v. Chr. bis 30/33 n. Chr. gelebt hat, ist „unter Pontius Pilatus gekreuzigt" (vgl. das Credo) worden. In ihm sah die Gemeinde die endzeitliche Erwartung eines Messias erfüllt, den endgültigen und universalen Retter und den von Gott selbst eingesetzten Herrn. Jesus ist aus christlicher Sicht das Heil für die ganze Menschheit.[3] Jesus selbst lebte in tiefer Beziehung zu Gott, den er mit Vater (hebr. „*Abba*") ansprach, und aus dieser Beziehung lebte er ganz *für* die Menschen.

Person und Schicksal Jesu Christi ist für Christinnen und Christen das Zentrum des Glaubens. Mit Jesus versuchen sie in Kontakt, eventuell in eine spirituelle Gemeinschaft zu treten, die ihrem Leben Halt und Ausrichtung gibt. Jesus Christus ist der Befreier aus allen Zwängen und Nöten, aus Krankheit, Leiden, Sünde und Tod. Seine Verkündigung vom anbrechenden Reich Gottes, sein Weg mit den Menschen, sein Kreuz und seine Auferstehung sind für sie heilswirksame, soteriologische Taten. Diese Heilstaten, besonders auch das letzte Abendmahl und die Erscheinungen des Auferstandenen, stehen am Beginn des Christentums und der Kirche.

Der Jesus der Christen war fest im Glauben Israels verwurzelt. Gemäß jüdischem Brauchtum wurde er beschnitten (Lk 2,21), kannte er die Tora und legte er sie aus. Jesus fastete wie damals üblich, und er betete zum Vater (Lk 11,2; Mt 6,9). Juden und Christen (und Muslime) sind sich einig im Bekenntnis zu Jesus als Menschen. Unterschiedlich ist das Verständnis zu Jesus als Gott oder Sohn Gottes. Dies hat zur Formel geführt: „Der Glaube Jesu einigt uns (Juden und Christen); aber der Glaube an Jesus trennt uns."[4] Wichtig ist für Christen, dass Jesus voll und ganz Jude war und dass er mit den Juden zum selben Gott betete.

Sehr früh kam es zu Auseinandersetzungen zwischen Jesus und den führenden religiösen Instanzen. Die junge Kirche fand ihr eigenes Profil unter anderem erst in Abgrenzung ihres Glaubensbekenntnisses vom jüdischen Selbstverständnis. Diese Auseinandersetzung und weitere Umstände führten zu einer jahrhundertelangen verhängnisvollen Ausgrenzung und Herabsetzung der Juden. Erst nach dem Zweiten

---

3   Aus religionstheologischer Sicht wird hier eine inklusivistische Position vertreten, welche allerdings aus der Sicht anderer Religionen als „Vereinnahmung" verstanden werden kann. Auch der Islam vertritt aus seiner Perspektive eine inklusivistische Sicht, insofern Gottes Offenbarung an Muhammad die Offenbarung an die „Schriftbesitzer" (Juden und Christen) einschließt und sich zudem an alle Welt richtet.

4   S. Ben-Chorin, Bruder Jesus. Der Nazarener in jüdischer Sicht (Werke 4), Gütersloh 2005, 5.

Weltkrieg – tragischerweise im Schatten der Schoa – kam es zu einer Wende. Die christliche Theologie (z.B. von F. Mussner, C. Thoma) gelangte zu einer Neueinschätzung des Judentums, indem sie die bleibende Verwiesenheit und stete Verwurzelung der Kirche im Judentum neu entdeckte und sah, dass Gottes Berufung und Gaben für Israel nie zurückgenommen wurden (Röm 11,29). Bei aller christologischer Verschiedenheit zwischen christlichem und jüdischem Bekenntnis wurde vermehrt das Gemeinsame zwischen beiden Religionen gesehen, insbesondere das Judesein Jesu und die monotheistische Gottesvorstellung. Von Juden und Christen kann Jesus *als Bruder*[5] gesehen werden, der sie nun selbst untereinander zu Brüdern (und Schwestern) macht. Die differente Auffassung in Bezug auf die Messianität gilt es wechselseitig zu respektieren.

Im Laufe des christologischen Reflexionsprozesses in der Geschichte definierte das Konzil von Chalzedon im Jahre 451, dass Jesus Christus ein und derselbe in zwei Naturen ist, nämlich in der menschlichen und der göttlichen Natur. Diese beiden Naturen kommen in seiner Person unvermischt und unverwandelt zusammen, ohne dass sie ihre Eigentümlichkeiten verlieren. Monophysiten behaupteten damals, in Jesus würde nur noch eine Natur fortbestehen, während sich die andere aufgelöst habe. Das Konzil hat jede Trennung der Naturen verworfen und gesagt, dass die beiden unterschiedlichen Naturen auf der Ebene der Person eine Einheit bilden. Die verschiedenen Hoheitstitel „Jesus Christus", „Messias", „Sohn Gottes" und „Herr" sind ebenfalls aus nachösterlicher Sicht zu verstehen, insofern sie – allerdings in verschiedenen Kontexten –, die Gottheit Jesu bekennen und zugleich auf dem historischen Jesus aufruhen.

11.2   Wie sieht der Koran Jesus?

Jesus (arab. ʿÎsâ) wird im Koran in 15 von 114 Suren erwähnt. Es gibt einige künstlerische Darstellungen Jesu in der islamischen Kunst, soweit diese in bestimmten Epochen Bilder zuließ, etwa auf einem Esel reitend neben Muhammad, der auf einem Kamel sitzt[6], oder anlässlich seiner Himmelfahrt[7]. All diese Darstellungen zeigen, wie sehr der Islam Jesus ästimiert, zumal als Propheten.

---

5   S. Ben-Chorin, Bruder Jesus.

6   Frontispiz der Synopse von J.-D. Thyen. Christus auf einem Esel und Mohammed auf einem Kamel reitend. Aus Raschid ad-Dins Universalgeschichte, 1307 (Universitätsbibliothek Edinburgh).

7   Himmelfahrt Jesu. Legendäre Chronik des Lebens der Propheten (1583), Museum der türkischen und islamischen Kunst Istanbul.

Als „Sohn Marias", als „Messias", Prophet und „Diener Gottes"...

Am meisten, d.h. an 16 von 33 Stellen, wird Jesus im Koran *„der Sohn Marias"* genannt. Dazu seien drei Beispiele angeführt. Mit dieser Bezeichnung soll die irdische Herkunft von der Mutter Maria betont werden. Jesus ist der einzige Mensch, dessen Filiation (Sohnschaft im Namen) nicht über den Vater, sondern über die Mutter hergeleitet wird.

„Wir (die Leute der Schrift) haben Jesus, den Sohn Marias" („Die Frauen", Sure 4:157);
„Christus Jesus, der Sohn Marias, ist (nur) Gottes Gesandter" („Die Frauen", Sure 4:171);
„Christus, der Sohn Marias, ist (nur) ein Gesandter" („Der Tisch", Sure 5:75);
„Das ist Jesus, der Sohn Marias" („Maria", Sure 19:34).

Der häufige Bezug auf Maria unterstreicht das Menschsein Jesu, während seine Gottheit den Monotheismus kompromittierte. Ferner signalisiert dieser Bezug die Stellung Marias in der koranischen Christologie. Der Ziehvater Josef wird nicht erwähnt.[8]

Am zweithäufigsten, nämlich elfmal und wie hier auch im zweiten Beispiel („Die Frauen", Sure 4:171), wird Jesus *„Christus Jesus"* (oder *Messias*, d.h. „Gesalbter") genannt, ein Titel, der ursprünglich die Beglaubigung der Könige durch Gott ausdrückt, im Koran aber wie im Christentum als Eigenname gebraucht wird.

Drittens wird Jesus als *Prophet* bezeichnet und in die Reihe der koranischen Propheten gestellt. Wie wir gesehen haben, erweitert der Koran den biblischen Sprachgebrauch „Prophet" und subsumiert auch die Erzväter, die Könige und weitere biblische Gestalten (z.B. Ijob, Zacharias) darunter. Dazu zwei Verse des Koran mit Prophetenreihen:

Wir haben dir offenbart wie Noach und den Propheten nach ihm. Wir offenbarten Abraham, Ismael, Isaak, Jakob, den Stämmen, Jesus, Ijob, Jona, Aaron und Salomo, David gaben wir einen Psalter. („Die Frauen", Sure 4:163)

Das ist unser Argument, das wir Abraham gegen sein Volk gaben. Wir erhöhen um Ränge, wen wir wollen. Dein Herr ist weise und wissend. Wir schenkten ihm Isaak und Jakob. Jeden führten wir. Schon vorher führten wir Noach, von dessen Nachkommen David, Salomo, Ijob, Josef, Mose und Aaron – So vergelten wir denen, die das Gute tun, Zacharias, Johannes, Jesus und Elija – Jeder gehört zu den Rechtschaffenen, Ismael, Elischa, Jona und Lot – Jeden zeichneten wir aus vor aller Welt. („Das Vieh", Sure 6:83-87)

---

8   Die außerkoranische Tradition kennt ihn ebenfalls als „Josef, den Zimmermann". Seine Bedeutung reicht aber nicht an den koranischen Josef von Sure 12, den alttestamentlichen Josef, heran.

Propheten sind von Gott erwählt und gesandt. Ihnen hat sich Gott geoffenbart, und sie verkünden in islamischer Perspektive den einen wahren Gott. Sie sind beauftragt, Ungläubige oder Abergläubige vom Götzendienst zu befreien und sie zur Umkehr zum lebendigen, einzigen Gott aufzurufen, der sie auf dem rechten Weg leitet und begleitet.

Weiter wird Jesus durch das *Evangelium* (arabisch: *indschîl*, von griechisch: *eyanggélion*) ausgezeichnet, das als sein Buch gilt, wie die Tora das Buch des Mose und der Psalter das Buch Davids ist. Dem Evangelium wird „Licht" und „Führung" zugesprochen:

Ihnen (den Propheten) ließen wir Jesus, den Sohn Marias, folgen, um zu bestätigen, was schon vor ihm von der Tora vorlag. Wir gaben ihm das Evangelium. In ihm sind Führung und Licht. Um zu bestätigen, was schon vor ihm von der Tora vorlag, als Führung und Mahnung für die Gottesfürchtigen. Die Leute des Evangeliums sollen nach dem entscheiden, was Gott in ihm herabgesandt hat. Die nicht nach dem entscheiden, was Gott herabgesandt hat, das sind die Frevler. („Der Tisch", Sure 5:46-47)

Damit anerkennt der Koran Tora und Evangelium als Offenbarungsschriften.[9] Die endgültige Offenbarung – der Koran – wird dem Propheten Muhammad, dem Siegel oder Inbegriff der Propheten („Die Parteien", Sure 33:40) gegeben. Jesus als Empfänger des Evangeliums wird so im koranischen Verständnis zu einem Vorläufer des unüberbietbaren Propheten Muhammad. – Des Weiteren wird Jesus auch als *Diener Gottes* („Die Frauen", Sure 4:172; „Der Prunk", 43:59), als *Wort Gottes* und als *Geist Gottes* bezeichnet: „Diener" oder „Knecht" akzentuiert die Ergebenheit in Gottes Wille.

Christus Jesus, der Sohn Marias, ist nur Gottes Gesandter, sein Wort, das er Maria entbot und Geist von ihm. („Die Frauen", Sure 4:171)

Als die Engel sagten: Maria, Gott verkündet dir von sich ein Wort, dessen Name ist: Christus Jesus, der Sohn Marias. Geehrt ist er im Diesseits und im Jenseitig-Letzten und gehört zu denen, die (Gott) nahe gebracht sind. („'Imrâns Leute", Sure 3:45)

Der Koran nennt Jesus deshalb „Wort Gottes", weil Gott ihn (wie Adam) durch das Wort bzw. den Befehl „Sei!" erschaffen hat („'Imrâns Leute", Sure 3:47.59; „Maria", Sure 19:35). Wie im biblischen Schöpfungsbericht („Gott sprach: Lichter sollen am Himmelsgewölbe sein", Gen 1,14) ist die zugrunde liegende Vorstellung eine Schöpfung durch das Wort (*Creatio verbi*).

---

9   Hier sind nicht mehr die bestehenden Unterschiede von Tora und Evangelium visiert, sondern ihr Offenbarungscharakter (Khoury, A.Th., Der Koran Arabisch-Deutsch, Gütersloh 2004, 193, Anm. zu 5,46).

... nicht als Gott, nicht als Sohn Gottes und nicht als zweite Person der Trinität

Bekanntlich lehnt der Koran ausdrücklich und vehement die Vorstellung der Gotssohnschaft bzw. der Göttlichkeit Jesu und damit auch eine Zwei-Naturen-Lehre, wie auch ein Bekenntnis zur Dreifaltigkeit ab. Neben der bereits erwähnten Stelle „Die Frauen", Sure 4:171, sind in diesem Zusammenhang aufzuführen:

Sie sagen: „Gott hat sich ein Kind genommen." Gepriesen sei er! Aber nein, ihm gehört, was in den Himmeln und auf der Erde ist. Alles ist ihm gehorsam. („Die Kuh", Sure 2:116)

Die Juden sagen: „Esra ist Gottes Sohn." Und die Christen sagen: „Christus ist Gottes Sohn." Das ist ihr Wort in ihrem Mund. Sie gleichen sich den Worten derer an, die schon früher gläubig waren. Gott bekämpfe sie! Wie sind sie belogen! Sie haben sich außer Gott ihre Gelehrten und Mönche zu Herren genommen und Christus, den Sohn Marias. Sie sind aber nur geheißen, einem einzigen Gott zu dienen. Kein Gott ist außer ihm. Gepriesen sei er, fern dem, was sie als Partner beigeben! („Die Umkehr", Sure 9:30-31)

Es kommt Gott nicht zu, dass er sich ein Kind nimmt. Gepriesen sei er! („Maria", Sure 19:35)

Ihr Leute der Schrift, unser Gesandter ist zu euch gekommen, um euch vieles von dem, was ihr von der Schrift stets verheimlicht habt, klar zu machen und vieles zu erlassen. Licht und deutliche Schrift sind von Gott zu euch gekommen. („Der Tisch", Sure 5:15)

Ungläubig sind, die sagen: „Gott, er ist Christus, der Sohn Marias." Christus sagte: „Ihr Kinder Israels, dient Gott, meinem und eurem Herrn!" Wer Gott Partner beigibt, dem versagt Gott den Garten. Seine Heimstatt ist das Feuer. Die Unrecht tun, haben keine Helfer. („Der Tisch", Sure 5:72)

Jesus hat zwar – wie Adam („'Imrâns Leute", Sure 3:59) – keinen menschlichen Vater: Er ist durch Gottes Wort und Geist in Maria geschaffen worden. In islamischer Sicht ist er aber nicht Gott oder Sohn Gottes und gehört schon gar nicht als zweite Person zur Dreifaltigkeit, weil damit die Einheit und Einzigkeit Gottes kompromittiert würde. Eine Sohnvorstellung gegenüber einer Vatervorstellung, die beide auch physisch-biologisch (miss)verstanden werden, gelten kategorisch als Verrat am Monotheismus. Die christliche Vorstellung der Dreieinigkeit wird an den bekannten Stellen verworfen:

So glaubt an Gott und seine Gesandten! Sagt nicht „drei"! Hört auf! Das ist besser für euch. Gott ist ein einziger Gott. Gepriesen sei er! Dass er ein Kind hätte! Ihm gehört, was in den Himmeln und auf der Erde ist. („Die Frauen", Sure 4:171)

Ungläubig sind, die sagen: „Gott, er ist Christus, der Sohn Marias". Christus sagte: „Ihr Kinder Israels, dient Gott, meinem und eurem Herrn!" Wer Gott Partner beigibt, dem versagt Gott den Garten. Seine Heimstatt ist das Feuer. Die Unrecht tun, haben keine Helfer. („Der Tisch", Sure 5:72)

Ungläubig sind, die sagen: „Gott, er ist Christus, der Sohn Marias". Sag: „Wer vermag etwas gegen Gott, wenn er Christus, den Sohn Marias, und seine Mutter und alle, die auf der Erde sind, vernichten will?" Gott hat die Herrschaft über die Himmel, die Erde und was dazwischen ist. Er erschafft, was er will. Gott ist aller Sache mächtig." („Der Tisch", Sure 5:17)

Als Gott sagte: „Jesus, Sohn Marias, hast du etwa zu den Menschen gesagt: ‚Nehmt euch außer Gott noch mich und meine Mutter zu Göttern'?" („Der Tisch", Sure 5:116)

Die Texte sprechen sich vehement gegen eine Einssetzung Christi mit Gott und gegen Vorstellungen von einer Dreigötterlehre aus und nehmen Christus selbst dazu als Zeugen. Es gibt nicht drei Götter, sondern nur einen, und Jesus, der Sohn Marias, ist nicht Teil dieses Einen, sondern nur Mensch und Prophet. Auch eine übertriebene Marienverehrung bis zur Vergöttlichung der Mutter Jesu, wird angeprangert. Unter den miteinander konkurrierenden Strömungen innerhalb und außerhalb der frühen Kirche, die lange um das rechte Gottesbild, die Natur Christi und eine gültige Definition von Trinität rangen, gab es auch Richtungen, die von einer *Trias*, einer Art Götterfamilie, wie sie aus vielen alten Religionen vertraut war, ausgingen: Gott-Vater, Maria als Muttergöttin und Jesus als Kindgott. Dagegen wendet sich offenbar die Stelle 5:116. Sie hat zu einem unter Muslimen auch heute noch weit verbreiteten Missverständnis geführt, dass das christliche Dogma von der Trinität diese Trias oder „Heilige Familie" beinhalte. Im interreligiösen Dialog empfiehlt es sich daher, erst einmal zu klären, dass die innerchristliche Vorstellung von Dreifaltigkeit oder Dreieinigkeit die Einheit und Einzigkeit Gottes in keiner Weise in Frage stellt.

Ungläubig sind, die sagen: „Gott ist der Dritte von dreien". Kein Gott ist außer dem einzigen. Wenn sie mit dem, was sie sagen, nicht aufhören, trifft gewiss die unter ihnen, die ungläubig sind, schmerzliche Strafe. („Der Tisch", Sure 5:73)

Dass für die Wirklichkeit Gottes, die letztlich alles menschliche Verstehen weit übersteigt, eine dreifächrige Begrifflichkeit beansprucht wird, ist allerdings vom Christentum weder „erfunden" worden, noch auf dessen Ausdrucksform beschränkt. Schon im alten Ägypten versuchte man sich lange vorher Gott nicht nur in Gestalt von dreiteiligen Triaden, sondern auch schon *„als drei in einem vereint"* zu vergegenwärtigen.[10] Und immerhin darf angemerkt werden, dass das muslimische *„Im Namen Gottes, des Allerbarmenden und Barmherzigen"* sprachlich in seiner Dreigliedrigkeit dem *„Im Namen des Vaters und des Sohnes und des Heiligen Geistes"* der Christen entspricht. Selbstverständlich verbinden Muslime damit in keiner Weise drei verschiedene Götter, genauso wenig tun dies Christen. Und auch das Judentum hält eine Entsprechung bereit mit dem formal und funktional eng vergleichbaren Segensspruch: *„Gepriesen bist du: Herr, unser Gott, König der Welt!"*.

---

10   So genannter Leidener Amunshymnus, vgl. M. Görg, Nilgans und Heiliger Geist. Bilder der Schöpfung in Israel und Ägypten, Düsseldorf 1997, 74-87.

EXKURS: **Wie lässt sich heute Trinität verstehen?**

Es ist allerdings nicht einfach, das trinitarische Gottesbild der Christen evident und Andersgläubenden verständlich zu machen, ohne weder einem Modalismus (Gott, Jesus und der Heilige Geist sind nur Seinsweisen (modi) Gottes), noch einem Tritheismus zu verfallen (Gott, Jesus Christus und der Heilige Geist wären drei eigenständige Götter). B. Stubenrauch[11] plädiert in Bezug auf das christliche Bekenntnis für einen offenen, differenzierten Monotheismus. Gegründet im Ein-Gott-Glauben Israels, wird der eine und einzige Gott nicht streng unitarisch aufgefasst, sondern trinitarisch: *Gott ist einer als Vater, Sohn und Geist.*

Begründet wird diese Aussage mit dem Hinweis, dass bereits die gläubigen Juden in Jesus nur dem Gott der Väter begegnet sind und seinen Geist empfingen. Von ihm bestärkt, gelangten sie zur Auffassung, der Nazarener sei Gottes Sohn von Ewigkeit und – zusammen mit dem Geist – wie der Vater Herr und Gott. Im Sohn und im Geist gab sich Gott selbst zu erkennen. Im Neuen Testament gibt es Spuren der später entwickelten Trinitätslehre. *„Die Gnade Jesu Christi, des Herrn, die Liebe Gottes und die Gemeinschaft des Heiligen Geistes sei mit euch allen"* (2 Kor 13,13). Oder: *„Darum geht zu allen Völkern, und macht alle Menschen zu meinen Jüngern; tauft sie auf den Namen des Vaters und des Sohnes und des Heiligen Geistes"* (Mt 28,19).

Die Trinität ist heilsgeschichtlich zu verstehen als Gott, der sich Israel offenbarte, der in Jesus Christus sein menschliches Antlitz zeigte und der nach Pfingsten den anderen Helfergeist sandte. Bildlich wurde die Trinität auf verschiedene, teilweise hilflose Weisen dargestellt. Bilder sind eben nur symbolische Erklärungsversuche des letztlich unergründlichen Geheimnisses.

11.3   Kindheit Jesu

Nachdem wir über die Kindheit Marias (Kapitel 10.13) nach apokryphen Texten geforscht haben, sollen nun Texte zur Kindheit Jesu verglichen werden. Dabei sind biblisch die Kindheitsgeschichten greifbar, die mit Korantexten in Bezug gesetzt werden. Auch das Pseudo-Matthäusevangelium ist aufschlussreich.

Lukas (1,26-38)	'Imrâns Leute (Sure 3)
1 [26]Im sechsten Monat wurde der Engel Gabriel von Gott in eine Stadt in Galiläa namens Nazaret [27]zu einer Jungfrau gesandt. Sie war mit einem Mann namens Josef verlobt, der aus	[42]Als die Engel sagten: „Maria, Gott hat dich erwählt und gereinigt, erwählt aus den Frauen aller Welt. [43]Maria, sei deinem Herrn demütig ergeben! Wirf dich nieder und verneige dich

---

11   B. Stubenrauch, Dreifaltigkeit, Regensburg 2002.

dem Haus David stammte. Der Name der Jungfrau war Maria. [28]Der Engel trat bei ihr ein und sagte: Sei gegrüßt, du Begnadete, der Herr ist mit dir. [29]Sie erschrak über die Anrede und überlegte, was dieser Gruß zu bedeuten habe. [30]Da sagte der Engel zu ihr: Fürchte dich nicht, Maria; denn du hast bei Gott Gnade gefunden. [31]Du wirst ein Kind empfangen, einen Sohn wirst du gebären: dem sollst du den Namen Jesus geben. [32]Er wird groß sein und Sohn des Höchsten genannt werden. Gott, der Herr, wird ihm den Thron seines Vaters David geben. [33]Er wird über das Haus Jakob in Ewigkeit herrschen und seine Herrschaft wird kein Ende haben.

[34]Maria sagte zu dem Engel: Wie soll das geschehen, da ich keinen Mann erkenne? [35]Der Engel antwortete ihr: Der Heilige Geist wird über dich kommen, und die Kraft des Höchsten wird dich überschatten. Deshalb wird auch das Kind heilig und Sohn Gottes genannt werden. [36]Auch Elisabet, deine Verwandte, hat noch in ihrem Alter einen Sohn empfangen; obwohl sie als unfruchtbar galt, ist sie jetzt schon im sechsten Monat. [37]Denn für Gott ist nichts unmöglich.

[38]Da sagte Maria: Ich bin die Magd des Herrn; mir geschehe, wie du es gesagt hast. Danach verließ sie der Engel.

(apokryphes) Pseudo-Matthäus (20,1)

20 [1]Am dritten Tag ihrer Reise (nach Ägypten), während sie weiterzogen, traf es sich, dass die selige Maria von der allzu großen Sonnenhitze in der Wüste müde wurde, und als sie einen Palmbaum sah, sprach sie zu Josef: „Ich möchte im Schatten dieses Baumes ein wenig ausruhen". So führte Josef sie eilends zur Palme und ließ sie vom Lasttier herabsteigen. Als die selige Maria sich niedergelassen hatte, schaute sie zur Palmkrone hinauf und sah, dass sie voller Früchte hing. Da sprach sie zu Josef: „Ich wünschte, man könnte von diesen Früchten der Palm holen". Josef aber entgegnete ihr: „Es wundert mich, dass du dies sagst; denn du siehst doch, wie hoch diese Palme ist, und (es wundert mich), dass du (auch nur) daran denkst, von den Palmfrüchten zu essen. Ich für meinen Teil denke eher an den Mangel an Wasser, das uns in den Schläuchen bereits ausgeht, und wir

mit denen, die sich verneigen!" [44]Das gehört zu den verborgenen Geschichten. Wir offenbaren es dir. Du warst nicht bei ihnen, als sie ihre Stäbe warfen, wer von ihnen Maria in Obhut nehmen solle, und nicht, als sie miteinander stritten.

[45]Als die Engel sagten: „Maria, Gott verkündet dir von sich ein Wort, dessen Name ist: Jesus Christus, der Sohn Marias. Geehrt ist er im Diesseits und im Jenseitig-Letzten und gehört zu denen, die (Gott) nahe gebracht sind. [46]Er spricht zu den Menschen in der Wiege und als Erwachsener und gehört zu den Rechtschaffenen".

[47]Sie sagte: „Herr, wie sollte ich ein Kind bekommen, wo mich kein Mensch berührt hat?" Er sprach: „So ist Gott. Er erschafft, was er will. Wenn er eine Sache beschließt, dann sagt er zu ihr nur: Sei!, und da ist sie. [48]Er lehrte ihn die Schrift, die Weisheit, die Tora und das Evangelium."

Maria (Sure 19)

[22]Da war sie mit ihm schwanger und zog sich mit ihm an einen fernen Ort zurück. [23]Die Wehen drängten sie zum Stamm der Palme. Sie sagte: „Wäre ich doch vorher gestorben und ganz vergessen worden!" [24]Da rief er ihr von unten zu: „Sei nicht traurig! Dein Herr hat unter dir fließendes Wasser geschaffen. [25]Schüttle den Stamm der Palme zu dir hin, dann lässt sie frische, reife Datteln auf dich fallen. [26]So iss und trink und freu dich! Wenn du jemanden von den Menschen siehst, dann sag: ‚Ich habe dem Allerbarmer ein Fasten gelobt. Da werde ich heute mit keinem Menschen reden'".

[27]Da kam sie mit ihm auf den Armen zu ihrem Volk. Sie sagten: „Maria, du hast eine unerhörte Sache begangen. [28]Schwester Aarons, dein Vater war kein schlechter Mann und deine Mutter keine Hure". [29]Da zeigte sie auf ihn. Sie sagten: „Wie können wir mit einem sprechen, der noch ein Kind in der Wiege ist?" [30]Er sagte: „Ich bin Diener Gottes. Er hat mir die Schrift gegeben und mich zum Propheten gemacht, [31]lässt mich gesegnet sein, wo immer ich bin. Er hat mir das Gebet und die Abgabe anbefohlen, solange ich lebe, [32]ehrerbietig gegen meine Mutter. Er hat mich nicht zum unseligen Gewalttäter gemacht.

haben nichts, womit wir uns und die Lasttiere erfrischen können".

[33]Friede über mich am Tag, da ich geboren wurde, am Tag, da ich sterbe, und am Tag, da ich zum Leben erweckt werde". [34]Das ist Jesus, der Sohn Marias. Das Wort der Wahrheit, an dem sie zweifeln!

Gemeinsam ist Bibel und Koran, dass Gott der jungfräulichen Maria durch den Engel einen Sohn ankündigt. Sein Name soll Jesus (Sure 3:45 „Jesus Christus") sein. Maria gibt sich in beiden Heiligen Schriften als sehr verwundert, weil sie mit keinem Mann zusammenlebt. – Spezifisch für den Koran ist wiederum eine Schöpfung durch das Wort. Gott sagt über eine Sache „Sei!, und da ist sie" („ʿImrâns Leute", Sure 3:47), während die Bibel über Maria sagt, sie sei vom Heiligen Geist überschattet worden.

Ebenfalls besonders für den Koran ist die Darstellung Jesu als *sprechendes Kind*. Bereits bei der Geburt tröstet Jesus Maria beim Geburtsschmerz mit dem Hinweis auf Wasser und Datteln. Das Motiv der Datteln kommt im Pseudo-Matthäusevangelium aus dem sechsten nachchristlichen Jahrhundert vor und ist vielleicht als Zeichen der Fruchtbarkeit zu deuten. Schließlich folgt die Beschreibung Jesu als islamischer Prophet (vgl. Kapitel 11.6).

11.4   Jesu Worte und Taten

Nach christlichem Verständnis hängen Jesu Botschaft und Handeln sehr eng zusammen, insofern durch seine Taten das Reich Gottes bereits zeichenhaft anbricht. Im Koran aber, der Jesus primär als Sohn Marias und als Propheten versteht, fehlt diese zentrale Reich-Gottes-Botschaft. Doch lassen sich einige Taten Jesu auch im Koran finden, selbst Anklänge an biblische Gleichnisse gibt es. Darüber hinaus kennt er rätselhafte Aussagen über Jesus, welche Parallelen in apokryphen Schriften aufweisen. – Am nächsten zu einer biblischen Aussage ist Vers 110 aus Sure 5, wo Jesu Heilung von Blinden und Aussätzigen sowie die Auferweckung von Toten bezeugt werden:

Als Gott sagte: „Jesus, Sohn Marias, gedenke meiner Gnade dir und deiner Mutter gegenüber, als ich dich mit dem Geist der Heiligkeit stärkte, so dass du zu den Menschen in der Wiege und als Erwachsener sprachst, als ich dich die Schrift, die Weisheit, die Tora und das Evangelium lehrte, als du mit meiner Erlaubnis aus Ton etwas in der Gestalt eines Vogels erschufst, dann darauf bliesest und es ein Vogel wurde mit meiner Erlaubnis, als du mit meiner Erlaubnis den Blinden und den Aussätzigen heiltest und die Toten herausbrachtest mit meiner Erlaubnis. („Der Tisch", Sure 5:110)

Ähnliche Stellen in der Bibel sind etwa in Joh 9,1-41 (Heilung eines Blinden), Lk 5,12-14 (Heilung eines Aussätzigen) und Lk 7,11-17 (Die Auferweckung des Jünglings von Nain) sowie Joh 11,1-44 (Die Auferweckung des Lazarus).

Auf einen zentralen neutestamentlichen Inhalt bezieht sich offenbar die Aussage über das „Herabsenden eines Tisches vom Himmel", das mit einem Fest verbunden und mit „Zeichen von dir" (5:114) in Zusammenhang gebracht wird:

Jesus, der Sohn Marias, sagte: O Gott, unser Herr, sende uns einen Tisch vom Himmel herab, der uns ein Fest sei, den Ersten wie den Letzten, und ein Zeichen von dir! Versorge uns! Du bist der beste Versorger! („Der Tisch", Sure 5:114)

Für manche klingt hier die wunderbare Speisung (Joh 6,1-15) oder auch die Vision des Petrus (Apg 10,11[12]) an; in erster Linie dürfte aber mit dem Festmahl als Zeichen das Abendmahl angesprochen sein. Die Aussage „für den Ersten wie den Letzten" meint wohl die Gefolgsleute Jesu. Die Tatsache, dass der Name der 5. Sure, „Der Tisch" heißt, unterstreicht die Bedeutung der Stelle und lässt vermuten, dass hier ein eucharistischer Bezug hergestellt wurde.

Interessant ist die Stelle „Die Reihe", Sure 61:6, wo Jesus einen Propheten verkündet.

Als Jesus, der Sohn Marias, sagte: „Ihr Kinder Israels, ich bin Gottes Gesandter für euch, um zu bestätigen, was schon vor mir von der Tora vorlag, und einen Gesandten zu verkünden, der nach mir kommt. Sein Name ist hoch gepriesen. Als er ihnen dann die klaren Zeugnisse brachte, sagten sie: „Das ist deutlich Zauber." („Die Reihe", Sure 61:6)

Diese Stelle wird von Muslimen auf die so genannten Parakletverheißung im Johannesevangelium bezogen und als Hinweis auf die Ankündigung Muhammads gedeutet, worauf wir in Kapitel 12.2 („Muhammad in der Bibel") zurückkommen werden.

Aufschlussreich ist ferner, dass auch Jesu Stellung zum Judentum bzw. zur Tora behandelt wird:

(...) um zu bestätigen, was schon vor mir von der Tora vorlag, und euch einiges von dem zu erlauben, was euch verboten worden ist. Ich habe euch ein Zeichen von eurem Herrn gebracht. So fürchtet Gott und gehorcht mir! („'Imrâns Leute", Sure 3:50)

Im Koran scheinen weiter Anspielungen an das *Gleichnis von den fünf klugen und den fünf törichten Jungfrauen* (Mt 25,1-13) auf. Die Bibel erzählt von einer jüdischen Hochzeit im Orient. Die Braut ist vermutlich noch im Haus der Eltern und wartet mit ihren Freundinnen auf den Bräutigam. Sobald der Bräutigam kommt, ziehen ihm diese Frauen entgegen und geleiten ihn. Dann ziehen alle zum Haus des Bräutigams, wo das Hochzeitsmahl gefeiert wird. Das biblische Gleichnis unterscheidet die Torheit (in der

---

12 „Er (Petrus) sah den Himmel offen und eine Schale auf die Erde herabkommen, die aussah wie ein grosses Leinentuch, das an den vier Ecken gehalten wurde" (Apg 10,11).

Kurzsichtigkeit) der törichten von der Klugheit (im Vorrat) der klugen Jungfrauen. In der Klugheit sieht es ein Zeichen der Offenheit für Jesus und seine Reich-Gottes-Botschaft. Das Gleichnis ist eine dringende Mahnung zu dauernder Bereitschaft für Christus und seine Botschaft.

Im Koran wird das Gleichnis von den zehn Jungfrauen nur fragmentarisch erzählt („Das Eisen", Sure 57:12-15) und nicht Jesus in den Mund gelegt. Von der Bibel klingt Mt 25,8f an. Es wird nicht ausdrücklich von zehn Jungfrauen gesprochen, sondern von Gläubigen und Ungläubigen, die das Hauptthema im Koran bilden. Die törichten Jungfrauen sind die Ungläubigen, die klugen die Glaubenden. Der Tag des Gerichtes, der mit dem Tod eintreten wird, steht im Zentrum des Abschnittes. Die Ungläubigen gelangen ins ewige Feuer.

Damit sind doch einige Kennzeichen Jesu sowohl in der Bibel als auch im Koran festgehalten. Seine Taten beschreiben heute den so genannten historischen Jesus, der in der Exegese großes Interesse gefunden hat. Unübersehbar sind in beiden Heiligen Schriften die wunderbaren, heilbringenden Kräfte Jesu im Vordergrund wie auch die Wunder überhaupt große Bedeutung haben.

11.5   Der Tod am Kreuz und die „Erhebung"

Für Christen bilden Kreuz und Auferstehung Jesu das Zentrum ihres Glaubens. Dabei stützen sie sich auf die Erzählung der Passion in allen vier Evangelien. Die Leidensgeschichte Jesu kommt im Koran nicht vor. Der Apostel Paulus hat diese Heilsereignisse in die Mitte seiner Verkündigung gestellt. *„Wenn es keine Auferstehung der Toten gibt, ist auch Christus nicht auferweckt worden. Ist aber Christus nicht auferweckt worden, dann ist unsere Verkündigung leer und euer Glaube sinnlos"* (1 Kor 15,13-14). Die Evangelien wurden auch schon als „Leidensgeschichte mit ausführlicher Einleitung" bezeichnet. Die Kreuzigung Christi ist also breit bezeugt, auch außerbiblisch bei dem Historiker Flavius Josephus. Während die Auferstehung als metahistorische Glaubenstatsache gilt, ist der Akt der Kreuzigung unstrittig. So stellt sich die Frage, weshalb sich hier Koran und Bibel so deutlich unterscheiden.

Markus (15,20b-37)	**Die Frauen (Sure 4)**
15 [20b]Dann führten sie Jesus hinaus, um ihn zu kreuzigen. [21]Einen Mann, der gerade vom Feld kam, Simon von Zyrene; den Vater des Alexander und des Rufus, zwangen sie, sein Kreuz zu tragen. [22]Und sie brachten Jesus an einen Ort namens Golgota, das heißt übersetzt: Schädelhöhe. [23]Dort reichten sie ihm Wein, der mit Myrrhe gewürzt war; er aber nahm ihn nicht. [24]Dann kreuzigten sie ihn. Sie	[155]Aber nein, Gott hat es (das Herz der Israeliten) wegen ihres Unglaubens versiegelt, so dass sie nur wenig glauben, [156]weil sie nicht glaubten, Maria mächtig verleumdeten [157]und sagten: „Wir haben Christus Jesus, den Sohn Marias, Gottes Gesandten, getötet". Sie haben ihn aber nicht getötet und nicht gekreuzigt, sondern es wurde ihnen der Anschein erweckt.

warfen das Los und verteilten seine Kleider unter sich und gaben jedem, was ihm zufiel. [25]Es war die dritte Stunde, als sie ihn kreuzigten. [26]Und eine Aufschrift (auf einer Tafel) gab seine Schuld an: Der König der Juden.

[27]Zusammen mit ihm kreuzigten sie zwei Räuber, den einen rechts von ihm, den anderen links.[28] [29]Die Leute, die vorbeikamen, verhöhnten ihn, schüttelten den Kopf und riefen: ach, du willst den Tempel niederreißen und in drei Tagen wieder aufbauen? [30]Hilf dir doch selbst und steig herab vom Kreuz! [31]Auch die Hohenpriester und die Schriftgelehrten verhöhnten ihn und sagten zueinander: Anderen hat er geholfen, sich selbst kann er nicht helfen. [32]Der Messias, der König von Israel! Er soll doch jetzt vom Kreuz herabsteigen, damit wir sehen und glauben. Auch die beiden Männer, die mit ihm zusammen gekreuzigt wurden, beschimpften ihn.

[33]Als die sechste Stunde kam, brach über das ganze Land eine Finsternis herein. Sie dauerte bis zur neunten Stunde. [34]Und in der neunten Stunde rief Jesus mit lauter Stimme: Eli, Eli, lema sabachtani?, das heißt übersetzt: Mein Gott, mein Gott, warum hast du mich verlassen? [35]Einige von denen, die dabeistanden und es hörten, sagten: Hört, er ruft nach Elija! [36]Einer lief hin, tauchte einen Schwamm in Essig, steckte ihn auf einen Stock und gab Jesus zu trinken. Dabei sagte er: Lasst uns doch sehen, ob Elija kommt und ihn herabnimmt. [37]Jesus aber schrie laut. Dann hauchte er den Geist aus.

1 Korinther (15,1-5)

15 [1]Ich erinnere euch, Brüder, an das Evangelium, das ich euch verkündet habe. Ihr habt es angenommen; es ist der Grund, auf dem ihr steht. [2]Durch dieses Evangelium werdet ihr gerettet, wenn ihr an dem Wortlaut festhaltet, den ich euch verkündet habe. Oder habt ihr den Glauben vielleicht unüberlegt angenommen? [3]Denn vor allem habe ich euch überliefert, was auch ich empfangen habe: Christus ist für unsere Sünden gestorben, gemäß der Schrift, [4]und ist begraben worden. Er ist am dritten Tag auferweckt worden, gemäß der Schrift, [5]und erschien dem Kephas, dann den Zwölf.

Die über ihn uneins sind, sind über ihn in Zweifel. Sie wissen über ihn nichts, vermuten nur. Sie haben ihn sicher nicht getötet, [158]sondern Gott hat ihn zu sich erhoben. Gott ist mächtig und weise.

[159]Es ist niemand unter den Leuten der Schrift, der nicht vor seinem Tod gewiss an ihn glaubt. Am Tag der Auferstehung wird er über sie Zeuge sein.

'Imrâns Leute (Sure 3)

3 [55]Als Gott sagte: „Jesus, ich berufe dich ab, erhebe dich zu mir, reinige dich von denen, die ungläubig sind, und stelle die, die dir folgen, über die, die ungläubig sind, bis zum Tag der Auferstehung! Dann kehrt ihr zu mir zurück, und ich entscheide zwischen euch über das, worin ihr stets uneins gewesen seid. [56]Die ungläubig sind, strafe ich hart im Diesseits und im Jenseitig-Letzten. Sie haben keine Helfer."

Bei der Ablehnung des Kreuzestodes Jesu beruft sich die koranische Theologie auf Sure 4 („Die Frauen"), Verse 156-159. Die Stelle kann aber wegen ihrer sprachlichen Offenheit unterschiedlich ausgelegt werden. Wichtig ist, dass sich der Koran hier nicht gegen das Christentum verwahrt, sondern offensichtlich gegen die Behauptung, Jesus sei von den Juden getötet worden: *„Sie (die Juden) haben ihn nicht getötet, sondern es wurde ihnen der Anschein erweckt"* („Die Frauen", Sure 4:157). Der letzte Halbsatz kann sehr unterschiedlich übersetzt werden und lässt verschiedene Interpretationen zu. Die gängigsten Erklärungsmuster sind:

a) ein anderer als Jesus wurde getötet (Substitutionstheorie);

b) Jesus wurde nur scheinbar getötet (Doketismustheorie);

c) die Leute täuschten sich in ihrer Wahrnehmung (Illusionstheorie);

d) das Geschehen am Kreuz entzieht sich dem menschlichen Verstehen (Mysteriumstheorie).

Aus muslimischer Sicht ist jedenfalls davon auszugehen, dass Gott die Ermordung seines Propheten Jesus keinesfalls zugelassen habe[13]. Der nachfolgende Satz *„Gott hat ihn zu sich erhoben"* („Die Frauen", Sure 4:158) wird entweder als direkte Erhebung verstanden, oder so, dass zuerst der übliche Tod eintritt und danach – jedoch erst am jüngsten Tag – die Auferweckung. Auferstehung oder Erhebung ohne Kreuzestod heißt aber auch, dass der Tod ohne soteriologische Bedeutung bleibt und damit ohne Heil und Sündenvergebung. Der Schlusssatz *„Am Tag der Auferstehung wird er (Jesus) über sie Zeuge sein"* meint zwar Jesu Gegenwart im Endgericht, nicht aber seine Richtertätigkeit, welche nach dem Islam allein Gott zukommt. Für das Verständnis der Ablehnung des Kreuzes Jesu ist vom damaligen kulturellen Kontext (syrischer, ägyptischer, äthiopischer und arabischer Raum) zu erklären, dass im orientalischen Christentum starke Tendenzen des Tritheismus (Dreigötterlehre), des Monophysitismus (Jesus hat nur eine, nämlich die göttliche Natur) sowie eine ausgeprägte Marienverehrung (Maria als Gottesmutter) vorhanden waren, wogegen sich bereits Nestorius (ca. 381-453) wandte, was jedoch zu seinem Ausschluss führte.

11.6 Jesus – ein „Muslim"?

Die theologischen Aussagen in der ersten großen nach-christlichen Religion ordnen Jesus in das islamische Denken ein und konturieren ihn als vorbildlichen, gläubigen Muslim. Dies erhellen drei Verse aus der (mekkanischen) Sure 19 „Maria":

---

13 Dem entspricht eine neue Deutung von M. Görg, wonach der fragliche Ausdruck semantisch eine bewahrende Wegführung Jesu durch Gott beinhaltet (M. Görg, in: Blätter Abrahams 3, 2004, 15-18).

Er (Jesus) sagte: „Ich bin Gottes Diener. Er hat mir die Schrift gegeben und mich zum Propheten gemacht, lässt mich gesegnet sein, wo immer ich bin. Er hat mir das Gebet und die Abgabe
anbefohlen, solange ich lebe, ehrerbietig gegen meine Mutter. Er hat mich nicht zum unseligen Gewalttäter gemacht. Friede über mich am Tag, da ich geboren wurde, am Tag, da ich
sterbe, und am Tag, da ich zum Leben erweckt werde. („Maria", Sure 19:30-33)

Demnach ist Jesus zunächst und vor allem Prophet, also von Gott Gesandter
und mit einer Botschaft Betrauter. Merkmal der Propheten ist es, dass sie nicht selbst
Gott sind, sondern dessen Botschaft den Menschen überbringen. Jesus hat in koranischer Optik als „Schrift" das Evangelium erhalten, analog zu Mose, der die Tora erhielt, und Muhammad, der den Koran erhielt als Bestätigung und Vollendung aller früherer Schriften. Das Gebet und die Abgabe, das so genannte „Almosen" (eigentlich die
soziale Verantwortlichkeit), zwei der fünf „Säulen des Islam", kennzeichnen Jesus in
der Tradition aller Propheten als vorbildlichen Muslim. Der ausdrückliche Gewaltverzicht charakterisiert ihn wohl in besonderer Weise: auch die islamische Tradition hat
immer wieder Jesus mit Aspekten wie „Sanftheit" und „Liebe" verbunden, so wie Mose
mit dem „Gesetz" und Muhammad, den „Vollender", mit allem zusammen, was seine
Vorläufer im Einzelnen hervorgehoben haben. Schließlich charakterisiert sich Jesus
hier selbst mit denselben Worten, die auch anderen Propheten vor ihm in den Mund
gelegt werden, als Mensch, der geboren wird, stirbt, und – gemeint ist am Jüngsten Tag
zusammen mit allen – auferweckt wird. Über Jesus herrscht Friede.

11.7   Zusammenfassung

- Die Geburt Jesu wird im Koran explizit erwähnt („Maria", Sure 19:23ff) und
  Jesus von Jugend an als derzeitiger Prophet und als Gesandter Gottes dargestellt.
- Jesus sind im Koran wunderhafte und heilende Züge gegeben: Er kann bereits in der Wiege sprechen, er heilt Blinde und Aussätzige; Jesus belebt Vögel aus Lehm mit Gottes Geist und kann Tote auferwecken.
- Die christologischen Titel „Gesalbter" bzw. „Messias" konnotieren im Koran nicht Göttlichkeit, sondern sind Bezeichnungen für den Menschen Jesus. Die *Humanität* Jesu wird am meisten durch das Prädikat „Sohn Marias"
  ausgesagt. Dem widerspricht nicht, dass er keinen menschlichen Vater hat,
  sondern von Gott durch sein Wort und seinen Geist im Schoß der jungfräulichen Maria geschaffen wurde.
- Jesus stiftet ein Mahl als besonderes und bleibendes „Zeichen" für seine Gefolgsleute.
- Das Kreuzigungsgeschehen wird im Koran offenbar bewusst dem menschlichen Verstehen vorbehalten. Muslime deuten die unklare Formulierung

unterschiedlich, sind sich jedoch darin einig, dass Jesus nicht am Kreuz starb. Damit lehnt der Islam die sündenvergebende, rettende und heilsstiftende Bedeutung des Kreuzes Jesu ab. Die Passionsgeschichte wird im Koran nicht aufgegriffen. Eine Auferstehung wird als Erhebung zu Gott verstanden, aber nicht als Erscheinung des Auferstandenen. Das eschatologische ewige Gericht wird nicht von Jesus Christus, sondern von Gott selbst vorgenommen.

■ Jesus wird im Koran als vorbildlicher Muslim dargestellt, der sich der „Säulen" Gebet und Armensteuer bzw. Sozialabgabe verpflichtet weiß, der die Eltern ehrt und sich nicht mit Gewalttätern einlässt.

■ Zahlreich sind die Stellen, welche die Göttlichkeit Jesu, seine Gottsohnschaft und seine „Teilhabe" an der Dreifaltigkeit ablehnen. Diese Stellungnahme argumentiert durchweg mit der Wahrung der Einzigkeit Gottes, dem niemand „beizugesellen" ist.

11.8   Didaktische Impulse

■ Für eine interreligiöse Behandlung Jesu gilt es zunächst zu berücksichtigen, dass – trotz gegenteiliger Behauptungen – den Schülerinnen und Schülern *vieles über Jesus bekannt* ist, sei es aus dem Religions-, Erstkommunion-, Konfirmanden- oder Firmunterricht, sei es von den jährlichen Weihnachts- und Osterfeierlichkeiten oder sei es aus Bibel und Medien. Auf der Sekundarstufe ist mit dem Namen Jesu keine Leerstelle verbunden, sondern sind zahlreiche, wenn auch holzschnittartige Kenntnisse anzutreffen.

■ Einigen Jugendlichen und Erwachsenen ist bekannt, dass Muslime Jesus als Propheten kennen und verehren, wie dies auf dem Zweiten Vatikanum (Nostra aetate, Nr. 3) anerkannt wurde. Hier könnte im Religionsunterricht angesetzt werden. *Taten und Worte des historischen Jesus* sind zu erläutern: Jesus hat Blinde und Aussätzige geheilt, sagt der Koran („Der Tisch", Sure 5:100), dazu Tote auferweckt. Seine fürsorgende, heilende Tätigkeit ist in beiden heiligen Büchern erwähnt.

■ Strittig ist indessen der *Kreuzestod Jesu*. Der Koran sagt, dass Jesus sicher nicht von den Juden gekreuzigt wurde. Der anschließende Satz „es wurde der Anschein erweckt" ist vieldeutig und könnte die Problematik des Übersetzens deutlich machen. Zumindest vier Hypothesen (vgl. Kapitel 11.5) könnten diskutiert werden. Doch wird deutlich, dass Jesu Tod in islamischer Perspektive nicht jene heilsbringende, rettende, soteriologische Bedeutung hat, wie es das Zentrum des christlichen Glaubens meint.

- Interessant könnte die koranische *Anspielung an das Abendmahl* für Christen sein, die Jesus äußert, wenn er Gott darum bittet, vom Himmel einen Tisch „als Zeichen" herabzusenden („Der Tisch", Sure 5:114). Die Tatsache, dass eine ganze Sure mit „Der Tisch" bezeichnet ist, verstärkt diese Vermutung. Passend wäre hier der Hinweis, dass den christlichen Sakramenten im Islam eine Quasi-Sakramentalität des Koran entspreche.

- Zur Vertiefung der angesprochenen Fragen des „historischen Jesus" und des „Christus des Glaubens" wäre im Religionsunterricht denkbar, Jesusfilme zu visionieren oder Ausschnitte aus solchen miteinander zu vergleichen und auf diese Weise einen Beitrag zu einem eigenständigen Jesusbild zu leisten. Als islamischer Kontrast wäre Jesus als Muslim (vgl. Kapitel 11.6) auszuführen.

12. Muhammad in der Bibel?

Auf den ersten Blick überrascht und erstaunt dieser Titel. Wie kann Muhammad in der Bibel vorkommen, nachdem er doch erst sechshundert Jahre später gelebt hat? – Bei genauerem Nachdenken freilich erinnert man sich daran, dass auch Christen Aussagen des Alten Testaments auf Jesus bezogen, obwohl sein Leben nach heutigem Forschungsstand erst etwa zwischen 7 v. Chr. und 30/33 n. Chr. angesetzt wird. Literaturwissenschaftlich und rezeptionsästhetisch handelt es sich um durchaus übliche und nachvollziehbare Vorgänge: Über Ereignisse und Personen, von denen man erfüllt ist, erkennt man in früheren Texten leicht „Zeichen", Anspielungen oder Vorhersagen: *„Seht, die Jungfrau wird ein Kind empfangen, sie wird einen Sohn gebären und sie wird ihm den Namen Immanuel ('Gott mit uns') geben"* (Jes 7,14). Der Evangelist Matthäus sieht genau in diesem Satz aus dem Propheten Jesaja eine Verheißung der Empfängnis und Geburt Jesu. Das Judentum kann diese nachträgliche Deutung auf Jesus natürlich nicht mitvollziehen und erkennt in der Tora keine Vorbereitung auf das Evangelium (*praeparatio evangelii*) wie die Christen.

12.1 „Der Gesandte, den sie bei sich in der Tora und im Evangelium verzeichnet finden"[1]

Der Islam hat auf die früheren Offenbarungen und Traditionen von Juden und Christen zurückgegriffen. Mehr noch: Aus muslimischer Sicht versteht er sich selbst als die Religion Abrahams, als die ursprüngliche Religion, die im Grunde seit Adam den Menschen immer wieder von den Propheten vorgelebt und gepredigt wird. Die Reihe der Gottesgesandten kulminiert und endet in Muhammad, dem „Siegel der Propheten", der den Koran empfängt, in den alle früheren Offenbarungen münden, der die bisherigen Religionen reformiert, der alle Irrtümer beseitigt und mit dem bis zum Ende der Welt alles gesagt ist, was den Menschen von Gott zu wissen zusteht. Aus dieser Sicht wäre eigentlich zu erwarten, dass sich das Kommen Muhammads schon früher ankündigt, dass frühere Propheten bereits von ihm künden und dass somit auch schon in der Bibel Hinweise auf ihn enthalten sein müssten.

---

1   „Die Höhen", Sure 7:157.

12.2   Frühere Propheten kündigen Muhammad an

Der Koran selbst spricht davon an mehreren Stellen ganz ausdrücklich, z.B.:

Als Jesus, der Sohn Marias, sagte: „Ihr Kinder Israels, ich bin Gottes Gesandter für euch, um zu bestätigen, was schon vor mir von der Tora vorlag, und einen Gesandten zu verkünden, der nach mir kommt. Sein Name ist hoch gepriesen." („Die Reihe", Sure 61:6)

Mit „hoch gepriesen" wird hier das arabische *Ahmad* übersetzt, das als Name aus der selben Wurzel und mit ungefähr derselben Bedeutung wie *Muhammad* gebildet ist.

Die dem Gesandten, dem schriftunkundigen Propheten, folgen, den sie bei sich in der Tora und im Evangelium verzeichnet finden (...) („Die Höhen", Sure 7:157)

Dass Muhammad hier als „schriftunkundig" qualifiziert wird, soll unterstreichen, dass er den Koran in seiner sprachlichen Vollkommenheit keinesfalls selbst verfasst haben kann, sondern dass ihm dieser von Gott geoffenbart worden sein muss.

Und du findest gewiss, dass denen, die glauben, die in Liebe am nächsten stehen, die sagen: „Wir sind Christen." Denn unter ihnen sind Priester und Mönche und sie sind nicht hochmütig. Wenn sie hören, was zum Gesandten herabgesandt worden ist, siehst du ihre Augen von Tränen überfließen wegen dessen, was sie von der Wahrheit erkennen. („Der Tisch", Sure 5:82f)

Es wird also an diesen Stellen postuliert, dass Jesus ausdrücklich das Kommen des Propheten Muhammad angekündigt habe (Sure 61:6), dass dieser sowohl in der Tora als auch im Evangelium bereits verzeichnet sei (Sure 7:157), und dass deshalb manche unter den Christen von der koranischen Offenbarung zutiefst angerührt werden, weil sie darin die Erfüllung ihrer eigenen Heiligen Schrift wahrnähmen (Sure 5:82f).

So sehr Christen diese Vorstellung überraschen und vielleicht auch befremden mag, für Muslime war sie immer naheliegend und eigentlich auch zwingend. Wie gesagt: Haben nicht Christen ihrerseits immer versucht, die jüdischen Bücher des Alten Testaments auf ihr Verständnis von Christus hin zu lesen und deutliche Hinweise auf seine Sendung darin finden wollen? Und konnten nicht Juden trotzdem immer ihre Hebräische Bibel ohne solche Vorgriffe auf eine spätere Religion als Eigengut bewahren und alle christlicherseits in diese Richtung interpretierten Passagen ohne Schwierigkeiten ganz anders, nach eigenem Verständnis, deuten?

12.3   Alttestamentliche Stellen, die auf Muhammad bezogen werden

Sehen wir uns einige Beispiele der vielen biblischen Passagen an, die von Muslimen auf Muhammad hin gedeutet werden können:[2]

---

2   Ausführlichere Darstellungen finden sich z.B. bei H. Stieglecker, Die Glaubenslehren des Islam, Wien 1962, 537-567.

Einen Propheten wie mich (Mose) wird dir der Herr, dein Gott, aus deiner Mitte, unter deinen Brüdern, erstehen lassen, worum du am Horeb, am Tag der Versammlung, den Herrn, deinen Gott, gebeten hast, als du sagtest: Ich kann die donnernde Stimme des Herrn, meines Gottes, nicht noch einmal hören und dieses große Feuer nicht noch einmal sehen, ohne dass ich sterbe. Damals sagte der Herr zu mir: Was sie von dir verlangen, ist recht. Einen Propheten wie dich will ich ihnen mitten unter ihren Brüdern erstehen lassen. Ich will ihm meine Worte in den Mund legen, und er wird ihnen alles sagen, was ich ihm auftrage. (Dtn 18,15-18)

Muslimische Kommentatoren, wie z.B. Ali →at-Tábari[3], weisen darauf hin, dass mit den „Brüdern" der Israeliten eben nicht diese selbst, sondern nur die Ismaeliten, also die Araber, gemeint sein können. Infolgedessen müsse sich die Prophezeiung auf Muhammad und nicht etwa auf Jesus oder einen anderen jüdischen Propheten beziehen, der dann alles offenlegen wird, was frühere Propheten nur unvollständig verkündet haben.

Das Volk, das in Finsternis lebt, sieht ein helles Licht; über denen, die in Finsternis wohnen, strahlt ein Licht auf. (...) Denn ein Kind ist uns geboren, ein Sohn ist uns geschenkt. Die Herrschaft (das Prophetenmal?) liegt auf seinen Schultern, (...) Seine Herrschaft ist groß und der Friede hat kein Ende. Auf dem Thron Davids herrscht er über sein Reich; er festigt und stützt es durch Recht und Gerechtigkeit, jetzt und für alle Zeiten. (Jes 9,1-6)

Muslime deuten diese Ankündigung auf Muhammad, nicht auf Jesus, da das jüdische Volk ja bereits mit Offenbarungsschriften und Propheten ausgestattet war, also durchaus nicht „in Finsternis" lebte, als Jesus geboren wurde. Anders war dies bei den Arabern, die zur Zeit Muhammads noch keine eigene Offenbarungen erhalten hatten; unter ihnen strahlte das Licht umso heller auf. Mit dem Thron Davids, der dem Kind zukommen wird, sei nicht die reale Königsherrschaft über Israel, sondern die Prophetenwürde Davids gemeint. Kraft seiner Prophetenschaft regierte Muhammad dann – im Unterschied zu Jesus – aber auch politisch über ein Reich, genau wie es hier geschildert wird. Das hebräische Wort für „Herrschaft" in Vers 5 (*misra* von der Wurzel SR) wird von →at-Tábari von der Wortwurzel 'SR abgeleitet, die „bezeichnen" im Sinne von „mit einem Zeichen versehen" oder „beglaubigen" bedeutet.[4] Muhammad hatte nach vielen Zeugenaussagen ein auffälliges Muttermal zwischen den Schulterblättern. Dieses Merkmal gilt als besonderes Zeichen für seine Prophetenschaft. In dem Vers sei nach at-Tabari nicht „Herrschaft", sondern „Prophetenmal" oder „-zeichen" zu übersetzen und eben dieses besondere Kennzeichen auf (bzw. zwischen) den Schultern Muhammads sei angekündigt. Dass der „Friede" seit Muhammads Auftreten kein Ende habe, wird so erklärt, dass das Wort „Islam" ja von arabisch *salâm*, „Friede", abgeleitet ist und somit auch mit hebräisch „*schalom*" sprachlich verwandt ist, was in der Tat richtig ist. Gemeint sei also, dass ab Muhammad der Islam kein Ende mehr nehmen wird.

---

3   H. Stieglecker, Die Glaubenslehren, 545f.
4   H. Stieglecker, Die Glaubenslehren, 546.

Eine Stimme ruft: Bahnt für den Herrn einen Weg durch die Wüste! Baut in der Steppe eine ebene Straße für unseren Gott! Jedes Tal soll sich heben, jeder Berg und Hügel sich senken. Was krumm ist, soll gerade werden, und was hügelig ist, werde eben. (Jes 40,3-5)

Muslimische Interpreten vertreten die Auffassung: Mit der Wüste könne unmöglich Palästina, das Land, in dem Milch und Honig fließen, gemeint sein, sondern hier komme unmissverständlich der Raum, in dem Muhammad wirkte, zur Sprache. Dass zuvor in Vers 2 von der Erlösung Jerusalems die Rede ist, widerspreche dem nicht, da der Islam ja auch dorthin gelangt sei. Mit dem Verschwinden von Tälern und Hügeln werde der erfolgreiche Siegeszug des Islam prophezeit.

Du bist der Schönste von allen Menschen, Anmut ist ausgegossen über deine Lippen; darum hat Gott dich für immer gesegnet. Gürte, du Held, dein Schwert um die Hüfte, kleide dich in Hoheit und Herrlichkeit! Zieh aus mit Glück, kämpfe für Wahrheit und Recht! Furchtgebietende Taten soll dein rechter Arm dich lehren. (Ps 45,3-5)

Muhammad soll von auffallend angenehmem Äußeren gewesen sein. Zu ihm gehört ferner auch, dass er – wieder in deutlichem Gegensatz zu Jesus – wo es notwendig war, auch Gewalt im Kampf für die Religion nicht ausgeklammert hat, so wie manche frühere Propheten (z.B. Elija) dies ja auch getan haben. Bekanntlich hat Muhammad (wie z.B. Mose) auch Feldzüge angeführt und Schlachten geschlagen. Für Muslime kommt so der universelle Geltungsanspruch ihres Propheten zum Ausdruck, der nicht wie Jesus, ein Prophet „nur" der Liebe war, sondern der eben alle Bereiche, auch die einer harten Realität, in seinem Wirken aufgegriffen hat. Er wäre nicht das „Siegel der Propheten", in den alles Prophetentum mündet, wenn er nicht *alles* verkörpert hätte, was ihm in früheren Propheten vorausgegangen war.

Sein Mund ist voll Süße; alles ist Wonne an ihm. (Hld 5,16)

„Wonne" steht hier im Hebräischen als Plural *maḥamaddîm*, vom Singular *maḥmâd*, was „mit Anmut/Schönheit ausgestattet" bedeutet. Dieselbe Wurzel ḤMD, die arabisch „Lob, Preis" bedeutet, steckt im Namen Muhammad, wörtlich „der Gepriesene". So wird auch diese Stelle auf Muhammad hin gedeutet.

12.4   Neutestamentliche Stellen, auf Muhammad hin gelesen

Dies ist das Zeugnis des Johannes: Als die Juden von Jerusalem aus Priester und Leviten zu ihm sandten mit der Frage: Wer bist du?, bekannte er und leugnete nicht; er bekannte: Ich bin nicht der Messias. Sie fragten ihn: Was bist du dann? Bist du Elija? Und er sagte: Ich bin es nicht. Bist du der Prophet? Er antwortete: Nein. (Joh 1,19-20)

Offenbar erwarteten Johannes' Zeitgenossen drei verheißene Gestalten: den Messias, den wiederkommenden Elija, sowie „den Propheten", womit der Dtn 18,15 (siehe oben) verheißene Prophet „wie Mose" gemeint sein dürfte, jedenfalls aber noch ein anderer als der Messias. Wenn Jesus der Messias ist, muss nach ihm noch „der Prophet" kommen. Und „Prophet" ist bekanntlich die gebräuchlichste Bezeichnung für Muhammad.

Ich werde den Vater bitten, und er wird euch einen anderen Beistand geben, der für immer bleiben soll. – Der Beistand aber, der Heilige Geist, den der Vater in meinem Namen senden wird, der wird euch alles lehren und euch an alles erinnern, was ich euch gesagt habe. – Wenn aber der Beistand kommt, den ich euch vom Vater aus senden werde, der Geist der Wahrheit, der vom Vater ausgeht, dann wird er Zeugnis für mich ablegen. – Und wenn er kommt, wird er die Welt überführen (und aufdecken), was Sünde, Gerechtigkeit und Gericht ist. Noch vieles habe ich euch zu sagen, aber ihr könnt es jetzt nicht tragen. Wenn aber jener kommt, der Geist der Wahrheit, wird er euch in die ganze Wahrheit führen. Denn er wird nicht aus sich selbst heraus reden, sondern er wird sagen, was er hört, und euch verkünden, was kommen wird. (Joh 14,16.26; 15,26; 16,8-13)

Ferner werden die so genannten Paraklet-Verheißungen im Johannesevangelium besonders häufig von Muslimen als Belege in der Bibel genannt, die auf Muhammad und auf den Koran verweisen. Nach Jesus kommt noch etwas oder jemand, der die Offenbarung vollenden wird, der endgültig aufdeckt, was wahr und was falsch ist; er wird Zeugnis für Jesus ablegen (der Koran klärt über Jesus auf) und derjenige, der diesen Geist der Wahrheit (der aus dem Koran spricht) verkündet, „redet nicht aus sich selbst", sondern sagt nur, „was er hört" – so wie Muhammad. Muslime verweisen darauf, dass sich diese Verheißungen nicht einfach auf den „Heiligen Geist" als das geistvolle Wirken Gottes beziehen können, da der Geist Gottes doch schon immer durch die Propheten gesprochen hat, also schon lange vor diesen Ankündigungen.

Der griechische Ausdruck, den die Einheitsübersetzung mit „Beistand", Luther mit „Tröster", wiedergibt, lautet *paráklêtos* von *kaleo*, „rufen" und meint den „an die Seite Gerufenen", den „zu Hilfe Gerufenen", den „Anwalt". Ein ganz ähnlich klingendes griechisches Wort, *paráklytos*, kommt von *klytos*, „vielgenannt, berühmt, gelobt". Dies entspricht aber der Grundbedeutung des Namens Muhammad, „der Gepriesene", und so wird oft behauptet, das Evangelium enthalte hier sogar, griechisch verklausuliert, den Namen des Propheten. Andererseits findet sich die Semantik von „rufen" (in *paráklêtos*) in „Koran" („Lesung, Rezitation", auch: „das Auszurufende") von der Wurzel QR', „rufen, lesen, rezitieren, deklamieren". Tatsächlich scheinen frühe Christen selbst die Bedeutung von *paráklêtos* nicht immer verstanden zu haben und übersetzten manchmal im Lateinischen *laudator* oder *laudans*, „der Lobende", manchmal auch „der Stärkende" oder „der Retter". Alle Konnotationen, vom „Gepriesenen" bis zum „Beistand", lassen sich aus muslimischer Sicht auf den Propheten Muhammad oder auf den Koran selbst beziehen.

12.5 Zusammenfassung

- Eine Reihe von Stellen aus dem Alten und dem Neuen Testament werden von Muslimen als Belege für die im Koran verankerte Vorstellung reklamiert, wonach die älteren Offenbarungsschriften bereits deutliche Hinweise auf Muhammad enthalten.
- Teilweise handelt es sich dabei um Passagen, die von Christen auf Jesus hin gedeutet wurden und werden; manchmal werden sprachliche Kniffe angewandt, um den Namen Muhammads aus biblischen Texten herauszulesen.
- Für Bekenner der später formulierten Religion ist es naheliegend und natürlich, Bestätigung aus den älteren Quellen zu schöpfen. Genauso sind Christen immer wieder an die jüdischen Bücher des Alten Testaments herangegangen.
- Ebenso naheliegend ist es, dass weder Juden noch Christen ihre eigenen Heiligen Schriften ohne solche Vorwegnahmen auf Christus bzw. auf Muhammad verstehen.
- Wenn Christen sich vergegenwärtigen, mit wie viel Unverständnis und Unmut zumindest früher oft darauf reagiert wurde, dass Juden den doch scheinbar so überzeugend vorgezeichneten Weg des Christentums nicht mitzugehen bereit waren, werden sie etwas von dem Hoffen vieler Muslime nachvollziehen können, dass die Beschäftigung mit dem Islam sie (die Christen) mindestens zur teilweisen Anerkennung Muhammads und des Koran hinführen würde. Das Zweite Vatikanum hat im Dokument „Nostra aetate" diese Frage bewusst nicht wie bisher abschlägig beschieden, sondern für die weitere Forschung offen gelassen.
- Ein wirklich achtungsvolles Neben- und Miteinander freilich setzt voraus, dass verschiedene Glaubensüberzeugungen einander die Freiheit der jeweils eigenen Auslegung zugestehen. Eine solche Achtung gegenüber den Anderen ist ohne Zweifel in der Bibel und ebenso im Koran verankert.

12.6 Didaktischer Impuls

Hier könnte für ältere Schüler und Erwachsene die übliche Praxis angesprochen werden, in einem früheren Buch ein Versprechen oder eine Verheißung aus der eigenen Optik heraus zu deuten. Wie Christen im Alten Testament Verheißungen auf Jesus hin lesen, während die Juden dieselben Stellen anders verstehen, so interpretieren Muslime gewisse Stellen aus dem Alten und Neuen Testament auf Muhammad hin. Das Barnabasevangelium (siehe S. 77) wäre dazu ein Beleg. Diese Interpretationspraxis zeigt auch die Schwierigkeit einer vorurteilsfreien Schriftauslegung auf.

13. Anhang

13.1 Literatur und Medien zu den einzelnen Kapiteln

Kapitel 1

Auernheimer, G., Interkulturelles Lernen und Handeln, in: G. Sommer/A. Fuchs (Hg.), Krieg und Frieden. Handbuch der Konflikt- und Friedenspsychologie, Weinheim 2004, 620-632.

Bauschke, M., Der koranische Jesus und die christliche Theologie, in: Münchener Theologische Zeitschrift 52 (2001) 26-33.

Leimgruber, S., Interreligiöses Lernen, München ²2007.

Meyer, K., Zeugnisse fremder Religionen im Unterricht. „Weltreligionen" im deutschen und englischen Religionsunterricht, Neukirchen-Vluyn 1999.

Pohl-Patalong, U., Interreligiöse Bildung, in: G. Lämmermann/E. Naurath/U. Pohl-Patalong, Arbeitsbuch Religionspädagogik. Ein Begleitbuch für Studium und Praxis, Gütersloh 2005, 100-106.

Renz, A./Leimgruber, S., Christen und Muslime. Was sie verbindet, was sie unterscheidet, München ²2005, 39-53.

Zirker, H., Christentum und Islam, Düsseldorf 1989.

ders., Islam. Theologische und gesellschaftliche Herausforderungen, Düsseldorf 1993.

ders., Der Koran in christlicher Sicht, in: Münchener Theologische Zeitschrift 52 (2001) 3-15.

Kapitel 2

Baldermann, I. Einführung in die biblische Didaktik, Darmstadt 1996.

Berg, H.K., Ein Wort wie Feuer. Wege lebendiger Bibelauslegung, Stuttgart/München ²1992.

ders., Methoden biblischer Texterschließung, in G. Adam/R. Lachmann (Hg.), Methodisches Kompendium für den Religionsunterricht, Göttingen ²1996, 163-186.

ders., Grundriss der Bibeldidaktik, Stuttgart/München 1993.

Bobzin, H., Der Koran. Eine Einführung, München 1999.

Bubenheim, Abdullah F., Die Regeln der Qur'ân-Rezitation, Aachen 2000.

Dillmann, R., Aus den Wurzeln leben. Die Bibel in der Erwachsenenbildung, in: R. Englert/S. Leimgruber (Hg.), Erwachsenenbildung stellt sich religiöser Pluralität, Gütersloh/Freiburg 2005, 272-277.

Ferchl, D. (Hg.), Sahîh al-Buhârî. Nachrichten von Taten und Aussprüchen des Propheten Muhammad, ausgewählt aus dem Arabischen, Stuttgart 2002.

Kermani, N., Gott ist schön. Das ästhetische Erleben des Koran, München 1999.

Kropač, U., Biblisches Lernen, in: G. Hilger/S. Leimgruber/H.-G. Ziebertz, Religionsdidaktik. Ein Leitfaden für Studium, Ausbildung und Beruf, München ²2003, 385-401.

ders., „Da rang mit Jakob ein Mann...". Skizze einer dekonstruktivistischen Bibeldidaktik, in: M. Bahr/U. Kropač/M. Schambeck (Hg.), Subjektwerdung und religiöses Lernen. Für eine Religionspädagogik, die den Menschen ernst nimmt, München 2005, 124-134.

Wentzel, A., Die Sunna, Kandern i. Schwarzwald 2002.

Zirker, H., Der Koran. Zugänge und Lesarten, Darmstadt 1999.

Kapitel 3

Aldebert, H., Bibliodrama, in: G. Adam/R. Lachmann (Hg.), Methodisches Kompendium für den Religionsunterricht 2 (Aufbaukurs), Göttingen 2002.

Berg, H. K., Ein Wort wie Feuer: Wege lebendiger Bibelauslegung, München 1991.

Burgmer, Chr. (Hg.), Streit um den Koran. Die Luxenberg-Debatte: Standpunkte und Hintergründe, Berlin 2004.

Drewermann, E., Strukturen des Bösen, Paderborn, Bd 1 ⁵1984; Bd 2 ⁵1985; Bd 3 ⁵1986.

ders., Tiefenpsychologie und Exegese, Olten/Freiburg, Bd 1 ²1984; Bd 2 ²1986.

Equipo Pastoral de Bambamarca, Vamos Caminando. Machen wir uns auf den Weg, Fribourg/Münster ³1983.

Kassel, M., Biblische Urbilder. Tiefenpsychologische Auslegung nach C. G. Jung, München 1989.

Leber, M., Neues Zentrum für Koranforschung, in: campus (Universität des Saarlandes) 29/4, Nov. 1999, 10-12.

Luxenberg, Chr., Die syro-aramäische Lesart des Koran, Berlin ²2004.

Scherzberg, L., Grundkurs Feministische Theologie, Mainz 1995.

von Denffer, A., Der Koran, München 1996 (Einleitung, S. VIII—XL)

Themenheft: „Wer hat die Bibel geschrieben?", in: Welt und Umwelt der Bibel, Nr. 28, (2003) H.2.

Kapitel 4

Biser, E., Zu Fridolin Stiers Übersetzung des Neuen Testaments, in: StZ 208 (1990) 135f.

Bobzin, H., Der Koran. Eine Einführung, München 1999.

Denis, A.-M., Introduction aux pseudoépigraphes de l'Ancien Testament, Paris 1970.

Klauck, H.-J., Apokryphe Evangelien. Eine Einführung, Stuttgart 2002.

Kuschel, K.-J., Fridolin Stier als Theologe und Sprachkünstler. Zur Bedeutung einer neuen Übersetzung des Neuen Testaments, in: StZ 208 (1990) 687-702.

Müller, A., Martin Bubers Verdeutschung der Schrift (ATS 14), St. Ottilien 1982.

Nöldecke, T., Geschichte des Qorāns (1860), weitergeführt von F. Schwally/G. Bergsträsser/O. Pretzl, Bd I-III, Leipzig 1908-38.

Schneemelcher, W., Neutestamentliche Apokryphen, 2 Bde., Tübingen 51987.

Troll, Chr., Muslime fragen, Christen antworten, Kevelaer 2003.

Tworuschka, M. u. U., Der Islam – Kindern erklärt, Gütersloh 1999.

von Denffer, A., Der Koran, München 1996 (Einleitung, S. VIII-XL)

Zenger, E., u.a., Einleitung in das Alte Testament, Stuttgart ⁵2004.

Zirker, H., Der Koran. Zugänge und Lesarten, Darmstadt 1999.

Kapitel 5

Literatur

Balic, S., „Schöpfung. Islamisch", in: Lexikon religiöser Grundbegriffe. Judentum Christentum Islam, Graz/Wien/Köln 1987, 963-964.

Themenheft: „Die Erzählungen vom Turmbau zu Babel", Bibel heute Nr. 142 (2/2000).

Ganoczy, A., „Schöpfung", in: P. Eicher (Hg.), Neues Handbuch theologischer Grundbegriffe, Bd. IV, München 1985, 113-122.

Jaroš, K., Biblische Heilige und Propheten im Koran (Der Islam IV), Wangen i. A. 1997, 54-79.

Renz, A., Der Mensch unter dem An-Spruch Gottes. Offenbarung und Menschenbild des Islam im Urteil gegenwärtiger christlicher Theologie, Bamberg 2002.

Renz, A./Leimgruber, S., Christen und Muslime. Was sie verbindet, was sie unterscheidet, München 22005, 140-143.

Seipel, W., Der Turmbau zu Babel. Ursprung und Vielfalt von Sprache und Schrift, Graz 2003.

Speyer, H., Die biblischen Erzählungen im Qoran, Hildesheim ³1988, 89-119.

Stieglecker, H., Die Glaubenslehren des Islam, Wien 1962, 211-213.

Thyen, J.-D., Bibel und Koran. Eine Synopse gemeinsamer Überlieferungen, Böhlau 1989, Köln ³2000, 2-43.

Medien

Am Anfang war. Zeichentrickfilm (VHS 42 02713), 2001, 6 Min. Die Schöpfung Gottes der Welt und des Menschen sowie die Weltgeschichte werden gerafft dargestellt und die Aufmerksamkeit auf die Verantwortung für die Schöpfung gelenkt.

Haydn, Joseph, Die Schöpfung. Oratorium, 1795-98. Uraufgeführt in Wien 1799. Klassisches Werk für Chor, Soli und Orchester.

Kain und Abel. 6 Dias von Kunstbildern von Lovis Corinth, Alfred Hrdlicka und Francisco Goya zur Meditation, 1985.

Noah baut die Arche: Das Leben soll weitergehen. Kurzfilm (VHS) 1994, 15 Min. Archebau nach Genesis 6,5-22.

No Arks, Kurzfilm (VHS). Regie: Abu, 1976, 9 Min. Neben Noahs Arche taucht plötzlich eine zweite Arche auf. Noahs Traum von der Weltherrschaft bricht zusammen. Es kommt zum Kampf. Die Frage der Herrschaft soll durch Gewalt entschieden werden. Raben verwandeln sich in Düsenbomber. Beide Archen gehen unter. Als die von Noah ausgesandte Taube mit einem Ölzweig zurückkommt, findet sie nur noch Wasser.

Noahs Arche. Zeichentrickfilm vom amerikanischen Kinderbuchillustrator Peter Spier (VHS) 1989. 30 Min. Der Bau wird ausführlich dargestellt und die Angst der Menschen und Tiere während der langen Reise geschildert. Der Film geht über den biblischen Text hinaus und bewahrt vor einem idyllischen Verständnis (ab 16 Jahren geeignet).

Peron, Carlos, Die Schöpfung der Welt „oder 7 Tage Gottes". Oratorium für 1 Yamaha CX 5 Computer, BRD (A CH 026) 1985. Modernes musikalisches Werk für Synthesizer und Sprecher.

Zerreißt den Bogen in den Wolken nicht. Kurzfilm (VHS) 1990, 28 Min. Schüler des Förderschulinternates Schloss Horneburg führen szenisch die Geschichte von der großen Flut und der Rettung Noahs durch Gott auf. Bildimpressionen stellen Bezüge zur Bedrohung der Schöpfung durch den Menschen und seine technischen Errungenschaften her (ab 14 Jahre geeignet).

Kapitel 6
Literatur

„Abraham", Themenheft: Welt und Umwelt der Bibel, Nr. 30 (4/2003).

Blätter Abrahams. Beiträge zur interreligiösen Diskussion, Schriftenreihe der Gesellschaft Freunde Abrahams, hg. von M. Görg und S.J. Wimmer, München ab 2002.

Beck, E., Die Gestalt des Abraham am Wendepunkt der Entwicklung Muhammads, in: Muséon 65 (1952) 73-94.

Böhme, W. (Hg.), Ist Gott grausam? Eine Stellungnahme zu Tilmann Mosers „Gottesvergiftung", Stuttgart 1977.

Görg, M., Abraham als Ausgangspunkt für eine „abrahamitische Ökumene"?, in: A. Renz/S. Leimgruber (Hg.), Lernprozess Christen Muslime, Münster 2002, 142-151.

ders., In Abrahams Schoß. Christsein ohne Neues Testament, Düsseldorf 1993.

Krauss, H./Küchler, M., Erzählungen der Bibel, Bd. 2, Das Buch Genesis in literarischer Perspektive: Abraham-Isaak-Jakob, Freiburg (Schweiz)/Göttingen 2004.

Kuschel, K.-J., Streit um Abraham. Was Juden, Christen und Muslime trennt – und was sie eint, Düsseldorf 32003.

Hagemann, L., Propheten – Zeugen des Glaubens. Koranische und biblische Deutungen, Würzburg/Altenberge 21993, 53-64.

Leimgruber, S., Das islamische Opferfest Id al-Adha, in: H. Brosseder (Hg.), Christentum, Judentum, Islam. Feiertage und religiöse Tradition. Predigten mit Hintergrund, Donauwörth 2004, 116-118.

Naumann, Th., Die biblische Verheißung für Ismael als Grundlage für eine christliche Anerkennung des Islam?, in: A. Renz/S. Leimgruber (Hg.), Lernprozess Christen Muslime, Münster 2002, 152-170.

ders., Ismael – Abrahams Sohn und arabischer Erzvater. Biblische Wege zum Verständnis des Islam, in: Blätter Abrahams 2 (2002) 58-79.

Speyer, H., Die biblischen Erzählungen im Qoran, Hildesheim 31988, 120-186.

Stieglecker, H., Die Glaubenslehren des Islam, Wien 1962, 196-210.

Wimmer, St. J., Die Blätter des Abraham, in: Blätter Abrahams 1 (2002) 7-9.

Medien

Abraham. VHS-Spielfilm. Regie Sargent, Joseph, 1993, 175 Min. Verfilmung der Abrahamsge-
    schichte.

Sara und Abraham. VHS-Kurzfilm nach Genesis 18. Regie: Schmidt, Hans-Werner, 1992, 17 Min.
    Abraham glaubt an die Verheißung Gottes, trotz des hohen Alters einen Sohn zu bekom-
    men. Sara lacht und erhält später Isaak.

Der Patriarch Abraham. VHS-Kurzfilm 1980, 17 Min. Der dokumentarische Film verfolgt den Weg
    Abrahams von Ur über Babylon bis nach Haran und Sichem in Palästina. Am Lebensstil
    heutiger Beduinen wird die Lebensweise altorientalischer Sippenführer veranschaulicht.

Isaak, Rebecca, Jakob und Esau. 12 Dias 1979 aus der Reihe „Bilder zur biblischen Geschichte". Dazu
    interpretierende Texte und didaktische Hinweise zu den alttestamentlichen Erzählungen
    von Isaak und Rebekka sowie Jakob und Esau.

Islam. 16 Dias mit Bildmotiven zum Islam, u. a. zur Kaaba in Mekka, Mosche, dazu ausführliches Be-
    gleitmaterial, 1993.

Du bist Abraham. 6 Folien 1996. Die Geschichte Abrahams wird als Anfangsgeschichte von Juden-
    tum, Christentum und Islam dargestellt sowie als „Urgeschichte der Menschheit". Die Bil-
    der sprechen die verschiedenen Sichtweisen der abrahamitischen Religionen an.

Kapitel 7

Literatur

Hämeen-Anttila, J., 'We will tell you the best of stories' A Study on Sura XII, Studia Orientalia 67
    (1991) 7-32.

Görg, M., Die Beziehungen zwischen dem alten Israel und Ägypten von den Anfängen bis zum Exil,
    Darmstadt 1997, 117-124.

Schenker, A., Versöhnung und Sühne. Wege gewaltfreier Konfliktlösung im Alten Testament, Frei-
    burg (Schweiz) 1981, 15-40.

Themenheft: „Josef in Ägypten", Bibel heute Nr. (1/1998).

Josef und Asenat, in: E. Weidinger, Die Apokryphen. Verborgene Bücher der Bibel, Augsburg 1989,
    231-255.

Medien

Der kleine Bibelfuchs: 1. Josef und seine Brüder; 2. Sieben magere Jahre. DVD-Animationsfilme 2 mal
    23 Min. Regie: Osama Dezaki Japan/Italien 1992; Deutsche Bearbeitung: Keicher, Stephan/
    Weitzel, Ute, 2004, Katholisches Filmwerk GmbH, Postfach 111152, 60046 Frankfurt; steyl-
    medien, Dauthendeystr. 23, 81377 München.

Josef und seine Brüder. Dreiteiliger Zeichentrickfilm [4240202](VHS). Regie: Hartmann, Konrad,
    Deutschland, 1975, 30 Min. Teil 1 behandelt den Verkauf Josefs nach Ägypten, Teil 2 seine
    Zeit im Hause Potiphars und Teil 3 die Rettung Ägyptens vor Hungersnot durch die Vor-
    sorge Josefs.

Josef wird von seinen Brüdern verkauft: Meine Geschichte beginnt. Kurzspielfilm [4241403] (VHS),
    Deutschland, 1994, 15 Min. Nach Genesis 37,12-28. Josef, der von einer großen Zukunft
    träumt, wird von den Brüdern in ein Brunnenloch geworfen und als Sklave verkauft.

Josef. Spielfilm [430029] (VHS). Regie Young, Roger, 1994, 190 Min. Breit angelegte Verfilmung der
    Josefsgeschichte mit Ben Kingsley als Potifar und Paul Hercurio als Josef.

Shalom Pharao [4300086], Zeichentrickfilm von Curt Linda – atlas-Film – 1982, 80 Min. Geeignet ab
    13 Jahren. Shalom Pharao beschreibt die Karriere des Josef, der vom jüdischen Nomaden-
    sohn zum ägyptischen Sonderminister aufstieg und während der Hochkonjunktur so klug
    wirtschaftete, dass er die nachfolgende Rezession in den Griff bekam. Die Josefsgeschichte
    (Gen 37-50) ist Gegenstand einer Unterhaltung des Pontius Pilatus mit dem jüdischen Se-
    kretär. Die Darstellung der historischen und kulturellen Distanz des Pilatus zu Josef erleich-
    tert auch den Brückenschlag zum heutigen Zuschauer. Der Video-Kassette sind ein Begleit-

heft, 8 Arbeitsbögen (Kopiervorlagen) und Texte zur Interpretation der Josefsgeschichte beigelegt.

De Zäller Josef. Ein musikalisches Spiel für Kinder und Jugendliche von Paul Burkhard. Schweizer Dialekt, Schallplatte (2 mal 60 Min.) 1965, Musikverlag 8 Bühnenvertrieb AG, Utoquai 41, CH-8008 Zürich.

Kapitel 8

Literatur

Assmann, J., Moses der Ägypter, München/Wien 1998.

Freud, S., Der Mann Mose und die monotheistische Religion, 1939.

Görg, M., Mose und die Gabe der Unterscheidung, in: Religionsunterricht an höheren Schulen (rhs) 44 (2001) 1-9.

Hagemann, L., Propheten – Zeugen des Glaubens. Koranische und biblische Überlieferungen, Altenberge/Würzburg 21993, 65-89.

Küng, H., Projekt Weltethos, München 1990.

ders., Dokumentation zum Weltethos, München 2002.

Otto, E. (Hg.), Mose, Ägypten und das Alte Testament, (Stuttgarter Bibel-Studien 189), Stuttgart 2000.

Paret, R. Mohammed und der Koran. Geschichte der Verkündigung des arabischen Propheten, Stuttgart 51980.

Prenner, K., Muhammad und Musa. Strukturanalytische und theologie-geschichtliche Untersuchungen zu den mekkanischen Musa-Perikopen des Qur'an, Altenberge 1986.

Speyer, H., Die biblischer Erzählungen im Qoran, Hildesheim 31988, 225-363.

Stieglecker, H., Die Glaubenslehren des Islam, Wien 1962, 222-233.

Themenheft: „Mose, Religionsunterricht an höheren Schulen (rhs) 44 (2001).

Themenheft: „Die Zehn Gebote", Welt und Umwelt der Bibel, Nr. 17 (3/2000).

Medien

Georg Friedrich Händel, Israel in Ägypten (HV 54). Oratorium für 6 Solostimmen und Doppelchor (1738).

Mose und Aaron: Tanz um das goldene Kalb. Kurzspielfilm (VHS) zu Exodus 32-34. 1992, 15 Min. Der Film zeigt Mose auf dem Berg Sinai und Aaron beim Kult um das Goldene Kalb.

Mose. 8 Kunstbilder auf Folien, 1 CD und 48 Seiten Kommentar, 2002. Mit Unterrichtsentwurf für die Grundschule.

Moses. Spielfilm. Regie Young, Roger, 1995, 177 Min. Aufwändige Verfilmung der Mosegeschichte.

Mosegeschichten. 18 Dias mit Bildern aus dem Stuttgarter Psalter, 1988.

Mose und der Weg in die Freiheit. 10 Kunstbilder auf Folien, hg. von Höfer, Albert, 1992.

Prinz von Ägypten. Regie: Chapman, Brenda (VHS) Spielfilm 1997, 99 Min. Eindrucksvoller Zeichentrickfilm der Moseerzählung bis zum Durchzug durch das Schilfmeer.

Ferner sind 10 wertvolle Spielfilme zum Dekalog von Krzstof Kieslowski, Polen 1988, à 60 Min. zu erwähnen, welche den Gehalt der Zehn Gebote mit aktuellen Lebenssituationen verknüpfen. Geeignet ab 16 Jahren:

Dekalog, Eins [V 513], Spielfilm (KFW), Krzystof Kieslowski, Polen. 1988, 60 Min, (ab 16 Jahre). Krzystof ist Computerspezialist, und auch sein Sohn Pawel, den er alleine erzieht, ist von Computern fasziniert. Eines Tages errechnen die beiden die Tragfähigkeit des Eises auf dem nahegelegenen See. Als der Computer die Auskunft gibt, dass das Eis dick genug sei, erlaubt der Vater dem Sohn, die neuen Schlittschuhe auszuprobieren. Sicherheitshalber überzeugt er sich nachts noch einmal selbst von der Belastbarkeit des Eises. Am drauf folgenden Tag kehrt Pawel nicht zu gewohnter Zeit aus der Schule zurück. Den Vater überfällt eine schreckliche Ahnung.

Dekalog, Zwei [V 1272], Spielfilm (KFW), Krzystof Kieslowski, Polen. 1988, 60 Min, (ab 16 Jahre). Um Gewissheit zu erlangen, ob ihr Mann Andrzej wirklich sterben muss, sucht Dorota den Arzt in seiner Wohnung auf. Sie ist verzweifelt, da sie von einem anderen Mann schwanger ist. Falls Andrzej sterben soll, will sie das Kind zur Welt bringen, wird er wieder gesund, würde sie eine Abtreibung vornehmen. Erst kurz vor dem geplanten Schwangerschaftsabbruch versichert ihr der Arzt, dass Andrzej sterben wird. Dorota behält das Kind. Aber wider Erwarten wird Andrzej gesund.

Dekalog, Drei [V 918], Spielfilm (KFW), Krzystof Kieslowski, Polen. 1988, 60 Min, (ab 16 Jahre). Janusz besucht am Heiligabend mit seiner Familie die Abendmesse. In der Kirche begegnet er dem Blick seiner ehemaligen Geliebten Ewa. Kurz darauf ruft Ewa Janusz an und bittet ihn um Hilfe bei der Suche nach ihrem plötzlich verschwundenen Mann. Janusz willigt erst nach einigem Zögern ein. Nach ihrer erfolglosen Odyssee durch Warschau gesteht Ewa, dass ihr Mann sie bereits vor Jahren verlassen hat und in einer anderen Stadt lebt. Um ihre Einsamkeit am Heiligabend zu überbrücken, hat sie die Geschichte seines plötzlichen Verschwindens erfunden.

Dekalog, Vier [V 1273], Spielfilm (KFW), Krzystof Kieslowski, Polen. 1988, 60 Min, (ab 16 Jahre). Die junge Schauspielschülerin Anka entdeckt einen Brief ihrer verstorbenen Mutter, den ihr Vater bisher vor ihr verborgen hielt. Michael, ihren Vater, der von einer Reise zurückgekehrt ist, konfrontiert sie mit dem Inhalt, der besagt, dass sie nicht seine leibliche Tochter sei. Während einer nächtlichen Aussprache gestehen sich beide ihre erotischen Gefühle füreinander ein. Am nächsten Morgen will Michael Anka verlassen, aber sie läuft ihm nach und gesteht, dass sie den Brief erfunden und die Handschrift ihrer Mutter gefälscht habe. Gemeinsam verbrennen sie den ungeöffneten Brief.

Dekalog, Fünf [V 1274], Spielfilm (KFW), Krzystof Kieslowski, Polen. 1988, 60 Min, (ab 16 Jahre). Piotr Balicki, ein junger Jurastudent, beherrscht sein Fachgebiet glänzend, aber er hat Zweifel am Sinn von Bestrafungen. Während seines Abschlussexamens begeht der junge Jacek einen brutalen Mord an einem Taxifahrer. Jacek wird Piotrs erster Klient. Piotr kann Jacek nicht vor der Todesstrafe retten, aber er begegnet ihm als Vertrauensperson. In einem längeren Gespräch erfährt er ein mögliches Mordmotiv. Vor Jahren hat einer von Jaceks Freunden, mit dem er sich betrunken hatte, Jaceks kleine Schwester überfahren. Diese Schuld lastet noch immer auf ihm.

Dekalog, Sechs [V 1275], Spielfilm (KFW), Krzystof Kieslowski, Polen. 1988, 60 Min, (ab 16 Jahre). Der junge Postangestellte Tomek beobachtet mit einem Teleskop allabendlich eine Wohnung im gegenüberliegenden Hochhausblock. Dort lebt die 30jährige Künstlerin Magda, in die er sich verliebt hat. Um sie kennen zu lernen, fingiert er Post-Benachrichtigungen an sie. Am Postschalter gesteht er ihr seine Täuschungen. Bei seinem anschließenden Besuch in ihrer Wohnung verschanzt sie sich jedoch hinter einem oberflächlichen Zynismus. Tomek schneidet sich zu Hause aus Verzweiflung die Pulsadern auf.

Dekalog, Sieben [V 1276], Spielfilm (KFW), Krzystof Kieslowski, Polen. 1988, 60 Min, (ab 16 Jahre). Die fünfjährige Anna glaubt, dass ihre liebevoll für sie sorgende Großmutter Ewa ihre leibliche Mutter sei. In Wahrheit hat Ewas Tochter Majka das Kind als sechzehnjährige Schülerin geboren. Offiziell gilt Ewa als Mutter des Kindes. Majka, inzwischen Studentin, leidet unter der Situation und beschließt ihre Tochter zu entführen und mit ihr nach Kanada auszureisen.

Dekalog, Acht [V 1277], Spielfilm (KFW), Krzystof Kieslowski, Polen. 1988, 60 Min (ab 16 Jahre). Die 65-jährige Zofia lehrt als prominente Professorin für Ethik an der Warschauer Universität. Eines Tages erhält sie den Besuch einer jungen Frau aus Amerika, Elzbieta Loranz, die ihre Werke ins Englische übersetzt hat. Elzbieta nimmt an Zofias Seminar teil und konfrontiert sie mit einer Geschichte aus dem Jahr 1943. Damals sollte ein kleines jüdisches Mädchen aus dem Ghetto gerettet werden. Ein junges katholisches Ehepaar wollte die Taufpatenschaft übernehmen, verweigerte schließlich jedoch unter Berufung auf das Achte Gebot seine Hilfe. Zofia erkennt sich selbst in der jungen Ehefrau, die sich weigerte, dem damals kleinen Mädchen Elzbieta zu helfen.

Dekalog, Neun [V 1278], Spielfilm (KFW), Krzystof Kieslowski, Polen. 1988, 60 Min, (ab 16 Jahre). Roman, ein erfolgreicher Chirurg, erfährt durch einen ärztlichen Befund, dass er impotent ist. Seine Frau Hanka reagiert auf diese Nachricht mit großem Verständnis. Aber an Roman nagen Zweifel. Tatsächlich entdeckt er, dass Hanka sich mit einem jungen Mann getroffen hat. Aber als er im Wandschrank hockt, sieht er nur, wie Hanka sich nach einer kurzen Affäre endgültig von dem Studenten trennt. Hanka entdeckt Roman im Schrank. Sie beschließt in Skiurlaub zu fahren, um Abstand zu gewinnen. Als Roman entdeckt, dass der Liebhaber auch zum Wintersport fährt, zieht er falsche Schlüsse.

Dekalog, Zehn [V 1279], Spielfilm (KFW), Krzystof Kieslowski, Polen. 1988, 60 Min, (ab 16 Jahre). Die Brüder Jerzy und Artur erben von ihrem Vater eine Briefmarkensammlung, die, wie sich herausstellt, einen unschätzbaren Wert besitzt. Sie versuchen deshalb, ihre Wohnung zu sichern. Um einen Markensatz zu komplettieren und dessen Wert zu erhöhen, ist Jerzy gar bereit, der kranken Tochter des Markenhändlers seine Niere zu übertragen. Als Artur den Bruder aus dem Krankenhaus abholt und die neue Marke präsentiert, muss er zugleich gestehen, dass die Wohnung ausgeraubt und alle anderen Marken verloren sind.

Kapitel 9
Literatur

Görg, M. Der un-heile Gott. Die Bibel im Bann der Gewalt, Düsseldorf 1995.

Lemaire, A., „Könige (Chronologie)", in: Neues Bibel-Lexikon, hg. von M. Görg und B. Lang, Zürich/Düsseldorf 1988-2001, Bd. 2, 508-510.

Rogerson, J., Chronicle of the Old Testament Kings, London 1999.

Stieglecker, H., Die Glaubenslehren des Islam, Wien 1962, 236-243.

Medien

Ein Hirtenjunge wird König. VHS-Kurzfilm, 1997, 20 Min. Über David und König Saul nach dem Gedanken: Gott stürzt die Mächtigen vom Thron und erhöht die Niedrigen.

David und Goliath. VHS-Kurzfilm. 1976, 10 Min. Kindgemäße Nachzeichnung des jungen David im Kampf gegen Goliath.

David. VHS-Schulfilm. Regie: Markovitz, Lorenzo, 1997, 170 Min. Monumentale Verfilmung des Lebens und Wirkens der Könige Saul und David.

David und Goliath. Nicht die Waffen entscheiden. VHS-Kurzfilm. 1994, 15 Min. Geschichte vom Hirtenjungen, der den schwer bewaffneten Riesen besiegt.

David und Goliat. Zeichentrickfilm (Der kleine Bibelfuchs) 23 Min. Japan/Italien 1992, 23 DVD kath. Filmewerke GmbH, Postfach 111152, 60046 Frankfurt (info@filmwerk.de) (deutsche Bearbeitung Marika von Radronyi) Steyl-medien, Dauthendeystr. 23, 81377 München 2004. Unter König Saul eilen die Hebräer von Sieg zu Sieg. Doch jeder Erfolg lässt Saul überheblicher und arroganter werden. Da bekommt der Prophet Samuel von Gott den Auftrag, er solle einen neuen König salben. Samuel trifft auf den Knaben David; dies ist der neue König. Kaum am Hofe des Königs, will David gegen den „Riesen" der Philister in den Kampf ziehen. Er bringt Goliat mit seiner Steinschleuder zu Fall...

König David (Le Roi David). Oratorium oder „Symphonischer Psalm" in drei Teilen von Arthur Honegger (1921) für Sprecher, Sopran-, Alt- und Tenor-Solo, Chor und Orchester (Erstaufführung 1923 in Winterthur). Teil 1 behandelt die Heldentaten des jungen David, Teil 2 das Fest des Sieges und den Tanz des Königs vor der Bundeslade, Teil 3 die Schuld, die Prüfungen seines Alters und seinen Tod.

Natan, der Prophet. Zeichentrickfilm (Der kleine Bibelfuchs), Japan/ Italien 1992, 23 deutsche Bearbeitung Marika von Radronyi, DVD bei steyl-medien (Dauthendeystr. 23, 81377 München) info@steyl-medien.de und kath. Filmwerk Postfach 111152, 60046 Frankfurt.

Die Hebräer stehen vor den Toren Jerusalems. Nur wer Jerusalem beherrscht, kann das Land regieren. So nehmen sie unter der Führung König Davids durch eine List die Stadt ein. Die Bundeslade mit den Steintafeln, auf denen die Zehn Gebote stehen, wird in einem festlichen Zug nach Jerusalem geholt. Zu Ehren Gottes will David einen Tempel errichten. Doch der Prophet Natan mahnt ihn, seine Kräfte auf die Verteidigung des Königreiches zu konzentrieren...

Salomon. VHS-Spielfilm. Regie: Young, Roger, 1997, 171 Min. Salomon führt die Verfilmung des Alten Testaments fort. Er schließt sich an „David" an und schildert den Lebensweg Salomons. Salomon zeichnet sich durch seine friedfertige Politik aus und macht Israel zu einem reichen und mächtigen Staat, der durch den Tempelbau in Jerusalem ein kultisches Zentrum erhält. Gegen Ende seines Lebens wächst jedoch die Unzufriedenheit in Israel und nach seinem Tod zerfällt Israel in ein Süd- und ein Nordreich.

Salomo und die Phönizier. VHS-Kurzfilm, 1980, 13 Min. Der Film folgt den Spuren Salomons vom Tempelbau in Jerusalem bis zum Hafen von Ezeon-Geber am Roten Meer, von den Kupferminen zu Timna bis ins Reich der Königin von Saba. Hervorgehoben werden die Beziehungen zu den Phöniziern und der Ausbau einiger Garnisonstädte.

Kapitel 10

Literatur

Bruners, W., Was Jesus von Nazareth wollte, oder Das Erbe des Jona, Wien 2002.

Deissler, A., Zwölf Propheten II: Obadja, Jona ..., Würzburg 1984, 149-164.

Gross, H., Ijob (Die neue Echter Bibel), Würzburg 1986.

Hagemann, L., Propheten – Zeugen des Glaubens. Koranische und biblische Deutungen, Altenberge ²1993, 111-126.

Hagemann, L./Pulsfort, E.M., Die Mutter Jesu in Bibel und Koran, Würzburg/Altenburg 1992.

Hoheisel, K., Jonas im Koran, in: G. Schöllgen/C. Scholten (Hg.), Stimuli Exegese und ihre Hermeneutik in Antike und Christentum, Münster 1996, 611-621.

Klauck, H.-J., Die apokryphen Evangelien. Stuttgart 2002.

„Maria", Themenheft: Bibel heute, Nr. 143 (3/2000).

Riße, G., Maria, die Gottesfürchtige. Das Marienbild im Koran, in: Pastoralblatt (5/1997), 131-138.

Schimmel, A., Meine Seele ist eine Frau. Das Weibliche im Islam, München 1995.

Schnackenburg, R., „Teufel", in: Lexikon für Theologie und Kirche ²1986, IX, 1-4.

Stieglecker, H., Die Glaubenslehren des Islam, Wien 1962, 234-235, 244-251, 335-337.

Themenheft: „Teufel und Dämonen", Bibel heute, Nr. 137 (1/1999).

Werbick, J., Maria, in: W. Fürst/J. Werbick (Hg.), Katholische Glaubensfibel, Freiburg/Rheinbach, 2004, 108-111.

Medien

Elia, 12 Dias 1992 [1001518], aus der Serie: Kinder sehen die Bibel, hg. von Delius, Friedrich/Voigtmann, Christian. Es werden Motive aus 1 Könige 16-19 dargestellt: Elia geht zum Palast der Könige; Raben bringen Elia Nahrung; Elia erweckt den toten Sohn einer Frau; Gott spricht zu Elia auf dem Berg Horeb. Der Folge sind Arbeits- und Erzählhilfen beigefügt.

Elias op. 70, Oratorium von Felix Mendelssohn Bartholdy, 1846, Im Spätwerk des Komponisten erscheint Elias als Wundertäter und Kämpfer gegen den Baalskult. Die Witwe von Sarepta (Sopranstimme) beherbergt Elias (Bassstimme).

Hiob, 18 Dias, farbig, Schweiz, 1988 [1007443]. Am Beginn der Bildfolge steht eine große Projektion der Vorstellung von Gerechtigkeit: das „Jüngste Gericht" von Michelangelo. Dem folgt ein dramatischer Dialog in drei Auftritten: Ijobs Kampf, Ijob und die Weisheit, Ijobs Annahme und Protest. Der Dialog wird mit Bildern von der spätantiken und mittelalterlichen Buchmalerei, von Georges de la Tour, Käthe Kollwitz, Ernst Barlach und Barnett Newman künstlerisch umrahmt. Geeignet ab 14 Jahren.

Ijob, 18 Dias, farbig, Schweiz, 1993 [1001030]. Das Bildmaterial entstammt Miniaturen aus dem 9., 12., und 13. Jahrhundert der orthodoxen Tradition wie auch modernen Künstlern des 19. und 20. Jahrhunderts. Geeignet ab 14 Jahren.

Johannes der Täufer, 13 Dias, farbig, Deutschland, 1988 [1007472]. In ausgewählten Bildern und dazugehörigen Bibelstellen werden Szenen aus dem Leben Johannes des Täufers vorgestellt, zum Beispiel seine Predigt in der Wüste oder die Taufe am Jordan. Geeignet ab 12 Jahren.

Johannes der Täufer, 12 Dias, farbig, Deutschland, 1989 [1001521], Zeichnungen, Serientitel: 14,1-12 und Parallelen. Bildmotive sind u.a.: Zacharias im Tempel; Maria bei Elisabeth; Kinder sehen die Bibel, hg. von Heck, Inge/Voigtmann, Christian. Bilder zu Matthäus: Johannes tauft; Jesus will sich von Johannes taufen lassen; Johannes im Gefängnis; Salomes Tanz; Freunde holen den Leichnam des Johannes. Der Folge sind Arbeits- und Erzählhilfen beigefügt. Geeignet ab 6 Jahren.

Johannes der Täufer, Kurzspielfilm, 16 Min., farbig, Deutschland, 1992 [4241059], , Regie: Schmidt, Hans-Werner, Serientitel: Begegnung mit der Bibel 7. Verfilmung von Mt 11,1-19. Die Jünger des Johannes besuchen ihn im Gefängnis. Er schickt sie zu Jesus mit der Frage, ob er der Verheißene sei, oder ob sie auf einen anderen warten sollen. Die Antwort Jesu weist u.a. auf seine Heilungen der Blinden und Lahmen hin. Geeignet ab 12 Jahren.

Jona. 12 Dias von Kees de Kort, 1974.

Jona. VHS-Kurzfilm. Regie: Hartmann, Konrad, 1976, 10 Min. Nacherzählung der Geschichte Jonas.

Jonas. 16 mm Kurzfilm. Regie: Csonka, Gyoergy, 1981, 9 Min. Aktualisierung der biblischen Jonageschichte: Ein Regisseur macht Leute auf die Not der sog. Dritten Welt aufmerksam ...

Jona und der Fisch. 12 Dias 1989, Kinderzeichnungen mit Arbeits- und Erzählhilfen.

Jona. 9 Dias für zwei Unterrichtsreihen in Primar- und Sekundarstufe. 1993. Jonageschichte als Symbolgeschichte gegenwärtiger Glaubenserfahrung.

Jona und der große Fisch. VHS-Trickfilm, Regie: Tauscher, Engelbert, 1997, 15 Min. An der Geschichte des Propheten Jona wird aufgezeigt, wie Gott stets der ganz Andere ist.

Maria, Mutter Gottes, 10 Dias, farbig, Deutschland, 1985 [1000372]. Bilder von Paul König zu Stationen aus dem Leben Marias. Motive sind u.a. Verkündigung; Geburt Jesu; Jesus im Tempel; Maria unter dem Kreuz; Schutzmantelmadonna.

Maria, 30 Min., farbig, Deutschland, 1987 [4240030], Dokumentarfilm, Regie: Nann, Otto-Michael, Serientitel: Credo 14. Das Bild Marias hat sich im Laufe der Kirchengeschichte immer wieder gewandelt. Der Film spürt diesem Wandel nach mit Beispielen aus der darstellenden Kunst und zeigt, warum Maria zum Vorbild für viele Frauen werden konnte.

Maria, 14 Dias, farbig, Deutschland, 1991 [1000302], Kunstbilder, Herausgeber: Bartos-Höppner, Barbara. Diareihe nach Bildern von Relindi Agathen mit Begleitheft. Motive sind u.a.: Verkündigung, Herbergssuche, Anbetung der Weisen, Flucht nach Ägypten, Hochzeit zu Kana, Jesus am Kreuz und Pfingsten.

Maria – Mutter Gottes, 20 Min., farbig, Deutschland, 2003 [4202841], Dokumentarfilm, Regie: Kronawitter, Max. Unzählige Marienbilder, -figuren und -säulen geben Zeugnis von der intensiven Verehrung der Mutter von Jesus. Ausgehend von den biblischen Glaubenszeugnissen über die kirchliche Tradition und künstlerischen Impressionen bis hin zur Volksfrömmigkeit werden markante Positionen der vergangenen Jahrhunderte bis in unsere Zeit exemplarisch vorgestellt und kritisch bewertet.

Je vous salue Marie: Film von I.-L. Godard, 1983 / CH/F / 70 Minuten / Pegase/Saga Films/Channel 4, Altersempfehlung: ab 16 Jahren. Genre: Drama (Spielfilm)
In Anlehnung an die christliche Botschaft von der Menschwerdung Gottes in Jesu von Nazaret aktualisiert Jean-Luc Godard diesen Gedanken für Menschen der modernen Welt, indem er an das nicht erklärbare und nicht verfügbare Geheimnis des Lebens erinnert. Maria, die Tochter eines Tankstellenpächters, liebt ihren Freund Joseph. Trotzdem lehnt sie auch ihm gegenüber die körperliche Liebe ab. Da eröffnet ihr eines Tages ein rätselhafter Fremder, dass sie schwanger sei und ein Kind gebären werde. Maria ist fassungslos. Als sie Jo-

seph davon erzählt, stürzt ihn das in eine schwere Krise. Auch Maria selbst fällt es sehr schwer, zu verstehen, dass etwas auf unerklärliche Weise von ihr Besitz ergriffen hat. Am Ende ringen sich beide zur Annahme ihres Schicksals durch. Eine anspruchsvolle, ernsthafte Reflexion über Liebe und Leben, getragen von Respekt und Ehrfurcht vor dem Thema.

Salome. Musikdrama von Richard Strauss. Text nach Oscar Wildes Schauspiel gekürzt von Hedwig Lachmann. Uraufführung in Dresden 1905. Die Geschichte der Tochter des Herodes Antipas, die den Wunsch ihrer Mutter erfüllt, nämlich Johannes den Täufer zu töten, wird als Oper vertont und szenisch dargestellt.

Kapitel 11
Literatur

Bauschke, M., Jesus im Koran, Köln 2001.

ders., Jesus – Stein des Anstoßes. Die Christologie des Korans und die deutschsprachige Theologie, Köln 2000.

Ben-Chorin, Sch., Bruder Jesus. Der Nazarener in jüdischer Sicht (Werke 4), Gütersloh 2005.

Blank, J./Hilberath, B.J./Schneider, Th., „Jesus Christus/Christologie", in: P. Eicher (Hg.), Neues Handbuch theologischer Grundbegriffe, Bd. 2, München 1984, 226-256.

Gnilka, J., Bibel und Koran. Was sie verbindet, was sie trennt, Freiburg ³2004, 102-120.

ders., Jesus von Nazaret – Botschaft und Geschichte, Freiburg ⁶2000.

ders., Theologie des Neuen Testaments, Freiburg 1999.

Görg, M., Ein Versuch zum so genannten Kreuzigungsvers im Koran, in: Blätter Abrahams 3 (2004), 15-18.

ders., Maria und das sprechende Kind. Eine Beobachtung zu Sure 19,24, in: Blätter Abrahams 3, 2004, 19-21.

Jaroš, K., Der Islam IV. Biblische Heilige und Propheten im Koran, Ulm/Wangen i.A. 1997.

Karrer, M., Jesus Christus im Neuen Testament (NTDE.11), Göttingen 1998.

Kienzler, K., Jesus und Maria im Koran, in: K. Kienzler/G. Riedl/M. Schiefer Ferrari (Hg.), Islam und Christentum. Religion im Gespräch, Münster 2001, 99-110.

Khalidi, T., Der muslimische Jesus. Aussprüche Jesu in der arabischen Literatur, Düsseldorf 2002.

Lohmann, G., Die Gleichnisse Muhammads im Koran, in: Mitteilungen des Instituts für Orientalismusforschung, Berlin 12 (1966), 75-118; 241-387.

Paret, R., Sure 57,12f. und das Gleichnis von den klugen und törichten Jungfrauen (FS Wilhelm Eilers), Wiesbaden 1967, 387-390.

Räisänen, H., Das koranische Jesusbild. Ein Beitrag zur Theologie des Korans (Schriften der Finnischen Gesellschaft für Missiologie und Ökumenik, Bd. 20), Helsinki 1971.

Schreiber, S., Jesus – ein Prophet oder der Prophet? Eine zeitgeschichtliche Deutekategorie in den Evangelien, in: K. Kienzler/G. Riedl/M. Schiefer Ferrari (Hg.), Islam und Christentum. Religion im Gespräch, Münster 2001, 111-128.

Stieglecker, H., Die Glaubenslehren des Islam, Wien 1962, 252-334.

Stubenrauch, B., Dreifaltigkeit, Regensburg 2002.

von Denffer, A., Der Islam und Jesus (Schriftenreihe des Islamischen Zentrums München 18), München ²1995.

Medien

Das erste Evangelium – Matthäus [V 573], Spielfilm von Pier P. Pasolini, Italien 1964, 130 Min. schwarz/weiß. Geeignet ab 12 Jahre.
> Pasolinis Verfilmung des Lebens Jesu nach den Texten des Matthäus-Evangeliums ist eine erheblich von den üblichen Klischees sonstiger Bibelfilme abweichende, herbe Darstellung, die zeigt, dass mit der Person Jesu etwas in die Welt kam, was ihr nicht passte, und was sie noch dringender braucht als das tägliche Brot: die Mitmenschlichkeit und Solidarität der von der autoritären Herrschaft befreiten Gotteskinder.

Jesus von Montreal [DVD 1042], Satire von D. Arcand – Kanada/Frankreich – KFW – Matthias-Film – 2004, 110 Min. Geeignet ab 12 Jahre. Daniel, ein junger Schauspieler, ist fasziniert von der Figur Jesu und inszeniert mit Freunden eine aufwühlende, provokative Version der Passionsgeschichte. Das Stück erregt Aufsehen, der Regisseur gilt den einen als Prophet eines neuen Theaters, den anderen als neuer Prophet.

Kontakkion – Ein Lobpreis. Dokumentarfilm. Regie: Bowler, Anton, London 1971, 29 Min. Eine Tanzgruppe bringt bedeutsame Stationen des Lebens Jesu mit dem Kunstmittel des Balletts zur Darstellung.

Parabel. Kurzfilm (VHS). Regie Took, Tomi; Forsberg, Rolf, 1964, 22 Min. Die Passion Jesu wird eindrücklich im Kontext eines Wanderzirkus dargestellt.

Jesus Christ Superstar [V 735], Spielfilm von Norman Jewison, USA nach dem gleichnamigen Musical von A. Lloyd Webber 1972, 107 Min. Geeignet ab 13 Jahre.
Eine Gruppe junger Leute unterschiedlicher Herkunft und Hautfarbe spielt in der Wüste Negev, in den Ruinen antiker Bauten, Stationen der Passion Jesu nach. Sie tun es mit den Mitteln der Rock-Oper. Dabei geht es um die Umsetzung der Botschaft Jesu in die heutige Zeit, reduziert auf die Darstellung der reinen Menschlichkeit Jesu und gesehen mit den Augen des Judas. Das Musical und der Film lösten seinerzeit ganz unterschiedliche Reaktionen – von Begeisterung bis zum totalen Verriss – aus. In vielen Punkten ist er auch heute noch provozierend und geeignet, besonders junge Menschen zur Auseinandersetzung mit der Person und Botschaft Jesu anzuregen.

Die letzte Versuchung Christi [V 732], Spielfilm – M. Scorsese – USA – 1988, 165 Min. Geeignet ab 16 Jahre.
Als Verfilmung des Romans von G. Kazantzakis zu verstehender Versuch, sich mit der Person Jesu, seiner Verkündigung und seinem Kampf bis zur Kreuzigung auseinanderzusetzen. Jesus wird in seiner Menschlichkeit dargestellt, als Zimmermann, der Kreuze für die römischen Kreuzigungen herstellen muss. Maria Magdalena ist aus Enttäuschung über Jesus eine Hure geworden. Jesus, ein Mensch wie alle anderen ruft am Kreuz: „Mein Gott, warum hast du mich verlassen!" Die Anklage wird unterbrochen durch eine Vision (die „letzte Versuchung"), in der Jesus – vom Kreuz befreit – mit Maria Magdalena ein Kind zeugt. M. Scorsese zu seinem Film: „Dieser Film ist in erster Linie für Menschen, die keinen Zugang zur Religiosität haben, oder solche, die sich von der Kirche abgewandt haben."

Die Passion Christi, von Mel Gibson, USA 2004. Die letzten 12 Stunden Jesu werden als qualvolles Leiden dargestellt. Trotz fundamentalistischer und antijudaistischer Tendenzen wurde der Film zu einem der am meisten diskutierten Ereignisse der letzten Jahre und auch in arabischen Ländern rege beachtet.

Licht im Winter [V 910], Spielfilm von Ingmar Bergman. – Matthias-Film – Schweden – 1962, 80 Min. in schwarz/weiß. Geeignet ab 14 Jahre. In Bildern sachbezogener Strenge konfrontiert Ingmar Bergman konkrete menschliche Wahrheit mit dem Glauben an Jesus: Zwischen zwei Gottesdiensten erlebt ein protestantischer schwedischer Dorfpfarrer die schreckliche Qual seines Glaubensverlustes, seiner Liebesleere und seines persönlichen Versagens. Der Regisseur reduziert hier seine Auseinandersetzung mit der metaphysischen und theologischen Sinnfrage auf einen radikalen Kern.

Bad Lieutenant, Spielfilm von Abel Ferrara – USA 1992, 92 Min.
Ein „kaputter" Polizist kriecht auf allen Vieren durch eine Kirche und winselt um Erbarmen. Vollgepumpt mit Drogen ist der Mann am Ende – finanziell, gesundheitlich und moralisch. Abel Ferraras „Bad Lieutenant", großartig gespielt von Harvey Keitel, ist zum Schmerzensmann geworden. Nackt steht er im Wohnzimmer, weinend, mit weit geöffneten Armen: ein Gekreuzigter. Er ist weiß Gott nicht ohne Sünde, doch er ist, wie die beiden Schächer – mit Christus gekreuzigt. Dieser Polizist, der die Vergewaltigung einer Nonne aufklären soll, begegnet einer Frau, die den Schuldigen bereits verziehen hat. Die Nonne verkörpert für ihn

„das Heilige". In der Kirche hat er die Vision einer Begegnung mit Jesus Christus, der vom Kreuz herabsteigt. Er bittet Christus um Erlösung.

Weitere Filme mit biblischen oder gar Christusfiguren gestaltet Lars von Trier, z.B. Dancer In The Dark, Dänemark 2000, oder Dogville, Dänemark 2003.

Vgl. auch: Helm M., Jesusfilme in Geschichte und Gegenwart, in: Stimmen der Zeit 130 (2005) 161-170 und http:// www. jesusfilme.uni-tuebingen.de

Kapitel 12

Literatur

Benjamin, D., Muhammad in der Bibel, München 2002.

Stieglecker, H., Die Glaubenslehren des Islam, Paderborn/Wien 1962, 537-567.

Medien

Der Prophet, Video, Dokumentarfilm, D 1996, 30 Min.

Der Prophet Mohammed, Video, Dokumentarfilm, D 1996, 9 Min.

Mohammed – die Stimme Gottes, Video, Dokumentarfilm, D 1999, 44 Min.

Mohammed – Der Gesandte Gottes, Regie: Moustapha Akkad 1976, mit Antony Quinn, Video, 180 Min.

Die großen Erlöser: Mohammed. Der Prophet aus der Wüste, Video/DVD, 45 Min.

13.2 Bilder

Ein Wort zu den Bildern

Bekanntlich bestehen im Islam gewisse Vorbehalte gegenüber bildlichen Darstellungen. Die Autoren sind sich bewusst, dass insbesondere Abbildungen von Propheten, und besonders des Propheten Muhammad, von den meisten Muslimen heute abgelehnt werden. Mit dem Bilderverbot, das sich nicht auf den Koran, wohl aber auf die Prophetenüberlieferung (→Sunna) stützt, wurde zu unterschiedlichen Zeiten in verschiedenen Teilen der islamischen Welt je anders umgegangen. Zu Blütezeiten islamischer Kunst entstanden in Bagdad, Persien und der Türkei Meisterwerke der Malerei, speziell im Bereich der Buchmalerei (sog. Miniaturen).

Zu der Abbildung auf der Rückseite des Buches, die sogar Gesichter der Propheten Jesus und Muhammad offen darstellt, welche sonst meist weiß gelassen oder mit einem Schleier bedeckt bleiben, darf in Übereinstimmung mit dem islamischen Künstler des 14. Jahrhunderts vorgebracht werden, dass hier natürlich **nicht** der Versuch unternommen werden sollte, das tatsächliche Aussehen der Propheten abzubilden. Vielmehr liegt der didaktische Anspruch der Illustration in dem einträchtigen Nebeneinander der beiden wohl größten Gestalten der Heilsgeschichte. Vor diesem Hintergrund wollten wir auf dieses Bild keineswegs verzichten und empfehlen es zur Betrachtung und Diskussion.

13.3   Namenliste Bibel – Koran

Die Eigennamen der Bibel sind im Alten Testament hebräisch und im Neuen Testament griechisch überliefert. In Europa haben sich Übersetzungen der Bibel auch für das Alte Testament lange Zeit am griechischen Text der Septuaginta orientiert, einer Übersetzung, die im antiken Alexandria entstanden ist. Daher ähneln die deutschen Namensformen oft mehr den griechischen als den eigentlich original hebräischen: z.B. Moses oder Mose statt Mosché, Jesus statt Jeschû'a. Wir folgen für die deutschen Schreibungen der Einheitsübersetzung. Der Koran verwendet ausschließlich hocharabische Namensformen. In den heutigen Umgangssprachen der arabischen Länder werden die Namen bisweilen leicht abweichend ausgesprochen, z.B. Jûsif statt Jûsuf. Deutsche Koranübersetzungen verwenden für die Eigennamen manchmal arabische und manchmal deutsche Formen. Aus islamischer Sicht ist beides gleichermaßen legitim.

Der Zirkumflex (ˆ) über einem Vokal markiert lange und betonte Aussprache. ḥ steht für einen stark gehauchten H-Laut des Arabischen, zwischen „h" und „ch".

Im heutigen Hebräisch wurde der Laut weitgehend durch die Aussprache „ch" ersetzt; Noah wurde also auf Hebräisch urspünglich Noaḥ ausgesprochen, heute aber Noach.

Die Namen sind nach der zeitlichen Abfolge des Auftretens geordnet.

Mit Asterisk (*) versehene Namen kommen im Koran nicht vor.

	deutsch	griechisch	hebräisch	arabisch
1	Gott	Theós	Elohîm	Allâh
2	der Herr	ho Kýrios	Adonâi	ar-Rabb
3	Engel	Angelos	Mal'ách	Malâk
4	Gabriel	Gabriêl	Gavri'él	Dschibrîl
5	Teufel	Diábolos	(Satán)	Iblîs
6	Satan	Satanás	Satán	Schaitân
7	Adam	Adam	Adám	Âdam
8	Eva	Eua, Zôe	Chawwa	Ḥawwa *
9	Kain	Kain	Qajin	Qâbîl *
10	Abel	Abel	Hével	Hâbîl *
11	Henoch	Enôch	Chanóch	Idrîs
12	Noach	Nôe	Nóach	Nûḥ
13	Abraham	Abraam	Avrahám	Ibrâhîm
14	Sara	Sara, Sarra	Sarâh	Sârah *

15	Hagar	Agar	Hágar	Hâdschar *
16	Lot	Lôt	Lôt	Lût
17	Ismael	Ismaêl	Jischma'él	Isma'îl
18	Isaak	Isaak	Jizcháq	Ishâq
19	Rebekka	Rebekka	Rivqah	Rifqah *
20	Jakob	Iakôb	Ja'aqóv	Ja'qûb
21	Israel	Israêl	Jisra'él	Isrâ'îl
22	Esau	Êsau	'Esâw	'Îsuw *
23	Lea	Leia	Le'ah	Lijâ *
24	Rachel	Rachêl	Rachél	Râhîl *
25	Josef	Iôsêf	Joséf	Jûsuf
26	Asenat	Asenneth	Asnát	Sulaika *
27	Juda	Iouda	Jehudah	Jahûdâ *
28	Amram	Ambram, Amram	'Amram	'Imrân
29	Mose(s)	Moysês	Mosché	Mûsâ
30	Aaron	Aarôn	Aharón	Hârûn
31	Jitro, Jethro	Iotor	Jitro	Schu'aib
32	Josua	Iêsous	Jehoschû'a	Jûscha' *
33	Samuel	Samuêl	Schmuél	Samuwîl *
				Uschmu'îl *
34	Saul	Saoul	Scha'ûl	Talût
35	David	Dauid	Dawid	Dawûd, Dahûd
36	Salomo	Salômôn	Schlomoh	Sulaimân
37	Elija, Elias	Êlías	Elijjâhu	Iljâs
38	Elischa	Elisa	Elischa	Aljasa'
39	Ijob, Ijob	Iôb	Ijjôv	Ajjûb
40	Jesaja	Êsaias	Jescha'jâhu	Ascha'ja *
				Scha'jâ *
41	Jeremia(s)	Ieremias	Jirmijâhu	Irmijâ *
42	Ezechiel	Esekiêl	Jecheskêl	Hisqîl *
43	Daniel	Daniêl	Danijjêl	Danijâl *
44	Jona(s)	Jônas	Jonah	Jûnus
45	Zacharias	Sacharías	Secharjâ	Sakarijjâ
46	Elisabet	Elisabet	Elischeva'	Alîsâbât *
47	Johannes	Iôannês	Jôchanan	Jahjâ
48	Jesus	Iêsous	Je(ho)schû'a	'Îsâ
49	Messias	Christós	Maschîach	Masîh
50	Maria	María, Mariám	Mirjam	Marjam

51	Petrus	Pétros	Petros, Kêfâ	Butrus *
52	Paulus	Paulos	Polos, Scha'ûl	Bûlus *
53	Muhammad,			
	Mohammed	Môameth	Muchámmad	Muḥámmad

13.4 Glossar

(Mit „→" wird im Text auf Glossareintragungen verwiesen)

al-Fâtiha
: Die Eröffnungssure des Koran, aus sieben Versen bestehend, wird sehr häufig wie ein Gebet rezitiert. Jede Muslima und jeder Muslim – auch solche, die sich von der Religionsausübung entfernt haben – können sie meist mühelos aufsagen. In mancherlei Hinsicht ist sie daher mit dem Vaterunser der Christen vergleichbar.

Ahmadijja
: Schiitische Sekte, die im indischen Kaschmir von Mirza Ahmad (1839-1908) gegründet wurde, der sich selbst als vom Koran angekündigter Erlöser sah. Ihre Anhänger lokalisieren das Grab Jesu (als islamischer Prophet) in Srinagar. Charakteristisch ist eine aktive Missionstätigkeit in vielen, auch westlichen Ländern, während die Bewegung in manchen islamischen Ländern verboten ist.

Apokryphen
: sind Schriften der Alten Kirche, die keine offizielle Anerkennung fanden und deren Herkunft „verborgen" war. Sie wurden weder im Gottesdienst noch im theologischen Gespräch benutzt, enthielten aber teilweise ähnliche, teilweise unähnliche Inhalte wie die offiziell anerkannten Schriften.

Aramäisch
: Eine mit Hebräisch und Arabisch verwandte, semitische Sprache, ursprünglich beheimatet in Syrien. Nach der Rückkehr aus dem Babylonischen Exil übernahmen die Juden Aramäisch als Umgangssprache; Hebräisch blieb der Bibel und dem sakralen Schrifttum vorbehalten. Geringe Teile des Alten Testaments, die dann entstanden, sind in Aramäisch, nicht Hebräisch, verfasst (Esra 4,8-6,18; 7,12-26; Daniel 2,4-7,28). Jesus und seine Zeitgenossen sprachen Aramäisch. In christlicher Zeit spricht man auch von „Syrisch" oder „Syro-aramäisch". Die Sprache war über ein Jahrtausend lang die bedeutendste und verbreitetste Sprache des Nahostraums, auch als Griechisch und später Latein offizielle Verwaltungssprachen waren. Erst unter den →Omaijaden, um 700, wurde sie durch Arabisch als offizielle Amtssprache des Islamischen Reiches ersetzt und im Laufe der Zeit fast vollständig verdrängt. Heute ist (Syro-)Aramäisch nur noch in kleinen Sprachinseln in Syrien, der Osttürkei, Iran und Aserbaidschan lebendig, und wird von manchen Ostkirchen (syrisch-orthodox, chaldäisch, maronitisch) als Liturgiesprache verwendet.

at-Tábari, Abu Dscha'far
: Lebte in Bagdad, 839-923. Verfasser eines der bedeutendsten →Tafsîr-Werke (Korankommentar), das eine kritische Kompilation früherer Kommentare beinhaltet. Als Historiker schrieb at-Tábari außerdem eine bedeutende Universalgeschichte.

Âya
: Die Verse des Koran heißen arabisch âyât (Einzahl: âya). Die eigentliche Bedeutung dieses Wortes lautet „Wunderzeichen", und im Koran wird es auch so gebraucht. Demnach bezeichnen Muslime jeden einzelnen Vers, aus denen der Koran zusammengesetzt ist, für sich genommen als ein „Wunderzeichen" Gottes.

Dei Verbum
: sind die beiden ersten Worte der Offenbarungskonstitution, d.h. des offiziellen Dokumentes der Katholischen Kirche über Bibel und Offenbarung. Dieses Dokument wurde von 2344 Bischöfen am 18. November 1965 anlässlich des Zweiten Vatikanischen Konzils (1962-65) in Rom feierlich verabschiedet und verkündet. (Lit.: K. Rahner/H. Vorgrimmler, Kleines Konzilskompendium. Sämtliche Texte des Zweiten Vatikanums, Freiburg [25]2002.)

deutero-kanonisch
: sind die sieben alttestamentlichen Bücher, welche die katholische und orthodoxe, nicht aber die evangelische Kirche offiziell anerkennt und zum Kanon zählt. Sie sind griechisch und teils →aramäisch verfasst und nicht Bestandteil der jüdischen Bibel (→Tanach): Tobit, Judith, 1 und 2 Makkabäer, Weisheit, Jesus Sirach und Baruch.

Dschus'
: Wörtl. „Abschnitt"; ein Dreißigstel des Korantextes.

Fatwa	Rechtsgutachten. Die im Westen viel diskutierte Fatwa des Ayatollah Khomeini gegen den Schriftsteller Salman Rushdi erklärte diesen für „vogelfrei". Hierauf beruht das tragische Missverständnis, eine Fatwa wäre mit einen „Todesurteil" gleichzusetzen. Tatsächlich handelt es sich um Lehrmeinungen von autorisierten Rechtsgelehrten, die zu jeder beliebigen Fragestellung erteilt werden können. Es gibt keine Institution und keine Person, der die Autorität zukäme, für die gesamte islamische Welt verbindliche Fatwas zu verkünden.
Hadith	Die Hadithe (von arabisch hadîth, Mehrzahl ahadîth, „Mitteilung, Nachricht") sind einzelne Sprüche oder kurze Erzählungen, die auf den Propheten Muhammad zurückgeführt werden können. Ihre Gesamtheit und die daraus zu ziehenden Lehren macht die →Sunna aus.
Hagiographen	Verfasser der Heiligen Schriften. Ihnen wird die Gabe der Inspiration zuerkannt, d.h. einer Leitung durch den Heiligen Geist.
Hisb	Wörtl. „Portion"; ein Sechzigstel des Korantextes.
I'dschâs	Dieser spezielle arabische Ausdruck bezeichnet den sprachlichen Wundercharakter, den Muslime dem Koran zuschreiben. Seine Schönheit und Tiefgründigkeit übersteigt jedes menschliche Sprachschaffen und beweist somit schon aus sich heraus, dass der Koran nur Gottes unmittelbares Wort sein könne.
Kalif	Wörtlich „Stellvertreter". Als Nachfolger des Propheten Muhammad kam dem Kalifen als Oberhaupt der Gemeinschaft der Muslime die höchste politische und religiöse Autorität gleichermaßen zu. Schon früh kam es aufgrund der Frage nach der rechtmäßigen Nachfolge zur Spaltung der Muslime in →Sunniten und →Schiiten. Nur die ersten vier Kalifen werden von allen anerkannt. Besonders glanzvoll war das Kalifat in den ersten Jahrhunderten islamischer Herrschaft unter den Dynastien der →Omaijaden in Damaskus und in Andalusien, sowie der Abbasiden in Bagdad. Später spalteten sich die Machtverhältnisse zusehends auf; der Kalifentitel wurde formal noch jahrhundertelang vom türkischen Sultan geführt, bis die Türkische Republik das Kalifat 1924 abschaffte.
Konkordanz	Hilfsmittel, z.B. zur Bibel oder zum Koran, mit Stichwörtern, die ähnlich einem Register alphabetisch geordnet sind und alle Stellen angeben, wo dieses Wort vorkommt.
Kufa / kufisch	Name einer Stadt im südlichen Irak, 638 n. Chr. vom Kalifen Omar gegründet. Die heute gültige Versaufteilung des Koran in 6236 Verse wurde erstmals in Kufa vorgenommen, daher „kufische Zählung". Außerdem wird ein früher, hieratischer Schriftduktus des Arabischen nach der Stadt benannt.
Losungen	sind Bibelverse oder Choralzeilen, die als „Tagesparolen" (erstmals 1728) der evangelischen Herrnhuter Gemeinde von N. v. Zinzendorf ausgegeben wurden, damit sie das geistliche Leben der Gemeinde formen.
Magnifikat	Lobpreis Gottes durch Maria, bezeugt im Lukasevangelium 1,46-55. In der katholischen Kirche gehört das Magnifikat zu den bekanntesten Gebeten. Es ist auch in der Vesper des Stundengebetes vorgesehen.
Omaijaden	Die Dynastie der Omaijaden (nach Omaija, dem Begründer der Linie) setzte sich gegen den Kalifen Ali und seine Söhne Hassan und Hussein durch. Sie verlegten das Zentrum des islamischen Reichs nach Damaskus in Syrien und dehnten es im Westen bis nach Spanien aus. Der Kalif Abd al-Malik (685-705) ersetzte die syrisch-aramäische Sprache durch die arabische als offizielle Verwaltungssprache und baute in Jerusalem den Felsendom anstelle des zerstörten Tempels Salomos. 750 übernahm die Dynastie der Abbasiden die Herrschaft und gründete Bagdad als neue Hauptstadt. In Andalusien (Spanien) herrschten die Omaijaden noch bis ins 11. Jahrhundert von Cordoba aus.
Perikope	Eine Perikope ist ein Abschnitt aus der Bibel, der eine Sinnaussage macht, z.B. ein

	Gleichnis oder ein Bericht. Im Gottesdienst werden in der Regel Perikopen vorgetragen, die für sich einen Sinn ergeben. Die Kirche (und bereits das Judentum für die Tora) hat eine Perikopenordnung festgelegt, also bestimmte Texte aus einer „Bahnlesung" für bestimmte Zeiten im Kirchenjahr.
Ramadân	Der 9. Monat des islamischen Kalenders. Er gilt als besondere, heilige Zeit, weil die Offenbarung des Koran an Muhammad in einer Nacht gegen Ende dieses Monats, im Jahr 610 n. Chr., einsetzte. Muslime sind dann bestrebt, sich noch intensiver als sonst mit dem Koran zu beschäftigen und ihren persönlichen Bezug zu Gott zu vertiefen. Das Fasten tagsüber soll dies fördern und zudem den besonderen Charakter der Zeit betonen.
Rasm	Rudimentärer Schriftduktus des Arabischen; besteht nur aus den z.T. mehrdeutigen Grundformen der Buchstaben, ohne differenzierende diakritische Zeichen und ohne die später eingeführten Markierungen für (kurze) Vokale.
Sacrosanctum Concilium	Die beiden ersten Worte der Liturgiekonstitution des Zweiten Vatikanums in lateinischer Sprache, auf deutsch „die heilige Versammlung" oder nach der offiziellen Übersetzung: „Das Heilige Konzil". Oft wird auch nur die Abkürzung SC verwendet.
Sadschda	Proskynese; die Körperhaltung, die die Phase tiefster Versenkung im Gebet begleitet: Dabei kniet der Betende und beugt sich ganz nach vorn, sodass die Stirn den Boden berührt. Von sadschda ist das arabische Wort für „Moschee", masdschid, abgeleitet – also wörtlich ein Ort für die Sadschda bzw. für das Gebet.
Scharia	Die Rechtsgrundlagen, wie sie aus dem Koran, aus der Sunna und aus der Tradition islamischer Rechtsgelehrsamkeit abgeleitet werden. Da sie letztlich auf der göttlichen Offenbarung fußt, gehört sie zu den unverzichtbaren Verbindlichkeiten des islamischen Glaubens; gleichwohl kann und sollte ihre Auslegung und Anwendung dynamisch weiterentwickelt werden.
Schiiten	Die „Partei" (arab. schi'a) des 661 n. Chr. ermordeten Kalifen Ali, bzw. diejenigen, die seinen Sohn Hussein als Nachfolger betrachteten (680 n. Chr. ebenfalls ermordet), machen heute etwa 13 Prozent der Muslime aus und sind besonders im Iran, im Süd-Irak, in Aserbaidschan und als Minderheiten auch in der Türkei (Aleviten) und in anderen Ländern vertreten. Die Schiiten sind in zahlreiche verschiedene Richtungen zersplittert, wie z.B. Ismailiten, Ibaditen, Drusen. Kennzeichnend für schiitische Glaubensgemeinschaften sind oft hierarchisch aufgebaute klerikale Strukturen (Mullahs, Ayatollahs), die bei →Sunniten weitgehend fehlen.
Sunna	Wörtlich „Überlieferung", nämlich von Äußerungen und vorbildhaften Verhaltensweisen des Propheten Muhammad (siehe auch →„Hadith"). Neben dem Koran gilt die Sunna als wichtigste Quelle für die Glaubensorientierung.
Sunniten	Bei den Auseinandersetzungen um die Nachfolge im Kalifenamt obsiegten die Omaijaden, die der „Tradition" (arab. →sunna) folgten, dass die Befähigung zum Kalifenamt Vorrang vor der leiblichen Nachkommenschaft des Propheten habe. Sie gründeten eine Dynastie, die den Islam bis nach Spanien verbreitete. Heute bekennt sich die große Mehrheit der Muslime (87 Prozent, ca. 1 Mrd.) zu dieser Hauptströmung.
Sure	Das arabische Wort sûra (Mehrzahl sûrât), das wir in „Sure" eingedeutscht haben, bedeutet „Reihe" und meint die zusammengereihten Verse. Die kürzeste Sure („Die Fülle", Sure 108) besteht aus drei Versen, die längste („Die Kuh", Sure 2) aus 286. Die Suren haben Namen und entsprechen formal eher den Büchern der Bibel als deren Kapiteln.
Synopse	Synopse (etymologisch: „zusammenschauen"): Für das Neue Testament drei Spalten mit den verschiedenen Varianten von Matthäus, Markus und Lukas.
Tafsîr	Die Erläuterung des Koran, auch: „Exegese". Dazu bedienen sich muslimische Ge-

lehrte nicht historisch-kritischer Methoden, sondern greifen auf die umfangreichen Werke der klassischen Kommentatoren zurück, die besonders ab dem 9. und bis zum 15. Jahrhundert gewirkt haben.

Tanach   Kunstwort für die Bibel der Juden, aus den Buchstaben T (Tora), N (Newiim) und K (Ketubim) zusammengesetzt, d.h. aus Gesetz, Propheten und Schriften; von einigen auch „Tenach" genannt.

13.5   Gesamtbibliographie

Abu Zaid, N. H., Ein Leben mit dem Islam, erzählt von Navid Kermani, Freiburg 2001.

Aldebert, H., Bibliodrama, in: G. Adam/R. Lachmann (Hg.), Methodisches Kompendium für den Religionsunterricht 2 (Aufbaukurs), Göttingen 2002, 157-174.

Allgemeines Direktorium für die Katechese, hg. von der Kongregation für den Klerus, Bonn, Sekr. der DBK 1997.

Assmann, J., Moses der Ägypter, München/Wien 1998.

Auernheimer, G., Einführung in die interkulturelle Erziehung, Darmstadt ²1995.

ders., Interkulturelles Lernen und Handeln, in: G. Sommer/A. Fuchs (Hg.), Krieg und Frieden. Handbuch der Konflikt und Friedenspsychologie, Weinheim 2004, 620-632.

Baldermann, I., Einführung in die biblische Didaktik, Darmstadt 1996.

Balic, S., „Schöpfung. Islamisch", in: Lexikon religiöser Grundbegriffe. Judentum Christentum Islam, Graz/Wien/Köln 1987, 963-964.

Barth, H. M./Elsass, Chr. (Hg.), Hermeneutik in Islam und Christentum, München 1997.

Bauschke, M., Jesus – Stein des Anstoßes. Die Christologie des Korans und die deutschsprachige Theologie, Köln 2000.

ders., Jesus im Koran, Köln 2001.

Beck, E., Die Gestalt des Abraham am Wendepunkt der Entwicklung Muhammads, in: Muséon 65 (1952) 73-94.

Ben-Chorin, Sch., Bruder Jesus. Der Nazarener in jüdischer Sicht (Werke Bd. 4) Gütersloh 2005.

Bendel-Maidl, L., Die Klage als Weg, das Böse mit Gott ins Gespräch zu bringen, in: Münchener Theologische Zeitschrift 52 (2001) 234-244.

Benjamin, D., Muhammad in der Bibel, München 2002.

Berg, H. K., Ein Wort wie Feuer: Wege lebendiger Bibelauslegung, München 1991.

ders., Methoden biblischer Texterschließung, in G. Adam/R. Lachmann (Hg.), Methodisches Kompendium für den Religionsunterricht, Göttingen 21996, 163-186.

Bielefeldt, H., Menschenrechte – Eine Herausforderung für Christen und Muslime, in: A. Renz/ S. Leimgruber (Hg.), Lernprozess Christen Muslime, Münster 2002, 44-56.

Biser, E., Zu Fridolin Stiers Übersetzung des Neuen Testaments, in: StZ 208 (1990) 135f.

Blank, J./Hilberath, B.J./Schneider, Th., „Jesus Christus/Christologie", in: P. Eicher (Hg.), Neues Handbuch theologischer Grundbegriffe; Bd: 2, München 1984, 226-256.

Blätter Abrahams. Beiträge zur interreligiösen Diskussion, Schriftenreihe der Gesellschaft Freunde Abrahams, hg. von M. Görg und S. Wimmer, München ab 2002.

Blumenthal, E., Altägyptische Reiseerzählungen, Leipzig 1984.

Bobzin, H., Der Koran. Eine Einführung, München 1999.

ders., Mohammed, München 2000.

Böhme, W. (Hg.), Ist Gott grausam? Eine Stellungnahme zu Tilmann Mosers „Gottesvergiftung", Stuttgart 1977.

Bruners, W., Was Jesus von Nazareth wollte, oder Das Erbe des Jona, Wien 2002.

Bubenheim, A. F., Die Regeln der Qur'ân-Rezitation, Aachen 2000.

Burgmer, Ch. (Hg.), Streit um den Koran. Die Luxenberg-Debatte: Standpunkte und Hintergründe, Berlin 2004.

Busse, H., Die theologischen Beziehungen des Islam zu Judentum und Christentum, Darmstadt 1988.

Cardenal, E., Das Evangelium der Bauern von Solentiname, 2 Bde, Wuppertal [3]1977.

David, B., Muhammad in der Bibel, München 2002.

Deissler, A., Zwölf Propheten, Bd. 2: Obadja, Jona ..., Würzburg 1984.

Denis, A.-M., Introduction aux pseudoépigraphes de l'Ancien Testament, Paris 1970.

Denzinger H./Hünermann, P., Kompendium der Glaubensbekenntnisse und kirchlichen Lehrentscheidungen, Freiburg/Basel/Wien [37]1991.

Dillmann, R., Aus den Wurzeln leben. Die Bibel in der Erwachsenenbildung, in: R. Englert/S.Leimgruber (Hg.), Erwachsenenbildung stellt sich religiöser Pluralität, Gütersloh/Freiburg 2005, 272-277.

Drewermann, E., Strukturen des Bösen, Paderborn, Bd. 1 [5]1984; Bd. 2 [5]1985; Bd. 3 [5]1986.

ders., Tiefenpsychologie und Exegese, Olten/Freiburg, Bd. 1 [2]1984; Bd. 2 [2]1986.

EKD (Hg.), Christen und Juden III. Schritte der Erneuerung im Verhältnis zum Judentum. Eine Studie der Evangelischen Kirche in Deutschland, Gütersloh 2000.

Equipo Pastoral de Bambamarca, Vamos Caminando. Machen wir uns auf den Weg, Freiburg/Münster 1983.

Ferchl, D. (Hg.), Sahîh al-Buhârî. Nachrichten von Taten und Aussprüchen des Propheten Muhammad, ausgewählt aus dem Arabischen, Stuttgart 2002.

Freud, S., Der Mann Mose und die monotheistische Religion, 1939.

Ganoczy, A., „Schöpfung", in: P. Eicher (Hg.), Neues Handbuch theologischer Grundbegriffe Bd. 4, München 1985, 113-122.

Gnilka, J., Bibel und Koran. Was sie verbindet, was sie trennt, Freiburg/Basel/Wien 2004.

ders., Jesus von Nazaret – Botschaft und Geschichte, Freiburg [6]2000.

ders., Theologie des Neuen Testaments, Freiburg 1999.

Görg, M., Abraham als Ausgangspunkt für eine „abrahamitische Ökumene"?, in: A. Renz/S. Leimgruber (Hg.), Lernprozess Christen Muslime, Münster, 2002, 142-151.

ders., Der un-heile Gott. Die Bibel im Bann der Gewalt, Düsseldorf 1995.

ders., Die Beziehungen zwischen dem alten Israel und Ägypten von den Anfängen bis zum Exil, Darmstadt 1997, 117-124.

ders., Ein Versuch zum so genannten Kreuzigungsvers im Koran, in: Blätter Abrahams 3 (2004) 15-18.

ders., In Abrahams Schoß. Christsein ohne Neues Testament, Düsseldorf 1993.

ders., Maria und das sprechende Kind. Eine Beobachtung zu Sure 19,24, in: Blätter Abrahams 3 (2004) 19-21.

ders., Mose und die Gabe der Unterscheidung, in: Religionsunterricht an höheren Schulen (rhs) 44 (2001) 1-9.

ders., Nilgans und Heiliger Geist. Bilder der Schöpfung in Israel und Ägypten, Düsseldorf 1997.

Gross, H., Ijob (Die neue Echter Bibel, Würzburg 1986.

Hagemann, L., Propheten – Zeugen des Glaubens. Koranische und biblische Deutungen, Altenberge [2]1993.

Hagemann, L./Pulsfort, E. M., die Mutter Jesu in Bibel und Koran, Würzburg/Altenburg 1992.

Hämeen-Anttila, J., 'We will tell you the best of stories'. A Study on Sura XII, in: Studia Orientalia 67 (1991) 7-32.

Hoheisel, K., Jonas im Koran, in: G. Schöllgen/C. Scholten (Hg.), Stimuli. Exegese und ihre Hermeneutik in Antike und Christentum, Münster 1996, 611-621.

Jaroš, K., Der Islam IV. Biblische Heilige und Propheten im Koran, Ulm/Wangen i.A. 1997.

Jômier, J., Bible et Coran, Paris 1959.

Karrer, M., Jesus Christus im Neuen Testament (NTDE.11), Göttingen 1998.

Kassel, M., Biblische Urbilder. Tiefenpsychologische Auslegung nach C. G. Jung, München 1989.

Kermani, N., Gott ist schön. Das ästhetische Erleben des Koran, München 1999.

Khalidi, T., Der muslimische Jesus. Aussprüche Jesu in der arabischen Literatur, Düsseldorf 2002.

Kienzler, K., Jesus und Maria im Koran, in: K. Kienzler/G. Riedl/M. Schiefer Ferrari (Hg.), Islam und Christentum. Religion im Gespräch, Münster 2001.

Klauck, H.-J., Apokryphe Evangelien. Eine Einführung, Stuttgart 2002.

Kosch, D. (Vf.), Katholischer Glaubenskurs. Zugänge zu Jesus, herausgegeben von „Theologie für Laien", Zürich 1998.

Kosch, D./Schäfer, B./Zanetti, C., Jesus im Alltag begegnen. Lebenssinn und Lebensstil nach Lukas, Stuttgart 2001.

Krauss, H./Küchler, M., Erzählungen der Bibel, Bd. 2. Das Buch Genesis in literarischer Perspektive Abraham-Isaak-Jakob, Freiburg (Schweiz)/Göttingen 2004.

Kropač, U., Biblisches Lernen, in: G. Hilger/S. Leimgruber/H.-G. Ziebertz, Religionsdidaktik. Ein Leitfaden für Studium, Ausbildung und Beruf, München 22003, 385-401.

ders., „Da rang mit Jakob ein Mann...". Skizze einer dekonstruktivistischen Bibeldidaktik, in: M. Bahr/U. Kropač/M. Schambeck (Hg.), Subjektwerdung und religiöses Lernen. Für eine Religionspädagogik, die den Menschen ernst nimmt, München 2005, 124-134.

Küng, H., Der Islam. Geschichte, Gegenwart, Zukunft, München 2004.

ders., Projekt Weltethos, München 1990.

ders., Dokumentation zum Weltethos, München 2002.

Kuschel, K.-J., Fridolin Stier als Theologe und Sprachkünstler. Zur Bedeutung einer neuen Übersetzung des Neuen Testaments, in: StZ 208 (1990) 687-702.

ders., Streit um Abraham. Was Juden, Christen und Muslime trennt – und was sie eint, Düsseldorf ³2003.

Lang, B., Die Bibel. Eine kritische Einführung, Paderborn/München ²1994.

Leber, M., Neues Zentrum für Koranforschung, in: campus (Universität des Saarlandes) 29/4, Nov. 1999, 10-12.

Leimgruber, S., Das islamische Opferfest Id al-Adha, in: H. Brosseder (Hg.), Christentum, Judentum, Islam. Feiertage und religiöse Tradition. Predigten mit Hintergrund, Donauwörth 2004, 116-118.

ders., Interreligiöses Lernen, München ²2007.

ders., Interreligiöses Lernen zwischen Christen und Muslimen. Impulse für Schule und Erwachsenenbildung, in: Zeitschrift für Missionswissenschaft und Religionswissenschaft 88 (2004) 20-41.

Lemaire, A., „Könige (Chronologie)", in: Neues Bibel-Lexikon, hg. von M. Görg und B. Lang, Zürich/Düsseldorf 1988-2001, Bd. 2, 508-510.

Lohmann, G., Die Gleichnisse Muhammads im Koran, in: Mitteilungen des Instituts für Orientalismusforschung, Berlin 12 (1966), 75-118; 241-387.

Luther, M., Werke. Kritische Gesamtausgabe, Weimar 1883ff.

Luxenberg, Ch., Die syro-aramäische Lesart des Koran, Berlin ²2004.

Maier, B., Koran-Lexikon, Stuttgart 2001.

Mann, Th., Joseph und seine Brüder, 4 Bände, Stuttgart 1933-42.

Meyer, K., Zeugnisse fremder Religionen im Unterricht. „Weltreligionen" im deutschen und englischen Religionsunterricht, Neukirchen-Vluyn 1999.

Moser, T., Gottesvergiftung, Frankfurt/M. 1976.

Müller, A., Martin Bubers Verdeutschung der Schrift (ATS 14), St. Ottilien 1982.

Müller, L., Die Dreifaltigkeitsikone des Andrej Rubljow, München 1990.

Naumann, Th., Die biblische Verheißung für Ismael als Grundlage für eine christliche Anerkennung des Islam?, in: A. Renz/S. Leimgruber (Hg.), Lernprozess Christen Muslime, Münster 2002, 152-170.

ders., Ismael – Abrahams Sohn und arabischer Erzvater. Biblische Wege zum Verständnis des Islam, in: Blätter Abrahams 2 (2002) 58-79.

Neijenhuis, J., „Losungen", in: Die Religion in Geschichte und Gegenwart, Bd. 5, Tübingen ⁴2002, 519-520.

Neues Bibel-Lexikon, hgg. von M. Görg und B. Lang, 3 Bde., Zürich/Düsseldorf 1991-2001.

Nöldecke, T., Geschichte des Qorans (1860), weitergeführt von F. Schwally/G. Bergsträsser/O. Pretzl, Bd I-III Leipzig 1908-38.

Otto, E. (Hg.), Mose, Ägypten und das Alte Testament, Stuttgarter Bibel-Studien 189, Stuttgart 2000.

Paret, R., Mohammed und der Koran. Geschichte der Verkündigung des arabischen Propheten, Stuttgart ⁵1980.

ders., Sure 57,12f. und das Gleichnis von den klugen und törichten Jungfrauen (FS Wilhelm Eilers), Wiesbaden 1967, 387-390.

Pohl-Patalong, U., Interreligiöse Bildung, in: G.Lämmermann/E.Naurath/U.Pohl-Patalong, Arbeitsbuch Religionspädagogik. Ein Begleitbuch für Studium und Praxis, Gütersloh 2005, 100-106.

Pontifikale für die katholischen Bistümer des deutschen Sprachgebietes, hg. im Auftrag der Bischofskonferenzen Deutschlands, Österreichs und der Schweiz so wie der (Erz-) Bischöfe von Bozen-Brixen, Lüttich, Luxemburg und Straßburg, Bd. I (Die Weihe des Bischofs, der Priester und der Diakone), Trier ²1994; Bd. III (Die Beauftragung der Lektoren und der Akolythen. Aufnahme unter die Kandidaten für das Weihesakrament), Trier ²1994.

Prenner, K., Muhammad und Musa. Strukturanalytische und theologiegeschichtliche Untersuchungen zu den mekkanischen Musa-Perikopen des Qur'an, Altenberge 1986.

Rahner, K./Vorgrimler, H., Kleines Konzilskompendium. Sämtliche Texte des Zweiten Vatikanums, Freiburg ²⁵2002.

Räisänen, H., Das koranische Jesusbild. Ein Beitrag zur Theologie des Korans (Schriften der Finnischen Gesellschaft für Missiologie und Ökumenik, Bd. 20), Helsinki 1971.

Renz, A., Der Mensch unter dem An-Spruch Gottes. Offenbarung und Menschenbild des Islam im Urteil gegenwärtiger christlicher Theologie, Bamberg 2002.

Renz, A./Leimgruber, S., Christen und Muslime. Was sie verbindet, was sie unterscheidet, München ²2005.

Riße, G., Maria, die Gottesfürchtige. Das Marienbild im Koran, in: Pastoralblatt (5/1997), 131-138.

Rogerson, J., Chronicle of the Old Testament Kings, London 1999.

Schenker, A., Versöhnung und Sühne. Wege gewaltfreier Konfliktlösung im Alten Testament, Freiburg (Schweiz) 1981.

Scherzberg, L., Grundkurs Feministische Theologie, Mainz 1995.

Schimmel, A., Meine Seele ist eine Frau. Das Weibliche im Islam, München 1995.

Schmid, H./Renz, A./Sperber, J. (Hg.), Herausforderung Islam. Anfragen an das christliche Selbstverständnis (Theologisches Forum Christentum-Islam), Stuttgart 2003.

dies. (Hg.), Heil in Christentum und Islam. Erlösung oder Rechtleitung? (Theologisches Forum Christentum-Islam) Stuttgart 2004.

Schmid, W. H., Einführung in das Alte Testament, Berlin ⁴1989.

Schnackenburg, R., „Teufel", in: Lexikon für Theologie und Kirche ²1986, IX, 1-4.

Schneemelcher, W., Neutestamentliche Apokryphen, Bd. I und II, Tübingen ⁵1987.

Schreiber, S., Jesus – ein Prophet oder der Prophet? Eine zeitgeschichtliche Deutekategorie in den Evangelien, in: K. Kienzler/G. Riedl/M. Schiefer Ferrari (Hg.), Islam und Christentum. Religion im Gespräch, Münster 2001, 111-128.

Schwikart, G., Sexualität in den Weltreligionen, Gütersloh 2001.

Seipel, W., Der Turmbau zu Babel. Ursprung und Vielfalt von Sprache und Schrift, Graz 2003.

Sekretariat der Deutschen Bischofskonferenz (Hg.), Christen und Muslime in Deutschland, (Arbeitshilfen 172) Bonn ²2003.

dass. (Hg.), Integration fördern – Zusammenleben gestalten. Wort der deutschen Bischöfe zur Integration von Migranten (Arbeitshilfen 77), Bonn 2004.

Speyer, H., Die biblischen Erzählungen im Qoran, Hildesheim ³1988.

Stieglecker, H., Die Glaubenslehren des Islam, Wien 1962, Stuttgart ⁵1980.

Stubenrauch, B., Dreifaltigkeit, Regensburg 2002.

Thackston, W. M., The Tales of the Prophets of al-Kisa'i, Boston 1978.

Thomas, A./Kammhuber, S./ Schroll-Machl, S. (Hg.), Handbuch Interkulturelle Kommunikation und Kooperation, 2 Bde., Göttingen 2003.

Thyen, J.-D., Bibel und Koran. Eine Synopse gemeinsamer Überlieferungen, Böhlau 1989, Köln ²2000.

Troll, Chr., Als Christ dem Islam begegnen (Ignatianische Impulse 8), Würzburg 2004.

ders., Muslime fragen, Christen antworten, Regensburg 2003.

von Denffer, A., Der Islam und Jesus (Schriftenreihe des Islamischen Zentrums München 18), München 21995.

Tworuschka, M. u. U., Der Islam – Kindern erklärt, Gütersloh 1999.

Weidinger, E., Die Apokryphen. Verborgene Bücher der Bibel, Augsburg 1989.

Wentzel, A., Die Sunna, Kandern i. Schwarzwald 2002.

Werbick, J., Maria, in: W. Fürst/J. Werbick (Hg.), Katholische Glaubensfibel, Freiburg/Rheinbach, 2004, 108-111.

Wimmer, St. J., Die Blätter des Abraham, in: Blätter Abrahams 1 (2002) 7-9.

ders., Maschallah. Muslime in München, München 2005.

Zenger, E. u.a., Einleitung in das Alte Testament, Stuttgart ⁵2004.

Zirker, H., Christentum und Islam, Düsseldorf 1989.

ders., Der Koran. Zugänge und Lesarten, Darmstadt 1999.

ders., Islam. Theologische und gesellschaftliche Herausforderung, Düsseldorf 1993

Themenhefte

„Abraham", Welt und Umwelt der Bibel Nr. 30 (4/2003).

„Abraham und Isaak", Katechetische Blätter Nr. 130 (2/2005), dazu Materialbrief „Bibel und Katechese" als Beiheft.

„Christentum Islam", Münchener Theologische Zeitschrift 58 (2007).

„Eine Bibel – viele Lesarten", Religionsunterricht an höheren Schulen Nr. 47 (3/2004).

„Ganzheitliche Zugänge zur Bibel", Materialbrief als Beiheft der Katechetischen Blätter Nr. 126 (1/2001).

„Der Koran und die Bibel", Welt und Umwelt der Bibel Nr. 15 (1/2000).

„Die Erzählungen vom Turmbau zu Babel", Bibel heute Nr. 142 (2/2000).

„Die Zehn Gebote", Welt und Umwelt der Bibel Nr. 17 (3/2000).

„Josef in Ägypten", Bibel heute, (1/1998).

„Koran lesen", Katechetische Blätter Nr. 129 (5/2004).

„Lernprozess Christentum–Islam", Münchener Theol. Zeitschr. Nr. 52 (1/2001).

„Maria", Bibel heute, Nr. 143 (3/2000).

„Mose", Religionsunterricht an höheren Schulen Nr. 44 (1/2001).

„Teufel und Dämonen", Bibel heute Nr. 137 (1/1999).

„Wer hat die Bibel geschrieben?", Welt und Umwelt der Bibel Nr. 28 (1/2003).

Bibelausgaben

Die Bibel. Einheitsübersetzung, Stuttgart 1978.

Die Bibel. Elberfelder Übersetzung, Wuppertal 1985; ⁹2003.

Die Bibel. Die Heilige Schrift des Alten und Neuen Bundes. Deutsche Ausgabe mit den Erläuterungen der Jerusalemer Bibel, hg. von D. Arvenhoevel, A. Deissler, A.Vögtle, Freiburg 1968.

Die Bibel nach der Übersetzung Martin Luthers mit Apokryphen (Wittenberg 1522), Stuttgart 1999.

Bibelübersetzung mit Anmerkungen, von J. F. von Allioli, 6 Bände, München 1830-34.

Die Gute Nachricht. Das Neue Testament in heutigem Deutsch, Stuttgart 1971.

Die fünf Bücher der Weisung (Bd. 1), Bücher der Geschichte (Bd. 2), Bücher der Kündung (Bd. 3), Die Schriftwerke (Bd. 4). Von M. Buber und F. Rosenzweig, rev. 1956-57, Studienausgabe Stuttgart 1992.

Die Heilige Schrift des Alten und Neuen Testaments, Zürcher Bibel, von H. Zwingli, Zürich 1530; 1907-1931; 1955; 1978.

Meine Schulbibel. Ein Buch für Sieben- bis Zwölfjährige, Kevelaer/München 2003.

Münchener Neues Testament. Studienübersetzung Düsseldorf 1988; ⁷2004.

Neue Jugend Bibel. Mit Kommentar und Lexikon, hg. vom Deutschen Katecheten-Verein und vom Verlag Katholisches Bibelwerk, Stuttgart 2002.

Neues Testament, übersetzt und erklärt von O. Karrer, München 1950; ⁴1967.

Das Neue Testament. Übersetzung von F. Stier, aus dem Nachlass herausgegeben von E. Beck/G.Miller/E.Sitarz,München/ Düsseldorf 1989.

Das Neue Testament, übertragen von J. Zink, Stuttgart ¹⁰1982.

Schulbibel. Herausgegeben von der Deutschen Bischofskonferenz. Für den Gebrauch ab der 5. Klasse, Kevelaer 1979.

Bibelausgaben mit Kunstbildern: Bibel mit Bildern von Rembrandt, Stuttgart 2003, 1456 S.

Die Bibel mit Bildern mittelalterlicher Buchmalerei. Mit CD Gregorianische Gesänge, Stuttgart 2000, 1456 S.

Die Bibel Michelangelos. Ein Meisterwerk der abendländischen Kunst.

Die große Chagallbibel. Einheitsübersetzung. Sonderedition mit Familienchronik, Stuttgart 2001, 896 S.

Die Bilder der Bibel von Sieger Köder, Ostfildern 2004.

Die Bibel mit Bildern von Salvador Dali, St. Gallen 2001.

Arnulf-Rainer-Bibel, München 1998, 1376 S.

Koranausgaben

Die ungefähre Bedeutung des Al-Qur'ân Al-Karîm in deutscher Sprache, Abu-r-Rida' Muhammad Ibn Ahmad Ibn Rassoul, Köln ²³2000.

Koran. Der heilige Qur-ân. Arabisch und Deutsch, Hazrat Mirza Masroor Ahmad, Frankfurt/M., Rabwah/Pakistan ⁷2003.

Der Koran. Die Heilige Schrift des Islam in deutscher Übertragung, Ahmad v. Denffer, Islamabad/München ⁴1997.

Der Koran. Aus dem Arabischen übersetzt von Max Henning, Stuttgart 1991.

Der Koran. Das heilige Buch des Islam, Murad Wilfried Hofmann, München 2003.

Der Koran. Übersetzt von Adel Theodor Khoury, Gütersloh ³2001.

Der Koran. Arabisch – Deutsch. Übersetzt und kommentiert von Adel Theodor Khoury, Gütersloh 2004.

Der Koran. Übersetzung von Rudi Paret, Stuttgart ⁹2004.

Der Koran. Kommentar und Konkordanz von Rudi Paret, Stuttgart ⁵1993.

Der Koran. In der Übersetzung von Friedrich Rückert hg. von Hartmut Bobzin, Würzburg ⁴2001.

Der edle Qur'ân und die Übersetzung seiner Bedeutung in die deutsche Sprache, Abdullah as-Samit, Frank Bubenheim und Nadeem Elyas, Aachen und Madina/Saudi Arabien 2002.

Der Koran, übersetzt und eingeleitet von Hans Zirker, Darmstadt 2003.

Der Heilige Koran, CD-ROM, D 1998.

13.6   Medien/Internetadressen   (zugänglich in öffentlichen und kirchlichen Medienstellen)

Abrahams Großstadtkinder. Toleranzübungen junger Christen, Juden und Muslime, FWU München 1992, 22 Min. (VHS).

Himmel, Hölle und Nirwana: Mohammed – Die Stimme Gottes, D 1999, 45 Min. (VHS).

Mehmet und Maria – Bikulturelle Partnerschaft. Video-Film von John, H.-W und Neurether, E., Baden-Baden 1994.

Die Moschee: Das Gotteshaus der Muslime, D 1999, 12 Min. (VHS).

Der Muezzin ruft, D 1960, 10 Min. (VHS)

Koran im Klassenzimmer – Ein Beitrag zur Ausländerintegration, D 2000, 20 Min. (VHS).

Mohammed – Der Prophet und sein Volk, USA 1976, 25 Min. (VHS).

Nazmiyes Kopftuch, D 1981, 17 Min. (VHS).

Religiöser Fundamentalismus – Tödliche Anklage: Gotteslästerung, D 1997, 26 Min. (VHS).

Sie dienen Allah und den Deutschen – Islamische Arbeitnehmer in der Bundesrepublik, D 1974, 25 Min. (VHS).

Spurensuche: Die Weltreligionen auf dem Weg (CD-ROM), hg. von Hans Küng.

Spurensuche: Islam, D 1997, 60 Min. (VHS).

Ein Tag in einer Moschee in Isfahan, D 1999, 17 Min. (VHS).

Warum immer gegeneinander?, D 2001, 90 Min. (DVD Video).

Weltreligionen entdecken, Memospiel mit 36 Karten, Stuttgart 2005.

2000 Jahre Christentum. Folge 3: Getrennte Wege, D 2000, 45 Min. (VHS).

2000 Jahre Christentum. Folge 4: Kreuz und Schwert, D 2000, 45 Min. (VHS).

Folienset: Religionspädagogisches Seminar Regensburg (Hg.), Der Islam. 81 Farbfolien und Erläuterungen, Regensburg 1989 (Text und Bildauswahl: Barbara Huber-Rudolf).

www.freunde-abrahams.de	Gesellschaft zur Förderung der Verständigung zwischen Judentum, Christentum und Islam.
www.idizem.de	Islamisches Dialogzentrum in München e.V.
www.weltethos.org	Stiftung Weltethos für interkulturelle und interreligiöse Forschung, Bildung und Begegnung.
www.riifs.jo	Royal Institute for Inter-Faith Studies. Interreligiöses Forschungsinstitut mit Sitz in Amman, Jordanien.
www.chrislages.de	Christlich-Islamische Gesellschaft in Deutschland e.V.
www.cibedo.de	Fachstelle der Deutschen Bischofskonferenz für den interreligiösen Dialog mit Muslimen.
www.vatican.va	Vatikan. Unter „Päpstliche Kurie" ist der „Päpstliche Rat für den Interreligiösen Dialog" zu finden.
www.islam.de	Zentralrat der Muslime in Deutschland e.V., einer der Spitzenverbände muslimischer Organisationen in Deutschland.
www.islamrat.de	Islamrat für die Bundesrepublik Deutschland e.V., einer der Spitzenverbände muslimischer Organisationen in Deutschland.
www.vikz.de	Verband der Islamischen Kulturzentren e.V., eine der größeren muslimischen Organisationen in Deutschland.
www.islam.ch	Homepage der „Muslime, Musliminnen in der Schweiz" (MMS).
www.derislam.at	Islamische Glaubensgemeinschaft in Österreichh (IGGiÖ), die offizielle Vertretung der Muslime in Österreich.
www.islamicity.org	Internationales islamisches Online-Forum, mit nützlichen Koran- und Hadith-Suchmaschinen.
www.nur-koran.de	Islamische Website, die mehrere deutsche Koran-Übersetzungen vollständig online bietet, mit Volltextsuche.

13.7   Sachregister

13.8 Namenregister

13.9   Register der Bibelstellen

13.10 Register der Koranstellen